읽기 평가 2

Assessing Reading

읽기 평가 2

Assessing Reading

ⓒ 글로벌콘텐츠, 2015

1판 1쇄 인쇄__2015년 12월 20일
1판 1쇄 발행__2015년 12월 30일

지은이__J. 차알즈 올더슨
뒤친이__김지홍
펴낸이__홍정표
펴낸곳__글로벌콘텐츠
     등록__제25100-2008-24호

공급처__(주)글로벌콘텐츠출판그룹
     대표__홍정표 이사__양정섭
     편집__송은주 디자인__김미미 기획·마케팅__노경민 경영지원__안선영
     주소__서울특별시 강동구 천중로 196 정일빌딩 401호
     전화__02-488-3280 팩스__02-488-3281
     홈페이지__http://www.gcbook.co.kr
     이메일__edit@gcbook.co.kr

값 18,000원
ISBN 979-11-5852-078-6 94370
     979-11-5852-076-2 94370(세트)

언어교육 11

읽기 평가
Assessing Reading

②

J. 차알즈 올더슨(J. Charles Alderson) 지음
김지홍 뒤침

글로벌콘텐츠

이 책을 돌아가신 부모님
존 올더슨, 로즈 매뤼 올더슨께 바칩니다.

배우는 동안에
그리고 그 이후에도 한결같이
가장 소중했던 도움과 격려를 주신
부모님이 살아 계시어
직접 이 책을 보셨더라면 하는
아쉬움만 가득 남습니다.
어머니가 항상 바라셨던
버언리(Burnley) 시의 서기가 되진 못했더라도
너무 실망은 하지 마시길 바랄 뿐입니다.

뒤친이 머릿글

'아무렇게나 적당히 평가'로부터
'탄탄한 절차에 따른 평가'를 위하여

I. 들머리

저자의 헌사처럼 뒤친이(이하 '필자'로 부름)도 부피가 큰 이 책의 번역을 바치고 싶은 분들이 있다. 먼저, 필자가 1988년 전임강사 발령을 받은 때로부터 시작하여 그 분이 가톨릭 대학 총장으로 가실 때까지, 필자에게 국어교육이 무엇인지를 몸소 보여 주셨던 김수업 선생이 머릿속에 떠오른다. 그리고 전국 국어교사 모임과 경상대학교 국어교육과에서는 10년 넘게 해마다 전국 중고등학생 이야기 대회를 열었었는데, 전국에서 학생들을 데려오고 진지하게 피가 되고 살이 되는 국어교육의 몸체를 고민하던 여러 국어 교사들도 여태 필자의 머릿속에 사진처럼 또렷하다. 이런 분들의 열정 덕분에 그래도 국어교육이 지금까지 제자리를 찾아 나가는 것으로 믿는다.

분에 넘치게 필자가 이곳 교수직을 감당해 온 지 벌써 28년째이다. 의욕만 앞섰지 배운 바가 너무 초라하였고, 선뜻 제 가닥을 잡지도 못하였었다. 그 동안 언어학·분석철학·수학기초론·심리학·인지과학·신경과학·미시사회학·응용통계학·중국고전(주역, 춘추, 통감) 등 이런 저런 분야에 끌리는 대로 방황하면서, 이것저것 들여다보려고 애를 썼었다. 그러다가 남보다 한참 늦게서야 비로소 뭘 어떻게 공부해야 할지 가닥이 조금씩 잡히기 시작하였고, 고전들을 재해석하면서 읽어갈 수 있었다. 현재 식견으로서는 확실히 계몽주의 시대 저작물들이 동서고금으로 뻗어나갈 수 있는 가장 좋은 출발점임을 믿어 의심치 않는다.

변변찮게 얄팍한 공부를 하면서도, 스스로 읽고 아는 것들을 「나름대로 재구성해 놓는 일」이 언어교육에서 중요한 본질임을 깨우쳤다. 이 과정에서 인문학이 가치를 다루는 학문이 될 수밖에 없음도 터득하였다. 가치가 죽음을 염두에 두고서 제한된 시간 속에서 우리가 선택해야 하는 결과물이기 때문이다. 또한 인간을 다루는 접근법은 우리가 살아가는 삶이 그 자체로 복잡다단한 대상이므로, 결코 순수학문과 응용학문으로 나눠서는 안 된다. 대신 허접하게 가녀린 외가닥의 접근법과 이에 맞서 탄탄하게 여러 가닥을 굵게 얽고 엮은 동아리 접근법으로 나누어야 함도 알 수 있었다. 최근에는 후자를 통합, 통섭, 융합이란 말로도 부르고 있다. 언어라는 매개체를 다루는 학문도 결국 우리의 삶과 사회 현장을 다룰 수 없다면, 한낱 주소가 적히지 않은 흰 편지봉투에 지나지 않고, 아무 곳에도 쓸모가 없는 것임(형식의 공허함)을 깊이 자각해야 할 것이다. 언어가 형식과 내용의 결합체일진대, 내용이 뿌리를 내린 터전이 삶(life form)으로 불리는 사회관계이기 때문이다. 스스로 언어밖에 모르는 사람인지, 언어를 아는 사람인지, 언어까지도 아는 사람인지 자문해 볼 일이다.

이 번역도 필자의 여느 번역처럼 역주가 많이 들어가 있다(360개의 역주). 한국연구재단의 서양 명저 번역을 두 차례(르펠트의 언어산출 및 킨취의 언어이해) 수행하는 동안 소신으로 더욱 강화된 것인데, 저자의 핵심을 더욱 분명히 드러내려고 할 뿐만 아니라, 이 책의 원전을 읽으실 분들이 정확히 무엇을 왜 그렇게 번역하였는지를 이해할 수 있게 하며, 우리 학문의 터전이 탄탄히 다져져야 한다는 믿음 때문이다. 비록 역주의 형식이지만 본문 내용에 관하여 필자가 공부해 온 범위 안에서 해당 대목의 핵심을 적어 놓고자 한 대목들도 많다. 또한 주위에서 자각 없이 맹종하여 쓰는 엉터리 한자 '용어'들에 대해서는 가차 없이 비판하였는데, 특히 필자가 낱말 하나하나를 소중히 여기는 국어교육을 공부해 오고 있기 때문이다. 어떤 이는 기술(技術, technique)과 관련된 단어를 줄여 '술어(術語)'1)라고 쓰기도 하지만(영어로는 technical term), 학문은 응용 기술을 넘어선 더 포괄적 영역을 다루고 있으므로, 쓸 용(用)을 써서 학문(學問, science)하는 데에 쓰이는 단어를 '용어(用語)'라고 불러야 옳다고 믿는다(영어로는 수식어 없이 terms로 부르거나 scientific terms로 부름). 만일 역주가 길어 불편하다고 느낀다면, 그런 역주를 무시하고 본문만 읽더라도 이 책의 주장을 이해하는 데에 아무런 지장이 없음을 밝혀 둔다.

필자는 우연히 이 총서에서 『말하기 평가』와 『듣기 평가』를 내었고, 『모국어 말하기 교육: 산출 전략 및 평가』(공역)와 『영어 말하기 교육: 대화 분석에 근거한 접근』(공역)도 내었는데, 서로 유기적으로 관련을 맺고 있다. 고급 수준의 국어교육에서는 반드시 비판적 담화 분석의 교육을 실시해 주어야 옳다. 이런 측면에서 보면 국어과 교육과정은 부실하기 짝이 없다. 교육과정도 선진국에서처럼 학교마다 짜는 '학교별 교육과정'으로 과감히 전환되어야 한다. 또한 사교육을 없애기 위해 과감하게 모든 중고등학교를 기숙학교로 만들고서, 야간에 남과 더불

---

1) 『설문 해자』를 보면, 다닐 행(行)과 고을 안의 길 출(朮, 찰진 조 출[秫])로 이뤄진 형성 글자로서, 본디 '고을 안의 길'을 가리킨다. 누리집에서 『한전』(www.zdic.net)을 찾아보면 갑골문에서도 출(朮)은 성으로 두른 읍 안에 난 길로 쓰인 용법이 나온다. 갑골 자형은 서중서(2010), 『한어 고문자 자형표』(중화서국) 278쪽을 보기 바라며, '차조'의 뜻으로는 중국 사회과학원 고고연구소 엮음(1965, 2005), 『갑골문 편』(중화서국) 308쪽과 고명(2008), 『고문자 유편 증정판』(상해고적) 801쪽을 보기 바란다. 본디 '고을 안의 길'이라는 뜻이 추상적으로 확대되어 '방법, 기술, 전략'의 뜻을 갖게 된 것이다. 이런 연유로 학문이 이론적 측면을 가리키는 반면, 학술은 응용적이고 현실적인 측면의 함의를 지니게 된 듯하다. 더러 제대로 구분하지 못한 채 쓰고 있지만, 유학(儒學)은 학문과 이론이고, 유술(儒術)은 응용과 실천이다. 최근 아리스토텔레스 책들을 읽으면서, '학문'이 모두 Science(theōrētikē)로 일관되게 번역되어 있음을 알았다. 일본 사람의 잘못된 번역으로 '과학'(科: 나눈 하위 영역의, 學: 학문)으로 편협하게 쓰임도 문제이다.

어 느끼고 나 스스로의 인격을 닦아가는 실천적 교육내용을 넣어 주어야 한다. 미래의 우리 학생들에게 국어·영어·수학만 필요한 것이 아니라,「서로 돕고 나누면서 즐겁게 사는 일」이 더욱 더 중요하기 때문이다(배우고 나누는 삶). 아울러 삭막한 지식 교육에서 '지성'을 기르고 '지혜'를 주는 교육으로 상승해야 한다. 비판적 지성의 표본으로 불리는 참스키 교수의 저작물과 레이코프 교수의 저작물들도 많이 번역되어 있다. 비판적 담화 분석의 교재로서 필자가 번역한 페어클럽 교수의 『언어와 권력』과『담화 분석 방법: 사회 주사 연구를 위한 텍스트 분석』도 좋은 안내서이다.

번역 판권을 비싸게 파는 옥스퍼드 대학 출판부 책자들 중에서도 중요하게 번역되어야 할 책들이 많다. 출판사가 경제적 여유만 있다면 그런 책자들도 기획하여 출판해 주기를 희망한다. 정부 기관에서는 우수도서 선정제도를 확대하여, 마땅히 '번역본' 출간도 뽑아 주어 출판사에 재정 지원을 해 주어야 옳다. 자원이 없는 나라에서 중요한 것은 능력 있는 '사람'이다. 세계와의 경쟁에서 소중한 것은「기본적인 정확한 지식 정보」이기 때문이다. 일찍부터 서구에서 독일, 그리고 동양에서 일본은 지식의 원천을 확보하기 위하여 번역에 주력하였고, 그 결과 오늘날 복합 문화의 꽃을 피우고 열매를 거두는 것을 우리가 여실히 보고 있다. 이와는 달리, 세습 왕조의 북쪽은 대원군의 쇄국정책을 추종하여 망하기 직전이다. 실망스럽게 남쪽에서도 오로지 외국 것에만 가치를 두고, 마치 민족개조를 부르짖던 이광수처럼, 스스로를 폄하하는 얼빠진 사대주의 짓거리를 밥 먹듯 한다.

필자가 보기에 이런 북쪽과 남쪽의 선택은 왜곡되고 치우친 극단에 불과하다. 우리들에게 올바른 선택은 이미 세종대왕의 훌륭한 걸음걸이 속에 다 들어가 있다. 우리를 주인으로 하여, 외국 문물을 우리의 것으로 만들어야 하는 것이다. 우리의 미래를 내다보면서 다른 생각들을 우리 것으로 만들기 위해서는, 반드시 '올바르고 쉬운 말'을 써야 한다. 이런 정신이 바로 세종대왕으로부터 시작하여 주시경 선생을 거쳐[2] 묵묵히 국어교육에 헌신하는 여러 동지들로 이어지고 있다. 이런 전통의 효과는 마치 모든 물줄기들이 다 모아드는 큰 바다에 비유할 수 있다.

II. 내용 개관

이하에서는 필자가 번역하면서 이해한 범위 속에서 이 책의 내용과 가치를 소략하게 다룬 다음에, 번역 과정에서 떠오르는 몇 가지 비판을 나름대로 덧붙이기로 한다. 각 장마다 저자의 각 장별 요약이 들어 있으므로, 먼저 그 내용을 읽어 보기 바란다. 이 머릿글에서는 저자의 요약과 서로 중복을 피하기로 한다. 제1장에서는 읽기의 본질을 다루고, 제2장에서는 그 본질에 영향을 주는 변인들 및 그 주사 연구들을 소개하였다. 제3장에서는 지금까지 이뤄진 읽기 시험에 대한 주사 연구들을 개관하였고, 제4장에서는 의사소통 중심 언어교육 입장에서 바라본 '읽기 구성물 및 명세내역들'을 다루었다. 제5장에서는 바크먼·파머 (1996)의 제안에 따라 현장에서 시험을 출제하기 위한 얼개를 논의한 뒤에, 제6장에서는 영국에서 시행된 읽기 시험에 관한 네 가지 상황을 소개하였다. ① 영국 외무부 직원들을 대상으로 하여 몇 수준으로 나눈 현지 언어 읽기 시험, ② 영국 대학원에 진학하려는 외국 응시자들의 읽기 능력에 관한 당락 시험, ③ 토박이 및 제2 언어 학습자를 대상으로 한 교실 수업에서의 읽기 시험, ④ 영국의 고등학교 졸업인증 학력 시험에서의 읽기 시험이다. 제7장에서는 아직 "완벽하고 최상의 시험 구현 기법은 없다!"는 전제 아래, 읽기 시험을 구현하는 여러 가지 기법들

---

2) 최근 김수업(2006), 『말꽃 타령: 김수업의 우리말 사랑 이야기』(지식산업사)와 김수업 (2009), 『우리말은 서럽다』(휴머니스트)와 김수업(2012), 『배달말 가르치기: 고치고 더한 국어교육의 길』(휴머니스트)이 나왔는데, 국어교육 현장에서 크게 활용될 수 있다.

을 실례로 들면서 다루고 있다. 기계적 공백이나 뜻을 고려한 빈칸을 채워 놓기, 여러 선택지 중에서 하나를 뽑는 택일형, 대안이 되는 객관적 기법(일치시키기, 순서 짓기, 양자택일, 고치기), 글자 완성 및 무관한 군더더기 낱말 삭제 등의 통합 기법, 단답형, 요약형, 빈칸 깃든 요약 완성형, 정보 옮겨 주기 기법이다. 제8장에서는 영국에서 실제 구현되고 있는 읽기 평가 사례들을 모국어 영역과 제2 언어 영역에서 몇 가지를 골라 다루고 있다. 마지막으로 제9장에서는 읽기 처리과정에 대하여 다시 살펴보면서 읽기를 촉진하는 전략들을 세세하게 논의하였고, 다른 연구 기법들뿐만 아니라 새롭게 부각되는 컴퓨터 활용 읽기 연구/평가 기법들까지 다루고 있다. 이것들을 좀 더 큰 돋보기로 들여다보면 다음처럼 요약된다.

제1장에서는 하느님이 아닌 이상 우리가 인간의 능력을 제대로 측정할 수 없다는 회의론에서부터 시작하여, 심리측정학(psychometrics) 내지 정신물리학(psychophysics)에서 보여 주는 객관적이고 합리적인 접근의 응용에 이르기까지 다양한 흐름을 개괄하면서, 읽기 영역의 평가에 적용하고 있다. 희랍인들이 아주 소박하게 인간의 능력을 '진·선·미'로 대분하여 놓았듯이(칸트는 순수이성·실천이성·판단력으로 부름), 읽기로 진행되는 '복합적인 정신 능력' 또한 몇 가지 기본적인 구성부문들이 동시에 작동하는지 그 모습을 포착해 놓을 수 있다. 1930년대까지도 다양하게 trait(특질)이나 characteristics(특성) 등으로도 불리던 개념을 심리측정학/정신물리학에서 construct(구성물, 복합 정신작용의 구성부문 영역들)란 용어로 통일하였고, 이를 좀 더 확대한 내용을 specification(명세내역)이라고 부르기 시작하였다. 이에 따라 비로소 정신 작용 내지 의식 작용을 등식(방정식, 수리 모형)으로 포착할 수 있는 측정 가능한 대상으로 다룰 수 있게 되었고, 사이비 과학의 지위를 벗어나 심리학이 비로소 물컹 과학(soft science)의 반열로 올라가게 되었다.

이 책에서는 의사소통 중심 언어교육의 흐름을 주도한 바크먼·파머

(1996)의 모형을 따르기 때문에, 읽기 구성물도 또한 크게 조직화 내용 및 화용-사회언어학적 내용으로 대분해 놓았다. 이는 오직 언어 처리에만 편중된 '협소한' 구성물 정의 방식이다. 응당 인간의 의식 활동을 전반적으로 아우르는 모형으로 설정되어야 옳다. 그럴 경우에는 중요하게 판단과 결정 및 자기 평가를 포함하여, 상위 인지와 관련된 부서가 반드시 들어가 있어야 한다. 존슨-레어드 교수의 삼원 체계 모형에서는 '언어·추론·의식'의 맞물림을 다루고 있다. 언어에만 집중하는 협소한 평가에서는 언어 밑바닥에 깔려 있는 추론과 의식을 도외시할 밖에 없다. 이런 점에서 이 책에서의 구성물에 대한 논의는 오직 고식지계의 '관행적 모습'으로만 치부해야 옳을 것이다. 아마 제1 언어와 제2 언어의 읽기 평가를 다루고자 하는 동기가 깔려 있기 때문에, 일부러 언어 차원에서 맴돌고 있는 것으로 판단한다.

가장 본질적인 물음 중 한 가지는, 읽기가 단지 언어 읽기로 끝나는 것인가, 아니면 언어를 넘어선 심층적 이해와 해석으로 더욱 진행되어 나가야 하는지에 대한 관점이다. 미시언어학의 관점에서 본다면 읽기는 언어 재료를 벗어날 수 없다. 그렇지만 거시언어학의 관점에서 본다면, 읽기는 언제나 언어 재료를 뛰어 넘어, 그 밑바닥에 깔려 있는 다른 개념들을 찾아내는 일이 되어야 한다. 이는 오늘날 흔히 '비판적 담화 분석'으로 불린다. 뛰어난 언어학자인 참스키 교수나 레이코프 교수도 모두 비판적 지성의 힘을 기르는 데 주력하여 이미 많은 책들을 출간하였고 다수가 번역된 바 있다. 인간의 이해 내지 해석을 다루는 심리학자 킨취 교수도 또한 미시구조와 거시구조로 이뤄진 덩잇글 기반이, 반드시 상황모형으로 만들어져야 장기기억 속에 저장되고 인출되는 것으로 보았다. 그런 심층적 이해 내지 해석의 힘은 모두 스스로 언어를 개념 단위로 번역하고, 다시 유관한 개념들을 새로 모아 일련의 복합 개념을 만들어 내며, 이를 통하여 궁극적으로 본디 의도와 가치관을 귀납적으로 알아차리는 일을 요구한다. 아마 장차 이런 측면의 평가는,

제1 언어 또는 모국어 읽기에서 고급 수준의 응시자들을 대상으로 하여 서술식 답변으로 이뤄져야 할 것이다. 이 책의 저자는 이러한 경로의 지도를 깨닫고는 명시적으로 강하게 있으되, 주장하고 있지는 않은 듯하다.

제2장에서는 읽기에 영향을 주는 주요 변인으로 독자 변인, 기술 및 능력 변인, 최적 속도 변인, 덩잇글 변인 등 네 가지 주요 변인을 다루고 있다. 그렇지만 만일 이것들이 서로 변별되는 고유한 영역에 속하는지를 묻는다면, 긍정적 답변을 얻어내기 힘들 것으로 본다. 필자에게는 내부 변인과 외부 변인을 먼저 나누고 나서, 하위 분류를 시행하는 것이 더 선명할 듯하다. 내부 변인은 독자마다 달라지는 요인들이며, 교육을 통해서 꾸준히 향상되어야 할 영역이다. 두 영역도 또한 형제 또는 자매 관계에 있는 하위 변인들을 설정해야 하는지, 표층에서부터 심층으로 진행되는 동심원의 계층적 하위 변인들을 설정해야 하는지에 대한 물음이 해결되어야 한다. 저자는 자매 관계의 하위 변인을 상정하는 듯이 보인다. 그렇지만 명백히 일부 하위 변인들은 동심원적 내포 관계(계층적 관계)로 설정되어야 한다. 즉, 형식 개념틀에서 내용 개념틀로 진행한다면 반드시 일반 인지 내지 상위 인지가 하부구조에서 가동되어야 하는 것이다.

제3장에서는 읽기 지문(덩잇글)의 난이도에 영향을 주는 요인 및 읽기 시험 문항의 난이도에 영향을 주는 요인들을 놓고서 지금까지 수행된 주사 연구들을 요약해 주고 있다. 후자는 매우 언어 중심적인 요인들에 초점이 모아져 있고, 많은 주사 연구들이 쌓여 있다. 전자는 배경지식이나 한 다발로 묶인 하위 검사지처럼 좀 더 확대된 영역과 관련된 요인들에도 초점을 모은 상대적으로 적은 숫자의 주사 연구들이다.

제4장에서는 읽기 구성물과 읽기 시험 명세내역을 다루고 있다. 이에 대한 세 가지 사례로서 ① '누리집 이용 언어 진단 검사(DIALANG)', ② 영국의 '초급영어 자격인증(FCE)', ③ 외국인이 영국에서 학부 이상의

교육을 받고자 할 경우에 응시해야 하는 영국의 '국제적 영어 검사제도(IELTS)'를 제시하고, ④ 읽기 이해 시험에 대한 저울눈도 유럽 위원회의 『유럽 공통 얼개』를 예시해 놓았다. 이어서 ⑤ 바크먼·파머(1996)의 구성물 정의를 토대로 고쳐 놓은 읽기 구성물에 대한 노어쓰·슈나이더(1998)의 모형도 함께 예시해 놓았다.

제5장에서는 바크먼·파머(1996)에 있는 시험 과제의 얼개를 〈도표 5-1〉로 제시하고, 시험 현장의 성격, 시험 시행지침의 성격, 시험 문항의 성격, 예상 답변의 성격, 문항 및 답변의 관계를 차례대로 해설해 주고 나서, 저자가 간여한 '누리집 이용 언어 진단 검사(DIALANG)'의 자료와 더불어 개인적 의견을 덧붙여 놓았다. 여기까지가 분권된 것 중 제1권에 해당된다.

제6장에서는 시험 구성 및 평가의 단계들을 놓고서 저자가 주장한 시험 명세내역을 다룬 뒤에, 네 가지 시험 실시 상황들을 시험 부담이 큰 것과 시험 부담이 작은 것들로 나눠 〈도표 5-1〉의 얼개에 따라 하나하나 논의하였데, 마지막으로 저자가 판단하는 각 상황에 대한 후속 논의 사항들을 덧붙여 놓았다.

제7장에서는 깨알 같은 글씨로 인용된 도표만 해도 19개이다. 마치 필자 자신이 그 시험에 대한 응시자가 된 양, 이런 인용 내용을 충실히 번역해 놓고, 필자가 생각하는 정답도 역주로 같이 달아 두었다. 아마 이 번역서는 주로 현장에서 헌신하고 있는 중고등학교 언어교육 담당 교사들이 제1 독자일 터인데, 필자처럼 하나하나 직접 시험 치르듯 그 사례들도 같이 읽어 나간다면, 시험 출제 방식을 자신이 가르치고 있는 현장에서 쉽게 변용하고 적용할 수 있을 것이다.

제8장에서는 읽기 능력을 어떻게 향상시킬지에 관하여 현재 시행되고 있는 읽기 교육 제도와 읽기를 평가하는 저울눈(또는 눈금)을 다룬 뒤에, 몇 가지 구체적인 읽기 시험들을 자세히 논의하고 있다. 모국어 읽기 교육으로 영국에서 국가 차원에서 제시되는 '읽기 성취 얼개'를

제시하고, 이어 외국어로서의 영어 읽기를 언급하였다. 읽기 등급에 관한 저울눈으로는 미국에서 시행되는 능숙도 평가 지침과 유럽 언어 검사자 연합에서 제시한 얼개, 그리고 영국의 국제 영어 검사 제도를 소개하였다. 이어 영국에서 현재 실시되고 있는 다양한 읽기 시험들을 다루었는데, 핵심(≒기본적) 영어 검사, 예비 영어 검사, 초급 영어 자격 인증, 고급 영어 자격인증, 영어통달 자격인증, 영어의 의사소통 기술 자격인증들이다.

제9장에서는 읽기 동안에 일어나는 심리학적 처리과정에 대하여 우리가 아직 모르는 부분들이 많다고 겸손히 전제하고서, 다양한 접근법들과 읽기에 수반된 여러 가지 인지전략들이 포괄적으로 논의하고 있다. 이 장을 제대로 소화하는 일만으로도 읽기를 연구하고 조사하려는 분들에게 크게 어떤 지침을 마련해 줄 만하다. 마지막 장이지만 여전히 십 수개가 넘는 사례 인용과 예증들을 포함하여, 상대적으로 그 분량도 많다. 필자는 적어도 세 가지 차원에서 저자의 논의를 재구성할 수 있다고 본다. ① 미시영역의 담화 연결, ② 거시영역의 담화 전개, ③ 비판적 담화 차원이다. 미시적 담화는 초급 및 중급 독자들과 관련되고, 거시적 담화 및 비판적 담화는 고급 및 최상급 독자들과 관련된다. 물론 모국어 읽기 교육은 후자에 강조점이 모아져야 옳다. 미시 영역에서는 낱말·문장·예측 등의 논제들이 관련된다. 거시 영역에서는 비록 〈도표 9-5〉에서 〈도표 9-9〉까지 몇 사례들만 제시해 놓았지만, 어떤 요소들을 검사하고 시험으로 부과해야 하는지에 대한 통찰력을 얻을 수 있다. 비판적 담화 차원은 도움 책자들이 많다. 언어학의 혁명을 일으킨 참스키 교수의 사회 및 문명 비판의 책자들과 인지 언어학을 일으킨 레이코프 교수의 미국 보수 세력들에 대한 비판들이 번역되어 있다. 또한 영국 페어클럽 교수와 화란 폰대익 교수의 책자들이 기본 도서이겠지만, 오직 페어클럽 교수만이 고급 수준의 학습자들에게 어떻게 비판적 지성을 기르도록 담화교육시켜야 할지를 다루고 있다.

제9장 4절에서는 학습자들을 상대로 하여 읽어 나가는 동안 머릿속에서 무슨 일이 일어났는지를 찾아내는 여섯 가지 기법들을 소개해 놓았고, 다음 절에서 간략히 다른 기법들을 언급하였다. 제9장 5절에서는 컴퓨터를 이용한 시험 실시를 긍정적으로 다루고 있는데, 이미 저자가 '누리집 이용 언어 진단 검사(DIALANG)'에 간여한 경험을 토대로 하기 때문이다. 그렇더라도, 너무 과도하게 컴퓨터나 누리집을 이용하는 읽기 시험 시행 방식이 모든 것을 해결해 주리라고 보는 것은 착각에 지나지 않음을 경고하고 있다. 읽기가 비록 언어라는 단서를 통해서 수행되지만, 우리 머릿속에서는 여러 가지 영역들이 복합적으로 그리고 다층적으로 동시에 작동해야만 가능하기 때문임을 명확히 성찰해야 하는 것이다.

III. 번역의 원칙

이 번역에서는 학술 영어 또는 글말 영어에서 잦게 이용된 수사학적 표현 방식을 과감하게 우리말 용법대로 바꾸어 놓았다. 간단히 머릿속에 떠오르는 대로 네 가지 정도만 적어 둔다. 먼저, 수동태 표현이나 중간태 표현은 결과 상태 또는 속성만을 서술하게 됨으로써, 마치 저절로 자연계 인과율에 따라 예정된 사건들이 일어나는 듯한 인상을 유도하여, 객관성을 높이게 된다. 그렇지만 그런 수사학 전통을 확립해 놓지 못한 우리말에서는, 책임을 회피하고자 배배 꼬는 인상을 준다. 이를 우리말 느낌으로 고쳐 놓았다. 그렇지만 우리말을 영어로 뒤쳐 놓을 때에는 물론 그런 수사학 전통을 준수해야 할 것이다. 한편, 최근의 서구 쪽 학술 담론에서는 'I(나)'를 과감히 쓰는 흐름이 생겨나고 있는데, 자기 책임을 명시한다는 점에서 개인적으로 올바른 전환으로 판단한다.

둘째, 문장과 문장을 읽어 엮을 적에는 영어에서 대명사들을 자주 쓴다. 우리말에서는 소리가 나지 않는 공범주 대명사를 쓴다. 따라서 우리말 번역에서는 명시적으로 소리값을 지닌 대명사가 아니라, 비워 있는 모습(empty category)을 띠게 된다.

셋째, 저쪽에서는 문장 전개 방식에서 가급적이면 같은 낱말의 반복을 피하도록 한다. 그러나 우리말에서는 소리조차 '아'해 다르고, '어'해 다르듯이, 낱말들을 바꿀 경우에 민감하게 다른 개념이라고 치부할 소지가 크다. 이런 우려를 없애려면, 설령 원문에서 약간 다른 낱말들로 바꿔 써 놓은 것이라도, 우직하게 하나의 동일한 낱말로 번역해 놓았는데, 우리나라 독자들에게 쉽고 빠른 이해를 도와줄 것으로 믿는다. 여기에는 영어의 현재시제를 우리말 완료 지속 형태 '-았-'으로 과감히 바꾸는 일도 들어 있다.

넷째, 영어에서 글말을 길게 이어 나가는 방식은 주로 관계절을 이용하여 이뤄진다. 핵심이 되는 요소가 먼저 나와야 하는 영어에서는, 계속 관계절로 늘여 가더라도, 마치 바닥 위에 층층이 탑을 쌓아 올리는 느낌을 주게 된다. 반면에 우리말은 핵심 요소가 맨 뒤에 자리를 잡는다. 따라서 거울 영상처럼 그대로 번역한다면, 관계절이 길어질수록 자칫 숲 속에서 길을 잃어버릴 확률이 높다. 그렇다면 대안을 찾아야 하겠는데, 짧게 필자의 호흡 가락대로 끊어 놓는 길을 택하였다. 짧게 끊게 되면 의미를 지속시키기 위해 중복되는 말을 쓰고, 의역의 형태를 취해야 하며 자칫 왜곡의 혐의를 입을 소지가 있다. 비록 그렇다고 하더라도, 올바르게 핵심을 파악하는 것을 최우선으로 삼았다. 남의 말이라 하더라도, 이해의 과정에서 「나의 말로 번역되어야 비로소 나의 것」으로 되어 활용될 수 있다는 소박한 필자의 믿음을 반영해 놓은 것이다.

하는 일 없이 항상 쫓기듯 바쁘기만 하다. 필자가 이 책의 번역을 약속한 지 벌써 이태나 지나버렸다. 그럼에도 아무런 채근도 없이 꾸준히 필자의 번역 원고를 기다려 준 (주)글로벌콘텐츠출판그룹 양정섭 이사에게 고마움을 전한다. 그분과의 인연으로 필자는 저서도 몇 권 출간하여 우수도서로 선정되는 기쁨을 누렸다. 게으른 필자를 버려둔 채, 너무 빨리 지나가 버리는 세월이 야속할 뿐이다. 절절히 송나라 주희(1130~1200)의 싯구(偶成)가 가슴을 때린다.

"어느 봄날 못둑에 파릇파릇 풀순 솟더니   (未覺池塘春草夢)
어느새 섬돌 앞 오동 낙엽들 사각사각 뜨락을 구르는구려(階前梧葉已秋聲)."

먼지 싸인 낯익은 연구실에서
이농(怡農) 후인이 적다

총서 편집자 서문

읽기를 통해서 우리는 생각과 느낌의 세계뿐만 아니라, 또한 여러 시대의 지식과 미래의 전망에 대해서도 다가갈 수 있다. 읽기는 가장 광범위하게 연구되었고, 동시에 소위 '언어 기술들' 중에서 가장 불가사의하다. 읽기는 언어학자·심리학자·교육자·제2 언어 연구자들에 의해서 서로 다른 다수의 관점으로부터 탐구되어 왔고, 이제 상당한 분량의 주사 연구가 이용될 수 있다.[1] 읽기는 또한 응용언어학 연구에서 그리고 언어교사의 일상 전문직에서 중요한 몫을 맡고 있다. 비슷하게, 읽기 능력의 평가는 광범위한 교육 및 전문직 환경에서 핵심적으로 중요하며, 이 분야의 전문지식에 대한 요구가 널리 퍼져 있다. 교사들과 읽기 검사를 마련할 필요가 있는 사람들에게, 그들 자신의 교실 수업을 위한 것이 되든지, 대규모의 능통성 검사가 되든지, 응용언어학 분야에서 주사 연구를 실행하기 위해서든지 간에, 실용적 안내를 제공해 주기 위하여 이 책은 읽기에 대하여 그리고 그 평가에 대하여 알려진 바를 모두 함께 한 권 속에 모아 놓았다.

---

1) (역주) 북미 쪽에서 출간된 주사 연구만 하더라도 아주 광대하고 방대하다. 일련의 『읽기 주사 연구 소백과(*Handbook of Reading Reserch*)』(Lawrence Erlbaum)가 피어슨 엮음(Pearson 1984)으로 제1권이, 바아·카밀·모우즌탈·피어슨 엮음(Barr, Kamil, Mosenthal, and Pearson 1991)으로 제2권이, 카밀·모우즌탈·피어슨·바아 엮음(2000)으로 제3권이 나와 있다. 뤄들·언롸우 엮음(Ruddell and Unrau 2004), 『읽기의 이론적 모형 및 처리과정: 제5판(*Theoretical Models and Processes of Reading: 5th Edition*)』(International Reading Association)도 나왔다. 국어교육 쪽에서도 통계를 낸다면, 아마 읽기에 대한 주사 연구가 압도적으로 많을 것으로 짐작된다.

이 책의 저자인 차알즈 올더슨[2]은 읽기 교육 및 검사 두 영역에서 모두 풍부한 경험을 지니고서 이들 영역에서 스스로 두드러진 주사 연구를 실행해 왔다. 그는 일반적인 언어평가에서 그리고 특히 읽기 평가에서 세계를 이끌어 가는 권위자 중 한 분이다. 더욱이 교육자·조언가·사범대학 교수로서 그의 오랜 경력은, 광막한 읽기 주사 연구 문헌으로부터 읽기 평가와 밀접히 관련되는 개념·사고·얼개들의 정수를 뽑고, 종종 복잡한 정보의 배열을 현장 실천가들에게 이내 쉽게 접속될 수 있는 방식으로 제시할 수 있도록 해 주었다.

명확히 실천 응용에 초점을 맞추면서, 이 책은 읽기 및 평가에 있는 풍부한 주사 연구를 통하여 독자를 안내하고, 줄곧 실제 읽기 검사로부터 가져온 많은 사례들로 구현되어 있다. 올더슨은 먼저 읽기의 이론적이며

---

2) (역주) '옥스퍼드' 발음 사전을 보면, 영국에서는 ['ɔːldəsⁿn](올더슨)으로, 미국에서는 ['ɑːldəsⁿn](알더슨)으로 표시되어 있다. 제1음절에 악센트가 있고, 활짝 열린 '오'로 발음된다. 여기서는 '올더슨'으로 적어 둔다. 올더슨 외(1995)의 번역본에서 '앨더슨'으로 적었는데, 잘못된 발음이다. 번역서에서 사람 이름과 땅 이름들을 현지 발음에 맞춰 적어 주는 신중한 태도가 중요하다. 이것이 세종대왕이 한글을 만든 원래의 뜻이다. 미국의 평가 전문가인 하와이 대학 바크먼 교수와 더불어 이 평가 총서의 공동 편집자이다. 그런 권위를 반영하듯이 이 총서의 제1권으로 나온 것이 바로 『읽기 평가』이며, 가장 포괄적인 논의를 담고 있다. 번역자는 언어 산출과 언어 처리 쪽의 심리학의 연구 성과와 최근 담화 분석 쪽의 논의, 그리고 전반적인 사회 비판에 기여해 온 참스키 교수와 인지 언어학자 레이코프 교수의 주장들을 역량이 미치는 범위 안에 '역주'로 담아 놓기로 하겠는데, 장별로 역주 번호가 새로 시작된다.

샤펠 엮음(Chapelle 2013), 『응용언어학 백과사전(*The Encyclopedia of Applied Linguistics*)』(Willy-Blackwell) 제1권의 56쪽~59쪽에 보면, 올더슨(1946~)은 옥스퍼드 대학교에서 불어와 독어로 학사를 받았고, 1977년 언어 검사에서 '빈칸 채우기' 절차로 에딘브뤄(Edinburgh) 대학에서 박사학위를 받았다. 멕시코와 미국의 몇 대학에서 가르치다가, 1980년부터 영국 랭커스터 대학교의 언어학 및 영어교육과 교수로 있었고, 최근에 제2 언어 교육에 대한 유럽 공통 얼개(CEFR)의 계발 등에 크게 기여하였다. 현재는 그 대학의 명예교수로 있다. 누리집(http://www.ling. lancs.ac.uk/profiles/charles-alderson)에서 상세한 정보를 얻을 수 있고, '이력서(CV)'도 올라 있다.

올더슨·클레펌·월(Alderson, Clapham, and Wall 1995)은 김창구·이선진 뒤침(2013), 『언어 테스트의 구성과 평가』(글로벌콘텐츠)로 번역되어 있다(단, 제11장과 부록 6, 7, 8은 번역자들의 자의적 결정에 따라 제외되었음). 본문에서는 여러 차례 올더슨 외(1995)로 표시되는데, 번역본의 쪽수도 같이 적어 놓아 참고할 수 있도록 하였다. 그렇지만 그 번역본에서 남발된 외국어나 외래어들은 버리고 마땅히 더 쉬운 우리말로 고쳐지기를 희망한다. 번역 용어의 선택과 번역 방식은, 일선 교사들이 이내 알아차릴 수 있도록 정확하고 더 쉬운 용어를 쓰는 일이 더 중요하다고 믿는다. 이 번역본도 또한 그런 목적을 제대로 달성하지 못할 수 있으며, 남들이 딛고 올라갈 중간 계단으로서의 몫을 지닐 뿐이다.

개념적인 토대를 탐구하고, 읽기 평가를 위하여 이것들의 함의를 분명히 윤곽 지어 놓는다. 그런 다음에 읽기 검사를 위한 명세내역 계발, 읽기 검사 문항의 설계(기획)와 집필, 읽기 검사에서 의도된 목적들을 구체화 해 놓기처럼 실천적인 논제를 다루기 위하여, 평가에서 그 자신의 경험을 이끌어 낸다. 그 논의에서는 제2 언어3) 읽기 및 제1 언어 읽는 힘(literacy) 에4) 대한 교실수업 평가, 학교교육 환경에서 응시생들에게 부담이 큰 결정을 위한 대규모 평가, 전문직 인증과 취업을 위한 평가를 포함하여, 다양한 상황들을 끌어들인다. 주된 요점들이 택일형 문항과 공백/빈칸 채우기 검사뿐만 아니라, 또한 큰소리 내며 읽기와 같은 평가 기법, 인상 적 판단, 단서착각 분석, 자기 평가에 이르기까지, 일정 범위의 사례들로

---

3) (역주) 본디 다중언어 사회를 묘사하기 위해 나온 말이다. 집에서 쓰는 말과 밖에 나가 콜라를 사 먹을 때 쓰는 말이 다를 경우에 '다중언어 사회'라고 한다. 젖먹이 때부터 어머니 에게서 배운 말을 제1 언어(모국어)라고 부르고, 사회에서 쓰는 말을 제2 언어라고 부른다. 외국어는 단일언어 사회에서 특정한 언어를 목표언어로 내세우고 배우고자 할 경우에 해당 한다. 한국은 단일언어 사회이다. 따라서 영어는 외국어이지, 제2 언어는 아니다. 그렇지만 이런 개념 구분이 미약해지고, 외국어와 제2 언어를 서로 구분하지 않고 쓰는 경우가 점점 늘고 있다. 따라서 최근에는 우리나라 학생들에게도 영어를 '제2 언어'로서 가르친다고 말 하는 경우를 자주 들을 수 있다. 모국어 또는 모어는 젖먹이 때 배운 언어 환경을 가리키지 만(엄마가 아기에게 하는 과장된 어조의 말투들을 '엄마 말투[motherese]'로 부름), 뿌리를 따지는 경우에는 조국이란 말과 같이 조국어라는 말도 쓸 수 있을 듯하다.

4) (역주) 국어교육 전공자들이 해괴하게 '문식력'이란 엉터리 말을 쓰면서도 부끄러워할 줄 모른다. '문해력'이 이보다는 조금 낫지만, 한자의 조어법을 모르기는 마찬가지이며, 이 를 시비하는 사람이 아무도 없는 듯하여 더욱 우습다. 그런 엉터리 말을 만들어 내고, 뭐가 잘못인지 자각하지도 못하면서 과연 국어교육을 한다고 말할 자격이 있을까? 만일 한자어 에 사족을 쓰지 못하고서, 꼭 순수 한자어로 말을 만들어야 한다면, 식자우환(識字憂患)에서 '식자력(識字力, 글자를 알아차리는 능력)'이라고 해야 올바르다. 이전에 유엔에서 문맹률을 조사할 적에 썼던 '글자해득 능력'이란 용어가 훨씬 나은 번역이다. 이 말이 글자(letter)와 뿌리가 같기 때문이다. 여기서는 쉬운 우리말을 살려서, '읽는 힘'이라고 번역해 둔다. 우리 가 스스로 우리말을 천시한다면, 이 세상의 어느 누가 우리 말을 아끼랴! 맥락에 따라서는 비유적으로 확장되어 때로 이 말이 '인식 능력'이나 '사용 능력'이란 의미까지 담기도 한다. computer literacy는 컴퓨터를 다루는 힘, 컴퓨터 사용 능력이다. 원문 144쪽(§.5-2-1-1)에서는 컴퓨터 사용능력이란 말 대신에 IT literacy(정보기술 사용능력)이란 말도 쓰고 있다. §.1-9의 역주 68)과 70)을 함께 살펴보기 바란다. §.2-5-3에서는 동일한 어원의 글자로서 글말의 꽃 인 '문학 속성'을 가리키기 위하여 literariness(문학 속성, 문학다운 속성)이란 용어를 쓰고, literature(광의의 문헌, 협의의 문학)란 용어도 쓴다. 또 §.2-2-1에서는 pre-literate(글자를 읽 지 못하는, 문자 해득 이전의 단계)라는 용어도 쓰고, §.4-3에서는 literal meaning(축자적 의 미, 글자 그대로의 의미)이라는 용어도 쓰고 있다.

제시되어 있다. 마지막 두 장에서는 지금까지 대체로 평가하기에 너무 어렵다고 여겨져 온 영역들을 탐구한다. 읽기 능력의 향상/발달 단계나 수준, 읽기에 포함된 전략과 처리과정들이다.

이 책을 통해서 올더슨은 읽기 주사 연구로부터 나온 이론적 통찰력 및 평가의 요구와 근본적 필요조건 양자를 모두 이용하여, 이것들이 얼마만큼 유익하게 읽기 평가 실천에 정보를 제공할 수 있는지를 서술해 준다. 한 마디로, 이 책에서는 읽기 검사의 설계(기획)·출제·이용에 대한 원리 잡힌 접근을 제공해 준다. 따라서 응용언어학에 있는 이론 및 주사 연구를 함께 모아놓기 위한 이 총서의 목적을 유용한 방식으로 언어 검사 실천가(≒시험 출제자)들에게 실증해 주는 것이다.

라일 F. 바크먼(Lyle F. Bachman)

저작권 알림

저자와 편집자와 출판사에서는 이 책에서 확인된 저작권 자료의 이용을 허락해 준 원저자와 출판사와 다른 관계자 여러분들께 감사드린다. 본문 속에 이용된 자료들에 대한 자원이 완벽히 모두 확인되거나 추적할 수 없었는데, 그런 경우 본 출판사에서는 저작권 소유자들로부터 나온 정보(요구)를 언제든 환영할 것이다.

Examinations Syndicate, The British Council and IDP; *Cambridge Examination in English for Language Teachers Handbook*. December 1998. With permission of University of Cambridge Local Examinations Syndicate; de Witt, R. 1997. *How to prepare for IELTS*. Pages 63, 64 and 65. © The British Council; Chamot, A. U. 1982. *Read Right! Developing Survival Reading Skills*. Minerva: New York. Cited in Silberstein, S. 1994. *Techniques and Resources in Teaching Reading*. © Oxford University Press; Fordham, P., D. Holland and J. Millican. 1995. *Adult Literacy: A handbook for development workers*. Oxford: Oxfam/Voluntary Services Overseas. Page 116; Griffin, P., P. G. Smith, and L. E. Burrill. 1995. *The Literacy Profile Scales: towards effective assessment*. Belconnen, ACT: Australian Curriculum Studies Association, Inc. Pages 20, 21, 148 and 149; Urquhart, A. H. 1992. *Draft Band Descriptors for Reading*. Plymouth: College of St. Mark and St. John. Unpublished. Pages 34 and 35; *Certificates in Communicative Skills in English Handbook*. August 1999. Page 12. With permission of University of Cambridge Local Examinations Syndicate; Grellet, F. 1981. *Developing Reading Skills*. Cambridge: Cambridge University Press. Pages 12, 13, 32, 34, 60 and 62; Baudoin, E. M., E. S. Bober, M. A. Clarke, B. K. Dobson and S. Silberstein. 1988. *Reader's Choice*. (second edition) University of Michigan Press. Pages 82, 236, 237 and 238. Cited in Silberstein, S. 1994. *Techniques and Resources in Teaching Reading*. Oxford: Oxford University Press. Pages 45, 46, 47, 81, 82 and 83; Tomlinson, B. and R. Ellis. 1988. *Reading Advanced* © Oxford University Press. Pages 2~6; Chang, F. R. 1983. *Mental Processes in Reading: a methodological review*. Reading Research Quarterly, 18 (2). International Reading Association. Page 218; Duffy, G. G., L. R. Roehler, E. Sivan, G. Rackcliffe, C. Book, M. S. Meloth, L. G. Vavrus, R. Wesselman, J, Putnam and D. Bassiri. 1987. *Effects of explaining the reasoning associated with using reading strategies*. Reading Research Quarterly. 22 (3). International Reading Association. Page 360.

◁ 번역에서 인명과 지명의 한글 표기 방식 ▷

이 책에 있는 외국의 인명과 지명 표기는 '한글 맞춤법'을 따르지 않는다. 맞춤법에서는 대체로 중국어와 일본어는 '표면 음성형'으로 적고, 로마자 표기는 '기저 음소형'으로 적도록 규정하였다. 그렇지만 번역자는 이런 이중 기준이 모순이라고 느낀다. 우리말 한자 발음을 제외하고서는, 외국어 표기를 일관되게 모두 '표면 음성형'으로 적는 것이 옳다고 본다.

외국어 인명의 표기에서 한글 맞춤법이 고려하지 못한 중요한 속성이 있다. 우리말은 '음절 박자(syllable-timed)' 언어이다. 그러나 영어는 갈래가 전혀 다른 '강세 박자(stress-timed)' 언어에 속한다. 즉, 영어에서 강세가 주어지지 않는 소리는 표면 음성형이 철자의 소리와는 아주 많이 달라져 버린다. 이런 핵심적인 차이를 전혀 고려하지 못한 채, 대체로 철자 대응에 의존하여 발음을 정해 놓았다. 그 결과 원래 발음에서 달라져 버리고, 두 가지 다른 발음으로 인하여 서로 다른 사람을 가리키는 듯이 오해받기 일쑤이다. 번역자는 이런 일이 줄어들기를 희망하며, 영미권 이름들에 대하여 '표면 음성형' 표기를 원칙으로 삼았다(철자를 읽는 방식이 아님). 영미권에서는 이미 다수의 발음 사전이 출간되어 있다. 번역자는 영미권 인명의 표면 음성형을 찾기 위하여 네 가지 종류의 영어 발음사전을 참고하였다.

① Abate(1999), *The Oxford Desk Dictionary of People and Places*, Oxford University Press
② Wells(2000), *Longman Pronunciation Dictionary*, Longman Publishers
③ Upton et al.(2001), *Oxford Dictionary of Pronunciation*, Oxford University Press
④ Roach et al.(2006), *Cambridge English Pronouncing Dictionary*, Cambridge University Press

모든 로마자 이름이 이들 사전에 다 들어 있는 것은 아니다. 그럴 경우에는 두 가지 방법을 썼다. 하나는 각국의 이름에 대한 발음을 들을 수 있는 다음 누리집들을 이용하거나

https://www.howtopronounce.com
http://www.forvo.com
http://www.pronouncenames.com

또는 구글 검색을 통해서 관련된 동영상 파일들을 검색하여 정하였다. 다른 하나는 경상대학교 영어교육과에 있는 런던 출신의 기오토(M. J. Guilloteaux) 교수에게서 RP(표준 발음, 용인된 발음)를 듣고 표기해 두었다.

영어권 화자들은 자신의 이름에 대한 로마자 표기에 대하여 오직 하나의 발음만을 지녀야 한다고 고집을 세우지 않는 특성이 있다. 영어 철자 자체가 로마로부터 수입된 것이고, 다른 민족들에 의해서 같은 철자라 하더라도 발음이 달리 나옴을 인정하기 때문이다. 한 가지 예로, John이란 이름은 나라별로 여러 가지 발음을 지닌다. 콴, 장, 후안, 요한, 이반(러시아 발음) 등이다. 뿐만 아니라, 급격히 영미권으로 다른 민족들이 옮겨가 살면서, 자신의 이름을 자신의 생각대로 철자를 적어 놓았기 때문에, CNN 방송국 아나운서가 특정한 이름을 발음하지 못하여 쩔쩔 매었던 우스운 경우까지도 생겨난다. 그렇다고 하여, 이는 영어 철자 이름을 아무렇게나 발음해도 된다는 뜻이 아니다. 번역자는 가급적 영미권 화자들이 발음하는 표면 음성형을 따라 주는 것이 1차적이라고 본다. 따라서 이 책에서 번역자가 표기한 한글 표면 음성형만이 유일한 발음임을 뜻하는 것이 아니라, 가능한 발음 가운데 유력 후보임을 나타낼 뿐임을 이해하여 주기 바란다. 아울러 한글 맞춤법의 영어권 이름 표기 방식도 더 나은 개선이 이뤄지기를 간절히 희망한다.

줄임말과 본딧말(번역에서는 본딧말 다음에 괄호 속에 줄임말을 썼음)

ABEEB	Association of British ESOL Examining Board (영국 이쏠 검사 위원회 연합)
ACTFL	American Council for the Teaching of Foreign Languages (외국어 교육을 위한 미국 협의체)
AEB	Associated Examining Board (연합 검사 위원회)
ALBSU	Adult Literacy Basic Skills Unit (어른들이 읽고 쓰는 힘의 기본기술 단위)
ALTE	Association of Language Testers in Europe (유럽의 언어 검사자 연합)
ASLPR	Australian Secondary Language Proficiency Ratings (호주 제2 언어 능숙도 채점등급)
CAE	Certificate in Advanced English (고급영어 자격인증)
CCSE	Certificate in Communicative Skills in English (영어의 의사소통기술 자격인증)
CPE	Certificate of Proficiency in English (영국의 영어통달 자격인증)
CUEFL	Communicative Use of English as a Foreign Language (외국어로서 영어의 의사소통 사용)
EAP	English for Academic Purposes (진학 목적의 영어)
EFL	English as a Foreign Language (외국어로서의 영어)
ELTS	English Language Testing Service (영어 평가원, 영어 검사원)
EPTB	English Proficiency Test Battery (영어 능숙도 검사 모음)
ESL	English as a Second Language (제2 언어로서의 영어)
ETS	Educational Testing Service (교육 평가원, 교육 검사원)
FCE	First Certificate in English (영국의 초급영어 자격인증)
GCSE	General Certificate of Secondary Education (중등교육 일반 자격인증)
IEA	International Association for the Evaluation of Educational Achievement (교육 성취도의 평가를 위한 국제 연합)
IELTS	International English Language Testing System (영국의 국제적 영어 검사제도)
IRI	Informal Reading Inventory (비격식적인 읽기 평가표)
JMB	Joint Matriculation Board of Northern Universities (북부 지역 대학 입학허가 협동위원회)
KET	Key English Test (핵심 영어 검사, 기본 영어 검사)
L1	First Language (제1 언어)
L2	Second Language (제2 언어)
NEA	Northern Examining Authorities (북부 지역 검사 당국)
PET	Preliminary English Test (예비 영어 검사)
RSA	Royal Society of Arts (영국 왕립 예술원)
TEEP	Test in English for Educational Purposes (학업 목적의 영어 검사)
TLU	Target Language Use (목표 언어 사용)
TESOL	Teachers of English to Speakers of Other Languages (타 언어 화자에 대한 영어 교사)
TOEFL	Test of English as a Foreign Language (외국어로서의 영어 검사)
TOEIC	Test of English for International Communication (국제적 의사소통을 위한 영어 검사)
UCLES	University of Cambridge Local Examinations Syndicate (케임브리지 대학교 지역시험 연합)
UETESOL	University Entrance Test in English for Speakers of Other Languages (외국인을 위한 대학 입학자격 영어 검사)

목차

제7장 읽기 시험의 구현 기법_____373

제8장 읽기 능력의 향상_____491

제9장 앞으로 나아갈 길, 독자와 지문 간의 상호작용 평가: 과정 및 전략_____543

제6장 실제로 이용되는 시험:
상황별 네 가지 시험의 목적

§.6-1. 들머리

제4장에서는 읽기의 구성물이 어떻게 정의되고 운영되어 왔는지를 살펴보았다. §.5-2에서는 출제에 반드시 언급할 필요가 있는 과제 특성 이외의 측면들을 간략히 다루었는데, 읽기 능력이 무엇이 될지 또는 바크먼·파머(1996)에서 선호할 만한 용어로는 덩잇글에 적용된 언어 능력이 무엇이 될지에 대한 정의이다. 물론 지금까지 실제적으로 계속 읽기의 구성물에 관한 논제를 언급해 왔고, 뒤에 있는 장들에서도 또한 계속하여 이 주제를 다룰 것이다.

제5장에서는 바크먼·파머(1996)의 용어를 채택하면서 먼저 목표언어 사용(TLU) 영역에서 다수의 과제 특성들을 찾아내었고, 그리고 나서 읽기 검사/시험 및 평가 절차를 마련하는 경우에 고려되어야 하는 검사 과제를 확장하였다.

제6장에서는 읽기 능력에 관한 추론, 응시생 개인들에 대한 결정과 같은 검사의 이용(uses)과 관련하여 읽기가 평가되고 있는 다수의 상황을 제시하겠는데, 그 이용은 검사 또는 평가 절차들로부터 나온 정보에

근거하여 이뤄진다. 이미 제1장에서 약속하였듯이, 읽기를 평가할 필요가 있는 여러 가지 실세계 속성(≒필요성 분석)을 살펴볼 것이다. 그렇지만 우선 출제의 다양한 단계들을 간략히 살펴볼 필요가 있다.

§.6-2. 출제

바크먼·파머(1996)에서는 출제(*test development*, 검사 계발)를 세 가지 주요한 구성부문을 지닌 것으로 여긴다.

(가) 설계(*design*): 여섯 가지 하위 항목을 지님
(나) 실무 운영(*operationalisation*): 두 가지 하위 항목을 지님
(다) 시험 시행(*administration*): 세 가지 하위 항목을 지님

(가) 설계에서는 출제자가 응당 ① 시험의 목적, ② 목표언어 사용(TLU) 영역 및 과제 유형의 서술, ③ 응시생의 특성, ④ 시험 구성물에 대한 정의, ⑤ 시험 유용성을 평가하기 위한 계획, ⑥ 이용 가능한 자원들의 일괄 목록과 그것들을 할당하고 관리할 계획을 모두 다루는 설계 진술을 만들어 주어야 한다. (나) 실무 운영 단계에서는 출제자가 선택하고, 구체화하며, 집필하는 일이 이뤄진다. ① 시험 구조(검사 구조)의 세부사항과 더불어 시험 청사진, ② 시험 과제 명세내역들을 만들어 주어야 한다. 청사진에는 각 부문의 수, 두드러짐, 부분들의 연결, 상대적 중요성, 과제의 수가 들어간다. 명세내역에는 목적의 상세화, 구성물의 정의, 시험 현장, 시간 할당, 유의사항, 과제 입력물의 특성, 예상 답변, 채점 방법이 들어간다. 마지막으로 (다) 시험 시행 단계에서는 ① 되점검 모으기, ② 해당 시험을 분석하고 문서로 만들기, ③ 시험 점수 산출을 포함한다.

비록 이것이 유용한 성격화의 결과이겠으나, 구성부문 단계 속에서, 단계들 사이에서, 그리고 시험 과제 특성의 첫부분 서술과 내용이 사뭇 많이 겹쳐져 있다. 대안이 되는 모형이 올더슨 외(1995; 김창구·이선진 뒤침 2013)로부터 나오는데, 시험 구성 내용과 평가에 대하여 다음 10가지 단계를 포함한다.

시험 구성 및 평가를 위한 단계

(i) 시험 목적 확정
(ii) 시험 명세내역 마련
(iii) 문항 집필자의 훈련, 집필 결과 조정을 위한 출제 지침
(iv) 모의고사(예비시험) 실시, 결과 분석, 시험 내용 수정
(v) 시험관 및 시험 시행자 훈련
(vi) 시험관의 신뢰도 점검
(vii) 점수 통보와 통과(합격) 여부 표시
(viii) 시험 유효성 확정/비준
(ix) 사후 시험 보고서
(x) 동종의 시험 마련과 개선

*출처: 올더슨 외(1995; 김창구·이선진 뒤침 2013)

이런 모형에서는 시험 명세내역을 마련하는 일이 중심적으로 간주된다. 명세내역들이 다수의 상이한 독자층을 위하여 존재하며, 이것들이 서로 구별될 필요가 있음이 지적된다. 중요하게 명세내역이 문항 집필자들의 출제 지침을 위해서도 씌어지나, 또한 다소 상이한 형태로 시험 유효성 비준 주체 및 시험 이용자에게 보여 줄 명세내역도 필요하다. 후자에는 교사와 시험 점수를 해석하여 (입사 여부 등을 결정할) 이용자뿐만 아니라, 응시생들 자신도 포함된다.[1] 이런 모형에서 바크먼·파머

---

1) (역주) 본문에서는 네 종류의 명세내역을 마련해야 하는 듯이 서술해 놓았지만, 흔히 ㉠ 출제자가 지침으로 삼는 명세내역, ㉡ 관리자나 시험 점수 이용자가 알아볼 명세내역, ㉢

(1996)의 모형으로 수렴될 만한 대목은 마땅히 다뤄져야 할 명세내역의
측면들에 있다. 시험 명세내역은 다음 사항 23가지를 모두 또는 대부분
포함하는 진술들을 담고 있어야 하는 것으로 알려져 있다(올더슨 외
1995: 11~38쪽; 김창구·이선진 뒤침 2013: 20~39쪽).

① 시험 목적
② 응시하는 학습자 (나이, 성별, 언어 능숙도 수준, 모국어, 문화 배경,
   출신 국가, 교육 수준, 응시하는 교육적 이유의 본질, 있을 수 있는 개
   인별 그리고 전문직 관심사항, 배경지식의 수준 등)
③ 응시생 능력에 비춰 본 시험 수준
④ 시험 구성물
⑤ 적합한 언어 수업이나 교재에 대한 서술
⑥ 시험의 하위 부문에 대한 숫자
⑦ 각 부문마다 소요 시간
⑧ 각 부문의 중요도(무게)
⑨ 목표언어 상황
⑩ 지문 유형
⑪ 지문 길이
⑫ 지문 복잡성/난이도
⑬ 시험이 부과될 언어 기술
⑭ 언어 요소 (구조, 어휘, 개념, 기능)
⑮ 문항 유형
⑯ 문항의 숫자와 중요도
⑰ 시험 방법
⑱ 시행지침(*rubric*, 269쪽의 역주 3 참고), 본보기 사례, 명백한 평가 기준

응시생들이 볼 명세내역과 같이 세 종류를 거론한다.

⑲ 채점 기준

⑳ 각 수준마다 전형적인 수행 내용에 대한 서술

㉑ 각 수준마다 실세계에서 응시생들이 무엇을 할 수 있는지에 대한 서술

㉒ 본보기(표본) 글

㉓ 과제들에 대한 응시자 수행의 본보기(표본)

비록 바크먼·파머(1996) 모형이 시험 과제 및 실생활 언어 사용 사이에 일치의 정도를 확립해 놓을 수 있다고 주장하였지만, 어떤 모형도 완벽할 수 없고, 어떤 주장도 포괄적일 수 없다(301쪽 §.5-2-3의 역주 26을 참고). 더욱이 그들은 모두 특정한 현장에서 대체로 세부사항이 필요해지든지 아니면 무관하게 될 것임을 강조하고 있다. 아마 불가피하게도 두 가지 모형이 각각 시험 출제에서 일직선적 전개를 함의하며 특성들을 놓고서 하위 영역별 점수로[2] 별개의 처리를 함의하므로, 또한 시험 구성물의 실제적 처리가 왜곡되기 때문일 것이다. 예들 들어, 올더슨 외(1995; 김창구·이선진 뒤침 2013)의 모형에 따르면, 오직 채점관 훈련이 실시되는 경우에만 채점 방법을 고려해야 하겠으나, 물론 실제로는 채점·등급 눈금·점수 얼개를 위한 절차들이 명세내역을 마련하는 단계에서 초안이 잡히고, 모의고사(예비시험)가 실시된 뒤 곧 이어진 분석 과정 동안에 검토가 이뤄지며, 종종 시행 감독관 훈련이 실시되기 전에 대대적으로 수정됨을 시사해 줄 수 있다.

　실천 단계에서는 시험 출제가 반복 순환되면서 진행되어 나간다. 이 순환은 모든 단계에 그리고 시험 출제의 모든 구성부문들에 적용되지만, 이미 강조하였듯이, 이는 특히 시험 명세내역 및 시험 과제 사이의

---

2) (역주) discrete points(별개의 하위 영역별 점수, 이산 점수)는 구성물에 따라 나온 명세내역을 기준으로 하여, 그 명세내역 속의 하위 영역별로 각각 따로따로 점수를 매기는 일이다. 전체 영역이 100점이고, 명세내역 속에 5개 영역이 있다고 치면, 각 하위 영역별 20점씩 배당하거나, 또는 가중치를 부여하여 중요한 영역에 따라 '30점+30점+20점+10점+10점'과 같이 영역별 점수를 줄 수도 있다.

관련성에 대하여 참이다. 명세내역이 표본 과제를 초안 잡기 위한 지침을 제공해 주겠지만, 순환 과정에서 시험 출제의 어려움(*difficulties*)은 출제자들에게 흔히 시험 명세내역의 수정을 요구하게 될 되점검도 제공해 준다. 저자가 간여하였던 한 가지 시험 출제 업무에서는, 문항 집필이 진행되는 동안에 구성물에 대한 이해가 깊어짐에 따라 여섯 가지 상이한 명세내역의 내용이 만들어졌고, 그런 명세내역들을 해석하고 운영하기 위하여 우리의 경험도 문항 집필자들의 능력과 더불어 성장하였다. 그리고 임의의 시험 과제가 외부 인사들에 의해서 검토되고, 임의의 응시생을 놓고서 모의고사(예비시험) 시행을 하기 이전까지, 그런 성장이 꾸준히 이뤄져 나갔다!

　그렇다면 시험 명세내역과 과제는 모의고사(예비시험) 실시에 비춰서뿐만 아니라 또한 문항 집필자와 응시생과 중요하게 시험점수 이용자의 경험에 비춰서도 수정이 이뤄질 것이다. 1970년대의 필요성 분석(*needs analysis*)에서 전형적이었던 한 가지 접근 방식은, 주어진 목표언어 사용 상황에서 참여자(≒응시생)들을 확인하고, 그들에게 그런 현장에 있는 사람들에게 필요한 언어(언어 사용)에 대하여 질문하는 것이다. 따라서 그런 정보 제공자가 시험 명세내역에 대한 첫 입력물을 제공해 준다. 그런 접근에 들어 있는 문제는 우리가 수집하는 대량의 자료를 유용한 시험 명세내역으로 바꾸는 데 따른 어려움이다. 대안이 되는 접근에서는 일단 시험 명세내역과 표본 시험 과제들을 완성하였다면, 다른 조사 연구 과제에서 이미 목표언어 사용(TLU) 영역에 있는 언어 필요성을 밝혀왔으므로, 오직 여러 정보 제공자들에게 자문을 받은 또 다른 시험 출제 업무만을 시도하는 것이었다. 미리 완성해 놓은 과제 및 명세내역들이 과연 주어진 목표언어 사용(TLU) 현장에서 유관한 참여자(응시생)들의 능력을 평가하는 일에 적합할지 여부를 정보 제공자에게 묻는 것이다. 그러고 나서 그들로부터 나온 평가가 모의고사(예비시험) 실시 이전에 명세내역과 과제들을 수정하는 데 도움이 되도록 이용하는 것이다(클래퓜·올더슨 1997 및 올더슨 1988을 보기 바람).

시험 명세내역 속에 들어 있는 세부사항의 수준은 현저하게 변동될 것이다. 만일 일반적인 교실수업에서 교사가 자신의 비공식적인 읽기 수업을 마련하기 위하여 이용할 것이라면, 교실 현장에서 명시적으로 만들어지지 않은 많은 묵시적 정보와 더불어 사뭇 짤막할 것 같다. 여러 사람의 문항 집필자가 동종 형식의 시험을 여러 차례 집필하게 될 아주 부담이 높은 능숙도 시험에서는, 문항 집필자들이 무엇을 산출할지를 놓고서 훨씬 더 많은 세부사항과 통제가 필요하다.

많은 부분이 또한 문항 집필자의 전문 지식과 경험에 달려 있을 것이다. 만일 그들이 훈련을 받아왔고 오랜 경험을 지니고 있다면, 정확히 택일형 문항을 집필하는 최선의 방법과 피해야 할 위험이 무엇인지 등을 서술하는 것이 불필요할 듯하다. 그렇지만 심지어 노련한 문항 집필자들을 대상으로 하더라도 그런 경험이 언제나 당연한 듯이 가정되는 것은 아니며, 자세한 문항 집필에 대한 지침을 마련하는 것이 아주 도움이 될 듯하다. 바크먼·파머(1996)에서는 이를 시험 청사진(*test blueprint*)이라고 부르며, 특정한 검사 기법의 발전 과정에서 검사법의 효과 및 최선의 실천에 대한 추가적인 자세한 논의가 더 들어가 있다.

§.6-3. 시험 시행의 네 가지 상황

이제 저자는 제5장에서 해설해 놓은 얼개에 대하여 실제 사례를 들어 주고, 목표언어 사용(TLU) 및 시험 과제 성격을 찾아냄으로써 다수의 평가 현장 및 목적을 위하여 시험 명세내역에 대한 앞의 논의를 예시해 주고자 한다. 이어지는 제7장에서는 좀 더 자세하게 시험 구현 방법을 보완하는 상보적 논의를 전개하게 된다.

첫 번째 상황('상황 1')에서는 특정 목적 영역을 예시해 주는데, 목표언어 사용(TLU)과 시험 과제 사이의 관계가 아주 쉽게 확립될 수 있다. 영국 외무부의 직원들을 대상으로 하여, 수준에 따라 목표언어로 된 덩잇글들을 읽고 이해 여부를 묻는 읽기 시험이다. 특정 목적의 종류와 관련된 추가 사례들은 이 총서에 있는 더글러스(Douglas 2000)을 읽어보기 바란다. 그 다음에 살필 세 가지 상황은 목표언어 사용(TLU) 영역 및 가능한 시험 과제 사이의 관계가 그리 단순치 않은 현장을 나타낸다. 두 번째 상황('상황 2')은 영어권의 대학원에 응시하려는 후보들 중에서 읽기 능력이 떨어지는 후보를 골라내는 부담이 큰 시험이다. 세 번째 상황('상황 3')은 교실 수업에서 읽기가 평가되는 상황인데, 토박이 및 제2 언어 학습자를 대상으로 하는데, 상대적으로 시험 부담이 적다. 마지막 네 번째 상황('상황 4')은 영국에서 고등학교 졸업인증 학력시험 중에서 읽기 시험에 관한 것으로, 세 번째 상황과는 다르게 시험 부담이 아주 크다.

◈ 상황 1: 영국 외무부 직원들을 대상으로 한 특정 목적의 수준별 시험

이 첫 번째 상황은 전문직 현장을 지닌다. 다섯 수준으로 나뉜 일단의 시험 목적이 영국 정부의 대민 부서, 특히 외교부 민원실에서 직원들의 읽기 능력 수준을 찾아내는 것이다. 시험 목적 중 하나는 앞의 목적뿐만 아니라 또한 외교관들에게 자신이 배치될 나라에서 말해지는 외국어를 배우도록 장려하려는 것이다. 게다가 이 시험이 특정한 나라로 배치하기 위하여, 그리고 특정한 책임이나 국내 과업에 배치하기 위하여 공무원들을 찾아내는 일에도 쓰일 것이다. 응시자들은[3] 추가

---

3) (역주) 132쪽 §.2-4-1의 역주 53)에서 이미 강조하였듯이, 서구 수사학에서는 덩잇글을 전개시켜 나갈 때에 동일한 낱말을 그대로 반복하는 것이 아니라, 유의어·상의어·하의어· 반의어들을 이용하여 다른 낱말로 표현해 주는 일을 강조해 왔다. 이런 낱말들을 찾기 위

상여금을 받게 되는데, 이는 자신이 달성한 능력의 수준에 따라 변동될 것이다. 시험들이 읽기 능력의 다섯 수준으로 마련되었다. 왕초보 0 수준으로부터 고급 전문직 수준까지이다.

다섯 수준으로 된 일단의 시험은 따라서 전문 직업 목적을 위한 것이고, 충격을 줄 현저한 잠재력을 지닌 비교적 부담이 높은 시험이며, 시험 시행에서 아주 격식을 갖추고 있는 공식적 시험일 것 같다. 응시자들은 한 번에 하나의 수준에 시험을 치르기 위해 등록을 할 것이고, 일단 이미 이전 기회 때 더 낮은 수준의 시험을 통과하였다면, 그럴 경우에만 더 높은 수준의 시험에 응시하는 것이 적격할 듯하다. 읽기 시험이 또한 다른 언어 능력의 측정도 아울러 겸할 것 같다. 특히 덩잇말을 이해하는 능력과 해당 외국어로 말하는 능력이다. 여기서는 저자가 글말에만 국한지어 다룰 것이다.

바크먼·파머(1996)에서는 목표언어 사용(TLU) 및 시험 성격에 대한 두 가지 목록이 따로 만들어진 뒤에, 합치점을 찾기 위해 하나씩 비교되어야 함을 함의하고 있다. 이하에서는 쉽게 읽히기 위하여 목표언어 사용(TLU) 성격 및 있을 수 있는 시험 과제 성격을 나란히 제시하기로 한다(이하에서 각각 2번 시험 지문의 성격 및 3번 과제 입력물의 성격으로 제시함).

한 사전도 나와 있는데, 유관 낱말 모음(thesaurus, 관련 어휘 집성)이라고 부른다. 여기서 candidates(후보)는 앞에서 test-takers(응시생)이나 officials(외교부 공무원)이나 participants (참여자) 등과 '사슬 관계'에 있는 낱말이다(lexical chain). 아직 우리 문화에서는 글말 전통이 부박하고, 글쓰기가 뿌리를 내린 적도 없어서 이런 사슬 관계를 잘 이용하지도 않고, 의무적이지도 않다. 일선 현장에서 학교의 정례적 행사에서 교장의 연설문은 스스로 작성해야 마땅하겠지만, 고등교육을 받을 때까지 이런 훈련을 전혀 받아보지 못하였기 때문에 국어 교사에게 다 떠맡기는 현실이 우리에게 글말 전통이 없다는 단적인 증거이다. 여기서는 사슬을 이루는 낱말들을 오직 하나로 통일하되, 학생이 아니고 외교부 공무원들이므로 '응시자'로 바꿔 번역해 둔다. 낱말 사슬을 이용하는 또 다른 사례는 85쪽 §.2-2의 역주 11) 및 95쪽 역주 21)와 132쪽 §.2-4-2의 역주 53)도 같이 참고하기 바란다.

(1) 현장의 성격

응시자로서 독자는 흔히 하위 직급이나 중간 직급의 영국 외무부 공무원들이다. 나이는 20대 후반에서부터 40대 중반까지일 것 같지만, 나이가 더 많은 공무원들도 승진이나 근무지 배치를 위해서 이 시험에 응시하도록 요구될 수 있다. 성별은 구별이 없고, 교육 수준은 고등 교육 내지 동등한 전문직 경험을 지니고 있다. 외교 절차 및 자신의 직급에 요구되는 일반적 책무에 대하여 두드러진 지식을 쌓았겠지만, 목표 문화 속에서 살아본 경험과 그 나라의 정치·경제·역사·지리 측면에 대한 지식이 제한되어 있다면 많은 경험을 해 보지 않았을 가능성도 있다. 이는 직급에 맞게 효과적으로 운용하는 능력과 유관한 것으로 간주된다.

목표언어 사용(TLU) 의사소통 사건에 포함된 다른 참여자들은, 응시자들이 읽은 결과를 요약하여 들려줄 더 높은 상위직 공무원들 및 같은 직급의 다른 부서에 있는 동료 공무원들이며, 때로 적합한 업무들을 배당해 줄 필요가 있는 하위 직급 공무원들이다. 가끔 초급 공무원과 서기들도 본디 (외교) 문서들을 기준으로 하여 점검될 필요가 있는 목표언어 사용(TLU) 문서들에 대한 해설을 제출할 것이다.

더 높은 수준의 응시자들은 불이 밝고 편안하며 외부의 소음이 차단된 사무실에서 종이로 된 문서나 컴퓨터 화면 상으로 문서를 읽을 것 같다. 그렇지만 대중교통을 이용하는 동안 읽거나 또는 가끔 불편하게 남몰래 들키지 않는 현장에서 읽을 수도 있다. 중심 내용을[4] 찾기 위하여 대체로 그 문서들이 아주 신속히 처리될 것으로 기대되겠지만, 정확

---

4) (역주) 중심 내용 또는 중심 생각에 대해서는 91쪽 §.2-2-3의 역주 15)를 참고하기 바란다. 특히 문선모(2012), 『읽기 이해: 교재 학습』(시그마프레스)은 읽기 논문을 쓰려는 연구자들에게 학문 공동체(교육학 및 심리학)에서 객관적으로 수용되는 개념과 척도에 대한 본보기를 잘 보여 준다.

성에 대한 더 큰 필요성과 함께 주의를 기울여 좀 더 면밀하게 읽어야 할 결정을 내릴 수도 있다. 선별된 문서는 시간 압박감을 덜 받으면서 신중하게 읽히게 될 것이지만, 정확하게 '사실' 및 '의견'을 구분하여 해석할 필요성이 더욱 많아진다.5) 때로는 참여자들에게 문서의 핵심

---

5) (역주) 서구의 오래된 수사학 전통에서는 '사실'과 '의견'을 따로 나눠 놓도록 강조한다. 글을 전개시키는 과정에서나 글을 이해하는 과정에서도 또한 이런 측면을 평가에 반영하기도 한다. 특히 논술류의 글에서는 다른 이름을 써서 각각 의견을 '주장이나 결론'으로 부르고, 사실을 '입증이나 예증'으로도 부르기도 한다. 그렇더라도 실제의 의사소통에서는 이들이 엄격히 구분되어 실행되는 것이 아니다. 오직 덩잇글을 분석하여 재구성할 경우에만, 서로 나누면서 정리해 놓는 두 가지 영역에 속할 뿐이다. 덩잇글 그 자체로는 두 영역을 명백히 구분하여 쓰고 있지 않고, 매우 불분명하게 의견이 마치 사실인 것처럼 표현되기도 하고, 거꾸로 사실이 의견인 것처럼 표현되기도 한다. 이런 구분은 오직 초보 학습자들을 상대로 하여 어떤 담화를 재구성하도록 훈련시키기 위해서만 필요할 뿐이다.

그런데 중요한 질문이 있다. 왜 이런 두 가지 영역을 구분하여 놓아야 하는 것일까? 이는 상대방의 의도를 예리하게 파악하기 위한 중요한 수단이 되기 때문이다. 비록 덩잇글에서 불분명하게 제시되어 있더라도, 이런 구분을 스스로 신속히 수행해 나가야만 비로소 상대방이 목표로 삼고 있는 '숨겨진 의도나 동기'를 제대로 붙들어낼 수 있는 것이다.

우리말로 예를 보이기로 한다. "비가 온다, 비가 왔다, 비가 올 것이다"는 모두 사실에 관한 문장이며, 각각 시제 표현만이 다르다. 철학이나 논리학에서는 이를 투명(transparent) 맥락을 지니고 현실 상황과 관련하여 참값 여부를 결정할 수 있다고 본다. 그렇지만 이 문장에 양태 요소를 덧붙여 보면 다음과 같이 표현할 수 있다.

"비가 오겠네, 비가 왔겠네, 비가 올 텐데, 비가 올까 보다, 비가 왔다 싶다, 비가 올 듯하네, 비가 오겠지, 비가 오겠구나, 비가 올 것 같다"(사건 또는 사태의 가능성에 관한 표현들임)

이제 이 표현은 사실이 아니다. 다만 '비가 오다'라는 상황에 대한 추측이나 판단이나 기대나 짐작을 표현하고 있고, 개별 문장들 사이에서도 그 정도를 각각 다르게 기술할 수 있다. 이는 적어도 일부의 증거나 간접적인 증거를 갖고 있어야만 말해질 수 있는 것이다. 이때 일부 증거나 간접적인 증거는 사실일 수도 있고, 확정된 사실이 아니지만 평가를 거쳐 나온 근접 사실의 후보일 수도 있다. 그런데 한 걸음 더 나아가 이런 양태 표현을 좀 더 다양하게 화자의 태도가 드러나도록 하거나, 화자의 현재 심리상태에다 초점을 모아 표현할 수 있다.

"비가 오면 좋겠네, 비가 온다면 좋지, 비가 왔었더라면, 비가 왔을까 의심되네, 비가 오는가 싶겠는데"(심리상태에 관한 표현들임)

여기서는 모두 사실과 무관하게 '비가 오다'라는 상황을 놓고서 화자의 바람이나 기대가 실망 따위가 표현되어 있다. 이 표현들은 문장이 말해지는 시점에서 결코 사실이 아니다. 대신 모두 상황과 관련된 화자의 심리상태와 의견을 담고 있다. 따라서 하나의 상황과 그 상황을 바라보는 화자의 마음가짐이 한데 엉기어 있는 것이다. 앞의 짐작이나 추측 표현에서는 그 상황에 매우 근접해 있는 듯하지만, 뒤의 표현들에서는 훨씬 더 멀리 떨어져 있다. 따라서 언어 처리과정에서 무심코 같은 말로 넘길 것이 아니라 이런 차이점들을 날카롭게 분석해 내어야 하는 것이다.

철학이나 논리학에서는 이런 부류를 불투명한 맥락(opaque contexts)을 담고 있으므로 내포논리(intensional logic)로 다루지만, 그런 처리 방법은 숨겨져 있는 '상대방의 밑바닥 의도'

부분을 번역하여 상급자들에게 제공하도록 요구되거나, 다른 사람의 번역을 점검하도록 요구될 것이다.

(2) 시험 시행지침의 성격

시험 과제들은 주요한 읽기 목적 두 가지를 모두 반영할 필요가 있다. 통독하면서 골자 파악하기(*skim*, 25쪽 §.1-4의 역주 28 참고) 및 면밀히 비판적으로 읽기(*close and critical reading*)이다. 이는 낮은 수준보다 더 상급 수준에서 훨씬 더 중요할 것 같다. 낮은 수준에서는 읽기가 축자적 이해의 차원에서 사회적 생존을 위한 덩잇글에 한정될 법하다.

더 높은 수준의 유의사항은 보통 묵시적이다. 외교 공무원의 직업상 책무의 일부로서 정의될 수 있는 읽기에 대한 목적이 그러하지만, 때로는 자신의 상관으로부터 나온 정보나 행동을 요구하는 비망록 또는 동료의 경우에 정보를 요구하는 비망록의 형태로 명시적으로도 진술될 수도 있다. 이들 요구 사항이 참여자 자신의 언어로 되어 있을 것이며, 항상 그런 것은 아니겠지만 흔히 글말(서식 형태)로 씌어져 있다.

더 낮은 성취 수준에 속한 외교부 공무원들에게는 보통 자신의 책무를 이행하기 위하여 심층적으로 목표 덩잇글을 이해하도록 요구되지는 않을 것이다. 그러나 더 높은 성취 수준에 속한 경우에는 그들이 보통 일정 범위의 덩잇글을 독자적으로 처리하도록 기대된다. 그런 유의사항이 분명하게 만들어져야 할 경우에, 명시성의 정도는 다양하게 변동할 것이다. 때로 외교부 공무원들에게 주어진 마감 시한까지 '총괄 요약본'으로 간추려진 중심 생각과 더불어, 자세한 번역을 제출하도록 요

를 파악하는 데에 별로 도움이 되지 않는다. 현실적으로 우리가 매일 경험하는 의사소통에서는 두 계열의 문장이 엄격한 구분 없이 자유롭게 뒤섞여 쓰이고 있다. 더군다나 이런 짤막한 문장만 있는 것이 아니라, 더 큰 덩잇글의 한 요소로 내포되는 경우가 허다하다. 따라서 이들을 구분하면서 이해하고 처리하는 연습이 언어 교육에서 절실히 필요하다. 이는 흔히 복합 명제 분석을 통해서 실행할 수 있는 것이다.

구받을 것이다. 더 자주 하급 공무원이나 서기의 번역을 점검하고, 간략한 요약을 제출하며, 주어진 정책 사안이나 제안된 실천 계획에 대한 그 문서의 관련성을 평가하도록 기대되고, 또는 어떤 역사적 사건에 대한 통찰력에 대해서도 글말로 적어 제출하도록 기대될 것이다. 다른 경우에 외교부 공무원들은 배경 정보를 위해서 읽기를 하거나, 목표 국가의 어떤 측면에 대하여 스스로 알아보거나 추가적으로 더 읽을지 여부를 결정하기 위하여 그렇게 한다. 그런 목적들은 보통 묵시적이며, 자기 결정적(*self-directed*)으로 될 것이다.

시험 유의사상은 이들 주요한 두 가지 측면을 반영할 것인데, 묵시적 측면과 명시적 측면이다. 더 낮은 수준에서는 응시자들에게 비교적 간단한 덩잇글을 처리하도록 요구될 것이고, 중심 생각의 이해와 사실적 세부사항과 간단한 추론을 놓고서 시험이 부과될 것이다. 더 높은 수준에서는 응시자들에게 지속적으로 더 어려운 덩잇글을 이해하도록 할 뿐만 아니라, 또한 그 덩잇글과 관련된 과제들을 놓고서 전문 직업적(외교관)으로 수행을 하도록 기대될 것이다.

예를 들어, 고급 수준에서는 이 시험이 다음과 같이 구조화된다. 네 가지 주요한 하위 부문들이 있고, 각 부문마다 다수의 과제들이 있다. 이 부문들은 비록 두 개의 하위 부문이 주제와 덩잇글에 의해 연결되어 있다고 하더라도 동등하게 중요성을 지니며 분명하게 구분된다.

제1부문에서, 응시자들에게 여러 가지 짤막한 문서들을 읽히고, 그 것들의 핵심 요체들을 찾아내게 하였으며, 외교 업무 속에서 어떤 지문이 어떤 부서와 관련되는지를 결정하도록 요구하였다. 제2부문에서는 각각 관련된 주제의 서로 다른 측면을 다루고 있는 다소 긴 세 개의 지문을 읽혔는데, 각각에 빈칸이 들어 있는 제1 언어 번역을 완성해 놓고, 각 지문의 특정한 관점이나 치우침에 대한 다수의 질문들에 답변을 하도록 요구하였다. 제3부문에서는 업무 비망록에 따라 이미 나온 정책에 관한 주요한 정부 성명서를 읽고, 여러 가지 범주의 이민자들에

대한 이민 정책의 기원·본질·함의에 관하여 고위 외교관으로부터 나온 다수의 질문에 응시자가 답변을 하도록 요구하였다. 제4부문에서는 추가적인 업무 비망록을 읽는데, 공식적으로 주최국에 대한 정치적 반대 노선을 지지하는 신문 사설이 같이 딸려 있었다. 응시자들에게는 제3부문에서 개관된 주최국의 정책과 관련해서 비평과 함께 그 사설에 대한 한 단락으로 된 요약(최대 150개 낱말까지)을 제1 언어로 제출하도록 요구하였다. 응시자들에게는 네 가지 부문으로 이뤄진 이들 주요 과제를 완성하는 데 3시간이 주어졌지만, 각 부문에 대하여 얼마만큼의 시간을 들여야 하는지에 대한 안내는 들어 있지 않았다. 시간 할당이 주어져 있지 않으므로 어느 부문의 지문에 집중할지, 그리고 면밀하게 읽을지 아니면 선별적으로 읽을지 여부에 대하여 응시자가 전략적 결정을 내릴 것으로 예상된다.

응시자에게 제1부문, 제2부문, 제3부문에서는 사실에 근거한 정답이나 알맞은 답변에 대하여 각 1점씩 받게 될 것이고, 제4부문에서는 요약 및 비평이 이해의 정확성과 해석의 적절성에 관한 기준에 따라 판정을 받게 될 것임을 말해 주었다. 다만 제4부문에 있는 요약이 정확성 및 적합성의 두 영역으로 나뉘고, 각 영역마다 5점 눈금으로 이뤄진 채점 얼개에 따라 훈련을 받은 두 명의 채점자가 등급을 매길 것이라는 사실은 말해 주지 않았다. 수행 눈금은 각 저울눈에서 1점, 3점, 5점에 대해 서술 내용이 들어 있었다. 제1부문과 제2부분과 제3부문에 대해서도 자세한 점수 얼개가 채점자들에게 주어졌다.

(3) 과제 입력물의 성격

응시자들이 목표언어로 씌어진 넓은 범위의 지문을 읽을 것으로 기대된다. 지문은 인쇄되어 있거나 컴퓨터 화면으로 보여질 것이며, 길이가 책자로부터 짤막한 공문서들에 이르기까지, 신문 사설로부터 정부

정책 성명서에 이르기까지, 공적 모임의 회의록으로부터 두 국가 간의 이해 각서나 협력 과제를 위한 제안서 등에 이르기까지 크게 변동될 것이다.

더 낮은 성취 수준에서는 이따금 이들 지문의 언어가 사뭇 간단하거나 단순화되어 있겠지만, 갈래별로 각각 주요한 조직화 성격을 보여 줄 것이다. 또한 비교적 제약된 묶음의 지문 유형들이 비교적 제약된 일련의 기능을 지닌 시험으로 부과될 것이다. 지문의 내용은 전문직 목적을 위한 것이라기보다, 오히려 전형적으로 사회적 생존을 위해 필요한 종류의 것이 될 것이다. 더 높은 성취 수준에서는 전문직 성격뿐만 아니라 또한 '일상적' 성격을 둘 모두 지닌 광범위한 지문 유형들이 이용될 것이며, 등식(수식) 만들기뿐만 아니라 또한 상상하기를 포함한 더 광범위한 기능이 담겨 있을 것이다. 고급 수준에서라도 대부분의 지문이 그 언어의 표준 글말 형식으로 되어 있겠지만, 더러 일부는 대중적인 일간 신문이나 정치 만평처럼 갈래별 비-표준 특성을 보여 주고, 더 많은 문화 특징 및 비유 언어를 담고 있으며, 이용된 범위와 언어 유형에 비춰 보아 온전히 참된 실생활 성격을 띨 것이다.

낮은 성취 수준에서는 문항 또는 과제의 언어가 항상 응시자의 제1 언어로 되어 있을 것이다. 심지어 이해 질문뿐만 아니라 모의된 과제까지도 또한 목표언어가 아니라 응시자의 제1 언어로 되어 있다.

지문 주제들은 더 높은 수준에서는 전문직(외교 분야) 관심사와 응시자들의 책무에 관련될 것이며, 목표언어 화자들이 지니는 정치 분야, 통상 분야, 문화 또는 역사 배경에 대한 어떤 이해를 요구할 수 있다. 그렇지만 더 낮은 수준에서는 한편으로 지문이 현행 관심사나 목표 문화의 측면들을 담을 수 있겠으나, 응시자들에게 지문을 이해할 수 있도록 하기 위하여 특정 지식을 요구하는 일은 기대되지 않는다.

(4) 예상 답변의 성격

목표언어로 글을 쓰는 능력이 별도의 시험에서 따로 부과됨에 따라, 다섯 가지 수준에서 모두 시험 과제에 대하여 응시자의 제1 언어로 답변을 하게 될 것이다. 택일형, 단답형, 서술형 유형의 답안이 모두 이용될 것이지만, 모두 제1 언어로 되어 있다. 따라서 일부 답변은 택일형 이해 질문에서처럼 아주 간단할 것이지만, 다른 답변은 길이에서 한 문장 이상으로 되고, 더 높은 수준에서는 요약을 쓰도록 하는 일도 필요할 것이다.

과제 입력물과 예상 답변의 관계는 다양하게 달라진다. 어떤 답변도 목표언어로 되어 있지 않겠으나, 한편으로 일부의 답변은 축자 번역이나 제1 언어(모국어)로 가깝게 풀어쓰도록 요구되는데, 다른 한편으로 다른 답변은 목표언어를 제1 언어로 바꾸되 주로 변형이나 요약으로 이뤄질 것이다. 더 높은 수준에서는 목표 지문에 관해서 응시자들에게 그들 자신의 판단과 의견을 표현하되, 토대가 되는 목표 덩잇글과의 직접적인 관련을 거의 담고 있지 않은 방식으로6) 쓰도록 요구한다.

시험이 지필 시험 형태로 제시되므로, 과제 입력물과 예상 답안 또는 실제 답안 사이에는 상호 관계가 없다. 그렇지만 과제 입력물의 범위로 보면, 낮은 수준의 응시자들이 가령 축자적 이해 질문처럼 비교적 좁은 범위만 요구하는 과제 입력물에 노출되겠지만, 반면에 더 높은 수준의 응시자들은 목표 지문을 다른 지문이나 배경지식에 비춰 해석할 것으로 기대됨에 따라 아주 광범위한 입력물(시험 문제)에 노출될 듯하다. 실제로 더 높은 수준에서는 과제 입력물과 예상 답변 사이의 관계는

---

6) (역주) 낮은 수준에서는 본디 지문 속에 들어 있는 문장이나 표현 방식을 일부 그대로 인용하거나 약간 변용하는 일을 허용할 수 있다. 그렇지만 더 높은 수준에서는 그러한 복제 가능성을 철저히 차단하여 지문 속의 표현을 따라 쓰는 일을 막음으로써, 창의적인 비평 글을 요구하는 것이다.

사뭇 간접적으로 될 듯한데, 정확히 응시자들에게 지문을 해석하기 위하여 목표 문화와 정치 등에 관한 비교적 광범위한 지식을 이용할 것으로 기대될 것이기 때문이다.

(5) 논의 사항

첫 번째 상황에서 실시한 시험에서 주목해야 할 가장 중요한 특징 중 한 가지는, 일단의 시험 목적이 다섯 수준으로 된 시험을 이용하여 서로 다른 수준의 응시자 능력을 찾아내려는 것이다. 한 묶음의 동일한 읽기 지문과 과제를 모든 응시자에게 내어주는 것이 아니다. 대신 첫 번째 이 상황에서는 출제자가 단지 수행에 의해서뿐만 아니라, 수준별 과제에 의해서도 식별하도록 허용해 준다. 두 번째 상황('상황 2')의 시험에서 살펴보겠지만, 모든 응시자에게 동일한 다발로 묶인 시험을 치르도록 요구하고서, 과제의 수행에 따라 응시자들 간에 능력 차이를 식별하는 일이 이례적인 것은 아니다. 더 낮은 점수를 받으면 채점자가 어느 정도 자신감 있게 '응시자가 더 낮은 수준의 능력을 지닌 것'으로 해석을 한다. 왜냐하면 모든 응시자가 동일한 과제에 노출되었기 때문이다. 그렇지만 첫 번째 상황에서는 응시자들이 스스로 특정한 수준의 시험을 선택하여 치르도록 결정하고 그렇게 요구받았다. 그 결과는 '통과' 또는 '낙제'로 나뉘었다.

중간 수준의 시험에서 '통과'를 받은 일부 응시자가, 똑같이 '통과'를 받은 다른 응시자보다 더 높은 또는 더 낮은 점수를 받을 것이므로, 각 수준의 시험 내부에서도 수행의 세부등급을 정의하는 일도 가능하다. 그렇지만 응시자의 '수준'만 결정하는 데에는 이들 세부적 차이가 무시될 수 있다. 이미 확정된 통과(합격) 점수를 넘어섰을 경우에, 모든 점수는 해당 수준에서 합당한 것으로 취급된다. 비록 분명히 일부 응시자가 뛰어난 점수로 통과하였음을 가리키도록, 예를 들어 통과 점수를 단계별로 나누어 '아주 잘 통과' 또는 '겨우 통과'로 표시해 줄 수도 있겠지만, 이런 가능성이 통과 점수(등락 점수)의 설정과는 무관하다.

확정된 통과 점수에 도달하지 못한 경우에, 낙제 점수의 백분율 속에 들어 있으되 아슬아슬하게 낙제 경계선에 근접한 점수라면, 답안지를 재검토하도록 허용할 수 있겠지만, 비슷하게 경계선 이하의 모든 점수가 부적합한 것으로 간주된다.

상이한 시험이 서로 다른 수준을 놓고 구성되는 그런 현장에서는, 일단의 시험 범위들에 걸쳐서 두루두루 광범위한 지문 유형과 과제들을 담아 놓을 수 있다. 만일 우리가 목표언어 사용(TLU) 영역 속에서 언어 사용자가 수행할 것으로 기대되는 목표언어 사용 과제들을 등급별로 식별할 수 있다고 믿는다면, 이는 특히 여기서 제시한 사례에서 유용하다. 왜냐하면 일단의 시험을 통하여 더 높은 수준으로 향상을 보인 누군가는, 자신의 읽기 능력에 대하여 사뭇 철두철미하게 검사를 받았다고 더욱 확신을 가질 수 있음을 의미하기 때문이다. 그렇지만 정녕 이는 응시자가 상이한 수준에서 치르는 서로 다른 지문과 과제들이, 실제로 서로 간에 난이도에서 차이가 남을 우리가 확신하고 있음을 함의한다. 이와는 반대로, 가령 제3 수준의 지문과 과제가, 더 높은 제4 수준의 것으로 믿는 지문과 과제들보다 더 어렵다고 입증된다면, 이런 확신은 아주 낭패스러울 것이다. 따라서 측정 방법과는 상관없이(제3장 참고), 출제자들은 각별히 시험의 난이도가 점차 늘어나도록 보장하는 일에 신경을 써야 할 필요가 있다. 첫 번째 상황에서처럼 목표언어 사용 영역을 아주 쉽게 서술해 놓고, 외교부 업무의 요구사항으로 말미암아 더 높은 수준의 사용자가 상이한 종류의 지문 및 상이한 수준의 과제에 간여해야 함을 확신을 갖고 말할 수 있을 정도로, 그렇게 따로 떼어놓을 수 있는 별개의 영역을 갖고 있는 경우에는, 시험 과제들을 차등화하는 일에 우리가 합리적인 확신을 가질 수 있다. 그렇지만 '상황 3, 상황 4'에서와 같이 다른 현장에서는 시험 현장이 너무 일반적이며, 응시자들의 배경이 아주 다양하기 때문에, 잠재적인 목표언어 사용 (TLU) 과제를 이용하여 그런 차등화를 만들어 내는 것이 사뭇 위험하고 사변적일 듯하다. 그런 경우에라면, 가령 유럽의 언어 검사자 연합 (ALTE) 얼개에 있는 수준에서와 같이(제8장을 보기 바람) 우리는 차등화의 다른 개념에 호소할 수 있을 것이다.

◈ 상황 2: 영어권의 대학원 응시자들 중에서 읽기 능력이 모자란 후보 찾아내기

두 번째 상황은 교육 현장이다. 시험의 목적은 대학원에 진학하려는 학생들 가운데 영어를 쓰는 학교에서 공부할 경우에 영어로 읽는 능력이 부족하기 때문에 학업 수행에 위기를 맞을 학생들을 미리 찾아내는 일이다. 시험은 여러 가지 요인들 중에서 오직 입학 허가를 결정하는 한 가지 요인으로서만 이용될 것이다. 다른 요인들은 응시자의 학부 성적, 이미 이수한 교과 영역, 아마도 적성(aptitude), 등록금과 생활비 조달 능력 등을 포함할 것이다. 시험 결과가 여러 영어권 국가에서 서로 다른 대학원의 서로 다른 입학 관계자들에 의해 이용될 것이므로, 서로 다른 합격 점수가 요구된다. 비록 입학이 허가되려면 몇 점 이상이어야 할지 많은 사람들이 시험 주관기관과 출제자들로부터 나온 안내 지침을 기대하겠지만, 전형적으로 각 입학 주관처마다 따로 개별 기준을 결정하게 된다. 그뿐만 아니라 등록금과 생활비를 조달할 능력이 중요하므로, 많은 응시자들이 학자금 지원국과 같이 정부기관이나 비-정부 민간단체(non-governmental organisations, NGOs)로부터 재정적 도움을 구할 것인데, 이들 여러 기구에서는 오직 응모자가 알맞은 영어 수준을 갖추고 있어야만 장학금을 줄 것이다.

결국 이 시험이 진학 목적을 위하여 중요하며, 두드러지게 영향의 잠재력과 함께 부담이 아주 높은 것이다. 그러므로 공식적인 시행에서

도 아주 격식을 갖추고 있을 것 같다. 또한 이것이 학업상 언어 능력에 대한 다른 측정값과도 결합될 것 같은데, 특히 해당 언어를 이해하고 말하는 능력, 그리고 외국어로 적합한 학업상의 글쓰기를 산출하는 능력이다. 다시 저자는 씌어진 글말, 특히 읽기에만 국한하겠다. 왜냐하면 많은 기관 및 학문 영역들이 언어 사용자의 의사소통 능력에 관한 다양한 측면들을 놓고서 서로 다른 요구사항들을 부과하고, 따라서 응시생이 입말을 이해하는 능력이나 글 쓰고 말하는 능력으로부터 따로 해당 언어로 얼마나 잘 읽을 수 있는지를 떼어내어 구별하고 싶기 때문이다. 서로 다른 학문 분야나 교육 기관들에서 대체로 읽기를 다른 능력보다 더 중요한 것으로 고려할 것이다. 따라서 이것이 한 가지 기술에 근거한 시험을 부과하는 타당성(합당성)이 되는 셈이다.

(1) 현장의 성격

목표언어 사용(TLU) 영역에 있는 응시자들은 대략 나이가 20대 중반 이상으로부터 아마 우세하게 30대와 40대에 걸쳐 있을 것이다. 성별 구분 없이 세계 전체의 여러 다른 국가와 교육 환경으로부터 왔다. 보통 응시생들이 영어를 매개로 하지 않은 교육을 받았고, 비록 일부가 단지 학부 졸업 내지 동등한 자격을 지니겠지만, 때로 이미 대학원 수준에 있는 응시자의 경우도 있다. 응시자들은 자신의 제1 언어로 다양하게 다른 모습으로 말하고, 다양하게 다른 문화적·사회적 배경을 지녔다. 그리고 다양한 학문 분야의 교육을 받아왔고 그렇게 진학하려고 의도할 것이다. 일부는 이미 대학에서 공부해 왔던 분야에서 더 공부를 지속하고자 하겠지만, 다른 응시자들은 학문 영역을 바꾸어서 새로운 분야에서 더 높은 학문을 추구하고자 의도할 것이다. 예들 들어, 공학 분야의 학부를 졸업했지만 대학원에서는 전공을 바꿔 경영학을 공부하기를 희망하는 경우이다.

목표언어 사용 현장에서 응시자들의 읽기는 도서관, 침대, 전용 독서실, 컴퓨터 단말기에서 이뤄질 것이다. 이런 현장은 대부분 아주 조용하고, 불도 밝기가 양호하며, 비망록을 적어 두거나 다른 책들을 찾아 읽거나 동료 학생들을 만나기에 어느 정도 적합한 공간이다. 자신의 읽기에 관하여 상담하기 위하여 전문 상담원을 만나는 일은 좀 더 제한되어 있을 것이다. 전반적으로 언어 사용자가 스스로 독립적으로 읽고 공부할 것으로 예상된다. 그럼에도 불구하고, 이런 현장에서 다른 참여자들로서 읽기 과제를 내어주고 결과를 판정하는 지도교수나 다른 학술 전문가들도 포함할 것이다. 읽기 결과는 세미나 또는 개별 지도시간에 입말로 발표를 하거나, 모임에서 격식 없이 토론으로 진행되거나, 관련 문헌의 글말 개관이거나, 논문 또는 작가에 대한 비평이 되거나, 배운 사실들에 대한 재생이거나, 원리나 기술들을 새로운 현장에 적용하거나 설비를 작동하는 일이 될 수도 있다.

그뿐만 아니라 다양한 비-학업 현장에서도 읽기가 생겨날 것이다. 대중교통 노선상의 가판대 신문, 대형가게에 진열되어 있는 상품 포장지 겉면, 대중 연예행사에 대한 광고 따위이다. 또한 유사 학업 현장에서도 그러한데, 강의, 공고, 수업 시간표, 기숙사 안내 따위이다. 그런 현장에서 또 다른 참여자들은 제시된 용역(서비스)을 제공해 주는 사람들이거나 읽기 뒤에 독자들이 의사소통을 하게 될 사람들이다(≒가령 대학 도서관에서 '작가와의 대화' 행사를 마련하는 경우).

읽기에 소요된 시간도 비-학업 과제나 유사-학업 과제에 대해서 다양하게 바뀔 것이다. 학술적 읽기는 전형적으로 느리고 시간이 많이 들어간다. 논문은 한 번 읽는 데 서너 시간이 걸리며, 또다시 읽는 일이 필요할 수도 있다. 전체 책자를 읽는 경우에 이삼 주 이상 한참 시간이 더 오래 걸릴 수도 있다. 실험 설명서나 컴퓨터 사용 안내서는 간략하게 참고될 수 있겠지만, 종종 인터넷 접속의 실시간 자료 기반(on-line database)과 같이 다른 학술 참고 자료는 자세한 세부사항을 보는 일

제외한다면 듬성듬성 읽힐 수 있다.

(2) 시험 시행지침의 성격

앞의 논의로부터 이미 분명해지듯이, 읽기의 목적이 심지어 학업 환경에만 국한하여 좁게 정의된다손 치더라도, 목표언어 사용(TLU) 영역에서 두드러지게 변동한다. 서로 다른 학문 분야에서 서로 다른 종류의 목적을 필요로 할 것이다. 가령 수학이나 컴퓨터 계산처럼 일부에서는 '정상적인(normal)' 읽기를 아주 조금 요구한다고 주장된다. 공학·화학·생물학과 같이 다른 분야에서는 오직 제한된 분량의 읽기만 필요하다고 주장한다. 언어학·철학·문학 연구·역사와 같이 또 다른 분야에서는 비판적으로 깊이 있게 읽기가 요구되는데, 문체를 감식하고 덩잇글 주석을 고려하며 그 이상의 것이 요구될 수 있다.

이런 이유로 말미암아, 출제자들이 언어적으로 요구되는 분야 및 비-언어적으로 요구되는 분야 사이를 구별하는 일이, 비록 언어적 필요사항에 대한 고정관념이 서로 다른 학문 분야에 대하여 참값으로 성립하는 범위에 대해서는 두드러지게 경험적으로 입증될 필요가 있겠지만, 결코 이례적인 것은 아니다. 만일 서로 다른 학문 분야에 대하여 서로 다른 시험이나 최소한 서로 다른 교재들이 선택된다면, 서로 다른 학문 분야의 서로 다른 읽기 목적이 고려될 수 있다(후술 참고). 그러나 외국어로서의 영어 검사(TOFEL)나 영국의 국제적 영어 검사제도(IELTS, §.4-7 참고) 최신판에서와 같이 서로 다른 학문 분야로부터 온 학생들이 동일한 시험을 치를 것으로 기대되는 범위까지, 상식 중심의 공통된 읽기 목적을 찾아낼 필요가 있든지, 아니면 시험 과제 속에 맞물려 든 목적 때문에 학생들이 이익을 받거나 손해를 입는 일을 예상할 수 있다. 달리 말하여 목적·시행지침·유의사항을 포함한 시험 과제는 대체로 학문 분야들을 기준으로 보면 한 쪽으로 치우쳐져 있는 것이다.

목표언어 사용자들의 이질성(늘 서로 다른 모국어를 배경으로 함)이 사실이라면, 목표언어 사용(TLU) 영역과 시험 과제에 있는 유의사항은 목표언어로 씌어질 것이다. 비록 일부 강의에서는 시각적 도움물이 없이 과제 부여가 입말로 전달될 수 있겠지만, 보통 목표언어 사용(TLU) 영역에서 유의사항들이 글말로 제시될 것이다.

과제 읽기가 읽기 목적에 따라 대체로 구체적으로 서술될 수 있다. 만일 과제가 문헌의 개관을 써 주는 것이라면, 유의사항이 사뭇 일반적으로 될 것이다. 만일 과제가 한두 논문들을 놓고서 비판적 서평을 쓰는 것이라면, 유의사항이 좀 더 명시적으로 되어야 할 것 같다. 만일 과제가 강좌 수강을 끝내면서 논문 형태의 보고서를 쓰는 일이거나, 여러 접근 방법들이나 다수의 논문 결과 또는 결론들을 서로 비교하고 대조하거나, 자신의 읽기에 근거하여 자신의 의견이나 계획을 제시하는 데에 초점을 맞춘 것이라면, 읽기 과제가 그 자체로 더욱 확산되고 좀 더 종합적으로 되며, 임의의 특정한 교재와 쉽게 관련이 이뤄지지 않고, 심지어 개별 교재의 특정한 이해 내용과 관련되지 않을 수도 있다.

비슷하게, 목표언어 사용(TLU) 영역에 있는 다양한 과제들의 구조도 또한 변동될 것이다. 시험에서는 출제자가 (출제와 채점에) 이용 가능한 시간 양에 의해 제약된다. 특히 많은 응시자들이 영어권 국가로 오기 전에, 그리고 심지어 영어로 학업에 몰두하기 전에, 자신의 모국에서 이 시험을 치르게 될 것이므로, 평가 목적을 위하여 여러 날 또는 여러 주를 이용할 수 없을 것 같다. 따라서 심지어 동질의 내용이라고 해도 목표언어 사용(TLU) 과제들에 대한 수월한 복제가 (일단 공개되어 버리면) 거의 적합하지 않거나 가능하지 않을 수도 있다.

숫자, 두드러짐, 하위부문들/과제들의[7] 연결과 중요성, 각 하위부문

---

7) (역주) 이 책에서는 tasks(과제, 과제 입력물, 문항)가 상의어로도 쓰이고, 하의어로도 쓰이고 있다. 상의어는 시험의 지문과 문항을 모두 다 가리키는 포괄적 용어로 쓰였으며, 달리

마다 과제들/문항들의 숫자 따위는 해당 시험에 얼마만큼의 시간이 할당되어 이용 가능한지와 같은 실천 사항에 달려 있을 것 같고, 이런 시험 문항이 목표언어 사용(TLU) 영역에서 무엇처럼 보일지와는 훨씬 무관할 듯하다. 다른 기술(말하기, 듣기, 쓰기)들에 대한 시험도 또한 읽기 시험처럼 시행되어야 함이 사실이라면, 그리고 그런 부담이 큰 현장에서 누적된 피로도로 말미암아 대부분의 시험이 3시간 안에 다 끝내도록 해야 함이8) 사실이라면, 읽기 시험에 이용할 수 있는 시간 분량이 주요한 제약 요인이 되는데, 목표언어 사용(TLU) 과제 및 시험 과제 사이에서 현저하게 일치를 결여하는 근원이 될 것 같다. 두 번째 상황을 포함하여 전형적으로 시험 과제는 최대한 1시간 정도가 이용 가능하다.

목표언어 사용(TLU) 과제에서 읽기의 결과는 다양한 방식으로 평가된다. 독자들은 자기 전공 분야의 기본적 사실들에 대해서 경험적 결과를 다루는 경우라면, 그 분야의 통계적 절차나 발전사 측면에서 친숙해질 것으로 기대된다. 그런 사실들을 이해하거나 회상하는 데에 부정확하다면 벌점을 받을 것 같다. 따라서 시험 과제에서는 축자적(늑표면에 있는 글자 그대로의 의미) 층위에 있는 이해의 정확성이 중요하다.

그렇지만 대학원 수준에서는 읽기를 할 때 독자가 비판적으로 될 것으로 기대한다. 가정, 철학, 이론, 그리고 지문 속에 스며들어가 있는

'과제 입력물(task inputs)'이란 표현도 같이 썼다. 하의어로서 쓸 경우에 지문(text 본문, 덩잇글)과 대립되는 뜻으로 쓴 tasks(지문과 관련된 일련의 문항들)도 있고, 여기에서처럼 시험의 하위부문을 가리키는 일도 있으며, 하위부문에 들어 있는 개별 문항을 가리키기도 한다. 우연히 이 문장에서 쓰인 두 번의 tasks는 각각 서로 다른 뜻으로 쓰이고 있다. 따라서 저자가 일부러 '/' 사선을 써서 다른 용어도 병기해 놓고 있다. 앞쪽에서는 시험의 하위부문과 동일한 뜻으로 tasks(하위부문의 과제)를 썼고, 뒤에서는 하위부문의 문항과 동일한 뜻으로 tasks(문항)를 썼다. 맥락에 따라 다양한 의미를 지니는 task의 용법과 관련하여, 또한 69쪽 §.1-10의 역주 74), 266쪽 §.5-1의 역주 2), 290쪽 §.5-2의 역주 16)도 보기 바란다.

8) (역주) 주로 중고등학교 학습자들이 치르는 시험을 염두에 두고 있으므로, 청소년이 피곤을 느끼지 않을 법한 최대의 시간을 어림잡아 3시간 이내로 표현한 것으로 판단된다. 그렇지만 성인을 대상으로 하여 288쪽 §.5-2-2의 역주 15)에 있는 미국 의사자격 1차 시험은 무려 8시간 동안 치르게 된다. 이런 점 때문에 '대부분'이라는 꾸밈말을 미리 내세운 것이다.

편견을 탐지하고, 자신의 읽기 내용에 대한 설명을 어떤 것이든지 그런 숨겨진 것들에 대한 지각과 연관 짓는 것이다. 이런 수준에서는 독자들이 자신의 해석에 대한 정확성에 따라 판정되기보다는 오히려 좀 더 자신의 능력에 따라 스스로 내세운 비판을 정당화시키는 일이 더 나은 판정을 받게 된다. 그렇지만 적어도 그런 능력은 부분적으로 학문 분야에 대한 독자의 이해에 달려 있고, 해당 분야의 발전사는 그 자체로 언어의 이해에 달려 있다. 만일 주제거리 이해가 합당하게 시험 치게 될 구성물의 일부였다면 이것이 전혀 문제가 되지 않겠으나, 이런 시험 상황에서 주제거리 이해가 명백히 광범위하게 다른 수단들에 의해서 측정된다. 이와는 달리 시험 점수 이용자들은 주제거리 지식보다는 오히려 언어만 검사하는 언어 시험을 기대하게 된다.

어떤 경우이든 응시자 집단의 이질성이 사실이라면, 모든 응시생들이 대략 동등한 경험이나 지식을 지녔을 것으로 보이는 학문 분야를 찾아내는 일이 불가능하다. 또는 그 분야에 대한 응시생들의 이해가 비교적 높은 수준의 그런 판단을 내리기 위하여 해당 언어에 대한 그들의 이해와 상호작용하도록 허용하는 것도 적합할 듯하다. 따라서 언어 능력에 말미암는 것으로 자신 있게 언급될 수 있는 해석의 그런 측면들과 관련하여, 출제자는 독자의 이해에 대해 이뤄질 판단들을 제한해 두어야 한다. 그리고 이에 근거하여 주제 분야 전문가라기보다 오히려 비-전문가인 출제자들은, 그 이해 내용의 정확성에 대한 적합한 판정을 내릴 수 있다. 이는 시험관들을 축자적 이해를 평가하는 데에만 국한지어 놓지 않는다. 중심 생각 찾아내기, 중심 생각을 부차적인 보조 생각으로부터 구별해 내기, 치우침이나 권위적인 주장을 탐지하기, 가정을 추론하기 등이 시험에서 모두 중요하겠지만, 오직 주제거리 지식이 수행을 뒷받침할 것으로 기대되지 않는 맥락에서만 그러하다.

(3) 과제 입력물의 성격

목표언어 사용(TLU) 과제에서 지문이 집필되지만 출처와 학문 분야
에 따라서 대체로 도표들이 수반될 수 있다. 길이에서 크게 변동될 것
인데, 짤막한 요약으로부터 책자에 해당하는 길이까지이며, 종종 20쪽
이상이 될 것이다. 독자들은 전형적으로 일부 숙제로서 아주 많은 숫자
의 그런 지문들을 읽어야 한다. 이미 논의되었듯이 그런 과제에 소요되
는 시간이 반드시 지문(들)의 길이에 따라 조건을 만들어야 하겠지만,
대표적으로 속독으로 지각된다. 즉, 한가롭게 즐기기보다는 시간상의
현저한 압박감 아래 마감 시간에 맞추기 위하여 작업하는 것이다.

목표언어 사용(TLU) 독자들에게 배당된 과제는 목표언어로 되어 있
고, 글말 답변 또한 목표언어로 씌어야 한다. 시험 문항도 또한 실용성
의 이유뿐만 아니라 충실한 목표언어 사용(TLU)을 위하여 제1 언어가
아니라 목표언어로 씌어질 것이다.

목표언어 사용(TLU) 지문의 언어는 (여러 학문 분야로부터 가져왔기 때
문에) 크게 이질적이지만, 아마 대학원 수준에서는 비교적 이례적인 개
론서의 경우를 제외한다면 거의 단순하게 만들어져 있지는 않다. 흔히
용어 사용법(*register*, 말투, 언어 투식)에서9) 그리고 때로 갈래(*genre*)에서

---

9) (역주) register(말투, 언어 투식)는 연구자에 따라 code-switching(말투 바꾸기)이나 variation
(변이체)이나 variety(다양성)란 용어를 쓰기도 한다. 여기서는 학문 분야마다 다른 용어 사용
법을 가리키기 위하여 register를 쓰고 있으므로, 학문별 용어 사용법으로 번역해 주는 것이
가장 적합하다. terminology(전문 용어)의 사용과 관련되는 것이다.
　　가령, tautology(항진 명제, 동어 반복)는 수학에서는 추구해야 할 긍정적 의미(항진 명제)
로 쓰고 있지만, 철학에서는 회피해야 할 부정적 의미(동어 반복)로 쓴다. 똑같은 과학 용어
이지만 reaction(반응, 반작용)을 화학에서는 '반응'으로 번역하고, 물리학에서는 '반작용'
('작용 : 반작용'의 짝임)으로 번역한다. 또한 analysis(분석, 해석)를 화학에서는 '분석'이라
고 번역하지만, 수학에서는 '해석(解析)'이라고 부른다. 일본에서 그렇게 번역한 것을 우리
가 맹종하여 따르는지 필자로서는 잘 알 수 없다. critical size(임계 크기, 결정적 크기)도
화학에서는 반응이 일어나는 경계 지점의 양 또는 값을 가리키지만, 미국 심리학자 윌리엄
제임스는 인간의 '고등 의식'이 발현되기 위한 '결정적 크기'라는 뜻으로 썼다. 이런 상황을
유추해 보건대, 아마 영어에서도 라틴 및 희랍 계통의 낱말들을 쓰고 있으므로, 개별 학문
분야마다 동일한 어원의 낱말이지만 내포의미가 서로 다르게 쓰는 일이 많을 듯하다.

본디 register(말투, 언어 투식)는 유뤄(Ure 1971), 「어휘 밀집도 및 언어투식의 차이(lexical density and register differentiation)」에서 입말과 글말을 구분하기 위한 기준을 마련하고자 처음 쓰였고, 입말 환경에서 실사 어휘의 밀집도가 낮다고 결론 내린 바 있다. 이어 핼러데이(1978), 『사회 기호학으로서의 언어: 언어와 의미에 대한 사회적 해석(*Language as Social Semiotic: The Social Interpretation of Language and Meaning*)』(Edward Arnold)에서 이 낱말을 우리가 의사소통에서 해당 상황에 맞춰 수시로 바꾸어 가는 말투의 뜻으로 보았다. 글말과 입말에 모두 적용하기 위하여 필자는 이를 '언어 투식'으로 부르고 있다. 일본에서는 사용 범위나 영역을 가리키는 '사용역(使用域)'이란 말로 궁색하게 번역하였지만, 본래 뜻을 붙들기에 한참 모자라다.

사람은 여러 가지 점에서 로봇이나 기계와 다르다. 말을 할 경우에도 의사소통이 일어나는 상황에 따라 각각 다른 말투를 써서 '창조적으로' 상대방과 상호작용을 해 나간다. 우리 머릿속에 갖춰져 있는 상황별 다양한 대처 방식이 다른 언어 모습으로 나올 경우에 이를 register(언어 투식, 말투)이라고 부르는 것이다. 가령, 9시 뉴스의 말투, 연인끼리의 둘만 주고받는 말투, 교실 수업 상황에서의 말투, 퇴근 후에 친구들과 술 한 잔 걸치면서 나누는 말투들이 많든 적든 서로 간에 다르며, 각각 고유한 특징들을 찾을 수 있다(물론 부수적으로 목소리 크기나 목청 가다듬기 따위도 달라짐).

그렇다면 이런 상황들을 구분하고 포착할 개념이 있을 것인가? 번역자는 먼저 ① 의사소통이 공식적인지 여부와 ② 격식을 갖추는지 여부에 따라 네 가지 경우로 나눌 수 있으며, 이들 사이에 다시 ③ 사회적 거리감과 ④ 심리적 거리감이 추가되어 세분될 수 있다고 본다. 이와는 달리 삼차원 모형으로 언어 투식을 설명하기도 한다. 핼러데이(Halliday 1985: 제3장), 『입말과 글말(*Spoken and Written Language*)』(Oxford University Press)에서는 ㉠ 주제 영역(field), ㉡ 전달 격식(tenor), ㉢ 실행 모습(mode)을 상정한다. ㉠ 주제 영역은 무엇이 다뤄지고 있는지에 관하여 이미 마련된 제도적인 현장을 가리킨다. ㉡ 전달 격식은 누가 참여하고 있는지를 의식하는 참여자들 간의 관계를 가리킨다. ㉢ 실행 모습은 어떤 기능의 언어 표현이 실행되고 있는지를 따지는 매개체 문제이다.

언어 투식과 관련해서 수사학에서 다뤄져 온 글말보다는, 자유롭게 두 사람 사이에 얼굴을 마주보며(또는 가까이 서로 각자의 일을 하며) 이뤄지는 대화와 관련한 특징들이 크게 다뤄져 왔다. 특히 사적 관계를 유지하면서 '심리적 거리감'이 가까운 사이에서 일어나는 의사소통을 보면, 어느 사회에서나 막연하고 애매한 표현을 쓰기 일쑤이고, 생략이 잦다고 보고되어 왔다. 우리말의 경우에 '반말'로 나올 수 있으며, 심리적 거리감을 없애기 위하여 '야, 자'하는 경우(과거에 '야, 자 타임'으로 불림)도 있다. 머카씨(McCarthy 1998; 김지홍 뒤침 2010: 제2장, 제6장), 『입말, 그리고 담화 중심의 언어교육』(도서출판 경진)을 보면, 영국 입말 영어에서 ⓐ 애매하게 뭉뚱그리는 형식적 표현 'stuff(거), thing(거), guy(놈)', ⓑ 'or something(또는 그런 거)', 'or whatever(아니면 아무거든 상관없이)' 등처럼 막연한 표현, ⓒ 손으로 가리켜 주는 'this(이), that(저), down(아래), over there(저쪽 건너에)' 따위가 허다히 쓰인다고 지적하였다.

왜 애매하고 막연한 표현을 쓰는 것일까? 번역자는 세 가지 이유가 있을 것으로 본다. 첫째, 의사소통 참여자들이 공통 기반을 많이 공유하고 있으므로 비록 작은 단서만 말하더라도 척척 알아차릴 수 있다는 믿음이 작동한다. 둘째, 긴밀히 상호작용하는 청자의 지식과 판단을 존중하여, 상대방의 자율성(스스로 판단함)이 손상되지 않도록 보호하기 때문이다. 거꾸로 너무 세세히 정확하게 표현을 해 준다면, 너무 잘난 척하거나 상대방을 깔보는 것으로 오해를 살 법하다. 셋째, 막연하고 애매하게 표현할 경우에 상대방의 반응을 점검 확인하면서, 여전히 둘 사이에 탄탄한 공통기반이 유지되고 있음을 확인할 수 있다. 서로 맞춰 주려는 선한 의도(상호 조율 의도)를 지니고 진행되는 대화에서는 부지불식간에 막연한 표현을 놓고 상대방으로부터 기대된 반응이 나오는지를 점검하고 확인할 수 있으므로, 서

특수하게 되어 있다. 가령, 기술 계통의 실험 보고서가 모든 목표언어 (TLU) 사용자에게 읽히는 것은 아니다. 어휘(*lexis*)가10) 사용 빈도가 낮을 것이고, 통사도 또한 복잡하며, 수사적 전개 특징도 복잡하다. 비-표준 언어보다 표준 언어가 이용되고, 화용 기능이 전형적으로 생각 전개(*ideational*) 및 행위 조절 표상(*manipulative*, 행위 조정)이며, 사실들을 제시해 주거나 아니면 어떤 관점·철학·해석의 정확성 따위에 대해 독자를 설득하려고 하는 것이다.

시험 과제에서 구별되는 응시자 집단에 대해 전문직 시험이 시행될 수 있다면, 가령 영국 자문위 영어 평가원 검사(ELTS) 및 영국의 국제적 영어 검사제도(IELTS) 초기 모습에서와 같이 그런 다양성을 모의할 가능성이 있을 뿐이다. 그렇지만 그런 시험에서조차 주제거리 모아놓기 작업은 생명과학·의과학·사회학 연구 따위처럼 아주 광범위하였고, 결코 용어 사용법(*registers*, 언어 투식)에 대한 또는 적어도 특정 학문 분야들의 어휘에 대한 광대한 다양성을 대표한다고 주장된 적이 없다.

좀 더 실용적인 접근법이 외국어로서의 영어 검사(TOEFL) 및 현행 영국의 국제적 영어 검사제도(IELTS)에서 이용되었는데, 다양한 주제 영역에 있는 일정 범위의 덩잇글을 제시해 주는 것이다. 가령, 영국의 국제적 영어 검사제도(IELTS)에서처럼 넓게 수용된 일정 범위의 학문 분야들로부터 가져오거나 또는 외국어로서의 영어 검사(TOEFL)에서처럼 백과사전 항목·책자·잡지·신문 등과 같이 일정 범위의 비-학문적 출처로부터 가져오는 것이다. §.2-5-1과 §.3-2-1에서 자세히 언급하였듯이, 클래펌(Clapham 1996)에서는 목표언어 사용 덩잇글들을 모방하려고 골몰하였기 때문에 빚어진 문제들을 보여 주었는데, 마침내 시험 점수에

로 유대감을 확인하고 강화하려는 속마음이 깔려 있는 것이다.

10) (역주) lexis(낱말 원형)는 흔히 담화교육에서 명사의 곡용 모습과 동사의 활용 모습을 하나로 묶는 원형의 형태를 가리킨다. 몇 개의 다른 낱말이 쓰였는지를 계산할 경우에 'I, my, me, mine'이 모두 한 낱말로만 계산되는 것이다. 자세한 설명은 80쪽 §.2-2의 역주 7)을 보기 바란다.

서 통제가 불가능하고 예측이 불가능한 치우침으로 귀결되었던 것이다.

(4) 예상 답변의 성격

목표언어 사용(TLU) 현장에서 예상 답변은 (내재적인 의미 표상으로) 비-가시적이거나 아니면 목표언어로 되어 있고, 아마 도표 보조물(환등기 슬라이드, 도표, 표)도 같이 딸린 확장된 입말이나 또는 입말 표현의 어떤 형태가 될 것이다. 시험 과제에서 읽기를 쓰기와 구별하여 따로 평가할 필요성이 주어진다면, 예상 답변은 그 유형에서 택일형이거나 아니면 목표언어로 최대 한 문장으로 이뤄지는 단답형 답안의 성격을 띠어 훨씬 더 제약될 것이다. 요약의 경우에서처럼 더 확장된 서술식 답안은 홀로 독자의 해석에 대한 정확성이나 합당성을 판정하는 데 이용되는 것이 아니라, 그보다는 오히려 유관한 읽기 입력물에 근거하여 좀 더 글쓰기 시험 과제의 일부를 형성할 것 같다. 그럼에도 불구하고, 산출된 언어의 정확성을 판정할 뿐만 아니라 또한 글말 답안지의 언어 품격과는 별개로, 과제 입력물 지문에 대한 해석의 정확성도 담고 있는 그런 서술식 글말 산출에 대한 평가를 위하여 기준들을 마련할 수 있다. 그런 경우에 평가를 위한 기준이 명백해질 것이고, 응시자들도 이용 가능하도록 만들어질 것이다. 그렇지만 한 다발로 묶인 하위 검사지의 읽기 하위 부문을 위해 할당된 시간상의 제약으로, 실제 요약 과제는 읽기 검사에서 다 읽힌 하나 이상의 지문과 이미 평가 받은 이해에 근거하여 쓰게 될 글쓰기 하위 부문에서 제시될 것이다. 예상 답변의 언어에 대한 정확성은 대체로 이해의 판정과는 무관하게 될 것이다.

(5) 과제 입력물과 답변 사이의 관계

목표언어 사용(TLU) 영역에서 임의 지문에 대한 학습자의 이해 또는 이해의 결여가, 다음에 어떤 과제나 지문이 배당될지에 영향을 줄수 있다. 이런 의미에서 과제 입력물 및 답변 사이의 관계는 맞춤식이될 수 있다. 비록 현재 외국어로서의 영어검사(TOEFL)에서 실시되듯이, 이런 시험을 마침내 컴퓨터 화면에다 올린다 하더라도, 현재의 지필 시험에서는 일어날 수가 없다. 만일 그런 일이 일어난다면, 이 시험이 응시자 맞춤식이 되고, 그들의 수행의 결과가 현재 치르는 시험이어려운 수준임을 보여 준다면, 학생들은 더 쉬운 지문과 더 쉬운 과제를 받게 될 것이다. 그렇지만 이 두 번째 상황을 위하여 현재 이용 가능한 읽기 유창성 시험은 상호작용이 없다(≒개별 수준에 맞춰줄 수 없음). 모든 응시생들이 동일한 지문을 읽고 동일한 질문에 답변을 할 것으로 예상된다.

과제 입력물 및 예상 답변 사이에 있는 관련성의 범위는 목표언어 사용(TLU) 및 시험 과제에서 광범위하기도 하고 또한 협소하기도 하다. 일부 과제에서는 지문의 일부분에 대한 상세한 이해에 초점을 모을 것이고, 아마 대부분일 듯한데 다른 과제에서는 언어 사용자와 응시자들에게 과제 입력물의 많은 분량을 처리하도록 요구할 것이다. 비슷하게, 과제 입력물 및 예상 답변 사이의 관련성이 사실들에 대한 자세한 이해의 경우에는 직접적이기도 하고, 또한 추론과 가정 등을 이해하는 경우에는 간접적이기도 하다.

(6) 논의 사항

이런 두 번째 시험 상황('상황 2')과 앞에 언급한 첫 번째 시험 상황('상황 1') 사이에 있는 중요한 차이는 이미 앞의 논의에서 간접적으로 언급되었다. 여기서 참여자들의 목표 인구가 아주 이질적이지만, 응시자들에게 똑같이 한 가지 시험에 응시하도록 요구된다. 이는 모든 응시자가 공통된 저울눈 위에서 측정될 수 있고, 등급 순위들이 세워질 수 있으며, 점수들이 서로 비교될 수 있음을 의미한다. 이는 언어 전문가가 아니지만 시험 결과를 해석하는 방법을 알 필요가 있는 대학원 입학 사정관처럼 시험 점수를 이용하는 사람들에게 유용하다. 그 결과, 시험 점수 이용자는 일반적으로 외국어로서의 영어검사(TOFEL) 점수 550점이나 또는 영국의 국제적 영어 검사제도(IELTS) 등급 6.5가 무엇을 '의미하는지' 잘 '알고 있다'고 느끼게 된다. 참여자들이 나아가게 될 상이한 목표언어 사용(TLU) 현장이 다양함이 사실이라면, 시험 점수 이용자들이 입학 허가 정책에 비춰서 또는 논의 중인 학문 분야의 인지된 언어적 요구사항에 비춰서, 그들 자신의 기관에서 요구하는 바에 알맞도록 점수를 해석할 수 있음을 의미하기 때문에 이는 하나의 장점이 된다. 따라서 이들 시험에서 응시자는 '통과' 또는 '낙제' 등급만을 받는 것이 아니라, 그들의 유창성 수준을 입증하는 개별 점수도 받게 된다. 입학 허가 결정이 내려지기 전에 이런 점수는 각 지역마다 고유한 환경과 필요성, 그리고 응시자에 대한 다른 정보에 비춰서 해석이 이뤄진다.

문제점 한 가지는 시험 점수 이용자들이 대체로 점수를 해석하는 데에 유능하다는 점이다. 저자의 견해로는 적합한 경험적 조사 연구에 근거한 분명한 지침을 제공해 줌으로써 시험 오용을 피하도록 하는 것이 출제자의 책임이다. 이는 어떤 범위의 시험 점수가

> '언어로부터 생기는 문제들에 의해 방해를 받지 않고 영어를 매개체/도구로 쓰는 현경에서 적합하게 수행하는 능력'
> (ability to perform adequately in an English-medium setting unhindered by problems of language)

을 가리켜 주거나 아니면 그 반대의 경우일 것 같다. 그런 지침은 응당 그런 목표언어 사용(TLU) 현장이나 맥락에 대하여 그들이 어느 환경

속에서 그런 점수를 얻었고, 더 높거나 또는 더 낮은 어떤 점수들이
입학 허가를 받을 것인지를 가리켜 주어야 한다.

이런 시험 시행 접근의 단점 한 가지는, 응시자들이 대체로 시험 내
용에 의해서 불리해질 수 있다는 점이다. 시험 과제 및 목표언어 사용
(TLU) 과제들 사이의 일치가 일부 응시자에게는 다른 응시자들보다 훨
씬 더 낯설(없을) 것이다. 따라서 응시자 집단을 놓고서 긍정적으로든
부정적으로든 시험의 치우침에 대한 연구가 시험 점검의 중요한 특징
이 될 것이다.

추가적인 문제점 한 가지는, 보안상의 이유 때문에 이런 한 가지 시
험에 대한 상이한 내용들이 상투적으로 만들어진다는 점이다. 시험 점
수 이용자들이 한 가지 시험에서 얻은 점수가 정확히 다른 내용을 놓고
치러진 점수와 정확히 동등함을 확신할 수 있어야 한다는 점이 결정적
으로 중요하다. 이는 시험을 동등하게 만드는 절차뿐만11) 아니라 시험
내용에도 주의 깊게 주목을 하면서 가다듬어 놓도록 요구한다. 여기서
난점은 시험 내용들이 첫 번째 상황(영국 외무부 직원들의 현지 언어 숙달
시험)보다 비교적 결정되기가 어렵고, 따라서 통계를 이용하여 동등하
게 만드는 절차가 심지어 더욱 중요할 수 있다. 이런 절차에 대한 논의
는 이 책의 범위를 벗어나 버린다. 관심 있는 독자들은 크로커·앨쥐나
(Crocker and Algina 1986)이나 홀런드·루빈 엮음(Holland and Rubin 1982)
을 참고할 수 있다.

---

11) (역주) 위키피디아에서 equating procedure(동등화 절차) 또는 test equating(검사를 동등하
게 만듦)을 찾아보면, 고전 검사 이론 및 문항 반응 이론에서 다뤄지고 있다. 서로 다른
시험 형식들 사이에 비교 가능한 점수를 결정해 주는 통계적 방법이며, 점수 연계 방법
(linking score method)으로도 불린 바 있다. 도뤈즈 외(Dorans, N., T. Moses, and D. Eignor),
『시험 점수 동등화의 원리 및 실천(*Principles and Practices of Test Score Equating*)』(ETS)을
내려받을 수 있다(https://www.ets.org/Media/Research/pdf/RR-10-29.pdf). 심리학이나 교육
학에서는 '동시 시행' 타당도(concurrent ralidity)라고 부른다(어원은 '함께＋발생하다'임).
이 용어를 엉터리로 '공인(共因)' 타당도라고 번역하여, 대체 무슨 말인지 알아차릴 수 없게
만들어 버렸다. 이런 잘못을 비판하는 이들이 주위에 없는 것도 의아할 따름이다.

✧ 상황 3: 토박이 및 제2 언어 학습자들에 대한 교실 수업에서의 읽기 평가

세 번째 상황도 교육적인 것이다. 중등학교에서 토박이 화자 및 제2 언어 사용자를 대상으로 하여 이뤄진 교실 수업 현장에 있는 읽기 성취와 과정에 대한 평가이다.

이런 현장에서 평가의 목적은 수업에 도움을 주고, 독자로서 학습자의 강점과 약점이 어디에 놓여 있을지를 찾아내려는 것이다. 평가 절차의 결과는 맞춤 수업을 마련하고, 수업에 있는 일부 독자들에게 여느 급우들과는 다른 과제를 내어 주거나, 독자들을 다른 학급이나 수업에 배치하는 데 이용될 수 있다. 이런 상황은 대체로 학습자에게 부담이 없고, 격식 갖춘 평가 방식보다는 오히려 격식 없는 방식이 더 장점을 지닐 수도 있다.

사실상 이런 '상황'이 앞에서 살펴보았던 상황과 같은 동질의 상태와는 거리가 멀다. 그렇지만 대학원 입학 여부를 결정하는 두 번째 상황('상황 2')과는 다르게, 모든 환경에서 이용될 하나의 도구만을 마련할 필요는 없다. 오히려 마련된 평가 절차가 서로 다른 현장의 여러 측면들에 다양하게 맞춰 놓을 필요가 있을 것이다. 평가의 결과는 학교 당국이나 전체 교육청 관내보다는 오히려 수업을 진행하는 교사에게 이용될 것이므로, 따라서 비격식성과 실천 가능성이 소중하고, 결과의 신뢰도는 상대적으로 덜 중요하다.

그렇지만 교실 수업 평가의 타당도에 대한 중요한 한 가지 측면이 평가와 교실 수업의 관련성인데, 수업 내용 및 방법은 물론 또한 학습 분위기와 교사가 지닌 철학이다. 목표언어 사용(TLU) 과제와의 관계는 간접적이고 독자적으로 존재할 수 없는데, 왜냐하면 이런 비격식적 시험이 아주 많고 다양해서 완벽히 범위가 결정될 수 없기 때문이다. 결국, 읽기 수업은 전형적으로 학습자들로 하여금 인생(*life*, 삶)을 준비하도록 의도되어 있으며, 특정한 목표언어 사용(TLU) 과제를 위한 것은 아니다. 그렇지만 교실 수업의 본질이 중요하다. 그러므로 이하에서 저자는 일정 범위의 서로 다른 교실 수업 과제들을 성격지어 놓는 일에 집중하고, 마지막 ⑥ '평가 성격'에 가서야 오직 직접 평가의 본질만을 언급할 것이다.

(1) 현장의 성격

읽기는 교실 수업이나 집에서 또는 다른 곳에서 수업을 준비하거나 수업에 대한 후속 활동으로 일어난다. 교실에서 읽기는 개별적일 수도 있고, 학급 전체 현장으로 나올 수도 있다. 학급 전체 현장의 경우에 개인에게 동급생들 앞에서 큰 소리를 내어 지문의 하위 부문을 읽도록 요구할 수 있다. 개별 활동의 경우에, 개인 학습자들은 조용히 읽고 있다가 교사가 학급 안을 이곳저곳 돌아다니면서 학습자 개개인에게 던지는 질문에 답변을 할 것으로 예상된다. 읽기는 심지어 집단(모둠)으로도 진행될 수 있는데, 학습자들이 읽고 나서 자신의 읽은 내용을 급우들과 토론하거나, 읽은 내용의 하나 이상에 토대를 둔 숙제를 완성하게 된다. 읽기 그 자체가 교실에서나 다른 곳에서도 실행될 수 있다.

따라서 참여자로서 급우인 독자들을 포함하거나 아니면 오직 교사만을 포함할 수도 있는데, 이들이 동일한 지문을 읽었거나 그렇지 않을 수도 있다. 가령, 학교 도서관에 있는 책을 빌려 이뤄지는 널리 읽기(다독)의 경우에, 교사가 다른 책보다 그 책자들의 일부와 더 친숙해질 수 있겠지만, 이런 친숙성이 책 그 자체를 읽는 일로부터 나오는 것이 아니라, 오히려 학습자들이 자신의 읽기에 대하여 남들에게 말해 주는 해설에 귀 기울여 듣는 일로부터 나올 수 있다. 교사는 일상적으로 학습자들의 읽기 능력에 관한 판정을 내리거나, 아니면 읽기 수행의 여러 측면에 초점을 모을 수도 있다. 적합한 낱말 인식, 낱말에 대한 정확한 발음, 소리를 크게 내면서 읽고 있는 바를 이해하였음을 알려 주는 억양, 내재적 동기를 지니고서 심층적 읽기의 지표로 여겨지는 독자의 지문 속 몰입 정도 등이다.

과제에 할당된 시간은 두 문장을 큰 소리 내어 읽고 있는 학생의 경우처럼 짤막할 수도 있고, 아니면 학급에서 마련한 여러 주기별로 개인마다 도서관에서 빌린 책을 읽고 있는 경우처럼 장기간이 될 수도 있다.

(2) 시험 시행지침의 성격

그런 수업 현장에서 유의사항도 또한 다양하게 변동될 것이다. 많은 경우에 유의사항이 명시적으로 될 것이다. 교사는 학생들에게 특정한 과제를 배당해 주는데, 가령 학급 도서일지를 적기 위하여 도서관에서 빌린 책에 대하여 간략히 요약을 하거나, 아니면 간단히 다음 두 개의 문장을 큰 소리 내어 읽을 수도 있다. 그런 유의사항의 언어는 목표언어로 이뤄질 수 있겠지만, 가령 목표언어의 비-토박이 화자인 경우에 흔히 제2 언어로서의 영어(ESL) 현장에서 일어나듯이 학생들의 제1 언어나 또는 제2 언어로도 이뤄질 수 있다. 유의사항은 입말이나 또는 글말로 전달될 수 있다. 씌어질 경우에는 미국에 있는 기본 독본(*basal readers*)들에서처럼 읽기 실행 과정의 일부가 될 수 있다. 따라서 수업 진행 교사가 스스로 전달해 주는 것이 아니라, 오히려 실행 과정이 교재들 속에 적혀서 학습자들에게 주어질 수도 있다.

종종 교실 수업 활동이 그 자체로 시험과 유사하다. 읽기 수업이 학생들이 읽기 전에, 학생들이 읽기를 하는 동안에, 또는 다 읽은 뒤에 교사가 질문을 던지는 일로 이뤄진다. 그런 질문이 학생들이 자신의 읽기 과정에서 무엇에 주목해야 할지, 또는 결국 무엇을 기억하려고 노력해야 할지에 영향을 줄 것 같다. 그런 경우에는 수업 활동들이 아주 구체적으로 될 것이다.

그렇지만 읽기 활동이 좀 더 확장될 수도 있다. 읽기 유의사항이나 서술 내용에 근거하여 어떤 읽기 목표를 마련하기 위하여, 또는 읽기 결과들에 근거하여 교실 수업 조사를 실행하기 위하여, 또는 여러 측면의 지리학적 구역이나 역사적 사건이 서술되는 분기 보고서(숙제)를 집필하기 위하여, 오히려 일반적인 유의사항으로 구성될 수 있다. 심지어 여러 가지 다른 덩잇글을 읽은 뒤에 한 집단의 학생들이 평가를 받을 수도 있다.

일부 지시사항을 담고 있는 과제들은 구체적인 연결 모습으로 여러 개의 하위 부문을 담게 될 것이다. 반면에 다른 과제들은 큰 소리 내어 읽기의 경우에서처럼 오직 하나의 활동만 이행하도록 요구할 것이다. 학생들에게는 과제를 완성하는 데에 전체 수업 한 시간 분량이나 그보다 작은 시간이 주어질 수 있다. 아니면 가령 숙제와 같이 과제를 수업 이외의 시간에 완성하도록 기대될 수도 있는데, 그렇게 되면 토론이나 평가를 위하여 학생들은 각자 다음 수업 시간에 그 결과를 가져와야 한다.

채점 방법도 다양하게 변동할 것 같다. 성공적인 과제 완성을 판정하는 기준들이 암시적이며, 과제 그 자체로부터 도출될 수 있다. 큰 소리 내어 읽기는 관습적으로 이해를 반영해 주는 낱말 확인, 발음, 억양의 정확성에 따라 판정될 것으로 기대된다. 그러나 그런 기준들이 학생들에게는 알려지지 않을 수 있고, 실제로 억양의 경우에서처럼 교사 스스로도 자신이 수행을 평가하는 방법을 온전히 깨닫지 못할 수도 있다.

또한 스스로 자신이 즐거워하는 책에 몰두하면서 묵독하는 개별 독자의 경우에서와 같이 평가 기준이 이해가 아니라 몰입의 정도에 관련될 수도 있다. 아니면 과제 활동의 경우에서처럼 집단 작업에 대한 기여와도 관련될 수 있다. 다시, 비록 종종 개인별 다독의 목표가 되는 심층 읽기와 내재적 동기를 이끌어 내는 일의 어려움을 우리가 반드시 유념해야 하겠지만, 학생들에게도 명시적으로 만들어질 수 있는 그런 기준들은, 읽기에서 귀결되어 나오는 결과를 평가하는 일만큼이나 똑같은 정도로 읽기의 과정 및 과제 완성에 영향을 주도록 의도될 수 있다.

(3) 과제 입력물의 성격

교실 수업에서 이용되는 덩잇글은 물론 아주 다양하고, §.5-2의 3)에서 다뤄진 과제 입력물의 성격과 같이 광범위한 덩잇글 유형들을 다루게 된다. 단순하게 만들어진 초급 독본으로부터 온전한 소설 전체에 이르기까지, 특정한 주제 영역에 있는 해설용 덩잇글에서부터 시집에 이르기까지, 신문 기사로부터 정치 정당의 성명서, 종교 전도 책자, 광고, 기술 사용해설서에 이르기까지 다양하다. 적어도 영국에서는 여러 교과과정에 두루 걸쳐 있는(≒범교과용) 언어 교육에 대하여, 그리고 모든 교과목 교사들이 스스로 읽기를 포함하여 언어 교사로 여길 필요성에 대하여 많은 논의가 있어 왔다. 물론 학습자들이 읽기에 의해서 읽기를 배우는 것이 사실이고, 따라서 격식 갖춘 언어 교실수업 이외에 다루게 되는 덩잇글들이 학습자의 읽기 능력뿐만 아니라 읽고자 하는 동기에도 또한 중요하게 영향을 끼친다. 그렇지만 이런 묶음의 검사 상황들을 서술하면서 저자는 역사·화학·사회 과목 등과 같은 다른 교과목들보다 오히려 읽기가 명시적으로 초점 모아져 있는 공식적인 언어 수업을 염두에 두고 있다.

그리고 그런 언어 또는 읽기 수업이 실제로 가능한 덩잇글들에 대한 전반적 영역을 어떤 범위까지 다루게 되는지를 고려하는 것이 중요하다. 예를 들어 제5장에서 서술된 덩잇글의 범위를 살펴보는 일이12) 전

---

12) (역주) 281쪽 §.5-2-2에 있는 역주 9)에서 언급하였듯이, 교실 수업에서 어떤 덩잇글을 가르쳐야 하는지에 대한 고민과 전환은 영국에서 가장 먼저 일어났다. 영국 교육과학부의 위촉으로 앨런 불럭(A. Bullock) 경이 읽기 및 모국어 교육(성인 교육 및 교사 양성교육도

형적으로 그런 수업에서 학생들에게 광고, 관광 안내 책자, CD 앨범의
겉표지들을 읽도록 요구하거나 장려하는가? 읽기가 누리집(*webpages*),
전산 처리된 자료기반(*electronic database*), 과학 소설, 외설 이야기, 만화,
공상과학 열광지지자 잡지, 거리 간판, 공고, 정치 홍보물 따위까지 포
함하는 것으로 간주되는가? 후자는 읽기 교사가 다루기보다 아마 오히
려 사회 교과목의 교사가 다루는 것으로 여겨지지 않을까? 그리고 나
머지 일부는 교실 수업에서 읽히기에 너무 시시하거나 또는 너무 위험
하지 않을까? 비판적 읽기가 읽기 교사가 가르칠 영역으로 간주되는
가? 또는 읽기 교사가 주로 문학 덩잇글을 가르치는 일에 관심을 두고,
학습자들에게 고전 소설들을 숙지시키는가? 저자는 읽기 수업이 실제
로 모든 가능한 덩잇글 유형의 전체 범위 중에서 일부 하위 범주만을
다룰 것이지만, 이것이 시험/평가 문항들을 읽기 위한 과제 입력물로서
어떤 덩잇글이 이용되는지에 영향을 미칠 것임을 시사하였다.

포함됨)을 조사하는 22명 위원회의 의장이 되어 중고등학교의 언어 교육에 대한 실태 보고
및 새로운 방향을 제시하였는데, 1975년 『삶을 위한 언어(*A Language for Life*)』(Her Majesty's
Stationary Office, 608쪽)로 간행되었다(간단히 '불럭 보고서'로 불림). 이는 참된 실생활 자료
를 언어 교육에서 다루게 만드는 중요한 전기가 되었다. 그렇지만 실생활에서 쓰이는 언어의
범위가 실생활의 범위와 함께 확장되므로 너무나 방대하다. 따라서 제한된 분량의 교재로
담으려면 불가피하게 치우칠 수밖에 없고, 이 점이 문제로 부각되었다. 이를 제약하기 위한
노력으로 의사소통 중심 언어 교육에서는 덩잇글의 갈래나 담화 유형을 나누어 놓는 일로
진행된 바 있다. 스웨일즈(Swales 1990), 『갈래 분석: 학업 및 조사 연구 현장에 있는 영어
(*Genre Analysis: English in Academic and Research Settings*)』(Cambridge University Press)와
스웨일즈(2004), 『조사 연구 갈래: 탐구와 응용(*Research Genres: Explorations and Applications*)』
(Cambridge University Press)을 보기 바란다.
  그렇지만 번역자는 갈래를 나누는 일에 앞서서, 먼저 142쪽 §.2-5-3에 있는 역주 58)처럼
언어 교육의 발전 방향에 따라 덩잇글의 상위 범주를 설정하는 것이 가능할 것으로 본다(아
래에 다시 도표를 제시함). 이런 상위 범주에 따라 다시 하위로 갈래들을 설정해 준 다음에,
학습자의 준비성 여부에 따라 각 범주의 비율들을 서로 조절해 나가는 것이 가장 지혜로울
듯하다. '비판적 담화 분석'에 대한 교육은 아무래도 고급 수준의 언어 교육에 해당하므로,
마땅히 고등학교와 어른들을 대상으로 하여 이뤄져야 할 것이다. 3쪽 §.1-1의 역주 3)과
54쪽 §.1-7의 역주 63)도 같이 참고하기 바란다.

```
          ┌ 일반 목적 ┬ ㉠ 실용 교육(일상생활 맞춤 교육)
언어 교육 ─┤          └ ㉡ 감성과 상상 키우기 교육(문학 교육)
          ├ 특정 목적 ┬ ㉢ 학업 목적 교육
          │          └ ㉣ 직업 목적 교육
          └ 비판 목적 ── ㉤ 비판적 지성 교육(비판적 담화 분석)
```

과제 입력물이 또한 도표 표상(사진, 예시 그림, 일람표)들도 담을 수 있겠지만, 오직 목표언어로만 되어 있어야 할 것이다. 만일 읽기 수업에서 덩잇글이 길이가 변동한다면, 또한 평가에서도 응당 길이가 변동되어야 하는데, 그런 비격식적 현장에서는 어떤 경우이든지 한 학기에 국한될 필요는 없다. 그렇지만 교사가 또한 학습자들이 얼마나 신속히 읽을 수 있을지에 관심을 둘 수 있고, 따라서 신속함의 정도도 과제 마련에서 중요할 수 있다. 예를 들어, 학습자들이 읽기 속도(또는 '자동 처리 속도(*rauding*)': 30쪽 §.1-4의 역주 34 참고)를 확립하고 증가시키고자 하거나, 또는 통독하면서 골자를 찾아내거나 특정한 정보를 찾아 읽는 능력을 평가하고자 할 수 있다.

비록 지문과 문항이 아주 복잡하지도 않고 본성상 학술적이지 않더라도, 과제 입력물의 언어가 목표언어의 정상적인 모든 성격을 보여줄 것으로 기대될 수 있다. 교육적 이유로 말미암아 일부 단순하게 만들어진 덩잇글이 생겨날 수도 있고, 교사들도 또한 그렇지 않았더라면 어려워졌을 덩잇글을 줄여 놓거나 단순하게 만들어 놓은 판본을 먼저 읽도록 함으로써(늑옥스포드 대학 출판부에서 펴낸 '책벌레 총서' 따위: 뒤친이) 학생들이 고전 소설을 이해하도록 도움을 주는 데 관심을 지닐 수 있다. 덩잇글은 일정 범위의 기능들을 다룰 것으로 기대될 듯하지만, 아마 특히 상상력(*imaginative*) 및 행위 조정(*manipulative*)뿐만 아니라 또한 생각 전개(*ideational*)를 포함하고, 일정 범위의 상이한 말투(*register*, 340쪽 '상황 2'에 있는 역주 9 참고), 갈래, 언어의 비유적 용법들도 다뤄질 듯하다. 주제들도 변동될 것으로 예상되지만, 학습자들의 지적 능력과 발전 단계 안에서 그러할 것이며, 학습자들의 관심거리들에 호소하거나 이를 반영할 것이다. 덩잇글 지문은 일부 많은 읽기 수업에서의 목표가 문화적 가치를 전파하는 것이므로 문화적인 내용도 내포되어 있을 것 같다.

(4) 예상 답변의 성격

예상 답변도 또한 앞에 있는 유의사항에서 보았던 것처럼 변동할 것이다. 예상 답변이 길게 씌어진 글말 보고서가 되거나, 기본 지문이 수반되어 있는 선택지 질문에서 택일하는 답변이 될 수도 있다. 답변이 지문의 언어 속에 들어 있을 수도 있고, 소설에 대한 자유 토론이나 큰 소리로 읽기와 같이 말해질 수도 있다.

예상 답변의 언어가 정상적으로 이해를 보여주는 중요한 부분으로 간주되지 않거나, 목적이 무엇이 되었든 간에 지문의 정보를 이용하는 능력으로 간주되지 않을 수도 있다. 그러나 교실 수업 현장에서 교사가 학습자들에게 정확하고 적합한 표준 언어를 이용하고, 적합한 경우에 그들의 답변에 상상력이 깃들도록 장려할 것 같은데, 답변의 적합성을 평가하기 위한 기준 속에 그런(≒상상과 비유의) 방식으로 언어를 이용하는 능력이 포함될 수 있다.

(5) 과제 입력물과 답변 사이의 관계

그러한 많은 교실 수업 현장에서 독자로서 학습자들은 자신이 읽은 지문의 언어를 이해할 수 있을 것으로 기대되며, 단순하게 하고, 요약을 하며, 대안이 되는 방식으로 생각을 표현하고, 과제 입력물의 언어와 주제에 대하여 상상력을 발휘하여 창의적으로 답변을 하면서 그런 언어를 다른 말로 풀어줄 수 있을 것으로 기대된다. 실제로 많은 교실 수업 과제들이 명시적으로 그렇게 언어의 창의적 사용을 권장하고, 광고가 되었든 고전 소설이 되었든 간에 특정한 지문(덩잇글)에 있는 언어의 사용을 놓고서 음미한 바를 표현하고 가다듬는 학습자들의 능력 신장에 명백히 초점을 모은다. 사실상 그런 수업의 주요한 목표 한 가지는 종종 학습자들의 상위 언어(metalinguistic) 능력을 발전시키는 것이다. 곧 자신이 읽은 지문(덩잇글)의 언어 그 자체에 대하여 언급하는 능력이다. (영국의 중학교 요약 과제에서는 본문에 있는 낱말을 전혀 쓰지 못하도록 명시적으로 요구하는 대목들이 있어 흥미로운데, 358쪽의 역주 14를 보기 바람: 뒤친이)

따라서 과제 입력물 및 예상 답변 사이의 관계는 전형적으로 아주 광범위하고 간접적이다. 학습자들에게는 지문의 축자적 의미를 이해하기를 기대하지만, 진술된 내용을 뛰어넘어 태도와 가정과 편견과 의도를 추론하고 평가할 뿐만 아니라, 또한 표현상의 기법과 해학과 반어 따위를 음미할 것으로도 기대한다. 그런 광범위하고 간접적인 관련성이 과제 입력물에 대한 답변의 적합성에 대한 평가가 종종 해석의 '정확성'보다는 오히려 교사의 판단에 관한 사안이 될 것이다. 교사는 학습자의 답변을 평가할 명시적인 기준을 마련할 수도 그렇지 않을 수도 있다. 일반적으로 교사는 학습자들에게 되점검을 제공해 준다. 이는 독자와 덩잇글 사이를 상호작용 방식으로 매개해 주는 일이다. 학습자들에게 그들의 진전 여부에 따라 알맞은 덩잇글을 배당해 줄 수 있고, 따라서 과제 입력물과 답변 사이의 관계를 맞춤식으로 만들어 조율하게 된다.

평가를 위한 기준이 종종 학습자에게 그리고 교사에게 묵시적으로 남아 있을 것이다. 그런 기준들은 쉽게 정의할 수 있기보다는 오히려 직관적일 수 있고, 채점 눈금으로 포착되지 않을 수 있다. 물론 이것이 학습자의 해석들에 대한 믿을 만한 평가에서 문제를 일으키겠고, 또한 자신들이 정확히 무엇을 실행해야 할지, 무엇이 적합하고 가치 있는 답변이 될 것인지, 그리고 그런 답변이 왜 가치가 있거나 가치가 없는지를 이해하는 데에 어려움을 안겨 줄 것이다. 이는 임의의 되점검을 해석하는 데에서도 학습자에게 어려움을 일으킬 수 있다.

(6) 평가 성격

지금까지 저자는 본질적으로 중등학교 수준에서 읽기 교실 수업을 위한 일정 범위의 가능한 성격들을 서술해 왔고, 간헐적으로만 평가를 위한 함의를 언급해 놓았다.

저자가 논의하고 싶었던 기본적인 핵심은 다음과 같다. 교실 수업 맥락에서 읽기 평가의 본질이 직접적으로 그리고 긴밀하게 수업의 본성과 관련되어야 하고, 응당 그래야 한다. 대부분의 수업이 어쨌든지 실제로 평가이며, 때로 모종의 지속적 평가의 형태로 숙제들이 점수를 받고 등급이 기록되는 경우에서처럼 아주 명시적으로 그러하다. 대부분의 수업이 유사한 평가가 될 수 있겠지만, 학습자들이 자신의 수행을 놓고서 직접적으로 평가받지 않을 수도 있다. 대신 오히려 학습자가 덩잇글을 이해하거나 덩잇글에 대한 자신의 이해를 증진시키는 데 도움이 되도록 수행을 이끌어낼 수도 있다. 예를 들어, 주어진 덩잇글(지문)에 대하여 택일형 질문에 대한 답변이, 그 덩잇글에 대한 학급 내 토론에 대한 토대를 형성할 수도 있다. 해석의 합당성(*reasonableness*, 합리성) 또는 달리 오답지에 들어 있는 다양한 해석들에 대한 토론이다.

그런 경우에 교사는 택일형 질문에 대한 상이한 답변(≒오답)일지라도 만일 학습자들이 자신의 해석에 대한 적합한 증거(*justification*, 정당성)를 제시할 수 있다면 서로 다른 다양한 해석들이 가능함을 받아들일 수 있다. 그렇다면 문제가 되는 것이 답변의 정확성이 아니라 오히려 해석의 합당성이나 증거의 적합성이 될 것이다.[13]

그렇지만 그런 과제를 평가에 이용하는 경우에, 교사가 교실 수업에

---

13) (역주) 페어클럽(2003; 김지홍 뒤침 2013: 225쪽), 『담화 분석 방법』(도서출판 경진)에서는 자신의 주장을 합당하게 만드는 네 가지 전략을 다음처럼 도표로 나타내었다. 언어 교육(특히 논설류 덩잇글)에서 이런 합리화 전략을 중심으로 상대방의 글을 비판도 하고, 또한 자기 주장의 합당성을 세워 놓는 훈련이 절실히 필요하다.

서 과제를 수행하는 동안에 정답이 더 중요하다고 느낄 수도 있다. 저자는 그렇게 하는 일이 평가의 타당도를 위협할 수 있을 뿐만 아니라, 또한 학습과 평가 사이에 있는 차이에 대하여 학습자들에게 잘못된 신호를 보낼 것이라고 시사하고 싶다. 따라서 저자는 평가에 관하여 교사가 마련한 평가 절차 및 연합된 기준들이 가르쳐 준 내용 및 가르쳐 온 방식을 긴밀하게 반영해 줄 것으로 기대한다.

실제로 다수의 비격식적 평가 절차들이 어떤 경우이든지 별개의 활동을 포함할 필요는 없다(≒통합적인 활동을 하면서 그 속에서 읽기가 평가됨). 오히려 평가는 교실 수업에 근거한 과제들을 놓고서 학습자가 실행한 답변들을 체계적으로 기록하는 일로 구성될 수 있다. 교사가 학습자의 수행 결과들을 표본으로 또는 무작위로 뽑고서, 학습자들이 수행해 온 방식에 대한 기록을 만들 수 있다. 대안으로서 교사들이 '전형적 (typical)' 수행을 기록하려고 하기보다, 오히려 진전이나 가능성에 대한 증거로서 예외적 수행이 일어난 경우에 기록을 해 놓을 수도 있다.

그렇다면 평가와 교육(또는 학습) 사이의 차이는 단순히 한 가지 체계화된 내용 및 표본이 된다. 교사들이 명시적으로 학습자의 수행 내용들에 대한 인상을 기록하고, 유관하며 공정한 방식으로 그것을 표본으로 만들도록 하는 것이다. 따라서 가령 장기간에 걸쳐서 덩잇글에 대한 학습자의 반응을 놓고서 수행 기록철(portfolio)을 모아놓는 일이 가능하고, 그런 수행 기록철을 향상, 노력, 또는 관심사의 증거로서 이용하는 것이다.

자기 주장을 합당하게 만드는 네 가지 방식(합법화 전략)

권위 확보(authorization)	전통·관습·법적 권위·제도적 권위를 지닌 주체에게 기댄 전략
합당성 확보(rationalization)	제도적 행위의 유용성 및 사회에서 구성해 놓은 지식에 기댄 전략
도덕적 평가(moral evaluation)	사회에서 받아들이는 가치체계나 통념에 기댄 전략
신화로 만듦(mythopoesis)	서사 이야기를 통하여 신화의 모습으로 만듦으로써 비판을 벗어나는 전략

더욱이 그런 현장에서는 학습자가 자신의 읽기를 평가하는 데 스스로 참여하도록 실현할 수 있게 된다. 읽기 향상에 대한 스스로의 평가는 교실 수업 평가에서 가치가 높다. 예를 들어 모둠 과제의 형태로서 덩잇글의 이해를 놓고서 서로 간의 급우 평가(≒모둠 구성원 내부 평가)도 허용될 수 있다. 그리고 읽기와 해석과 장기간에 걸친 변화를 놓고서 수행 기록철에 대한 학습자 스스로의 촌평도 또한 깨우침 및 향상을 이끌 통찰력을 위해서 가치가 있을 것이다.

그렇다면 해석의 객관성에 대한 개념은 이제 다른 개념으로 대치될 수 있는데, 학습자들을 장려하여 명시적으로 자신의 목소리가 들릴 수 있도록 하고,[14] 성취 평가를 향하여 가치롭게 여겨지고 점수가 배당되도록 허용하는 일이다.

◈ 상황 4: 영국의 고등학교 졸업인증 학력시험 중에서 외국어 읽기 시험

네 번째 그리고 마지막 시험 상황에서 저자는 영국에서 국가차원의 고등학교 졸업인증 학력시험으로서 그 시험 중 외국어로 된 읽기 능력에 대한 평가를 다루고자 한다. 이 상황은 여전히 교육 맥락이라는 점에서 오히려 앞에서 다룬 '상황 3'과 긴밀히 관련된다. 그렇지만 이는 교실 수업의 '상황 3'에서 서술한 부담이 낮은 시험이 아니라, 오히려 졸업 여부를 결정하므로 부담이 높은 시험이다. 어떤 의미에서 보면 '상황

---

14) (역주) 필자는 평소에 경상대학교 국어교육과 학생들에게 중등학교 국어교육이 바람직하게 이뤄진다면, 임의의 글과 임의의 말을 개개인의 작업기억 속에서 자신의 언어로 바꾸는 일이 신속히 일어나야 한다고 말해 준다. 자기 언어 또는 자신만의 언어로 임의의 덩잇글이나 덩잇말을 재구성하는 작업이, 곧 기억 연구의 아버지로 불리는 바아틀릿(Bartlett)이 주장한 인간 기억의 본질(재구성 기억)을 받아들인 국어교육(언어 교육)의 과정이며 결과인 것이다. 작업기억은 배들리(Baddeley)가 단기기억의 기능을 중심으로 재명명한 기억으로, 전-전두엽에 자리를 잡고 있다. 31쪽 §.1-4의 역주 34)와 75쪽 §.2-2의 역주 2)와 125쪽 §.2-4의 역주 45)를 보기 바란다.

3'과는 반대의 경우가 되는 것이다. 공식적 인증을 통하여 학업 성취에 대한 평가를 나타내고, 단순히 개인 교사들보다는 학교 당국 및 전체 관내 교육청(기관의 책무성)에 관심을 둔다. 비록 교실 수업 교사들이 실제로 그런 평가의 결과에 의해 (수업을 제대로 해 왔는지 여부가 판정되므로) 주목을 받고 그 학력 평가의 중요성에 의해 영향을 받지만, 학력 인증시험의 결과가 또한 사회적이며 국가적인 중요성이 있다. 따라서 책무성 판단에 대해서뿐만 아니라, 또한 개인들에 대한 그리고 개인들을 위한 판단으로서 다양한 방식으로 선용되거나 오용될 수 있다.

그렇지만 평가 맥락과 목적의 중요성에도 불구하고, 반드시 평가가 응당 배타적으로 격식 갖춘 시험의 도구 형태로만 존재해야 하는 것이 실제 경우인 것은 아니다. 실제로 학생 개인에 관한 총괄 판단(*summative judgements*)에 도달하는 일에, 다양한 현장에서 교사가 내린 평가 또는 지속적인 평가의 측정값 및 공식적 시험에 근거하여 외부 기관에서 적합하게 만든 평가를 결합하려는 다수의 시도들이 있어 왔다. 일부 현장에서는 교실 수업에 근거한 수행 기록철 및 수행 평가의 총괄 판단을 내리는 데에 이용해 왔다.

이하에서는 목표언어 사용(TLU) 영역보다는 오히려 특히 외국어로 된 읽기의 평가를 참고하면서 평가 현장을 서술해 놓을 것이다. 앞에서 언급된 여러 상황과는 다르게, 비-시험 현장을 아주 자세하게 서술하지는 않을 것이다. 세 번째 상황('상황 3')에서 서술해 놓았던 내용이 대부분 또한 이 네 번째 상황에도 적용될 수 있다는 점에서, 오히려 비-시험 상황을 이미 다 다뤄진 것으로 간주할 것이다. 차이를 든다면, 교실 수업에서 일어나는 내용이 차이가 적으나(≒서로 공통되지만), 누가 이 시험이나 평가 절차를 마련하고 시행하는지, 그리고 이런 절차의 중요성과 영향력, 출제자들이 '올바르게 진행해야 하는' 압박감에서 현격히 서로 차이가 난다. 따라서 이 마지막 시험 상황('상황 4')에서 저자는 시험에 대하여 그리고 시험의 잠재적 영향력에 대하여 좀 더 집중할 것이지만, 교실 수업 영역이나 목표언어 사용(TLU) 영역은 자세히 다루지 않는다.

앞의 세 번째 상황에서 서술해 놓았듯이, 최종 학교 졸업인증 학력시험이 의도된 목표언어 사용(TLU) 영역들이 너무 다양하여, 시험 구성물에서 대부분 분명한 안내지침이 될 만큼 예측 가능한 것도 아니다. 고등학교 졸업생들이 아주 다양하게 서로 다른 현장에서 직업 세계로 들어갈 수도 있고, 대학에 진학을 하여 학업을 계속하고자 계획할 수도 있다. 졸업생들이 외국어에 대하여 예측 가능한 필요성을 갖고 있지도 않다. 설사 가능한 필요가 있다손 치더라도 또한 외국어로 읽을 수 있는 것보다는 오히려 입말로 의사소통을 하기 위해서 그럴 수 있다.

더욱이 한편으로 시험 내용이 존재한다면 국가 차원의 교육과정이나 교과과정에 토대를 두고 있고, 교실 수업에서 쓰인 교재들 및 교수 방법과 관련될 수 있겠지만, 다른 한편으로 국가 차원의 교육과정과 교과과정은 전형적으로 아주 광범위하고 일반적인 얼개들이므로, 시험 구성 주체들에게 아주 특정한 지침을 제공해 주지 못하며, 교사들도 일반적으로 자유롭게 다양한 교재와 교수 방법들을 쓰고 있다. 사실상 종종 고등학교 졸업인증 학력시험의 출제자들은 현재 실천상의 최상의 학력시험이 될 것으로 고려하는 바를 반영하도록 추구하며, 긍정적으로 교사들이 교실 수업에서 실행할 바에 영향을 주게 된다. 따라서 시험 역파급(*washback*, 238쪽 §4-2의 역주 9 참고) 효과와 영향력이 이 마지막 네 번째 상황에서 시험을 마련하는 데에 중요한 고려사항이 된다.

결과적으로 또한 장기간에 걸쳐서 계속 시행되고 있기 때문에 전형적으로 시험 내용 및 방법에 대하여 경직된 얼개(*rigid framework*)를 피해야 할 필요성을 출제자들이 의식하고 있다. 오히려 매년 타성화된 출제와 순환되는 좁은 범위를 벗어나기 위하여 덩잇글 유형, 과제 유형, 시험 방법의 이용을 다변화하도록 장려된다. 따라서 이하에서 제시된 내용의 대부분은 기껏해야 한 해 시행된 시험의 명세내역을 나타내며, 해마다 일정 정도로 변동되리라 예상될 수 있다.

(1) 현장의 성격

참여자는 마지막 학년을 보내는 고등학교 학생들이고, 전형적으로 나이가 17살에서 19살 사이이며, 성별 구분 없이 남녀 모두 동등하게 시험을 치른다. 대부분 대학교나 전문대학에서 공부하기를 희망하지만, 이런 가능성은 부분적으로 이런 읽기 학력시험에서 높은 점수를 얻는 데 달려 있을 것이다. 이 시험은 보통 친숙한 환경인 자신의 학교에서 치러질 것인데, 아마 대형 강당이나 교실에서 실시될 것이다. 시험 시행관 및 감독관은 학생들의 교사를 비롯하여 학교 관리자들이 될 것이다. 응시생들이 개별 책상에 줄을 맞춰 앉게 될 것이며, 이웃 줄과 몇 피트(1 ft는 30.48cm)가량 떨어져 있고, 학습자끼리 협동이 부정행위로 금지되어 있다.

읽기 학력시험은 한 시간이 소요될 것이다. 이런 현장에서 유일한 다른 (묵시적) 참여자는 채점자인데, 학생들의 답안을 읽고 판정할 사람이다. 그렇지만 시험 유의사항에서는 시험 과제들에 동기를 부여하고 읽기에 대한 참된 실생활 속성의 분위기를 조성하기 위하여 읽기에 대한 다수의 목적을 가정할 것이다.

(2) 시험 시행지침의 성격

시험 시행지침(유의사항)이[15) 학습자들이 가능한 한 많이 목표언어

---

15) (역주) 표제에서는 rubric(시행지침)으로 부르고, 바로 이어진 설명에서는 instruction(유의
사항)으로 부르고 있으므로, 저자는 담화를 전개하는 수사학적 방식을 이용하여 이 두 낱말
을 '낱말 사슬(lexical chain, 어휘 연쇄)' 관계로 파악하고 있음을 알 수 있다(낱말 사슬 관계는
85쪽 §.2-2의 역주 11과 95쪽 역주 21, 132쪽 §.2-4의 역주 53을 참고 바람). 저자는 두 낱말을
상의어와 하의어로 구분하여 쓰기도 하고, 여기에서처럼 비슷한 낱말로 쓰기도 한다. 일단

에 노출되어야 하고, 응당 간단한 시험 시행지침(유의사항)을 이해할 수 있어야 한다는 신념 때문에 전형적으로 목표언어로 씌어질 것이다. 이에 반대하는 논의는, 시행지침(유의사항)이 될 수 있는 한 간단해야 하고 이해될 수 있어야 하므로, 응당 모국어로 씌어야 한다는 주장이다. 모든 절차와 과제들이 신중하게 구체화되어야 하겠지만, 읽기 시간을 줄여 주기 위하여 가능한 대로 간단하게 서술된다.

읽기 시험은 여섯 가지 하위 부문으로 나뉘어져 있고, 그 중 일부는 주제상 서로 연결되어 있다. 제1부에서는 응시자들이 수학여행으로 런던을 방문하고 있다고 상상해야 하고, 그들이 머물 도심지를 서술해 주는 지문(덩잇글)을 읽게 된다. 과제는 지문에 있는 정보와 관련되고, 런던에 머무는 동안에 간여할 법한 가능한 활동들에 초점을 모은다. 제2부에서는 한 주간 즐겁게 놀 계획을 짜고 있다고 상상하고, 지역 신문으로부터 즐길 계획을 읽게 된다. 과제로서 자신의 계획을 세우기 위하여 정보를 선택하도록 요구한다. 제3부에서는 목표 도심지에 있는 청소년 생활에 대한 네 가지 서술 내용을 읽고 나서, 그 서술에 대하여 응시자에게 관심사·직업·연설(*addresses*, 주소)·이전의 경험들에 대한 목록과 일치/부합시키도록 요구받는다. 제4부에서는 지문의 맥락으로부터 밑줄 그은 무의미 낱말들의 뜻을 짐작하도록 요구받는다. 제5부에서는 영영 사전으로부터 가져온 모사전송(fax, 복사물)을 이용하여, 다른 지문에 있는 밑줄 친 낱말의 의미를 알아내도록 요구받는다. 제6부에서는 두 가지 지문에 대하여 관례적인 이해 질문에 답변을 하도록 요구받는다.

읽기 학력시험에 있는 전체 문항의 숫자는 40개이며, 여섯 개 하위 부문의 문항이 많든 적든 두루 분포되어 있다. 학습자들이 얼마의 시간을 각 하위 부문과 문항에 쏟을지를 자유롭게 결정하고, 이 학력시험을

이곳의 번역에서는 표제에 쓰인 '시행지침'을 쓰되, 괄호를 같이 써서 '(유의사항)'으로 표시하기로 한다. 이 두 낱말에 대해서는 269쪽 §.5-2 역주 3) 및 277쪽 역주 6도 참고 바란다.

끝내는 데에 총 1시간이 주어질 것이라고 말해진다. 제4부~제6부에는 영어의 용법·듣기·쓰기를 검사하는 영역이 더 들어 있다. 응시 시간이 끝나면 감독관이 시험지 묶음(한 다발의 검사집)과 답안지를 수거하게 된다. 간단히 정답 하나에 1점씩 주어질 것이라는 점 이외에는, 그들의 답안이 어떻게 채점될 것인지 학습자에게 알려 주지 않는다.

(3) 과제 입력물의 성격

씌어진 일부 지문이 예시들과 같이 딸려 있다. 과제/문항들이 그러하듯이 모든 것이 목표언어로 되어 있다. 길이는 다양하게 변동한다. 제1부에서 지문의 길이는 400개 낱말 정도이다. 제2부는 두 쪽 분량이지만, 오직 150개 낱말 정도만 들어 있다.[16] 제3부는 길이가 짤막한 단락으로 된 네 가지 서술 내용이 들어 있다. 제4부에는 두 개의 긴 단락이 들어 있다. 제5부는 두 개의 덩잇글이 들어 있는데, 하나는 사전 항목에 대한 전체 쪽이고, 다른 하나는 전체 덩잇글을 절반으로 나눈 후반부에 해당한다. 제6부에서는 두 개의 두 단락 지문이 있는데, 하나는 설명문이고, 다른 하나는 서사 이야기이다.

지문(덩잇글)의 언어는 다양하게 변동한다. 제1부와 제2부의 비교적 단순한 언어로부터, 제5부에서는 사뭇 복잡한 언어까지 들어 있다. 다양한 지문(덩잇글) 유형이 있고, 비록 처음 세 개의 하위 부문들이 주제상 서로 연결되어 있지만, 다수의 상이한 주제들이 들어 있다. 그렇지만 지문 유형을 논외로 한다면, 말투 또는 기능에 비춰 보아 사회언어

---

16) (역주) 비록 쪽수가 많더라도 이용된 낱말의 숫자가 적은 까닭은, 명사의 곡용이나 동사의 활용을 어간을 중심으로 하여 하나로 계산하기 때문이다. 띄어쓰기가 되어 있는 항목을 모두 세는 것이 아니라, 새로운 낱말이 몇 개인지를 헤아리는 것이다. 가령 'I, my, me'가 동일한 대명사의 곡용이므로 한 낱말로 취급되고, 다시 'go, goes, went, gone'도 같은 동사의 활용이므로 하나의 낱말로만 취급되는 것이다. 80~81쪽 §.2-2의 역주 7)과 8)을 참고하기 바란다. 중국에서도 이런 계산을 하는데, 가령 방대한 모택동 어록집에 쓰인 한자가 고작 5천 자를 넘지 않는다고 들었다.

학적 변이 모습이 거의 들어 있지 않고, 문화적 참고사항도 또한 혼한 청소년 체험이 아니라면 이해 범위 속에 있으리라는 기대로 일상적인 것에만 제한되어 있다.

대부분의 지문(덩잇글)이 배치 방식과 수반된 예시들이 현실적이라는 점에서 '참된 실생활 자료'처럼 보인다. 이 시험은 오직 가장 유능한 학습자만이 허용된 응시 시간 안에 편히 모든 과제들을 다 풀 것이라는 기대에서 아주 신속히 치러진다.[17]

(4) 예상 답변의 성격

학습자들은 목표언어로 대답하거나 또는 여러 선택 항목에 있는 표시란에 쐐기표를 질러 넣는다. 한 문장 이상 답변할 것으로 기대되지 않는다. 비록 이 학력시험이 교사들에 의해 채점되지만, 정답이나 적합한 답변의 목록이 제공되며, 답변 허용 여부에 대한 결정에 미리 주어진 것 이외에 별도의 판단이 어떤 것도 이용해서는 안 된다.

(5) 과제 입력물과 답변 사이의 관계

단답형도 주제 및 과제에 관련된 것으로 예상된다. 그렇지만 정상적인 환경에서는(그러나 아래의 '논의 사항'을 보기 바람) 답변과 과제 입력물이 비-상호작용 관계에 있고, 이런 관련 범위가 사뭇 좁고 혼히 직접적이다. 학습자들이 많은 배경지식과 문화적 지식을 늘이는 데 기여할 것으로 기대되지도 않고, 택일형 답변만 요구하므로 지문(덩잇글)의 품질이나 지문 및 과제의 관련성에 대하여 많은 판단을 내릴 것으로 예상

---

17) (역주) 학력시험은 응당 능력 측정 시험이 되어야 한다. 그렇지만 결과적으로 어떤 능력의 발휘가 얼마나 익숙하고 신속한지만 따지는 속도 측정 시험이 되어 버린다면, 자기모순이나 자가당착이 생겨날 소지가 있을 듯하다.

되지도 않는다.

(6) 논의 사항

목표언어 사용(TLU) 과제들로부터 나온 제약이 없지만, 응시 시간과 이용 가능한 자원 따위와 같이 실천적인 제약이 있으므로, 이런 읽기 학력시험을 마련하는 데에 내려져야 하는 결정들에 주목하는 것이 중요하다. 선택된 지문(덩잇글)과 과제는 많은 학습자들이 수학여행을 해 보았거나 또는 그런 여행을 연례적 학교 행사로 여길 것이라는 시험 출제자의 추정을 보여 준다. 지문(덩잇글) 그 자체가 사실적으로 보일 것이며, 따라서 추측하건대 동기가 마련되고 흥미를 느낄 것이다. 문서 복사 설비는 그렇게 참된 실생활 자료처럼 보이는 지문(덩잇글)을 복제할 수 있다.

이하에서는 네 가지 시험 출제 운영 방법(㉮~㉭)이 논의되고, 어떤 답변 방법(택일형, 단답형, 서술형)을 채택할지 논의되며, 서술형 답안의 경우에 신뢰도를 높이는 두 가지 채점 방식(㉠, ㉡)이 다뤄진다.

㉮ 이 학력시험의 처음 세 가지 하위부문(제1부~제3부)들은, 어느 정도 사실적이며 응시자에게 지문의 이해가 점차 향상될 수 있을 만한 맥락을 발전시키도록 허용해 줄 것이라는 희망에서, 주제상 서로 연결되어 있다. 그렇지만 이 학력시험이 전반적으로 주제 또는 지문 유형에 의해서 치우치지 않도록 막기 위하여, 나머지 세 개의 추가 하위 부문(제4부~제6부)에서는 아주 다른 주제에 대한 상이한 지문(덩잇글)들을 이용하고, 교사와 출제자의 판단에 외국어(FL) 학습자들에게 유용할 것으로 보이는 기술들에 초점을 모은다. 맥락으로부터 낱말의 의미를 짐작할 필요성은[18] 학교 제도에서 이용된 교재들에서 지속적으로 강조

---

18) (역주) 짐작은 아무렇게나 하는 것이 아니다. 반드시 두 가지 전제 조건이 만족되어야 가능해진다. 첫째, 언어 처리를 주관하는 작업기억이 잘 갖추어져야 한다. 이는 사춘기 이후

되며, 이런 일에서 학습자들이 많은 연습을 해 왔으리라 예상될 수 있다. 영영 사전의 이용은 덩잇글을 읽을 경우에 학습자들이 교실 수업에서 실행해야 할 것들 반영해 주는 것으로 보인다. 실제로 학습자들이 명시적으로 사전 활용 기술을 배워 왔을 가능성도 있고, 그렇지 않다고 하더라도 이 학력시험이 이런 영역에서 역파급 효과(washback effect, 238쪽 §.4-2의 역주 9 참고)를 지닐 것으로 기대되는 것이다. 더욱이 영영 사전의 이용이, 이런 종류의 학력시험을 준비하는 경우에 언어 학습자에게 영한 사전(이중 언어 사전)의 이용보다 더욱 유용할 것이라는 믿음에서, 교사와 학습자들에게 이중 언어(≒영한) 사전이 아니라 오히려 그런 단일 언어(≒영영) 사전의 이용을 장려하도록 의도적으로 마련되었다. 그렇지만 출제 원리를 서술하면서 저자는 이런 주장을 옹호하는 것이 아님에 유의하기 바란다.

㉔ 이런 학력시험을 치르는 졸업 학년의 모집단이 언어 능력과 관련하여 아주 이질적이다. 그런 이질성에 대한 한 가지 가능한 접근법은 세 가지 다른 수준의 시험을 출제하는 것이다. 각각 기본 학력시험과 중급 학력시험과 최고급 수준의 학력시험으로 부를 수 있다. 그렇지만 실제로 시험을 시행하고 운영하는 집행 요인 및 수준별 응시자들의 사전 등록에 대한 난점으로 말미암아, 출제자들이 세 가지 다른 난이도 수준을 지닌 시험을 마련하는 일이 허용되지 않을 수도 있다. 대안이 되는 접근법이 있다. 낮은 수준의 학습자들도 응당 다 완성할 수 있을 만큼 앞쪽에 있는 두 개의 하위 부문에는 더 쉬운 지문과 과제를 담고, 다음 두 개의 하위 부문에서는 중급 수준의 학습자들이 끝낼 수 있는

에야 완전히 발달하는 것으로 알려져 있다. 둘째, 목표언어에서 잘 알고 있는 낱말들의 숫자가 4천 내지 5천 개 이상을 넘어야 한다. §.2-2-2에서 라우풔(1989)와 리우·네이션(1985)을 인용하여, 덩잇글에 있는 낱말의 95%를 잘 알고 있을 때에라야 비로소 맥락을 이용하여 5% 미만의 모르는 낱말에 대한 의미를 짐작할 수 있다고 언급하였다. 또한 허어슈·네이션 (1992)을 인용하여, 덩잇글에 있는 97%의 낱말들에 익숙해지기 위해서는 대략 5천 개 정도의 낱말을 배워야 할 필요가 있음을 언급하였다. 따라서 학교 수업에서 모르는 낱말에 대한 의미 짐작이 무작정 강요한다고 하여 효과를 거둘 수 있는 것은 아니다.

내용을 담으며, 마지막 두 개의 하위 부문은 오직 고급 수준의 학습자만 성공적으로 과제를 완성할 것이라는 기대에서 의도적으로 어렵게 만들어진다.

그렇지만 이런 두 번째 대안의 함의를 주목하기 바란다. 더 낮은 능력을 지닌 학습자가 더 적은 문항/과제들만 풀게 될 것이고, 따라서 이것이 그들을 좌절시키고 자존심을 낮춰 놓을 뿐만 아니라, 또한 40개 문항을 모두 풀려고 했던 학습자들에 대해서 그들의 능력 수준 추정의 정확성에서 오히려 확신이 떨어질 수도 있다. 서로 다른 현장에서 응시자들에게 이 학력시험을 완성하는 데에 더 많은 시간이 주어질 수도 있으므로, 따라서 비록 이것이 여전히 능력이 더 낮은 학습자가 자기 능력 수준을 훨씬 넘어서도록 의도되어 있는 문항들을 풀려고 할 수 있겠지만, 그렇다면 이는 속도 측정 시험(a speed test)이 아니라, 능력 측정 시험(a power test)이 될 것이다. 또는 학습자들이 컴퓨터를 통하여 맞춤식 읽기 학력시험을 치를 수도 있겠는데, 이는 진전되는 능력 수준의 추정치에 시험 내용이 맞춰지는 것이다. 그렇다면 자신의 능력에 근접한 임의의 난이도 수준에 있는 대부분의 문항들을 택하고, 대부분의 학습자들이 대략 동일한 숫자의 문항에 답변을 할 수 있을 것이다 (≒응시생들의 자신감을 북돋아 주려는 배려임: 뒤친이). 영국의 중등학교 졸업인증 학력시험이 실시되는 대부분의 맥락에서 후자의 각본은 허황된 꿈이다.

㉡ 추가적인 대안 접근법이 있다. 학습자들이 두 가지 읽기 학력시험을 치르는 것이다. 하나는 대체로 이미 앞에서 서술된 모습으로 되어 있고, 다른 하나는 입말 면담으로 치르는 것이다. 입말 면담 현장에서 학습자들에게 면담 시간보다 앞서서가 아니라, 오히려 면담 시간 동안에 읽을 덩잇글이 주어진다. 그러나 질문에 대한 답변이 그들의 능력을 드러냄에 따라 시험관은 거기에 맞춰 한 벌의 지문(덩잇글)에 대한 난이도와 질문들을 알맞게 조절한다. 이것이 바크먼·파머(1996)에서 상호작

용(reciprocal) 검사 또는 맞춤식(adaptive) 검사로 부른 것이다. 물론 이는 응시 시간이 더 오래 걸릴 것이고, 잘 훈련된 면접관과 잘 알려진 난이도 수준을 담고 있는 질문들이 필요하다. 이는 정확히 결과들을 보고하는 검사관 및 글말과 입말로 시행된 두 종류의 읽기 점수를 모두 결합하고 보고하는 제도 안에서 시행하는 능력에 달려 있을 것이다.

㉣ 다시 또 다른 대안 접근법이 있다. 대부분 교실 수업에서 읽기 평가를 다룬 '상황 3'에서 서술되어 있듯이, 학교 외부에서 마련되고 시행된 시험을 읽기 능력에 대한 학교 내부 평가와 결합하는 것이다. 이는 외부 측정을 보완하기 위하여 풍부하고 계속 진행되는 능력 향상에 대한 그림을 허용해 준다. 중등학교 졸업인증 학력시험에서 학습자들에게 배당된 점수 중에서, 학교 내부 평가에 토대를 둔 수업 활동이 최대한 오직 25%의 점수만 구성할 수 있다는 법령이 보수당 정부에 의해서 발동되기 전까지는, 실제로 영국에서 어느 정도 평가 기준에 대한 외부 조정과 더불어, 이런 본성의 학교 내부 평가가 여러 해 동안 영어 능력을 검사하는 기준이었었다. 그런 정부의 결정은 편견과 편의성에만 근거하였을 뿐이지, 타당도와 신뢰도를 결여한 채 증거가 불충분한 것으로 보인다.

ⓐ 시험 방법이 이 네 번째 졸업인증 학력시험에서는 두 가지 이유로 의도적으로 다양하게 변동된다. 첫째, 다른 방법보다 한 가지 방법에만 더 친숙하여 더 나은 시행을 보일 수 있는 학습자들에게만 혜택이 주어지도록 학력시험 결과들이 치우치는 일을 피하기 위한 것이다. 둘째 그리고 긍정적인 역파급 효과(238쪽 §.4-2의 역주 9)를 극대화하기 위한 것이다. 가령, 택일형 문제와 같이 한 가지 시험 방법에만 집중하는 일이, 교사와 학습자들에게 다른 연습/시험 유형을 무시하고 택일형 시험에 응시하는 기법만 익히도록 방치할 것으로 믿어진다(늑이를 막으려는 것임: 뒤친이).

ⓑ 서술식 답변 항목을 포함하고 있기 때문에, 학습자들이 답변을 그

들 자신의 낱말로 마련할 기회가 주어진다. 부정을 막기 위하여 채점자들에게는 자신이 가르친 학습자들의 답안지를 채점하도록 허용되지 않는다. 채점자들에게 지문과 과제의 이해를 보여 주지만 '올바르지 않은' 언어로 표현된 답변에 벌점(감점)을 주지 않도록 촉구된다. 신뢰도를 높이기 위하여, 또한 영어교사로서 자신의 직업적 판단을 이용하기보다 채점자들이 준수할 것으로 예상된 채점표/채점 열쇠가 주어진다. 만일 채점자가 수용 가능하거나 불가능한 답변의 목록 속에 들어 있지 않은 답변을 어떤 것이든 마주치게 된다면, 결정을 내리기 위하여 시험 당국에 해당 답변들을 알려 주도록 요구받으며, 따라서 채점표가 수정된다.

일부 교사들이 이를 모욕적으로 느끼고서, 교사들의 판단을 존중하지 않고 전문성을 평가 절하한다고 시험 당국을 비난할 수도 있다. 그렇지만 중앙 관리 형식의 시험 실시가 필요한 이유들 중 한 가지가, 정확히 교사들의 판단이 부담 높은 시험의 채점 결정에 대해 한쪽으로 치우치고, 믿을 만하지 않으며, 받아들일 수 없는 변수가 될 수 있음을 경험상 보여 주기 때문이다. 대학 당국이나 직원 채용 회사에서는 학교 내부 평가에 근거한 시험이 믿을 수 없다고 불평을 하며, 이에 대한 대응으로 많은 대학에서 자체적으로 입학시험을 마련한다. 따라서 만일 점수가 믿어지도록 하려면, 전국에 걸쳐서 채점의 신뢰도를 보장해 주는 것이 중요하다.

㉠ 이상적으로 채점은 기준들에 대한 현저한 통제와 함께 중앙에 함께 모여서 실행될 듯하다. 그러나 이것이 비용이 많이 들고 긴 거리를 여행해야 하는 교사들을 포함할 수 있다. 한 가지 대안은 지역별로 채점자들의 조를 짜서 모집을 한 다음에 시험 기간에 앞서서 훈련을 받는 것이다. 채점표는 모의고사(예비시험)를 실시하는 동안에 철저하게 시험될 듯하다. 채점은 각 학교마다에서 실시되는 것이 아니라, 지역별 중심 기관에서 실시될 수 있다. 지역별 채점자 대표(*Regional Chief Examiners*)

가 지역 중심 기관에서 채점을 점검하도록 임명될 듯하다. 예상치 못한 답변이 우연히 나왔을 경우에, 결정을 짓기 위해 즉각 지역 중심 기관마다 전화를 이용하여 의사소통이 이뤄질 수 있다. 이미 채점이 끝난 답안지의 일부도 그런 예상치 못한 답변이 통보되기에 앞서서 부적합하게 채점된 경우에는 정밀하게 점검될 것이다.

ⓒ 또 다른 대안 채점법은 두 벌 채점(*double marking*)에 맡기는 것이다.19) 첫 번째 채점은 지역마다 실시되고, 두 번째 채점은 중앙 관리 부서에서 실시된다. 일부 현장에서는 시험이 끝난 뒤 며칠이 지나서 채점이 시행되어 왔고, 영국 교사 연합에서는 시험을 시행하고 나서 가져온 몇 백 개의 실제 답안지를 채점한 결과에 근거하여 만들어진 채점 열쇠(*marking key*, 채점 핵심)를 출간한다. 지역별 채점에서 교사들을 안내하는 이런 채점 열쇠가 학교마다 발송되며, 중심 기관에 있는 채점자들의 지침으로도 이용된다. 채점 열쇠에 대한 추가 내용들이 중앙 기관의 채점이 시작되기에 앞서서 채점자들의 모임에서 공지되고 논의된다.

어떤 제도가 도입되든지 간에, 믿을 만한 채점은 일정 정도의 비용·시간·인원을 포함한다. 이것들에 대한 필요성과 믿을 수 없는 채점이 빚을 부정적 결과가 없도록 명백히 만들어 주는 일이 중요하다.

§.6-4. 요약

제6장에서는 목표언어 사용 및 시험 과제 사이에 관련성이 과제 성격의 얼개를 이용함으로써, 어떻게 확립될 수 있는지를 집중적으로 예시

---

19) (역주) 서술식 답안지의 공정한 채점을 확보하는 방법은 286쪽 §.5-2-2에 있는 역주 14)를 보기 바란다. 그런데 여기서는 모든 답안지를 두 번씩 채점하는 방안을 제시해 주고 있다. 실용성과 효과의 면에서 과연 바람직한지는 의심이 간다.

해 주기에 앞서서, 시험 출제 과정에 대하여 간략하게 개관해 놓았다.

저자는 읽기를 평가하기 위하여 다수의 상이한 실세계 목적을 탐구하였고, 시험 출제 또는 다른 평가 절차를 위한 함의들을 논의하였다. 또한 시험 출제를 위한 얼개로서 시험 명세내역을 확립하는 일의 최우선 중요성도 강조하였다.

그렇지만 저자는 독자가 제6장을 모든 시험 출제자가 반드시 목표언어 사용(TLU) 영역들을 고려해야 하고, 시험 명세내역으로 그것들을 거울처럼 복사하는 일을 추구해야 한다는 인상을 지니고서 끝내는 일이 없기를 바란다.[20] 첫째, 바라건대 이미 언급된 일부 시험 실시 상황에서 보여 주었듯이, 명세내역 확립이 불가능한 것이 아니더라도 일부 현장에서는 어려울 것이다. 둘째, 목표언어 사용(TLU) 영역이 명확히 확정될 수 없는 경우도 있으며, 그런 경우에 목표언어 사용 영역보다는 오히려 교실 수업의 영역이나, 주어진 교과과정과의 관련성이나, 읽기 능력이나 그 밑바닥에 깔려 있는 어느 기술에 대하여 주어진 이론에 도움을 받는 도리밖에 없다. 중요한 것으로서, 셋째, 시험 명세내역의 집필이 심지어 반복적이고 순환적임을 인정하는 경우에라도 오직 시험 출제의 한 부분일 따름이다. 일단 명세내역이 준비되고 시험 과제들이 마련되어 있다고 하더라도, 실제로 운영될 수 있기 전에 이것들이 수정 편집되고, 교정되며, 모의고사(예비시험)로 시행되고, 분석되고, 재수정되며, 다시 예비 시행되고, 또 재분석된다. 분명히 이는 대단히 힘든 과정으로서, 시험 부담이 덜한 현장보다 시험 부담이 큰 대규모 시행 현장에 적용될 것이다. 그럼에도 불구하고 이 원칙은 모든 시험과 평가 절차에 적용된다. 여러분이 수정, 예비 시행, 경험적 결과에 근거한 비

---

20) (역주) 시험 명세내역을 확정하는 일은 간단치 않고, 일단 확정된 것이라 하더라도 출제 과정 및 모의고사(예비시험) 시행 과정에서 반복적으로 점차 수정될 수 있는 것이다. 이 일이 제대로 이뤄지면, 동종의 시험들 여러 가지 출제해 놓을 수도 있으며, 공정성·타당도·신뢰도와 같이 평가 관련 척도도 만족시켜 줄 수 있는 것이다.

판적 조사가 없다면 결코 양질의 시험을 만들 수 없는 것이다. 넷째, 아주 중요한 고려사항 및 이런 수정 과정의 일부가, 예상 답변 및 실제 답변 사이에 잠재적이며 빈번한 불일치이다. 출제자는 그런 불일치가 실천 결과로서 나오지 않을 것이라는 기대를 지닌다. 응시생들이 유의 사항이나 과제를 오해할 수 있거나, 지문에 대한 대안적 해석을 제시할 수도 있으며, 과제에 대하여 예상치 않았지만 받아들일 수 있는 방식으로 답변을 할 수도 있다. 출제자는 반드시 그런 예기치 않은 사태에 열린 마음을 지녀야 한다. 특히 출제자는 자신의 절차들에 대한 답변 타당도를 반드시 검토해야 한다. 자신의 시험 과제들을 응답자들에게 내어 주어 답변이 어느 범위까지 본디 의도된 과정과 의도된 결과들을 드러내는지, 그리고 어느 범위까지 그 답변이 상이한 과정과 상이한 결과를 드러내는지에 대하여 탐구해야 한다.

이미 시험 항목이 실제로 특정한 기술들을 측정하는지 여부를 조사하는 과정에서 이것에 대한 중요성을 살펴보았고, 시험 과제에 대한 답변이 그 자체로 독자마다 응시자마다 각각 변동할 수 있는 아주 고도로 복잡한 과정임을 결론 내린 바 있다. 평가에서 문제가 되는 바는 예상 답변이 주어졌는지 여부가 아니다. 응시생들이 답변하는 방식을 우리가 어떻게 해석할지에 관한 것이다. 답변 과정과 답변의 해석을 무시해 버림으로써 과제 성격에만 집중하는 한 가지 출제 접근 방식은 시험 타당도의 중요한 측면을 간과해 버릴 위험이 있다. 제7장에서는 현재 시행되는 시험 실시 기법을 다루고, 읽기 과정 및 결과에서 모두 측정 가능함을 입증할 수 있는 바가 무엇인지를 논의함으로써 답변을 바라보는 과정을 다루기 시작한다.

제**7**장 읽기 시험의 구현 기법

§.7-1. 들머리

제7장에서는 '시험 실시 방법(*test method*)', '시험 구현 기법(*test technique*)', '시험 구현 형식(*test format*)'이란 용어들을 놓고서, 일반적으로 이것들 사이에 있을 수 있는 차이가 어떤 것이든 간에 평가 관련 문헌에서 불분명하게 쓰고 있는데, 여기서도 이것들을 대체로 비슷한 뜻으로 쓰게 될 것이다. 더욱이 시험 명세내역과 지침서에서처럼 이것이 '과제(*tasks*)'와 '과제 유형(*task types*)'[1]을 가리키기 위하여, 그리고 '기법(*technique*)'이란 낱말의 이용을 회피하기 위하여 점차 일반화되고 있다. 그렇지만 저자는 과제를 기법과 다르게 구별하여 두는 것이 가치가 있을 것으로 본다. 제5장과 제6장에서는 '과제'가 무엇을 의미하는지를 길게 예시해

---

1) (역주) 연필은 상의어가 '필기구'이며, 하의어는 '색연필, 그림연필, 몽당연필' 따위이다. 20세기 들어 문화인류학과 언어학과 심리학에서 언어의 짜임새를 찾아낸 바 있는데, 가장 선호되는 분류의 층위는 다섯 내지 여섯 층위로 되어 있다. 가장 간단한 형태의 낱말이 기본 층위(basic level) 또는 종 층위(generic level)로 불린다. 이 아래로 둘 내지 세 층위가 있고, 위로 두 층위가 설정된다. 과제의 상의어는 과제 유형이고, 하의어는 개별 문항이다. 그럼에도 불구하고 '과제'와 '과제 유형'이 아무런 제약도 없이 서로 교체되어 쓰이고 있다. 비록 언어학에서 각각 '특정성 대 일반성'의 차원으로 두 계층을 서로 구분하지만, 비유 중 환유가 특정한 속성으로 전체를 대표할 수 있기 때문에, 이런 속성을 빌려 하나의 낱말만으로도 두 층위를 가리킬 수 있는 것이다.

놓았다. 하나의 과제가 다수의 상이한 구현 형식(formats)을 지닐 수 있거나 다수의 상이한 기법들을 활용할 수 있는 것이다. 이것들이 제7장의 주제이다.

가령 히이튼(Heaton 1988), 휴즈(Hughes 1989), 오울러(Oller 1979), 위어(Weir 1990, 1993)과 같이 다수의 언어 시험 책자에서는 언어를 평가하는 데에 이용될 만한 시험 기법의 사례들을 제시해 준다. 선택된 기법 및 검사되고 있는 구성물 사이의 관련성에 대한 논의는 거의 이뤄져 있지 않다. 여전히 시험 방법 효과에 대한 논제가 어떠한 깊이로도 이뤄져 있지 않으며, 상이한 시험 구현 기법이나 구현 형식이 그 자체로 비-언어적 인지 능력들을 검사할 수 있거나 정서 반응을 일으킨다는 사실에 대해서도, 둘 모두 흔히 언어 능력의 검사에 이질적이라고 하여 거의 논의되지 않았다. 더욱이 상이한 시험 구현 기법이 평가되고 있는 구성물의 상이한 측면들에 대한 측정을 허용해 준다고 생각할 수 있다. 그러므로 구현 기법들이 무엇을 평가할 수 있고, 또한 전형적으로 그 기법들이 무엇을 평가할 수 있을지 살펴보는 것이 중요하다.

시험 관련 문헌에서는 시험을 만들어 내는 데 이용된 구현 방법 및 덩잇글 사이를 구분해 주는 일이 흔하다. 그렇지만 이런 구분이 언제나 도움 되는 것은 아니다. 왜냐하면 (상위 차원에서 보면) 이용될 수 있는 덩잇글의 유형 및 구현 기법의 종류 사이에도 관련성이 존재할 수 있기 때문이다. 예를 들어, 길거리 표지판과 같은 덩잇글에 근거하여 빈칸 채우기 기법이나 요약 과제를 이용하는 가치를 알아내기는 어렵다. 그러므로 제7장에서 저자는 상이한 덩잇글에 대한 특정한 구현 기법의 이용을 예시해 주고, 간략히 덩잇글 유형과 시험 과제 사이의 관련성을 논의하게 될 것이다.

언어 교육을 다루는 많은 책자에서, 가르치는 일의 구현 기법 및 시험 구현 기법 사이에 중요한 차이가 있다고 주장한다. 그렇지만 저자는 이런 구분이 너무 지나치게 진술되었고, 수업에 쓰이는 연습 과제(teaching *exercise*)에 대한 설계가 원론적으로 시험 문항(*test items*)의 설계와 비슷하다고 믿고 있다.2) 이것들에 몇 가지 차이점이 있지만(차이점들에 대한 논의는 Nuttall 1996에 있는 올더슨의 글을 보기 바람), 일반적으로 이것들이 시험 문항의 설계가 수업에서 쓰이는 연습 과제의 설계보다 훨씬 더 어려움을 의미하는데, 그렇지만 원론적으로는 차이가 어떤 것도 존재하지 않는다. 이런 진술을 만드는 핵심은 독자인 학습자들에게 또한 수업용 연습 과제를 모두 잠재적인 시험 문항으로 간주하도록 장려하려는 것이다. 읽기에 대한 시험 문항을 놓고서 뛰어난 착상을 주는 자원은 읽기 교육과 수업 활동의 설계에 관한 책자들인데, 특히 그뤨릿(Grellet 1981)과 너톨(Nuttall 1982, 1996)을 보기 바란다. 자료가 이용되는 방식과 자료가 이용되는 목적에서 보듯이, 그 차이가 자료 그 자체에서는 그리 크지 않다. 교수/학습 과제의 1차적 목적은 학습을 촉진하는 것이지만, 반면에 평가 과제의 1차적 목적은 학습자 개인들의 능력에 대하여 추론하거나 판정할 목적으로 관련 정보를 모으는 것이다. 이것은 평가 과제가 학습을 촉진할 잠재성을 전혀 갖고 있지 않다는 것이 아니라, 단지 평가의 1차적 목적이 아니라는 것만 의미할 뿐이다.

§.7-2. '가장 좋은 시험 기법'이란 존재하지 않는다!

읽기 시험을 위한 단 한 가지 '가장 좋은 기법'이란 존재하지 않음을 이해하는 것이 중요하다. 어떤 단일한 시험 구현 기법도 우리가 시험을 부과할 만한 다양한 목적들을 모두 충실히 만족시켜 줄 수 없는 것이

---

2) (역주) 의사소통 중심 언어 교육에서는 task(과제)라는 용어가 평시의 수업에 쓰이면 연습 문제나 연습 과제를 가리키고, 시험에 쓰이면 시험 문항을 가리킨다. exercise(연습 과제)이나 input(과제 입력물)이란 용어도 최근의 논의에서는 practice(연습)이나 task(과제)란 용어로 대체되어 쓰이는 경향이 있다.

다. 그렇지만 특정한 구현 기법을 옹호하는 주장이 종종 제기되어 왔다. 가령 빈칸 채우기 절차인데, 이는 검사관이 만병통치약을 발견하였다는 인상을 줄 법하다. 더욱이 특히 택일형 방식과 같이 특정 구현 기법이 두루두루 쓰이는 일이, 일부 구현 기법이 특히 읽기 시험에도 적합함을 시사할 법하다. 그렇지만 종종 타당도를 희생하여 단지 편의성 및 효율성 때문에 특정 구현 기법이 일반적으로 쓰일 뿐이다. 한 가지 구현 기법이 널리 쓰이기 때문에 그 기법이 '타당하다'고 가정하는 것은 너무 고지식한 듯하다. 하나의 기법이 널리 옹호되고 실제로 조사 연구가 이뤄져 있는 경우에는, 주어진 기법의 이점들을 보여 주는 것뿐만이 아니라 모든 조사 연구를 검토하는 것이 현명하다. 그 기법을 옹호하는 바로 그 논의가, 수사학적 효력으로 말미암아 중요한 단점들을 눈감아 버리는 대변자로 이끌어 가지는 않는지 묻는 일도 또한 분별력이 있다. 어떤 구현 기법도 모든 시험 실시 목적을 충실히 만족시켜 줄 수 없을 것으로 가정하는 쪽이 분명히 이치에 맞을 것이다.

네 가지 선택 항목들 중에서 하나를 뽑는 택일형 질문이 읽기를 평가하는 가장 흔한 방법으로 쓰여 왔다. 택일형 기법에 대하여 잭 업셔(Jack Upshur)가 다음처럼 말한 것으로 알려져 있다. (택일형 질문 이외에)

"질문을 던지는 다른 방법이 어떤 것이든 있는 것일까?"
(*Is there any other way of asking questions?*)

읽기를 가르치기 위한 교재에 심지어 가장 지배적인 시험 구현 기법이, 그리고 실제로 일부 흥미로운 수업 과제들이, 이런 택일형 기법 속에서 계발되었다. 예를 들어, 제2 언어로서 영어(ESL) 읽기 교재인 먼비(Munby 1968) 『읽고 생각하기(*Read and Think*)』에서는 전적으로 택일형 질문만 썼다. 각 질문마다 신중하게 지문의 일부에 대하여 있을 수 있는 오독을 나타내는 오답지들을 마련해 놓았다. 만일 학습자가 잘못된 선택을 하여 대답한다면 학습자의 오해의 본질이 즉시 명백해질 것이고, 그렇다면 그에 따라 '처방'도 이뤄질 수 있을 것으로 희망하였다.

"택일형 질문이 효과적으로 사람들이 생각하는 능력을 훈련시키는 데에 쓰일 수 있다. … 오답지들을 비슷하게 마련하였으므로, 학습자들이 최상의 답을 결정하기 전에 각각의 대안을 아주 신중히 검토해야 한다. … 학습자가 이해 질문에 올바르지 않게 대답할 경우에, 학습자의 오류에 대한 근거가 지능 또는 언어가 될 수 있다. 또는 양자의 혼합이다. 그런 오류들이 분석되고 나서 분류가 이루어지므로, 질문 제시를 통해서 이들 난점들의 영역을 알아차 릴 수 있다. 다음 항목들은 이해 오류의 주요한 영역들을 부류하려는 시도이다."

① 평범한 의미를 오해함
② 잘못된 추론을 함
③ 실제로 지문에 있거나 진술되거나 함의된 것보다도 더 많은 속뜻을 읽음
④ 흔히 개인적 의견에 근거하여 가정함
⑤ 잘못된 심미적 정서 반응을 보임(가령 '현란한[flashy]' 구절에 빠져듦)
⑥ 지문의 분위기(tone) 또는 정감적 수준을 오해함
⑦ 비유적 용법을 이해하지 못함
⑧ 사고의 관련성을 따라가지 못함
⑨ 일반적인 생각(또는 중심 요점)과 뒷받침 세부사항 사이를 구분하지 못함
⑩ 수식어의 강도를 알아차리지 못함
⑪ 낱말들 또는 낱말 집단들 사이의 문법적 관계를 알아차리지 못함
⑫ 낱말들의 문법적 의미를 받아들이지 못함

*출처: Munby(1968: xii~xiii).

제2 언어로서의 영어(ESL)에서 1970년대에 빈칸 채우기 검사를 만들 기 위하여 빈칸 만들기 절차의 이용이 나타났다. 이는 일반 언어 능숙 도의 검사뿐만 아니라 또한 읽기 검사라고 주장되었다. 실제로 빈칸

채우기 절차가 지문 읽기 용이성(*text readability*)을 평가하기 위하여 토박이 영어 화자의 글을 대상으로 처음 이용되었지만, 곧 지문(덩잇글)을 이해하는 참여자의 능력을 검사하는 데 이용될 뿐만 아니라, 이후에 또한 특히 제2 언어나 외국어 영역에서 '일반 언어 능숙도(*general language proficiency*)'를 평가하기 위해서도 이용되었다. 물론 빈칸 채우기 검사가 아주 손쉽게 마련하고 채점할 수 있기 때문에 많은 상황에서 아주 유용하다. 그렇지만 읽기 시험으로서 그 타당도는 이하에서 논의하듯이 다소 논란거리이다.

최근에 들어 읽기를 검사하기 위해 이용된 상이한 기법들이 여러 가지로 늘어나고 있다. 택일형이 두루 쓰이더라도, 이제 일정 범위의 상이한 '객관적' 기법들을 보며, 또한 주관적으로 평가되어야 하는 단답형이나 요약의 이용과 같이 '비-객관적' 방법의 증가도 본다. 시험 구성 주체는 종종 실천적 이유 때문에 객관적인 기법들을 이용해야 한다. 그런데 오직 임시방편이기를 희망하면서 설사 컴퓨터에 근거한 검사의 이용이 택일형 기법의 부활로 귀착되었다고 하더라도, 조금이라도 가능하다면 가급적 택일형을 회피하려는 흐름이 생겨났다. 여기에 대한 논평을 보려면 올더슨(1986)과 올더슨·윈디앳(Alderson and Windeatt 1991)을 참고하기 바란다.

다음 인용은 영국의 국제적 영어 검사제도(IELTS)에서 학업 목적의 읽기에 대한 서술 내용인데, 읽기 검사에서 현재 채택되고 있는 기법들의 범위를 예시해 준다.

다양한 질문들이 이용되는데, 다음 아홉 가지 유형으로부터 선택된다.
① 서너 가지 선택지 중 택일형 문제
② 단답형 문제
③ 문장 완성형 문제

---

④ 비망록/요약/도표/흐름도/일람표 완성형 문제
⑤ 지문의 단락/하위부문에 알맞은 소제목을[3] 골라내기 문제
⑥ 집필자 관점/태도/주장 찾기 문제: '예, 아니오, 주어지지 않음' 중에서
   택일함
⑦ 분류하기 문제
⑧ 목록과 일치시키기 문제
⑨ 단락과 일치시키기 문제

*출처: 영국의 국제적 영어 검사제도(IELTS) 안내책자(1999)와 표본자료(1997)

또한 국제적 영어 검사제도에 대하여 흥미로운 것은, 한 단락에 대한
이해가 오직 한 가지 시험 기법으로만 평가되는 다수의 읽기 시험과
는 다르게, 임의의 한 단락을 놓고서 여러 가지 기법들이 채택된다는
점이다. 표본 자료(Specimen Materials 1997)에서는 다음과 같은 사례를
제시한다.

단락	채택된 질문의 유형	유형 숫자
단락 1	일치하는 여러 항목 고르기, 단일 낱말이나 짧은 어구로 답변하기, 빈칸마다 최대한 세 개의 낱말까지 빈칸이 깃든 요약을 완성하기	세 가지 유형
단락 2	일치하는 여러 항목 고르기, '예/아니오/주어지지 않음'에서 택하기, 단답형	세 가지 유형
단락 3	'예/아니오/주어지지 않음', 정보 전이 문제로서 ⓐ 짤막한 구절로 도표 완성하기, ⓑ 짤막한 어구로 일람표 완성하기	두 가지 유형

이제 오직 한 가지 방법으로만 지문(덩잇글)의 이해를 측정하는 것이
부적합하며, 객관적 방법이 유용하게 좀 더 주관적인 평가 기법으로
보충될 수 있다는 사실이 일반적으로 받아들여진다. 양질의 읽기 시험

---

3) (역주) 원문 'heading bank(표제 소제목, 단락 첫머리에 놓이는 작은 제목)'는 각 단락마다
제목으로 내세울 만한 구절 또는 문장을 가리킨다. bank(1행으로 된 제목)는 흔히 신문이나
잡지에서 단락마다 붙인 제목을 말한다. 주어진 지문(덩잇글)의 각 단락마다 소제목이 될
법한 선택지들이 제시되어 있다. 응시자는 각 단락의 요지를 제대로 파악한 뒤에 그 단락에
알맞은 소제목을 찾아야 한다.

은 아마 심지어 동일한 지문(덩잇글)을 놓고서도 서로 다른 여러 가지 기법들을 채택하지만, 검사되는 지문의 범위에 분명히 두루 다 걸쳐 있을 것 같다. 실생활 읽기에서 전형적으로 독자가 다양하게 다른 방식들로 덩잇글에 대하여 반응하기 때문에 이 점을 잘 이해할 수 있다. 상이한 기법의 이용에 대한 조사 연구와 그런 경험이 분명히 장래에는 늘어날 것이며, 읽기의 서로 다른 측면들을 측정하기 위하여 서로 다른 기법들을 쓰게 될 잠재성에 대한 이해도 같이 증진되기를 희망해 본다. 이하의 절들에서는 좀 더 일반적으로 이용된 읽기 검사를 위한 몇 가지 기법에 대하여 현재까지 알려진 바를 다룬다.

1) 영역별 분석 점수 대 통합 점수 기법

출제자들은 정확히 자신이 검사하고 싶은 바를 알고 있으며, 그 내용을 구체적으로 그리고 각각 별도로 검사하고 싶어 할 수 있다. 다른 상황에서는 간단히 '주어진 지문을 학습자가 만족스럽게 이해하였는지 여부'를 검사하고 싶을 수 있다. 한편으로는 읽기 능력의 한 측면이나 또는 언어의 한 측면을 고립시켜 따로 떼어 놓을 수도 있고, 다른 한편으로는 덩잇글을 다루는 학습자의 능력에 대한 전반적인 개관을 원할 수도 있다.

이들 두 접근 사이의 차이는 '영역별 분석 점수' 접근(또는 분석적 접근) 및 '통합 점수' 접근(또는 통합적 접근) 사이에 있는 대조와 연결되어 있다. 영역별 분석 점수 접근에서 그 의도는 한 번에 하나의 '대상'만을 검사하려는 것이고, 통합 점수 접근에서는 학습자가 얼마나 잘 읽는지를 놓고서 출제자가 훨씬 더 일반적인 생각을 얻어내려는 목적을 지닌다. 통합적 접근에서는

'전체가 부분들의 합산보다 더 많다'
(the whole is more than the sum of the parts)

는 점을 우리가 인식하기 때문에 존립할 수 있다. 또한 단순히 한 번에 하나의 대상을 검사할 때가 아니기 때문이거나, 검사의 목적이 학습자의 이해나 기술에 대한 세부적인 평가를 요구하지 않기 때문에 존립할 수 있는 것이다.

일부에서는 읽기 시험에서 영역별 분석 점수 접근이 잘못되었고, 읽기를 여러 구성부문들로 나누어 분석하지 않는 편이 더욱 적합한데, 여러 부문으로 분석할 경우에 아마 불가피하게 읽기의 본질을 왜곡시킬 것이라고 논의한다. 통합적 접근에서는 좀 더 전반적으로 단일한 접근이 더욱 타당하다고 믿는다.

일부에서는 종종 빈칸 채우기 기법이 무엇을 검사하는지 말해 주기가 어렵기 때문에, 통합 접근을 위하여 빈칸 채우기 시험이 이상적이라고 주장한다. 다른 쪽에서는 좀 더 회의적인데, 통합된 기술을 검사하고 있다고 주장할 수 없는 이유가, 정확히 '전체적으로 빈칸 채우기 검사'가 무엇을 검사하는지 알 수 없기 때문이라고 말한다. 이런 논의에서 서로 다른 입장에 대해서는 올더슨(1983), 바크먼(1985), 오울러(Oller, 1973), 존즈(Jonz, 1991)을 읽어 보기 바란다.

2) 기계적 공백 채우기 및 특정 낱말 부류를 지운 빈칸 채우기 기법

기계적 공백(*cloze*) 채우기 시험은[4] 전형적으로 선택된 지문으로부터 매번 n번째 낱말을 지워 버림으로써 만들어진다. 보통 n번째 낱말은 5번째 및 12번째 사이에 있는 어떤 숫자가 되며, 응시자에게 지워진

---

4) (역주) §.2-5-6을 보면, 1953년에 처음으로 테일러(Taylor)가 시행했다고 한다. 이 책의 저자도 1977년에 영국 에딘브뤄 대학에서 빈칸 채우기 기법에 관한 논문으로 박사학위를 받았다. 이 절에서는 본문에서 cloze(공백)와 gap(빈칸)을 서로 구별하여 쓰고 있으므로, 번역 용어도 서로 다르게 쓴다. 그렇지만 이는 우연한 선택에 불과하며 서로 뒤바꿔 쓰일 수도 있다(교육 현장에서는 '공란'이란 말도 더러 씀). 만일 동일한 용어로 '빈칸'을 쓴다면, 각각 수식어를 붙여 '기계적으로 n번째 낱말을 매번 지워 생긴 빈칸' 및 '실사 어휘만을 중심으로 지워 생긴 빈칸'으로 구분할 수도 있겠지만, 너무 길어서 학술 용어로 쓰기에 단점이 있다.

그 낱말을 복원하도록 요구하게 된다. 일부 채점 절차에서는 본디 지워진 낱말이 아니라 하더라도, 빈칸에 의미가 통할 수 있는 낱말을 골라 채워 줌으로써 또한 점수가 주어질 수 있다. 흔히 어느 정도 맥락상의 도움을 제공해 주기 위하여 지문의 초반부와 마지막에 있는 한두 개의 문장은 손대지 않은 채 그대로 남겨진다.

빈칸(gap) 채우기 시험은 출제자가 지워 버리기 위한 낱말을 찾아내기 위하여 유사-무작위적 절차를 쓰지 않는다는 점에서 다소 다르다. 어떤 합당한 근거 위에서 어느 낱말을 지워 버릴지 결정하지만, 빈칸들 사이에 대여섯 낱말보다 더 적게 남아 있도록 만들어 놓지는 않는다. 왜냐하면 지문에서 그렇게 잦은 결여가 지나치게 복원하기 어렵게 만들어 버릴 수 있기 때문이다. 불행하게도 비록 지문에 대한 이들 두 가지 삭제 형태가 잠재적으로 서로 간에 아주 다르다고 하더라도, 종종 둘 모두 '공백 채우기 시험'으로 불림으로써 혼동된다. 또는 빈칸 채우기 절차가 '합리적인' 공백 채우기 기법으로 알려져 있다. 저자는 '공백 채우기 시험'이 앞에서 언급한 기계적인 유사-무작위 삭제 절차의 적용으로 만들어진 시험들에만 국한되어 쓰여야 함을 강력히 권장한다. 모든 다른 빈칸 채우기 시험은 다른 대상을 측정하므로 '공백 채우기 시험'으로 불려서는 안 된다.

다음에 두 번째 문장의 첫 낱말을 시작점으로 하여, 매번 6번째 낱말을 기계적으로 지워 버림으로써 만들어진 공백 시험에 대한 사례가 있다.[5] 지금까지 조사 연구에서 오직 최소한 50개의 공백이 만들어져야만 믿을 만한 결과가 얻어짐을 보여 준다는 점에 주목하기 바란다.

---

5) (역주) 필자의 추측에는 공백에 들어갈 낱말이 다음과 같을 듯하다. (1) The, (2) the, (3) what, (4) hopes, (5) created, (6) and, (7) be, (8) unrealistic, (9) advocates(또는 researchers), (10) sensitive, (11) but, (12) constraints, (13) Much, (14) deleted, (15) technique(또는 items), (16) deletion, (17) control. 여기서 관사나 접속사나 관계 대명사 같은 허사들을 채워 넣기는 쉽지 않을 듯하다.

기계적으로 매번 6번째 낱말을 삭제한 공백 채우기 시험

The fact is that one cloze test can be very different from another cloze test based on the same text. (1) _____pseudo-random construction procedure guarantees that (2) _____ test-writer does not really know (3) _____ is being tested: she simply (4) _____ that if enough gaps are (5) _____, a variety of different skills (6) _____ aspects of language use will (7) _____ involved, but inevitably this is (8) _____. Despite the claims of some (9) _____, many cloze items are not (10) _____ to the constraints of discourse (11) _____ much as to the syntactic (12) _____ of the immediately preceding context. (13) _____ depends upon which words are (14) _____, and since the cloze test (15) _____ has no control over the (16) _____ of words, she has minimal (17) _____ over what is tested.

하나의 공백 채우기 시험이 동일한 지문에 근거한 또 다른 공백 채우기 시험과 아주 다를 수 있다는 점은 사실이다. 유사-무작위 구성 절차는 출제자가 실제로 검사되고 있는 바를 알 수 없도록 보장해 준다. 출제자가 단순히 충분한 빈칸이 만들어지도록 바라므로, 상이한 기술의 다양성 및 언어 사용의 여러 측면이 포함될 것이지만, 불가피하게 이는 비현실적이다. 일부 옹호자들의 주장에도 불구하고, 많은 공백 항목들이 담화의 제약들에 예민하지 않으며, 대부분 바로 앞선 맥락의 통사 제약에 관해 민감하다. 대부분이 삭제된 낱말에 달려 있고, 공백 채우기 시험 기법이 낱말의 삭제에 대하여 전혀 통제력을 지니지 못하고 기계적이므로, 출제자는 단지 검사되는 바에 대하여 최소한의 통제력만 지닌다.

동일한 지문을 놓고서도 서로 다른 시작점에서 유사-무작위 삭제 절차를 시작한다면, 아주 다른 공백 채우기 시험이 만들어질 수 있다. 몇 조사 연구에서는 매번 7번째 낱말을 삭제하되 시작점 낱말을 달리하여, 첫 판본에서는 맨 첫 낱말부터 시작하고, 두 번째 판본에서는 두 번째 낱말부터 시작하는 등, 이렇게 만들어진 서로 다른 공백 채우기 시험의 다섯 가지 판본이 크게 다른 시험 결과로 이끌어 감을 보여 주었다.

정관사 (1) 'The'가 시작점 낱말인 위에 있는 사례를 놓고서, 다시 두 번째 문장에서 시작점 낱말을 차례대로 바꾸어 각각

유사-무작위, 구성, 절차, 보장하다, -도록
(*pseudo-random, construction, procedure, guarantees, that*)

으로 지정한 뒤에, 매번 6번째 낱말마다 삭제하고서 스스로 여러분이 이를 시험해 보기 바란다.

개별적인 공백 채우기 시험이 측정하는 바는 어떤 개별 낱말들이 삭제되는지에 달려 있을 것이다. 이 시험 출제자는 일단 시작점이 정해진 다음에 이런 낱말의 생략들을 통제할 수 없으므로(≒기계적으로 n번째 낱말마다 생략해야 하므로), 자신 있게 이런 시험이 무엇을 측정할 것인지 예측할 수 없다. 우리가 바람은 충분한 낱말들을 삭제함으로써 해당 지문이 적합하게 표본으로 만들어지는 일이다. 그렇지만 이 기법이 낱말에만 근거하고 있으므로, 그런 삭제만으로 여러 가지 읽기 기술이 평가되지 못할 가능성이 있다. 예를 들어, 기계적으로 삭제한 많은 공백 항목이 긴 범위의 담화에 의해 제약되는 것이 아니라, 오히려 바로 인접한 문장 구성성분이나 또는 앞서 나온 두서너 낱말에 의해서만 제약된다. 그런 공백 항목은 문장이나 어구를 넘어서서 담화에 대한 민감성을 측정하지 못할 것이다. 시험 출제자가 어느 낱말이 생략되는지 전혀 통제권을 갖고 있지 못하므로, 시험이 검사하고 있는 바에 대하여 (시작점 낱말을 정하는 일과 같이) 최소한도의 통제만 하게 된다. 앞에 있는 사례에서, 문항 (1), (2), (3)은 (문법 기능을 나타내는 허사가 채워지므로) 통사적으로 제약되는 듯하지만, 반면에 문항 (4)와 (5)는 (실사 어휘들의 활용을 써 놓아야 하므로) 의미뿐만 아니라 통사에 대한 민감성을 측정하고 있는 듯하다. 그렇지만 이것들 중 어떤 것도 정답을 찾아내는 일이 문장보다 더 큰 담화의 단위에 의해서 제약된다고 말해질 수는

없다. 이와는 달리, 문항 (8)과 (14)는 해당 지문의 주제에 대한 민감성을 측정할 수 있겠으나, 반드시 전체 지문의 주제에 해당하는 것은 아니다. 문항 (9)는 답변이 아주 활짝 열려 있는데, 가령 '사람들(people)'보다는 '조사 연구자들(researchers)'과 같이 일부 답변들이 전반적으로 해당 지문에 대한 더 큰 민감성을 보여 줄 수 있다('조사 연구자들'뿐만 아니라 또한 382쪽의 역주 5에서처럼 '옹호자들'도 가능함). 반면에 문항 (17)은 열려 있는 명사 부류로부터 가져온 답변을 요구하고 있지만, 바로 앞서 나오는 절(≒그곳의 'control')과 일관성을 유지할 필요성에 의해서 제약된다.

자신이 검사하고 있는 바를 알고 싶어 하는 출제자들을 위한 대안이 되는 기법이 빈칸 채우기 절차이다. 이는 대체로 기계적 공백 채우기 절차와 같이 단순하지만, 출제자의 통제력 아래 더 많은 권한이 놓여 있다.

다음에 있는 사례에서 동일한 지문으로부터 두 가지 판본이 만들어져 있다. 〈보기 1〉[6]에서는 지문의 전반적인 의미에 대한 이해를 검사하려는 의도를 지니고서 선택된 실사들을 삭제해 놓았으나, 반면에 〈보기 2〉[7]에서는 주로 문법적 민감성을 검사하고자 하는 의도를 지니고서 문법 기능을 표시하는 허사들을 삭제하였다.

---

6) (역주) 〈보기 2〉와 동일한 지문이므로 서로 비교해 보면 삭제된 실사들이 다음과 같다. (1) main, (2) connections, (3) tester, (4) key, (5) context, (6) deleted, (7) know, (8) constructing, (9) restore, (10) need

7) (역주) 원문에서는 문항 번호 (3)이 두 번 겹쳐 나와서 번역에서 고쳐 놓았으므로 모두 16개 문항이다. 번역문은 〈보기 1〉을 참고하기 바란다. 생략된 허사는 다음과 같다. (1) of, (2) which, (3) the, (4) across, (5) on, (6) to, (7) are, (8) is, (9) which, (10) that, (11) into, (12) was, (13) such, (14) to, (15) is, (16) and.

<보기 I> 전체 지문의 의미 파악을 알아보려고 실사를 지운 빈칸 채우기 시험

Typically, when trying to test overall understanding of the text, a tester will delete those words which seem to carry the (1) _____ ideas, or the cohesive devices that make (2) _____ across texts, including anaphoric references, connectors, and so on. However, the (3) _____ then needs to check, having deleted (4) _____ words, that they are indeed restorable from the remaining (5) _____ . It is all too easy for those who know which words have been (6) _____ to believe that they are restorable: it is very hard to put oneself into the shoes of somebody who does not (7) _____ which word was deleted. It therefore makes sense, when (8) _____ such tests, to give the test to a few colleagues or students, to see whether they can indeed (9) _____ the missing words. The hope is that in order to restore such words, students (10) _____ to have understood the main idea, to have made connections across the text, and so on. As a result, testers have a better idea of what they are trying to test, and what students need to do in order to complete the task successfully.

전형적으로 지문의 전반적 이해를 검사하려는 경우에 출제자는 중심 생각을 담고 있을 법한 낱말들을 삭제하거나 또는 대용 지시표현과 접속사 따위를 포함하여 지문에 두루 걸쳐 지엽적 연결을 떠맡는 결속 기제들을 삭제할 것이다. 그렇지만 출제자는 핵심 낱말들을 삭제한 뒤 남아 있는 맥락으로부터 실제로 그것들이 복원될 수 있는지 점검할 필요가 있다. 삭제된 낱말이 복원될 수 있어야 한다는 믿음은 어떤 낱말이 삭제되었는지 알고 있는 사람에게는 너무나 쉽지만, 어떤 낱말이 삭제되었는지 알지 못하는 누군가의 입장에 스스로 서 보다면, 빈칸 채우기가 아주 어렵다. 그러므로 빈칸 채우기 시험을 만드는 경우에, 소수의 동료 교사나 학생들에게 내어 주고 실제로 삭제된 낱말들을 복원할 수 있는지 미리 알아보는 일이 이치에 맞다. 그런 낱말들을 복원하기 위하여 학생들은 반드시 중심 생각을 이해하고, 지문에 두루 걸쳐 지엽적 연결을 짓는 일 따위가 필요하다. 결과적으로 출제자는 검사하려는 바에 대하여, 그리고 문항을 잘 완성하기 위하여 학생들이 실행할 필요가 있는 바에 대하여, 더 나은 착안을 지니게 된다.

〈보기 2〉 지엽적인 결속의 이해를 알아보려고 허사를 지운 빈칸 채우기 시험

Typically, when trying to test overall understanding (1)_____ the text, a tester will delete those words (2)_____ seem to carry the main ideas, or (3)_____ cohesive devices that make connections (4)_____ texts, including anaphoric references, connectors, and so (5)_____. However, the tester then needs (6)_____ check, having deleted key words, that they (7)_____ indeed restorable from the remaining context. It (8)_____ all too easy for those who know (9)_____ words have been deleted to believe (10)_____ they are restorable: it is very hard to put oneself (11)_____ the shoes of somebody who does not know which word (12)_____ deleted. It therefore makes sense, when constructing (13)_____ tests, to give the test to a few colleagues or students, (14)_____ see whether they can indeed restore the missing words. The hope (15)_____ that in order to restore such words, students need to have understood the main idea, to have made connections across the text, (16)_____ so on. As a result, testers have a better idea of what they are trying to test, and what students need to do in order to complete the task successfully.

따라서 지문에 대한 전반적 이해는 중심 생각에 대하여 필수적인 실사 낱말들을 삭제하거나, 또는 덩잇글의 결속을 맡고 있는 문법 기능 낱말(허사)들을 삭제함으로써 검사가 이뤄질 수 있다. 이와 같은 빈칸 채우기 검사를 만드는 데에서 문제점은, 출제자가 어떤 낱말이 삭제되었는지 알고 있으므로 따라서 삭제된 낱말들이 의미(≒주제 파악)에 필수적이라고 가정하는 경향이 있다는 점이다. 응답자들의 이해에 관하여 드러내는 바를 알아보기 위하여 이런 시험의 모의고사(≒예비시험 실시)가 필수적이며, 응답 가능성의 범위를8) 신중하게 분석해야 한다.

---

8) (역주) 특히 〈보기 1〉에서와 같이 실사를 삭제해 놓은 경우에, 그 빈칸에 들어갈 후보들이 유일하게 하나만 있는 것이 아니다. 몇 가지 후보들이 있는데, 그런 후보들도 반드시 적합한 답변으로 간주해 주어야 할 것이다. 이를 알아내기 위해서는 모의고사로 예비 시행한 것을 놓고 응답들을 분석해 보는 것이 필수적이다.

기계적 공백 채우기 절차와 빈칸 채우기 절차 둘 모두에 대한 한 가지 변이체가 학생들에게 고를 수 있는 선택지들을 제공해 주는 것이다. 두 종류의 판본이 일반적이다. 하나는 각 빈칸마다 서너 개의 선택지(정답 후보)가 빈칸 속에 들어가 있고, 학생들이 간단히 그것들 중 하나를 고른다. 다른 종류 하나는 지문 뒤에다 여러 선택지들을 하나의 글상자 속에 한데 모아 놓는 것인데, 여기에도 두 가지 하위 방식이 있다. 첫째, 후보 저장 글상자(*bank*, 난)에[9] 모두 함께 선택지들을 흔히 알파벳 순서로 배열해 놓기도 한다. 둘째, 따로 선택지를 네 개씩 모아 놓고서, 각각의 빈칸 문항에 대하여 동일한 숫자를 하나 정답으로 골라내는 일이다. 후보 저장 글상자를 지닌 공백 채우기(*banked cloze*) 절차는 때로 '빈칸에 일치시키기(*matching cloze*)' 절차로도 불린다. 하나의 빈칸에 대한 오답으로 의도된 낱말이, 실제로 또 다른 빈칸에서는 정답이 되지 않도록(≒중복되지 않도록) 보장해 주어야 하므로, 사실상 이것을 만들어 내기가 아주 어렵다. 이런 이유 때문에 아마도 많은 출제자들이 따로따로 빈칸 문항마다 서너 개의 선택지가 한 묶음으로 된 것을 제공해 주는 변이체를 선호하는 듯하다(≒결과적으로 빈칸마다 정답 후보를 하나 택하는 시험 형식으로 됨).

응시자들이 삭제된 낱말을 채워 넣지 않는 모든 변이체의 단점은 택일형 시험 기법의 단점과 비슷하다.

3) 택일형 시험 기법

택일형 질문은 학생들의 지문 이해를 검사하기 위한 일반적인 기제이다. 이는 출제자에게 이해 질문에 대한 일정 범위의 가능한 답변들을 통제할 수 있게 해 주며, 답변을 하는 경우에 어느 정도 학생들의 사고

---

9) (역주) bank(후보들을 모아 둔 글상자) 또는 banked(후보들을 저장한 글상자를 지닌) 사례로서 443쪽에 〈도표 7-10〉도 제시되어 있다.

과정을 통제할 수 있게 해 준다. 먼비(Munby 1968: 14~22)에서는 이에 대한 확장된 사례와 논의를 제공해 준다. 물론 그뿐만 아니라, 택일형 질문의 답안은 기계로 채점될 수 있다.

그렇지만 택일형 질문의 가치에 의문이 계속 제기되어 왔다. 오답이란 이유로 말미암아, 그렇지 않았더라면 생각해 보지 않았을 가능성을 학생들에게 제시할 수 있다. 이는 학생들을 의도적으로 속이는 일에 다름 아니고, 학생들의 이해에 대한 잘못된 측정으로 귀결된다고 간주될 수도 있는 것이다. 일부 조사 연구자들은 여러 선택지의 택일형 질문에 답변하는 능력이 읽기 능력과는 다른 별개의 능력이라고 논의해 왔다. 학생들은 가능하지 않은 오답지들을 제거함으로써, 또는 질문의 구조에 대한 다양한 형태의 논리적 분석으로써, 여러 선택지의 택일형 질문에 대답하는 방식을 배울 수도 있다. 예를 들어 올더슨 외(1995; 김창구·이선진 뒤침 2013)에서는 다음과 같은 문항을 인용하였다.

(기억을 다룬 지문을 읽고 나서)

Memorising is easier when the material to be learned is
① *in a foreign language*
② *already partly known*
③ *unfamiliar but easy*
④ *of no special interest*

기억하기가 더 쉬운 것은 학습될 자료가 다음 중 어떤 경우인가?
① 외국어로 씌어진 경우
② 일부를 이미 알고 있는 경우
③ 낯설지만 쉬운 경우
④ 특별하게 흥미를 끌지 않는 경우

"우리는 상식과 체험으로 말미암아 ①이 정답이 아니고, ④도 아주 안 그럴 것 같으며, 아마 ②가 정답일 것이라고 생각한다. 그렇지만 이런 상식과는 다르게, 주어진 지문에 따른 해석으로 보이는 유일한 정답은 '낯설다'와 '쉽다'가 모두 애매하기 때문에 ③이다."(올더슨 외 1995: 50쪽; 김창구·이선진 뒤침 2013: 59쪽)

시험을 지도하는 학교(학원)에서는 학생들에게 특별히 시험에 정통하는 방법과 택일형 질문에 대답하는 방법을 가르친다고 말해진다. 일부 문화에서는 전혀 택일형 질문을 쓰지 않는데, 그런 시험 시행 방식에 익숙지 않은 학생들은 이례적으로 택일형 시험을 망칠 수도 있다. 택일형 질문을 만드는 일은 아주 숙련되고 시간이 많이 들어가는 일이다. 빈약한 독자들에게 매력적으로 보이지만 좀 더 유능한 독자에게는 그렇지 않은, 그럴 듯하지만 잘못된 선택지를 만들어 내는 일이 결코 쉬운 것이 아니다. 심지어 노련한 출제자들까지도 자신의 질문들을 반드시 모의고사로 예비 시행하고서 난이도 및 차별성에 대하여 문항들을 분석하며, 제대로 실행되지 않은 문항들을 버리거나 수정해야 한다. 많은 시험 시행 책자들에서는 그런 질문들의 구성에 대한 조언을 담고 있다. 예를 들어 올더슨 외(1995: 45~51쪽; 김창구·이선진 뒤침 2013: 49~60쪽)을 보기 바란다.

택일형 질문에서 그리고 심지어 아마 더 앞에서 언급된 먼비 유형의 질문에서도 추가적인 심각한 난점 한 가지는, 응시자들이 왜 그런 방식으로 답변하는지를 출제자가 알 수 없다는 것이다. 응답자가 답을 선택할 때에 단순히 짐작하였거나, 아니면 출제자가 문항을 집필하면서 오답지를 포함하여 본디 의도했던 내용과는 동떨어진 전적으로 다른 이유를 염두에 두었을 가능성도 있다. 심지어 단순히 맞지 않을 법한 선택지를 제거하는 응시 전략을 쓰면서 마지막 남은 유일한 한 가지 선택지를 골랐을 가능성도 있다. 물론 조사 연구자들이 출제자들의 시험을 타당하게 만들면서 응시자들이 몰입할 것으로 여긴 과정들을 탐구할 수 있겠지만, 응시자가 누구든 간에 실제로 일반적으로 이용되는 것으로 보인 과정들을 쓸 것이라는 보장은 없다.

따라서 시험으로 검사되고 있는 능력을 보여 주지 않은 채, '그릇된' 근거라 하더라도 우연히 어떤 문항을 올바르게 맞추는 일도 가능한 것이다. 또는 반대의 상황으로서, '올바른' 근거를 지니고서도, 즉 시험으로 검사되고 있는 능력을 지녔음에도 불구하고, 오답지를 뽑으면서 그 문항에 답변을 잘못할 수도 있는 것이다. 이에 대한 논의는 올더슨(1999c)를 보기 바란다. 이는 또한 다른 시험 기법에서도 참값으로 성립할 수 있지만, 응시자들이 오직 정답에 쐐기표(✔)를 표시하도록 요구받음에 따라, 이런 문제점은 택일형 문항에 혼재되어 있다. 만일 응시자들에게 또한 자신이 선택을 한 근거에 대해서도 함께 제시하도록 요구한다면, 이런 문제점이 줄어들 수 있겠지만, 그렇게 된다면 채점의 관점에서 보아 택일형 질문의 실용적 장점이 무효로 돌아갈 듯하다.

택일형 시험에서 흥미로운 변이체가 아래에 인용된 두 쪽에 걸쳐 있는 사례이다. 이 사례에서는 응시자가 각 문항마다 한 묶음으로 된 동일한 선택지로서 (1)에서 (10)까지 선택할 수 있음에 주목하기 바란다. 더욱이 요구된 응답이 단답형 질문이 아니기 때문에, 응시자는 반드시 관련된 단락을 읽고 이해해야 하며, 홀로 배경지식 하나만으로는 그 문제를 올바르게 맞출 수 없다. 게다가 요구된 질문 내용이 아마도 이와 같은 지문을 읽고 있는 독자가 그런 덩잇글에 대하여 스스로에게 물을 가능성이 있는 종류의 것이므로, 따라서 적어도 이 시험에 대한 '겉보기 타당도(face validity)'[10]를 늘여 준다. 지문 및 과제에 대해서는 아래 있는 논의를 보기 바란다.

---

10) (역주) 교육학에서 '안면 타당도'라고 번역하여 절망스럽게 만든다. 도대체 안면(顏面, 얼굴)이 어떻게 타당할 수 있다는 말인가? 교육학에서는 뜻도 안 통하는 말을 버젓이 학술 용어로 쓰고 있다. 마치 박지원의 '호질'에서 성토했던 위선자 집단을 연상시킨다. face는 얼핏 겉으로 보기에 타당할 것처럼 느껴지는 것이므로, 외면 타당도나 겉보기 타당도로 번역하거나, 아니면 타당하다는 인상을 주는 모습이라고 번역해 주어야 한다. validity는 '타당한 정도'의 뜻으로 타당도로 번역해 둔다.

QUESTION 1

You are thinking of studying at Lancaster University. . Before you make a decision you will wish to find out certain information about the University. Below are ten questions about the University. Read the questions and then read the information about Lancaster University on the next page.

Write the letter of the paragraph where you find the answer to the question on <u>the answer sheet</u>.

Note: Some paragraphs contain the answer to more than one question.

1. In which part of Britain is Lancaster University?

2. What about transport to the University?

3. Does a place on the course include a place to live?

4. Can I cook my own food in college?

5. Why does the University want students from other countries?

6. What kind of courses can I study at the University?

7. What is the cost of living like?

8. Can I live outside the University?

9. Is the University near the sea?

10. Can I cash a cheque in the University?

(ctd.)

LANCASTER UNIVERSITY - A FLOURISHING COMMUNITY

Since being granted its Royal
Charter on 14 September, 1964, The
University of Lancaster has grown
into a flourishing academic commun-
ity attracting students from many
overseas countries. The University
now offers a wide range of first
degree, higher degree and diploma
A courses in the humanities, manage-
ment and organisational sciences,
sciences and social sciences. Ex-
tensive research activities carried
out by 470 academic staff have con-
tributed considerably to the Univer-
sity's international reputation in
these areas.

The University is situated on an
attractive 250-acre parkland site in
a beautiful part of North-West
England. As one of Britain's modern
universities Lancaster offers its
4,600 full-time students specially
B designed teaching, research and
computer facilities, up-to-date
laboratories and a well stocked
library. In addition eight colleges
based on the campus offer students
2,500 residential places as well as
social amenities. There is also a
large sports complex with a heated
indoor swimming pool, as well as a
theatre, concert hall and art
gallery.

INTERNATIONAL COMMUNITY
Lancaster holds an established place
in the international academic comm-
C unity. Departments have developed
links with their counterparts in
overseas universities, and many
academic staff have taught and
studied in different parts of the
world.

From the beginning the University
has placed great value on having
students from overseas countries
studying and living on the campus.
D They bring considerable cultural and
social enrichment to the life of the
University. During the academic
year 1981/82 460 overseas under-
graduates and postgraduates from 70
countries were studying at
Lancaster.

ACCOMMODATION AND COST OF LIVING
Overseas single students who are
offered a place at Lancaster and
accept by 15 September will be able
to obtain a study bedroom in college
E on campus during the first year of
their course. For students accept-
ing places after that date every
effort will be made to find a room
in college for those who want one.

Each group of rooms has a well
equipped kitchen for those not
F wishing to take all meals in
University dining rooms. Rooms are
heated and nearly all have wash
basins.

Living at Lancaster can be signif-
icantly cheaper than at universities
in larger cities in the United King-
dom. Students do less travelling
since teaching, sports, cultural and
G social facilities as well as shops,
banks and a variety of eating
facilities are situated on the
campus. The University is a lively
centre for music and theatre
performed at a professional and
amateur level. The University's
Accommodation Officer helps students
preferring to live off campus find
suitable accommodation, which is
available at reasonable cost within
a 10-kilometre radius of the campus.

THE SURROUNDING AREA
The University campus lies within
the boundary of the city of Lancaster
with its famous castle overlooking
the River Lune, its fifteenth century
H Priory Church, fine historic buildings,
shops, cinemas and theatres. The near-
by seaside resort of Morecambe also
offers a range of shops and entertainment.

From the University the beautiful
tourist areas of the Lake District
with its mountains, lakes and
valleys, and the Yorkshire Dales are
I easily reached. The M6 motorway
links the city to the major national
road network. Fast electric trains
from London (Euston) take approx-
imately three hours to reach Lancaster.
Manchester, an hour away by car, is
the nearest international airport.

Fig. 7.1 A variation on the multiple-choice technique

◁ 시험 문제 1 ▷

여러분이 랭커스터 대학교에 입학하려고 생각하고 있습니다. 결정을 내리기 전에 이 대학에 대해서 특정한 정보를 알아보려고 합니다. 다음에 이 대학에 관한 10개의 질문이 있습니다. 질문들을 읽고 나서, 뒤에 있는 랭커스터 대학교에 대한 정보를 읽으십시오.

각 질문에 대하여 여러분이 답을 찾아낸 단락을 각각 **별도로 주어진 답안지**에 영어 알파벳 문자를 적어 주십시오.[11]

주의 사항: 몇 개의 단락은 둘 이상의 질문에 대한 정답을 담고 있습니다.

(1) 랭커스터 대학교는 지리적으로 영국의 어느 부분에 있습니까?
(2) 이 대학까지 가는 교통편은 무엇입니까?
(3) 강의가 이뤄지는 장소에는 또한 생활공간도 같이 있습니까?
(4) 대학 내에서 스스로 내 자신의 음식을 지어 먹을 수 있습니까?
(5) 왜 이 대학은 해외에서 온 학생들의 입학을 바라고 있습니까?
(6) 이 대학에서 어떤 종류의 전공과목을 공부할 수 있습니까?
(7) 생활비는 얼마정도 들어갑니까?
(8) 대학 교정 밖에서도 거주할 수 있습니까?
(9) 이 대학은 바다와 가까이 있습니까?
(10) 대학 안에서 수표를 현금으로 바꿀 수 있습니까?

랭커스터 대학교-번창하고 있는 학술 공동체

A 1964년 9월 14일 왕명으로 설립 인가를 받은 이래, 랭커스터 대학교는 해외의 여러 나라 학생들에게 매력을 끌면서 번창하는 학술 공동체로 성장해 왔다. 우리 대학에서는 인문학, 경영 및 조직학, 자연과학, 사회과학에서 광범위하게 학사·석사·박사 과정을 개설하고 있다. 470명의 학술 연구진에 의해 수행된 방대한 조사 연구가 이들 관련 분야에서 우리 대학의 국제적 명성을 얻는 데 현저한 기여를 해 왔다.

B 우리 대학은 아름다운 영국 서북부의 매력적인 250 에이커의 공원 구역에 자리 잡고 있다. 영국 현대 대학교 가운데 하나인 랭커스터 대학교에서는 4600명의 전일제 학생들에게 특별하게 구비된 교육 시설과 연구 시설과 컴퓨터 시설, 최신 실험실, 잘 갖춰진 도서관을 제공해 준다. 그뿐 아니라 8개의 단과대학에서 각 캠퍼스마다 학생들에게 2500명을 수용하는 기숙사 시설은 물론, 사교적인 쉼터 시설도 제공해 준다. 또한 온수를 공급하는 실내 수영장을 갖춘 대형 스포츠 복합건물이 있을 뿐만 아니라, 연극 공연장과 음악 연주관과 예술 전시관도 있다.

E 기숙사 입주 및 생활비

우리 대학에 있는 기숙사 입주 신청을 9월 15일까지 수락한 외국 학생은 개인별로 학업 기간의 첫 해 동안 각 캠퍼스 안에 있는 침실을 얻을 수 있다. 마감 시한 뒤에 기숙사 시설에 입주하고자 하는 학생들에게도 원할 경우에 대학 내에 있는 방을 찾기 위하여 모든 노력이 경주될 것이다.

F 학교 식당에서 식사를 하지 않으려는 학생들을 위하여 각 집단별 공동 취사 구역에는 설비가 잘 갖춰진 부엌이 있다. 방들마다 온방 장치가 있고 거의 모두 세면대가 있다.

G 랭커스터에서의 생활비는 영국의 큰 도시에 있는 다른 대학들에서보다 훨씬 저렴하다. 교육, 운동, 문화, 사교 시설들뿐만 아니라 또한 가게, 은행, 다양한 식당 시설이 교내에 있다. 우리 대학은 전문가 수준과 취미 수준에서 공연되는 음악과 연극을 볼 수 있는 활발한 중심지이다. 학교 밖에서 거주하려는 학생들에게는 우리 대학의 거주 지원 담당관이 교정 10킬로미터 반경 이내에서 합당한 가격으로 입주할 수 있는 적합한 거주공간을 찾을 수 있게 도와준다.

국제적 공동체	인근 지역
C 우리 대학은 국제적 학술 공동체에서 확고한 지위를 차지하고 있다. 여러 학과에서 해외 대학의 관련 학과들과 자매결연을 맺고 있고, 많은 학술 연구진이 전 세계의 여러 지역에서 가르치며 연구하고 있다.	H 대학 교정은 룬 강을 내려다보는 유명한 성, 15세기 지어진 수도원 분원, 멋진 역사적 건물과 가게, 영화관과 연극 공연관을 지닌 랭커스터 도심 경계의 안쪽에 위치한다. 해변 근처의 휴양지인 모어컴에서도 다양한 가게와 오락시설을 제공해 준다.
D 개교하면서부터 우리 대학은 각 캠퍼스에서 공부하고 생활하는 해외 여러 나라로부터 온 학생들을 입학시키는 일에 큰 가치를 두어 왔다. 이들은 우리 대학 생활에 현저하게 문화적이고 사회적인 풍요로움을 가져 온다. 학사력의 1981년/1982년 기간 동안,[12] 70개 국으로부터 온 학부생 및 대학원생 460명이 우리 대학에서 공부를 하고 있다.	I 우리 대학으로부터 쉽게 산과 호수와 계곡이 있는 호수 지구의 아름다운 관광 구역과 요크셔 데일에 도달할 수 있다. M6 자동차 전용도로는 전국 간선 도로망과 이어져 있다. 유스턴 고속철도로 런던에서 3시간이면 랭커스터에 도착한다. 자동차로 1시간 거리에 가장 가까운 맨체스터 국제공항이 있다.

4) 대안이 되는 객관적 시험 기법

최근 언어 시험에서는 읽기 시험을 위해서도 객관적이며 사실상 기계로 채점 가능한 다수의 기법들이 쓰이고 있다. 컴퓨터를 이용한 시험 시행의 맥락에서 이들 기법들에 대한 논의는 올더슨·윈디앳(Alderson and Windeatt 1991)을 보기 바란다.

---

11) (역주) G단락은 네 개의 질문에 대한 답변을 담고 있다. 필자가 생각하는 정답은 다음과 같다. (1) B, (2) I, (3) G, (4) F, (5) D, (6) A, (7) G, (8) G, (9) H, (10) G.

12) (역주) 서구의 학사 일정은 9월 학기를 새 학기로 보고, 다음해 봄 학기를 2학기로 간주한다. 사계절이 뚜렷하여 봄 학기가 새 학기가 되는 우리 풍습과는 다르다. 이런 습관은 본디 바빌로니아 문명에서 밤과 낮의 길이가 동일한 추분·춘분을 중심으로 하여 한 해의 시작·종결로 간주하였던 데에서 비롯되었다. 아마 곡물의 수확을 기준으로 시작을 삼은 듯하다. 이런 습관이 희랍으로 전해진 뒤 다시 로마를 거쳐 서구에서 일반화되었다. 따라서 원문의 1982/82는 학사 일정을 두 해에 걸쳐 1981년 가을 첫 학기와 1982년 봄 후 학기를 하나로 묶어 제시한 것이다. 태양을 중심으로 한 로마의 달력이 1월부터 시작되므로, 학술 기관에서 따르는 일정과 시작점이 서로 달라지게 되었다. 원문에서는 이를 an academic year(학사 일정에 따른 학사력, a school year)라고 달리 부르고 있다.

① 일치시키기 기법

한 가지 개관적 기법은 여러 항목 일치시키기(*multiple matching*)이다.

4

SECOND TEXT/QUESTIONS 18-23

For questions **18-23,** you must choose which of the paragraphs **A - G** on page **5** fit into the numbered gaps in the following magazine article. There is one extra paragraph which does not fit in any of the gaps. Indicate your answers **on the separate answer sheet.**

DOLPHIN RESCUE

Free time isn't in the vocabulary of British Divers' Marine Life Rescue teams;
one fairly normal weekend recently spilled over into three weeks, as a seal move
turned into a major dolphin rescue.

To find a beached and stranded dolphin is a rarity; to nurse one back from the brink of death, and reintroduce it into the wild, is almost unheard of. Only two cases have occurred in Britain, the most recent of which involved a rescue team from British Divers' Marine Life Rescue. They started the weekend trying to relocate a 9ft bull seal and finished it fighting to save a dolphin's life after the Sea Life Centre on the south coast had informed them that a dolphin was beached at Mudeford (pronounced Muddyford) near Bournemouth.

The dolphin was found by a lady, who must have heard the message telling anyone who found it what to do. The animal was kept wet and its blowhole clean. Mark Stevens of the rescue team says: "The dolphin would have certainly been in a worse condition, if not dead, if that lady hadn't known what to do."

"I can't thank those people enough. The woman even gave us her lemonade so we could have a much-needed drink." The Sea Life Centre had hastily moved several large tope and the odd stingray from their quarantine tank, and the dolphin was duly installed.

By 1 a.m. the team were running out of energy and needed more help. But where do you find volunteers at that time of night? Mark knew of only one place and called his friends at the local dive centre.

The team allowed the photographers in for a few minutes at a time, not wanting to stress the creature too much. They had to walk a fine line between highlighting the animal's ordeal and being detrimental to its health.

How a striped dolphin got stranded in Mudeford isn't clear because they are primarily an ocean-going, rather than an inshore, species. Theories suggest that he was chucked out of his pod (group of dolphins) for some reason and, maybe chasing fish or attracted by the sounds coming from the Mudeford water festival, wandered into the bay by accident.

It took several days before the dolphin was comfortable enough to feed itself – in the meantime it had to be tube-fed. Fish was mashed up and forced down a tube inserted into the dolphin's stomach. It's not a nice procedure, but without it the dolphin would have died. Eventually he started to feed and respond to treatment.

His health improved so much that it was decided to release him, and on Tuesday, 24th August, the boat *Deeply Dippy* carried the dolphin out past the headland near the Sea Life Centre. The release, thankfully, went without a hitch; the dolphin hung around the area for a while before heading out to sea. And that was the end of another successful operation.

0150/1 W96

(ctd.)

다음에 두 묶음의 자극물이 서로에 대하여 일치되어야 한다. 가령, 단락에 대한 제목들을 부합 단락과 일치시키고, 책의 제목을 각 책자로부터 나온 발췌와 일치시키기 등이다. 〈그림 7-2〉는 영국의 고급영어 자격인증 시험으로부터 가져온 여러 항목 일치시키기 사례이다.

5

A He actually started toying with the team and trying to gain attention. He would increase his heart rate and show distress so a team member had to quickly suit up to check him over. But as the person entered the pool, his heart rate returned to normal.

B It is large but has only a small opening so, once in, getting out isn't easy. The boats at the event would have panicked the creature and it ended up beached, battered and drained of energy.

C The story actually appeared in several national newspapers as well as the local press. Publicity is very important for charities like the Marine Life Rescue, providing precious exposure which pleases the sponsor companies and highlights the team's work.

D Luck then seemed to be on the team's side when a double-glazing van-driver stopped to investigate. The driver offered his services to transport the dolphin back to the Sea Life Centre and a lady spectator gave the team a brand new cooler box to store valuable water to keep the dolphin moist.

E However, by the time they arrived, the dolphin had started to swim unsupported. The press picked up on the story and descended on the Sea Life Centre wanting stories, pictures and any information they could get hold of. And they wanted a name. Mark and the other team members had a hasty think and came up with 'Muddy' – after all, it was found at Mudeford.

F Now the battle to save its life could begin, but a transportation problem arose. How do you get a grown dolphin back to the Sea Life Centre without a vehicle big enough?

G The creature was so weakened by the ordeal that it could not even keep itself afloat and had to be walked in the tank to stop it from just sinking to the bottom and drowning. Most people can only walk a dolphin for around 20 minutes to half an hour. Holding a 150 kg animal away from your body and walking through water at sea temperature saps your strength.

Remember to put your answers on the separate answer sheet.

0150/1 W96

[Turn over

Fig. 7.2 Multiple matching (Certificate in Advanced English)

<도표 7-2> 여러 항목 일치시키기

◁ 제2 지문과 관련된 물음 (18)~(23) ▷

현재 4쪽에 있는 물음 (18)~(23)에 대하여, 여러분은 반드시 5쪽에 있는 A~G 단락들 중에서 어느 하나의 단락이 아래 잡지 기사로부터 가져온 빈칸 속에 들어갈지 선택해 주어야 합니다. 5쪽에는 어느 빈칸과도 어울리지 못하는 무관한 단락이 하나 더 있습니다. 여러분의 답을 별지로 제공된 답안지에 적어 놓으십시오.[13]

❋ 대형 돌고래 구출 작업 ❋

영국 잠수부들로 이뤄진 해양생명 구조대에는 자유 시간이란 낱말이 없다. 최근 아주 평범한 주말에 바다사자를 옮겨 주려는 일이 대형 돌고래를 구출하는 대대적인 작전으로 바뀌어 3주나 걸리도록 커져 버렸다.

해안에 떠밀려와 꼼짝 못하는 돌고래를 발견하기란 드문 일이다. 돌고래를 죽음의 언저리로부터 되돌리어 돌보고, 다시 야생으로 돌려보내는 일은 거의 들어보지 못하였다. 영국에서 오직 두 건의 사례만 발생하였다. 가장 최근 일은 영국 잠수부의 해양 생명 구조대에 의한 구출 활동이었다. 그들은 주말에 8.2미터나 되는 바다사자를 재배치해 주는 일을 시도하였다. 그러다가 남부 해안에 있는 해양 생물 센터에서 돌고래가 한 마리 보언머쓰 어구 가까이 있는 머디포드['머디포드'로 발음됨] 해안에 떠밀려 올라와 있다고 통보받은 뒤에는, 돌고래의 생명을 구출하기 위한 싸움으로 그 일을 끝냈다.

그 돌고래는 어느 부인이 발견했는데, 분명 어떻게 대처해야 할지 아는 누군가에게 돌고래가 말하는 내용을 알아차렸을 것임에 틀림없다. 그 동물은 피부도 젖은 상태로 유지되고 숨구멍도 깨끗이 유지되었다. 구조대원 마악 스티븐즈는 "그 부인이 어떻게 해야 할지 알지 못했더라면 돌고래는 죽지 않았더라도 분명 최악의 상황까지 갔었을 거예요."라고 했다.

(18) _____

"나는 그 분들한테 충분히 고마움을 표시할 길이 없어요. 그 부인이 우리들에게 자신의 피로회복 음료도 갖다 주어서 우리에게 제일 필요했던 음료수를 충분히 마실 수 있었거든요." 해양 생물 센터에서는 재빨리 격리 수조로부터 여러 마리 큰 참상어와 나머지 가오리들을 다른 곳으로 옮겨 놓아, 돌고래가 적절하게 수조 속으로 정착할 수 있게 된 셈이다.

(19) _____

새벽 1시에 이르자 구조대의 힘이 다 소진되었지만, 여전히 더 많은 도움이 필요하였다. 그렇지만 한밤중에 어디에서 자원자를 찾을 수 있으랴?

마악 스티븐즈는 오직 한 군데를 알고 있었고, 지역 잠수 센터에 있는 자기 친구들을 전화로 호출하였다

(20) _____

구조대는 그 동물에게 스트레스는 너무 주지 않기를 바랐기 때문에 사진 기자들로 하여금 단 한 번 몇 분 동안만 사진을 찍도록 허용하였다. 기자들은 그 동물의 고난을 강조하는 일과 그리고 건강에 해를 끼치는 일 사이에서 미묘한 줄다리기 시합을 벌어야 했다.

(21) _____

머디포드 해안에 어떻게 한 마리 수놈 줄무늬 돌고래가 떠밀려 올라 왔는지는 분명치 않은데, 돌고래는 연안보다는 주로 먼 바다의 해류를 따라 다니는 종이기 때문이다. 이론상으로는 모종의 이유로 말미암아 자기 무리(돌고래 집단)로부터 쫓겨났음을 암시하겠는데, 아마 물고기를 쫓고 있었거나 아니면 머디포드 물 축제로부터 들려오는 소리에 이끌려 어슬렁거리다 우연히 만까지 들어왔을 법하다.

(22) _____

돌고래가 충분히 편안하게 스스로 먹이를 먹을 수 있기까지는 여러 날이 걸렸다. 그 동안에는 관을 통해서 음식을 먹여야 했다. 물고기들을 으깨어서 위까지 닿게 관을 꽂고서 강제로 내려가게 했던 것이다. 이게 바람직한 방식이 아니었지만, 그렇지 않았더라면 필시 돌고래는 죽었을 것이다. 마침내 돌고래가 먹이를 받아 먹고 처방에 반응하기 시작하였다.

(23) _____

돌고래의 건강이 현저히 개선되자 바다에 놓아 주기로 결정이 내려졌다. 8월 24일 화요일에 수조에서 돌고래를 꺼내어 '깊이 심해로(Deeply Dippy)' 선박에다 싣고 해양 생물 센터 가까이에 있는

398

곳을 지나갔다. 다행히 아무 걸림돌도 없이 돌고래 방사가 진행되었다. 돌고래는 먼 바다로 나아가기에 앞서 잠시 동안이나마 그 구역을 빙빙 돌았다. 그리고 그 인사가 또 다른 성공 작전의 결말이었다.

A 그 돌고래는 실제로 구조대와 장난을 치기 시작하였고, 주목을 받으려고 애를 썼다. 심장 박동이 빨라지고 고통스러움을 보이자, 어느 구조대원이 신속히 돌고래를 검진하기 위하여 알맞은 조치를 취해야 했다. 그러나 그 대원이 수조에 들어가자, 돌고래의 심장 박동이 정상으로 돌아갔다.

B 수조가 대형이었지만 오직 작은 입구만이 있었기 때문에 일단 들어갔다면 밖으로 꺼내는 일이 쉽지 않았다. 그 축제에 동원된 배들이 돌고래를 공황 상태로 몰아갔을 것이므로, 마침내 해안으로 밀려 올라갔고, 온몸으로 허둥대면서 힘을 다 써 버렸을 것이다.

C 이 이야기는 실제로 여러 전국 일간지뿐만 아니라 지방 신문에도 보도되었다. 공공 보도는 구출을 위하여 해양 생물 구조대와 같은 단체에 아주 중요한데, 가치 있게 공개되어 후원 회사를 만족시키며 구조대의 작업도 크게 부각시켜 주기 때문이다.

D 이중 유리창을 단 대형 트럭의 운전기사가 무슨 일이 일어났는지 궁금하여 멈추었을 때, 당시 럭은 구조대의 옆에 있었던 듯하다. 그 기사는 돌고래를 해양 생물 센터까지 옮겨가는 수고를 마다하지 않았고, 이를 지켜보던 어느 부인이 돌고래 습기를 유지할 물을 유용하게 저장할 수 있도록 구조대에 냉동 상자를 새로 하나 사다 주었다.

E 그렇지만 구조대가 도착하였을 때 돌고래가 부질없이 헤엄을 치기 시작하였다. 여러 신문에서는 돌고래 이야기를 대서특필했고, 기자들이 얼을 만한 이야기, 사진, 임의의 정보를 바라면서 해양 생물 센터로 몰려들었다. 기자들은 돌고래의 이름을 지어 주기를 원했다. 마야 스티븐즈와 다른 대원들은 갑자기 생각하다가 '뻘 투성이(Muddy)'란 이름이 떠올랐는데, 결국 돌고래가 머디포드에서 발견되었기 때문이었다.

F 이제 돌고래의 목숨을 살리려고 하는 싸움이 시작되었지만, 이송해 갈 문제가 제기되었다. 충분히 큰 트럭이 없이 어떻게 다 자란 대형 돌고래를 해양 생물 센터에까지 옮겨갈 수 있을까?

G 돌고래가 고난으로 아주 약해졌기 때문에, 심지어 스스로 물 위에 떠오를 수도 없었으며, 바다에 가라앉아 익사하지 않도록 사람들에게 들린 채로 수조 안으로 들어가야 했다. 대부분의 사람들이 대략 20분에서 30분 동안이나 대형 돌고래를 오직 한 걸음씩만 내디디면서 운반할 수 있었다. 150킬로가 넘는 동물을 여러분의 몸에서 떨어진 채로 양팔로 붙들고서 낮은 수온의 바닷물 속을 걷는 일은, 필시 여러분의 강인함을 무너뜨린다.

따로 제공된 답안지에 여러분의 답을 적어 놓기 바랍니다.

[다 풀었으면 뒷장으로 넘길 것]

*출처: 영국의 고급영어 자격인증 시험

---

13) (역주) 필자의 생각에 정답은 다음과 같다. (18) E, (19) F, (20) D, (21) G, (22) B, (23) C. 원문의 5쪽에 있는 단락 중에서 A 단락은 지문과 무관한 별개의 단락이다. 여담을 적어 둔다. 최근 고래들이 집단으로 외국 어느 해안가에서 죽는 일이 몇 차례 보도되었었다. 국제 야생생물 보호단체에서는 이와 관련하여 해당 지역 인근에서 특히 해군 함정 및 잠수함의 폭발 훈련을 금지하도록 촉구하는 성명이 있었다. 바다는 매질이 공기보다 조밀하므로, 작은 폭발도 강도가 더 세게 그리고 더 강하게 먼 바다까지 전파된다. 이는 고래 무리들에게 엄청나게 큰 압박감을 일으켰을 것으로 짐작된다.

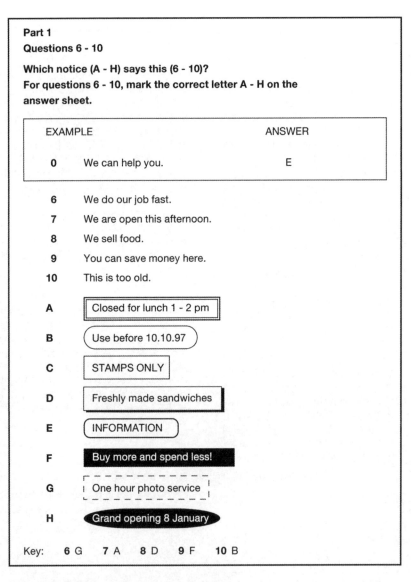

Part 1

Questions 6 - 10

Which notice (A - H) says this (6 - 10)?
For questions 6 - 10, mark the correct letter A - H on the answer sheet.

EXAMPLE	ANSWER
0 We can help you.	E

6   We do our job fast.

7   We are open this afternoon.

8   We sell food.

9   You can save money here.

10   This is too old.

A   Closed for lunch 1 - 2 pm

B   Use before 10.10.97

C   STAMPS ONLY

D   Freshly made sandwiches

E   INFORMATION

F   Buy more and spend less!

G   One hour photo service

H   Grand opening 8 January

Key: **6** G   **7** A   **8** D   **9** F   **10** B

Fig. 7.3 Multiple matching (Key English Test)

제1부문의 물음 (6)~(10)

가게에 붙은 알림판 ⓐ~ⓗ 중에서 어느 알림판이 각각 아래의 물음 (6)~(10)과 관련된 내용입니까? 물음 (6)~(10)에 대하여, 올바른 ⓐ~ⓗ의 문자를 하나 골라 답안지에 적어 놓으십시오.

◁ 보기 ▷	◁ 정답 ▷
(0) 우리는 여러분을 도와 드릴 수 있습니다.	ⓔ

---

(6) 우리는 우리의 일을 신속히 마무리합니다.

(7) 우리는 오늘 오후 동안에 문을 엽니다.

(8) 우리는 음식을 팝니다.

(9) 여러분은 여기서 돈을 절약할 수 있습니다.

(10) 이 제품은 너무 오래되었습니다.

ⓐ   점심시간 오후 1시~2시에는 문을 닫음

ⓑ   1997년 10월 10일 이전까지 쓰시기 바람

ⓒ   우표 전용

ⓓ   신선하게 조리된 샌드위치

ⓔ   정보 안내

ⓕ   더 싸고 더 많이 ‼

ⓖ   사진 현상까지 단 한 시간만에 완성함

ⓗ   1월 8일 대규모 개장‼

정답은 각각 (6) ⓖ, (7) ⓐ, (8) ⓓ, (9) ⓕ, (10) ⓑ임.

*출처: 기본/중핵 영어 검사

사실상 이것들은 택일형 시험 문항이지만, 공통의 선택지가 여덟 개가 들어 있으며, 각 '문항'에 대하여 하나의 선택지 항목(ⓒ)이 오답지 형태로 작동하고 있다. 이것들도 후보 낱말 저장란이 있는 공백 채우기(*banked cloze*)처럼 구성해 내기가 어렵다. 왜냐하면 무심결에 선택이 이뤄지는 일이 없도록 보장해 주는 일이 중요하기 때문이다. 또한 일치시키기 과제가 일단 단 한 번의 선택이 이뤄질 경우에 마지막으로 가능한 한 가지 선택만 있게 될 위험을 피하도록 요구하는 것보다도, 더 많은 선택지 대안이 주어지도록 보장해 주는 것이 중요하다. 즉, 문항의 숫자보다 선택지의 숫자가 더 많아야 하는 것이다. 택일형 문항의 문제점에서와 같이, 일치시키기 문항도 또한 그렇지 않았더라면 고려하지도 않았을 선택에 따라 후보가 교란될 수도 있다는 점에서, 똑같은 비판을 받게 마련이라고 논의될 수 있다.

② 순서 짓기 과제

순서 짓기 과제에서는 〈도표 7-4〉에서 보듯이 뒤섞인 일련의 낱말이나 문장이나 단락이나 덩잇글이 후보로 주어지고, 이것들을 올바른 순서대로 배열해야 한다.

4 Most of the cuttings from a newspaper shown below form a story about a hotel fire. Number in the correct order only those pieces which tell the story about the fire. Number 1 has been done for you.

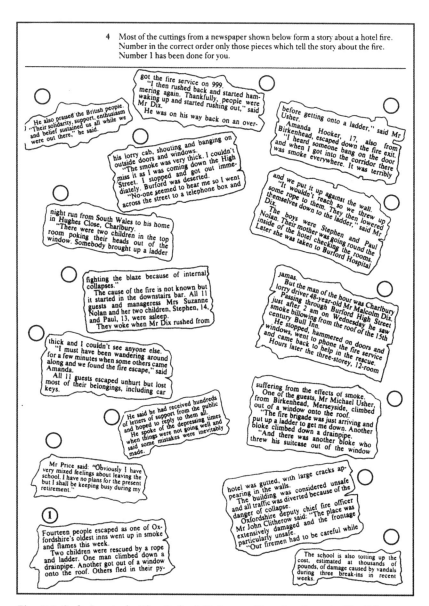

Fig. 7.4 Ordering task: The Oxford Delegacy Examinations in English as a Foreign Language

〈도표 7-4〉 순서 짓기 과제

(4) 어느 신문에서 가져온 아래의 도막글은 대부분 어느 호텔의 화재에 관한 이야기를 담고 있습니다. 그 화재에 관한 이야기를 해 주는 도막글만을 가려내고, 올바른 순서에 따라 빈 원 속에다 번호를 적어 놓기 바랍니다. 시작을 위해서 미리 첫 번째 번호 ❶이 적혀 있습니다.14)

⑪

짙었고, 아무것도 볼 수 없었죠. 몇 사람이 복도를 따라 나왔을 때 잠시 동안 난 주위를 맴돌았을 거예요. 우린 겨우 비상구를 찾아냈죠."라고 어맨더 양이 말했다. 11명의 투숙객이 부상 없이 피했지만 자동차 열쇠를 포함하여 대부분의 소지품들을 대부분 화재로 잃어 버렸다.

⊗ (해당 없음)

그는 또한 영국 국민을 칭찬하였다. "우리가 거기 멀리 있는 동안 국민들의 단결과 후원과 열정과 믿음이 우리를 격려해 주었습니다."라고 말했다.

⑤

트럭에서 달려 나와 큰 소리로 외치면서 출입문과 창문을 두들겼다. "연기가 가득 피어올랐어요. 고속도로를 따라 내려왔는데 내가 그걸 놓칠 수 없었죠. 즉각 차를 멈추고 밖으로 나왔어요." 버포드는 텅 비어 있었다. "아무도 내 외침 소리를 듣지 않는 듯해서 난 거리를 가로질러 공중전화 박스로 갔죠.

⑦

밤중에 남 웨일즈로부터 촬브뤼 휴즈 클로즈에 있는 그의 집까지 달렸다. "거기 꼭대기 방에 아이들 두 명이 창문 밖으로 머리를 내밀고 있었죠." 누군가가 사다리를 들고 왔는데

④

건물 내부 붕괴 때문에 화염과 싸우고 있었다. 화재의 원인이 알려지지 않았지만, 아래층 매장에서 화재가 시작되었다. 모두 11명의 투숙객, 여성 지배인 쑤잔 노울런 여사, 그리고 그녀의 14살 난 아들 스티븐과 13살 난 아들 폴이 자고 있었다. 딕스 씨가 달려가 창문을 두들겨 대자 그들이 깨어났다.

⊗ (해당 없음)

그는 대중들로부터 수백 통의 도움 편지를 받았고 그 편지에 모두 답장하기를 바랐다. 그는 일이 제대로 돌아가지 않아서 압박감을 느끼던 때를 언급하고, 불가피하게 몇 가지 실수가 저질러졌다고 말하였다.

⊗ (해당 없음)

프라이스 씨는 "분명히 학교를 떠나는 일에 대해 아주 착잡한 감정을 느낍니다. 당장의 계획은 없지만 은퇴한 뒤에 바삐 지내게 되겠죠."라고 말했다.

❶

이번 주 옥스퍼드셔에서 가장 오래된 여관이 불길과 연기에 휩싸였다. 투숙객 14명이 화재를 피해 탈출하였다. 두 명의 어린이는 사다리와 밧줄로 구조되었다. 남성 한 명은 물통을 타고 내려왔고, 다른 사람들은 창문을 통해 지붕으로 올라갔다. 다른 사람들도 대피했는데

⑥

999를 눌러 신고했죠. 그런 다음에 재빨리 돌아가서 또 두드리기 시작했어요. 다행히 사람들이 깨어났고 달려 나오기 시작했죠."라고 딕스 씨가 말했다. 그는 곧장 트럭으로 되돌아가서

⑩

사다리에 오르기 전에 말이에요."라고 어서 씨가 말했다. 버큰헤드에서 온 17살의 어맨더 후커 양도 비상구로 탈출해 내려왔다. "저는 누군가가 출입문을 두드리는 걸 들었는데, 그곳 복도로 나갔을 때 연기가 가득했죠. 엄청나게 연기가

⑧

사다리를 벽에다 대었다. "꼭대기까지 안 닿아 지붕에 있는 사람들한테 밧줄을 던져 줬어요. 그런 뒤 투숙객들이 스스로 사다리로 내려왔죠."라고 딕스 씨가 말했다. 어린 형제는 스티븐과 폴 노울런이었는데, 그 어머니는 객실에 손님이 있는지 살펴보려고 호텔 안을 돌아다녔다. 그런 다음에 버포드 병원으로 실려갔는데

②

잠옷 차림이었다. 그러나 그 시각의 주인공은 촬브뤼에 사는 48세의 트럭 기사 맬컴 딕스 씨였다. 수요일 새벽 2시를 막 지나서 버포드 도로를 지나면서 15세기 여관 지붕에서 치솟는 연기를 목격하였다. 그는 차를 멈추고 출입문과 창문을 두들겼다. 곧 전화박스를 찾아 소방서에 신고한 뒤, 돌아와서 구조를 도왔다. 몇 시간이 지나자 12개 객실을 갖춘 삼층 건물이

연기를 너무 마셔 고통스러웠다. 머지싸이드 버큰 해드에서 온 투숙객 마이클 어서 씨는 창문을 통해 지붕으로 올라갔다. "큰 불길이 막 다가오고 있었는데, 내려갈 수 있도록 벽에다 사다리를 댔어요." 다른 사람은 빗물받이 관을 타고 내려갔다. "자기 여행 가방을 창문 밖으로 던진 이도 있었는데요

불길에 휩싸였고 벽체에도 커다란 균열이 생겼다. 이 건물은 안전치 않다고 진단되었고, 붕괴될 위험 때문에 모든 차가 다른 데로 옮겨졌다. 옥스퍼드셔 소방서 대장 존 클리더로우 씨는 "이 건물이 극도로 위험한데, 특히 정면이 안전치 않습니다."라고 말했다. "우리 소방관도 조심해야 했는데요

학교에서는 또한 최근 몇 주 사이에 있었던 야만스런 건달들의 세 차례 가택 침입사건으로 인한 손해를 놓고 수천 파운드로 추정되는 전체 비용을 합산하고 있다.

*출처: 외국어로서의 영어시험, 옥스퍼드 상임 위원단

의미 연결(cohesion, 일관된 개념 연결 속성)이나 전반적 덩잇글 짜임새나 복잡한 문법을 찾아내는 능력을 검사할 가능성을 제공해 줄 듯하기 때문에, 비록 피상적으로 매력적인 듯하더라도, 그런 과제를 만족스럽게 만들어내기가 아주 어렵다. 올더슨 외(1995: 53쪽; 김창구·이선진 뒤침 2013: 63쪽)에서는 순서 짓기 과제에 깃든 문제점을 예시해 주고 있는데, 전혀 예상치 못한 다른 순서로도 연결될 수 있음이 입증되는 것이다.

---

14) (역주) 원문에는 동그라미 속이 비어 있다. 번역 과정에서 편의상 동그라미 속에 단락의 순서를 표시해 놓았고, 무관한 단락에는 '×' 표시를 집어넣었다. 글상자들의 배치도 원문과는 달리 편의상 두 칸으로만 조판하였다.

다음 문장과 어구들은 어느 모험담 속의 단락으로부터 가져왔습니다. 이것들을 올바른 순서대로 놓되, 오른쪽 빈칸에다 순서대로 각각 영어 알파벳 문자를 적어 놓으십시오.[15]

올바른 순서에서 문장 D가 처음 나오므로, (1) 옆에 영어 문자 D가 씌어져 있습니다.

A 그것은 '마지막 원무곡'이라고 불렸다   (1)   _D_
(it was called 'The Last Waltz')

B 길거리는 캄캄한 칠흑 속에 있었다   (2) _____
(the street was in total darkness)

C 학교 다닐 적에 뤼처드와 함께 배웠던 것이기 때문이다 (3) _____
(because it was one he and Richard had learnt at school)

D 피터가 밖을 내다보았다   (4) _____
(Peter looked outside)

E 이내 익숙한 선율을 알아차릴 수 있었다   (5) _____
(he recognised the tune)

F 그리고 황량하게 버려져 있는 듯이 느껴졌다   (6) _____
(and it seemed deserted)

G 누군가 부는 휘파람 소리가 들리는 듯했다   (7) _____
(he thought he heard someone whistling)

---

*출처: 올더슨 외(1995: 53쪽).

비록 본디 덩잇글에서는 명백히 한 가지 순서만 지녔지만, 원래 집필자의 본디 순서가 아니라 하더라도, 대안이 되는 순서도 자주 받아들일

---

15) (역주) 두 가지 순서가 모두 가능하다. D→G→E→C→A→B→F, 그리고 D→B→F→G→E→C→A이다. 그렇지만 몇 안 되는 문장들 중 모순이 들어 있는 것으로 보아, 이 예시가 급조된 것임을 알 수 있다. 창밖이 캄캄하다면서, 어떻게 그 길거리가 황량하게 버려져 있다는 것을 확인할 수 있을까? 하나는 눈으로 볼 수 없다면서 다른 하나는 눈으로 보는 풍경을 언급하고 있으므로 서로 모순된 것이다. 또 예문들의 번역이 우리말답게 이뤄지려면 '그것은, 길거리가, 그는' 따위가 소리가 없는 대명사('e', empty의 첫 글자)로 바뀌어야 한다. "철수가 학교에 왔다. e 본부로 갔다."는 연결된 사건 흐름이지만, "철수가 학교에 왔다. 철수가 본부로 갔다."는 시간상으로 떨어진 별개의 사건을 가리키거나 각각 다른 사건의 시작 사건을 가리킬 수 있기 때문이다. 따라서 영어 지문을 축자 번역하지 않고, 우리말에서 통사 결속을 만들어 주는 담화 기제를 적용하여 번역해 놓았다.

수 있는 것으로 입증된다. 그 이유는 단순히 그 집필자가 다른 순서들을 숙고해 보지 않았고, 담화 표지와 대용적 지시표현 등을 써서 오직 한 가지 순서만 가능해지도록 만들기 위하여 그 덩잇글의 통사 구조를 짜 놓지 않았기 때문이다. 따라서 출제자는 응당 예상치 못한 순서도 수용하든지, 아니면 오직 하나의 순서만 가능해지도록 만들기 위하여 그 지문을 다시 작성해야 할 것이다. 올더슨 외(1994)에서 지적하였듯이 앞에 있는 사례에서는 적어도 문장들을 순서 짓는 데에 두 가지 방식이 있다. 정답은 (1) D, (2) G, (3) E, (4) C, (5) A, (6) B, (7) F이지만, 또한 다음 순서도 가능한 것이다.

(1) D, (2) B, (3) F, (4) G, (5) E, (6) C, (7) A

순서 짓기 과제는 부분적인 정답에 의해서도 문제가 생겨난다. 만일 여덟 개 문항 중 네 개만 올바른 연결로 맞춰 내었다면, 그런 답변은 어떻게 채점되어야 할 것인가? 그리고 여덟 개 문항 중 세 개만 올바른 연결로 맞춰 내었다면, 이번에는 어떻게 채점되어야 할까? 일단 부분 점수가 허용된다면, 비현실적으로 채점이 복잡해지고 채점 오류가 자주 생겨난다. 그러므로 흔히 그런 문항들은 모두 맞거나 아니면 모두 틀렸다고 채점된다. 그러나 올더슨 외(1995: 53쪽)에서는 다음처럼 언급하였다. "특히 정답에 대해서 모두 맞거나 틀린 하나의 점수만 주어진다면, 그 문항을 만들어 내고 답변하는 데에 쏟은 노력이 모두 헛수고로 간주될 소지가 있다."

③ 양자 택일형 문항

외견상 만들어 내기가 쉽기 때문에 일반적인 한 가지 시험 기법은 오직 두 가지 선택지만을 지닌 문항들이다. 응시생에게 목표 지문과 관련된 진술이 제시되면, 맞는지 또는 틀린지 여부, 혹은 지문이 진술과 일치하는지 또는 불일치하는지 여부를 가리켜 주어야 한다. 물론 문제는 짐작만으로 정답을 맞힐 확률이 50%라는 점이다. 이를 방지하기 위해서 많은 수의 그런 문항들을 출제할 필요가 있다. 그런 시험에서는

'주어져 있지 않음(*not given*)',
'지문에서 언급이 안 됨(*the text does not say*)'

과 같은 제3의 선택지를 포함시킴으로써 짐작의 가능성을 낮추어 놓는다. 그러나 특히 의미를 추론하는 능력을 검사하고자 하는 문항들을 다룬다면, 늘 지문에 없는 것을 찾아내어야 하므로, 제3의 선택지가 혼란을 일으킬 수 있다.

SEPTEMBER IN PARIS

This week our interviewer talked to the star of the film
'September in Paris', Brendan Barrick.

*You are only 11 years old. Do you get frightened when there are lots of
photographers around you?*

No, because that always happens. At award shows and things like
that, they crowd around me. Sometimes I can't even move.

How did you become such a famous actor?

I started in plays when I was six and then people wanted me for
their films. I just kept getting films, advertisements, TV films and
things like that.

Is there a history of acting in your family?

Yes, well my aunt's been in films and my dad was an actor.

You're making another film now – is that right?

Yes! I'm going to start filming it this December. I'm not sure if
they've finished writing it yet.

What would you like to do for the rest of your life?

Just be an actor! It's a great life.

EXAMPLE			ANSWER
0 Brendan is six years old now.			**B**
A Right	**B** Wrong	**C** Doesn't say	

26 A lot of people want to photograph Brendan.
   A Right   **B** Wrong   **C** Doesn't say

27 Brendan's first acting job was in a film.
   A Right   **B** Wrong   **C** Doesn't say

28 Brendan has done a lot of acting.
   A Right   **B** Wrong   **C** Doesn't say

29 Brendan wanted to be an actor when he was four years old.
   A Right   **B** Wrong   **C** Doesn't say

30 Some of Brendan's family are actors.
   A Right   **B** Wrong   **C** Doesn't say

31 Brendan's father is happy that Brendan is a famous actor.
   A Right   **B** Wrong   **C** Doesn't say

32 Brendan would like to be a film writer.
   A Right   **B** Wrong   **C** Doesn't say

Key: **26** A   **27** B   **28** A   **29** C   **30** A   **31** C   **32** B

Fig. 7.5 Right/Wrong/Doesn't say items (Key English Test)

〈도표 7-5〉 '예, 아니오, 답 없음'의 선택지 문항

◁ 제4부문, 물음 (26)~(32) ▷

어린 배우에 관해 쓴 다음 기사를 읽고, 문장 (26)~(32)에서 'ⓐ 예, ⓑ 아니오' 중 하나를 고르십시오.
만일 정보가 충분히 주어져 있지 않다면 'ⓒ 언급 없음'을 고르십시오. 물음 (26)~(32)에 대하여
별도로 주어진 답안지에서 ⓐ, ⓑ, ⓒ에 쐐기 표시를 해 놓으십시오.

파리에서의 9월

❀ 이번 주에는 영화 '파리에서의 9월'의 주연 배우 브뢴든 배뢱을 면담하다 ❀

"당신은 겨우 열 한 살입니다. 많은 사진사들이 당신 주위를 둘러싸고 있을 때 무섭다고
느낍니까?"

"아뇨, 왜냐면 그런 일이 언제나 일어나기 때문이에요. 시상식 쇼에서나 그런 일들이 있는 곳에서
사진사들이 떼를 지어 나를 둘러싸거든요. 가끔 움직일 수조차 없을 정도로요."

"어떻게 해서 이렇게 유명한 배우가 될 수 있었습니까?"

"나는 여섯 살 때 연극을 시작했는데, 사람들이 영화를 찍으려고 나를 찾았죠. 그래서 영화도
찍고, 광고나 텔레비전 연속극이나 그런 것들도 하게 되었어요."

"집안에 연기자가 또 있습니까?"

"예! 우리 숙모가 지금도 영화에 나오고 있고, 아빠도 배우였었죠."

"지금 당신은 또 다른 영화를 찍고 있죠, 맞습니까?"

"그래요. 이번 12월에 영화를 찍게 되어 있어요. 대본 집필이 다 끝났는지는 잘 모르겠네요."

"앞으로의 인생을 위해서 무엇을 하고 싶으세요?"

"주연 배우요! 대단한 인생이거든요."

◁ 보기 ▷	◁ 정답 ▷
(0) 브뢴든은 지금 여섯 살이다.	ⓑ
ⓐ 예, ⓑ 아니오, ⓒ 언급 없음	

(26) 많은 사람들이 브뢴든의 사진을 찍고 싶어 한다.
  ⓐ 예,   ⓑ 아니오,   ⓒ 언급 없음

(27) 브뢴든의 첫 연기 생활은 영화에서였다.
  ⓐ 예,   ⓑ 아니오,   ⓒ 언급 없음

(28) 브뢴든은 배우 일을 많이 해 왔다.
  ⓐ 예,   ⓑ 아니오,   ⓒ 언급 없음

(29) 브뢴든은 네 살이 되었을 적에 배우가 되고 싶어 했다.
  ⓐ 예,   ⓑ 아니오,   ⓒ 언급 없음

(30) 브뢴든 집안에 배우가 몇 사람 있다.
  ⓐ 예,   ⓑ 아니오,   ⓒ 언급 없음

(31) 브뢴든의 아버지는 자식이 유명한 배우가 되었다는 사실이 기쁘다.
  ⓐ 예,   ⓑ 아니오,   ⓒ 언급 없음

(32) 브뢴든은 영화 대본 작가가 되고 싶어 한다.
  ⓐ 예,   ⓑ 아니오,   ⓒ 언급 없음

정답: (26) ⓐ, (27) ⓑ, (28) ⓐ, (29) ⓒ, (30) ⓐ, (31) ⓒ, (32) ⓑ.

*출처: 기본/중핵 영어 검사

④ 고쳐 놓기 시험

고쳐 놓기 시험(*editing tests*)은 오류들이 깃들어 있는 지문으로 구성되는데, 응시자가 그 오류들을 찾아내어야 하는 것이다. 이들 오류는 택일형 형식으로 제시될 수 있거나 또는 좀 더 개방적으로 제시될 수도 있다. 가령 응시자에게 지문의 한 줄마다 각각 하나의 오류를 찾아낸 뒤에, 그 줄의 다른 쪽에다 올바르게 고쳐 놓도록 요구하는 것이다. 오류의 본질이 대체로 그 문항을 읽는 능력을 검사하고 있는지, 아니면 좀 더 제약된 언어 능력을 검사하고 있는지를 결정하게 될 것이다. 바로 이 단락을 대상으로 하여 고쳐 놓기의 예를 들면 다음과 같다.16)

Editing tests consist of passages in which <u>error</u> have been   (1) _____
<u>introduce</u>, which the candidate has to identify. These errors   (2) _____
can <u>been</u> in multiple-choice format, or can be more open, for   (3) _____
example by asking candidates to <u>identifying</u> one error per line   (4) _____
of text and to write the correction opposite <u>to</u> the line. The   (5) _____
nature of the error will determine to a <u>larger</u> extent whether   (6) _____
the item is testing the ability to read, or <u>the</u> more restricted   (7) _____
linguistic ability.

영국 북부 시험 위원회(UK Northern Examination Authority)에서는 그런 기법의 다양한 방식을 채택하는데, 이는 빈칸 채우기 또는 공백 지우기 과제와 유사하다. 아래 인용을 참고하기 바란다. 낱말들이 지문으로부터 지워지지만, 빈칸으로 대치되는 것은 아니다. 응시자는 지워 버린 낱말이 본디 어느 곳에 위치해 있었는지를 찾아낸 다음에(최대한으로

---

16) (역주) 정답은 (1) <u>errors</u>, (2) <u>introduced</u>, (3) <u>be</u>, (4) <u>identify</u>, (5) <u>to</u>를 지움, (6) <u>large</u>, (7) <u>the</u>를 지움.

한 줄 당 하나의 낱말이 지워질 수 있겠지만, 여러 줄이 지워지지 않은 채 그대로 남겨질 수도 있음), 지워진 낱말을 적어 주어야 한다. 앞의 것과 동일한 지문으로 예를 들어 보이면 다음과 같다.17)

Editing tests consist of passages which error have been   (1) _____

introduced, which the candidate has identify. These errors   (2) _____

can be in multiple-choice format, or can be more open,

by asking candidates to identify one error per line text and   (3) _____

to write the correction opposite the line. The nature of the

error will determine to large extent whether the item is   (4) _____

testing the ability to read, or more restricted linguistic ability.

이런 과제는 교정지 읽기 과제와 비슷하다고 언급될 수 있는데, 좀 더 일반적으로 말하여 흔히 '실생활' 속에서 일어나는 교정하기 과제에 대한 정당성이 될 것이다. 이 시험 기법이 '실제' 읽기에 포함된 제한된 범위의 능력만 평가할 수 있도록 해 줄 것 같지만, 이런 가치에 관하여 확정적인 결론이 언급되기에 앞서, 이런 기법들에 대하여 좀 더 많은 조사 연구가 필요하다.

5) 대안이 되는 통합 접근

① 글자 완성 시험

글자 완성 시험(the C-test)은18) 기계적 공백 검사와 같이 채운 뒤 완결

---

17) (역주) 정답은 (1) in which, (2) has to, (3) of text, (4) a large.

18) (역주) 'C'는 영어의 character(글자, 문자, 철자)에서 첫 글자만 따온 듯하다. 'C-검사'로 써 둔 번역도 있으나 무책임하거나 무의미하다. 글자들을 채워 온전한 낱말로 만드는 시험 인데, 번역자의 직관에 따라 '글자 완성 시험'으로 적어둔다.

하거나 삭제된 잉여성에 대한 동일한 이론에 근거하고 있다. 글자 완성 시험에서는 기계적으로 매번 두 번째 낱말의 후반부가 삭제되는데, 독자가 읽어 가면서 삭제된 부분을 복원해 놓아야 한다. 예를 들면 다음과 같다. 이는 인용 다음에 바로 이어진 문장들을 대상으로 만들어 놓은 것이다.19)

> It i_ claimed th__ this tech____ is _ more reli____ and compre____ measure o_ understanding th__ cloze te__. It h_ been sugge____ that t_ technique i_ less sub___ to varia____ in star___ point f_ deletion a__ is mo__ sensitive t_ text diffi___.

이런 기법이 기계적 공백 채우기 검사보다도 이해에 관하여 더 믿을 만하고 포괄적인 측정이라고 주장되었다. 이 기법이 삭제를 위한 시작점에서 덜 변동이 일어나며(≒매번 두 번째 낱말의 후반부를 지우므로 변동 가능성이 거의 없음), 지문의 난이도에 대하여 더욱 예민하다고 시사되었다(≒오직 쉽게 이해되는 지문에서만 삭제가 복원될 수 있음). 그렇지만 많은 독자들은 기계적 공백 채우기 시험을 완성하는 것보다도, 글자 완성 시험을 심지어 더욱 성가시게 느낀다. 이 방법이 실제로 사람들에게 글자 완성 응시 방법을 아는 일 말고, 달리 이해를 측정하는지에 대해서 확신을 심어 주기 어렵다. 예를 들어, 앞의 사례에서는 응시자가 임의의 낱말에서 복원되어야 할 글자에서 그대로 반만 남겨진 것과 정확히 동일한 숫자인지('i_'는 'is'처럼 동일하게 한 글자이며, 'th_'도 'that'처럼 동일하게 두 글자임), 아니면 두 글자 이상 더 많이 들어가야 하는지('tech___'

---

19) (역주) 본디 문장은 다음과 같은데, 지워진 글자들의 낱말에 밑줄을 그어 두었다. It is claimed that this technique is a more reliable and comprehensive measure of understanding than cloze tests. It has been suggested that the technique is less subject to variations in starting point for deletion and is more sensitive to text difficulty. 번역은 글 상자 아래의 문장들을 보기 바란다.

에서는 'technique'처럼 그대로 남겨진 네 개의 글자보다 한 글자 더 많이 채워져야 함) 여부를 알 필요가 있다. 여전히 가끔은 더 길거나 더 짧은 다른 완성 모습도 수용될 수 있다(가령, 'varia___'에는 단수 'variation'이나 복수 'variations'가 모두 다 가능함). 부정관사 'a'와 같이 한 글자로 된 낱말을 지울지 여부에 대한 결정은 시험 구성 절차에 판단의 요소를 도입하는데, 바로 이 점이 '객관적'(그리고 기계적) 삭제 절차를 위배한다고 언급될 수 있다. 이런 절차에 대하여 더 자세한 논의로는 고전 논문으로 간주되는 클라인-브뤼리·롸츠(Klein-Braley and Raatz 1984)와 클라인-브뤼리(1985)를 참고하고, 좀 더 최근의 논문은 도니에·카토너(Dörnyei and Katona 1992)를 보기 바란다.

② 무관한 낱말 지우기(*the cloze elide*) 시험

기계적 공백 채우기 기법에 대한 또 다른 대안이 1960년대에 데이뷔스(Davies 1975, 1989)에 의해 창안되었고, '무관한 낱말 지우기 기법(*Intrusive Word Technique*)'으로 알려져 있었다. 시간이 흐른 뒤 1980년대에 이것이 재발견되었는데, 데이뷔스(1997년 개인 간의 서신)에 따르면 비록 이름이

> '지문 인출(*text retrieval*)', '지문 훼방(*text interruption*)',
> '변조된 지문(*doctored text*)', '망쳐 놓은 지문(*mutilated text*)',
> '부정적인 공백(*negative cloze*)'

등으로 다양하게 불리더라도, 간단히 '공백 지우기(*cloze-elide*)' 기법으로 명명되었다. 이런 절차에서는 출제자가 낱말들을 지우는 것이 아니라 대신 지문 속으로 엉뚱한 낱말들을 집어 넣는다. 독자의 과제는 '본디 지문에 속하지 않고 무관한' 각 낱말을 지우는 것이다. 점수는 실제로 본디 덩잇글에는 있었지만 응시자가 잘못 지운 낱말들의 숫자를 놓

고 매겨진다(다음 사례는 글상자 바로 아래의 문장들에다 무관한 낱말들을 삽입한 것인데, 쉽게 알아차릴 수 있도록 무관한 낱말들에다 밑줄을 그어 놓았으며, 이것들이 삭제되어야 함: 뒤친이).

Tests are actually *a* very difficult to construct in this way. One has to be sure *over* that the inserted words do not belong *with*: that it is not possible to interpret *great* the text (albeit in some *of* different way) with the added words. If so, candidates will not be *therefore* able to identify the insertions.

사실상 이런 방식으로 시험을 만들어 내기가 아주 어렵다. 누구나 삽입된 낱말이 본디 덩잇글에 속하지 않음을 확신해야 하고, 추가된 낱말들이 들어 있는 지문을 해석하는 일이 (비록 모종의 다른 방식으로 하더라도) 가능할 것 같지 않다. 만일 그렇다면, 응시자들은 삽입 내용을 찾아낼 수 없을 것이다. 이런 문제점을 해결하기 위하여, 데이뷔스는 방해 낱말 시험의 첫 부분의 영어 지문 속에, 웨일즈(Welsh) 어의 낱말들을 집어넣는 일을 착수해 보았다. 그러자 이번에는 필수적인 지문의 이해가 없이도 형태상으로 '영어다움이 결여됨'에 근거하여 엉뚱하게 삽입된 낱말을 곧 찾아낼 수 있다는 문제가 생겨났다.

또 다른 문제로서, 정확히 낱말들을 어디에다 삽입해야 하는 것일까? 분명히 목표언어 낱말들이 삽입되는 경우에 유사-무작위 삽입 절차를 이용하더라도 종종 그럴 법한 지문으로 귀결될 수도 있다. 그렇지만 어떤 경우이든지 응시자가 삽입 원리를 알아내고 간단히 낱말의 숫자를 세어 결정할 위험을 감수해야 한다. 불가피하게 어떤 합리적인 삽입 절차가 실질적으로 있어야 한다. 그러나 삽입시키려는 방해 낱말들을 확정하기 위해서는, 미리 출제자가 어떤 종류의 이해가 요구되는지를 직감적으로 알아내어야 한다. 이미 어느 낱말이 삽입되었는지 알고 있기 때문에, 종종 출제자가 스스로 응시자의 입장에 서 보는 일(역지사지)이 불가능하다. §.7-2-2에서 논의하였듯이, 빈칸 채우기 시험도 동일한 문제로 신뢰도가 떨어진다. 또한 매닝(Manning 1987)과 포어터(Porter 1988)을 보기 바란다.

이런 기법에 대한 최선의 이용은 데이뷔스가 원래 의도한 대로 하는 것일 듯하다. 이해에 대한 측정으로서가 아니라, 독자들이 덩잇글(지문)을 처리할 수 있는 '읽기 속도'의 측정으로 이용하는 것이다. 그는 다음처럼 가정한다. 일정 정도의 덩잇글 이해는 아무리 막연하게 정의된다고 하더라도 삽입 내용을 확정하기 위하여 필수적일 것이다. 따라서 응시자들에게 제한된 시간 동안에 삽입된 방해 낱말들을 가능한 대로 많이 찾아내도록 요구하는 것이다. 올바르게 찾아진 훼방 낱말의 숫자(맞은 답안)로부터 잘못 찾아진 항목의 숫자(오류 답안)를 뺀 결과가 읽기 속도의 측정값으로 간주되었다.

6) 단답형 시험 기법

온전히 객관적인 택일형 기법에 대하여 반쯤 객관적인 대안 기법이 단답형 물음이다. 바크먼·파머(1996)에서는 '제약된 답변 산출 유형'으로 분류해 놓았다. '예, 아니오'나 '참, 거짓'의 답변은 아니지만, 다음 사례에서와 같이 단순히 응시자들에게 간략한 답변을 요구하는 물음을 몇 마디로 던지는 것이다. 이런 시험 기법의 정당성은 학생들이 실제로 이해하였는지를 알아보기 위하여 그들의 답변을 해석할 수 있다는 점인데, 이와는 달리 택일형 문항으로는 학생들이 선택한 답안에 대한 아무런 정당성도 제공해 주지 못하며, 다른 선택지들을 제거함으로써 남은 항목을 선택했을 가능성마저 있다.

There was a time when Marketa disliked her mother-in-law. That was when she and Karel were living with her in-laws (her father-in-law was still alive) and Marketa was exposed daily to the woman's resentment and touchiness. They couldn't bear it for long and moved out. Their motto at the time was 'as far from Mama as possible'. They had gone to live in a town at the other end of the country and thus could see Karel's parents only once a year. (Text from Kundera 1996: 37)

마케타가 장모를 싫었던 때가 있었다. 장모와 케뢸이 계부와 함께 살고 있었던 때였는데, 케뢸의 계부가 여전히 생존해 있었다. 마케타는 매일 그 부인(장모)의 분노와 애처로움에 노출되어 있었다. 그들은 오래 참을 수 없었고 다른 곳으로 이사해 버렸다. 당시 그들의 구호는 '가급적 어머니로부터 멀리 떨어져 있자'였다. 그 나라의 반대편 끝에 자리한 도시에서 생활하려고 떠나 버렸으므로, 한 해에 한 번만 케뢸의 부모를 만날 수 있었다. (쿤테라 1996: 37쪽에서 가져옴)

물음: 마케타와 캐뢸 사이는 어떤 관계입니까?
정답: 부부(또는 남편과 아내)

채점의 객관성은 정답의 완벽성에 달려 있고, 학생들이 예상되지 않은 답변(앞의 사례에 있는 물음에서는 '연인'이나 '애인'도 가능함)이나 표현으로 대답할 가능성에 달려 있다. 단답형 물음은 만들어 내기가 쉽지 않다. 반드시 모든 가능한 답변들이 미리 예측할 수 있는 방식으로 물음이 표현되어야 하는 것이다. 그렇지 않다면 채점자에게 광범위한 답변이 제시될 것이며, 이는 반드시 채점자가 응시자가 이해하였음을 실증해 주는지 여부에 관하여 다시 복잡하게 신경 쓰면서 판정해야 할 것임을 의미한다.

실제적으로 출제자가 물음에서 애매함을 제거해 놓고 특정한 답변만 요구하고 다른 것들을 배제하는 물음을 작성하도록 보장해 주는 유일한 방법은, 동료 교사나 또는 그 시험을 치르게 될 집단과 유사한 학생들을 대상으로 하여 미리 시행해 보는 것이다. 단답형 물음에 대하여 모든 답변들을 예측하고 해석하기란 아주 어려운 일이므로, 가능하다면 언제든지 모의고사의 형태로 미리 시행해 보는 것이 필수적이다. 모종의 지문이 주어지고 거기에 딸린 단답형 물음을 만들어 내는 한 가지 방식은 특정한 지문으로부터 독자가 어떤 물음을 던질지, 또는 어떤 정보가 필요할지에 대하여 자문해 보는 것이다. 예를 들면 〈도표

OTHER SAVERS FROM OXFORD

	SAVER RETURN		WITH RAILCARD	
	OFF-PEAK DAYS	PEAK DAYS	OFF-PEAK DAYS	PEAK DAYS
Bournemouth	£12.00	£15.00	£7.92	£9.90
Bristol T.M.	£9.70	£12.00	£6.41	£7.92
Exeter	£17.00	£21.00	£11.22	£13.86
Glasgow	£33.00	£40.00	£21.78	£26.40
Leeds	£20.00	£25.00	£13.20	£16.50
Liverpool	£16.00	£21.00	£10.56	£13.86
Manchester	£16.00	£22.00	£10.56	£14.52
Newcastle	£30.00	£38.00	£19.80	£25.08
Nottingham	£13.50	£16.50	£8.91	£10.89
Preston	£19.00	£24.00	£12.54	£15.84
Sheffield	£16.00	£19.50	£10.56	£12.87
Shrewsbury	£12.00	£15.00	£7.92	£9.90
Swansea	£18.00	£23.00	£11.88	£15.18
Torquay	£22.00	£26.00	£14.52	£17.16
Worcester*	£6.80	£8.40	£4.49	£5.55

*Cheaper fares for a day out – ask for details.

PEAK DAYS	OFF-PEAK DAYS
FRIDAYS	MONDAYS TO THURSDAYS (except 23 May and 22 August)
SATURDAYS 25 May, 29 June to 24 August inclusive	SATURDAYS Until 18 May, 1 to 22 June and from 31 August
SUNDAYS 30 June to 25 August	SUNDAYS Until 23 June and from 1 September
THURSDAYS 23 May and 22 August	

SAVERS

Savers from Oxford really are fantastic value as you will see from our prices below.

Savers are the cheapest way to travel by train over longer distances. And they are valid for return the same day or any time up to a month.

There are a few restrictions on the use of Savers on busy peak trains to the west of England or via London. If you avoid the peak times you're virtually free to travel whenever you like – wherever you like.

Oxford Travel Centre will have full details to help you plan your journey with a Saver. Do check your travel arrangements in advance as by adjusting your times and dates of travel it's possible to obtain maximum benefit from the range of Saver fares.

INFORMATION

TELEPHONE ENQUIRIES

For information on train services, fares and other facilities please telephone:
Oxford 722333
Daily 08.00 to 20.00
Please wait for a reply as enquiries are answered in strict rotation on an automatic call queuing system. You can hear a recorded summary of main trains and fares to London by dialling the appropriate number.
Oxford 249055
Information is constantly updated about any significant alterations to timetabled services. For a summary of the national situation on main InterCity routes dial Traveline on 01-246 8030.

RADIO AND TV

For local rail travel news, particularly at times of disruption, tune into:
Radio Oxford 202MW
1485KHz
95.2MHz
Alternatively Ceefax (BBC1) provides teletext rail travel news on index pages 164, 165 and 166.
Or see Oracle (ITV) on index page 186. See index page 125 for BR Money-saving offers.
If you use Prestel, you will find information on page 221.

TRAVEL CENTRE

We've staff waiting to help you plan your journey at your local British Rail Travel Centre:
Oxford Travel Centre, Forecourt, Oxford Station.
Open Mon-Fri 08.00 to 19.45
Sat 08.00 to 18.45
Sun 09.00 to 19.00

RAILCARDS

Railcards can get you discount travel on many journeys. Valid for 12 months from date of purchase, a Railcard may be used as often as you like. Young Person, Senior Citizen, Family and Disabled Persons Railcards each cost £12. There's also a £7 card for Senior Citizens, giving discounts on Cheap Day Returns only.

CHILDREN

Children under 16 travel at half price. Children under 5 travel free. And remember, that up to 4 children can travel for just £1 each with an adult holding a Family, Senior Citizen or Annual Season Ticket Railcard.

DISABLED

Some stations have ramped access and specially adapted waiting rooms and toilets. Most InterCity coaches have wide doors with hand rails; some have removable seats. For assistance with your travel arrangements ring: Oxford 722333.

KIDS OUT – QUIDS IN

This summer treat the children to an enjoyable day out with our special offer in to London. One passenger pays the 2nd class cheap day return fare and up to 4 others (one must be a child) travel for £1 each. Ask for a leaflet containing full details.

VALIDITY OF SAVERS

Savers featured in this folder are valid for travel by any train except:
To West of England
Mondays to Thursdays – InterCity trains timed to depart Reading before 10.00 hrs; and on the 17.09 service from Reading.
Fridays – InterCity trains timed to depart Reading before 10.00 hrs; and between 16.25 and 18.25 from Reading; also only valid to stations in Cornwall on the 19.21 train from Reading.
Sleepers – Savers not valid on the 00.36 train from Reading Saturday mornings in July and August.
Return by any train
South coast
Mondays to Fridays on trains timed to depart Reading before 09.00 hrs.
Return by any train except on the 17.46 train from Didcot.
Savers are not valid on the following services:
Special Excursion trains
Motorail Services
Railair Coach Links
Golden Rail Holidays
These Saver tickets are not valid for travel via LONDON.
Valid for 2nd class travel only. In the event of use for 1st class travel, the Board reserve the right to require payment in full of the appropriate 1st class fare.
You may not break your journey.
Overnight journeys started on a permitted day may continue into the following day.
InterCity Saver tickets used for one direction only travel carry no refund entitlement.
Savers are subject to the British Railways Board's Conditions of Carriage except where specifically excluded.

(ctd.)

7-6〉과 같다.

Remember that you may use your English-English dictionary

(*You are advised to spend about 25 minutes on this question*)

2. Use the information printed opposite (an extract from a British Rail leaflet about Saver fares from Oxford) to answer the following questions.

(a) You want a Saver Return to Sheffield on a Sunday in July. What's the fare?

....

(b) You want to travel to Worcester as cheaply as possible just for a day. Does the leaflet tell you how much it will cost?

....

(c) At what rate does one unaccompanied child of 8 have to pay to travel by train?

....

(d) You want information about times of trains to Birmingham. Which of the two Oxford numbers given should you dial?

....

(e) If you dial Oxford 249055, you will be given information about trains to which city?

....

(f) How much does a Disabled Person's Railcard cost? ....

(g) You bought a Railcard on 1st January, 1985. Can you use it tomorrow?

....

(h) Oracle is a teletext information service. What information is given on index page 186?

....

(I) Can you use a Saver ticket if you want to go away and return in three weeks' time?

....

(j) Can you use Saver tickets on every train? ....

(k) If you don't use the return half of your Inter-City Saver ticket, can you get your money back?

....

(l) Is a Saver ticket valid for 1st class travel? ....

(m) Can you use a Saver ticket if you travel from Oxford to York through London?

....

(n) It's 7.30 p.m. on a Sunday evening. Can you get information at the Oxford Travel Centre?

....

(o) If you use a Saver ticket, can you break your journey and continue it the next day?

....

Fig. 7.6 Short-answer questions that readers might ask themselves of this text (The Oxford Delegacy, Examinations in English as a Foreign Language)

〈도표 7-6〉 지문을 놓고서 독자가 스스로 던질 법한 단답형 물음

옥스퍼드에서 출발하는 할인 요금

할인 종류 도착지	왕복 할인제		철도 회원제	
	평일	혼잡일	평일	혼잡일
보언머쓰	£12.00	£15.00	£7.92	£9.90
브뤼스틀	£9.70	£12.00	£6.41	£7.92
엑서터	£17.00	£21.00	£11.22	£13.86
글라스고	£33.00	£40.00	£21.78	£26.40
리즈	£20.00	£25.00	£13.20	£16.50
리뷔풀	£16.00	£21.00	£10.56	£13.86
맨취스터	£16.00	£22.00	£10.56	£14.52
뉴카슬	£30.00	£38.00	£19.80	£25.08
노팅엄	£13.50	£16.50	£8.91	£10.89
프뤼스톤	£19.00	£24.00	£12.54	£15.84
쉐뷜드	£16.00	£19.50	£10.56	£12.87
슈뤄즈브뤼	£12.00	£15.00	£7.92	£9.90
스완지	£18.00	£23.00	£11.88	£15.18
토어키이	£22.00	£26.00	£14.52	£17.16
우스터*	£6.80	£8.40	£4.49	£5.55

*당일 왕복은 더 많이 할인됨: 세부사항은 문의 바람

혼잡일	평일
금요일	월요일~목요일 (단, 5월 23일, 8월 22일은 제외)
토요일 (5월 25일, 6월 29일~8월 24일)	토요일 (6월 1일~22일, 8월 31일~익년 5월 18일)
일요일 (6월 30일~8월 25일)	일요일 (9월 1일~익년 6월 23일)
목요일 (5월 23일~8월 22일)	

운임 할인 제도

옥스퍼드에서 출발하는 기차의 할인제는 가격표에서 보듯이 정말로 엄청나게 저렴하다. 할인제는 장거리를 기차로 여행하는 가장 값싼 방식이다. 그리고 당일 또는 한 달 이내로 왕복표를 쓸 수 있다. 혼잡일에 서부 잉글랜드 지역이나 런던을 경유하는 기차 노선의 이용에는 일부 제약이 있고, 할인이 적용되지 않는다. 만약 혼잡일만 피한다면, 원하는 날짜가 언제이든지 원하는 곳이 어디이든지 실질적으로 거의 공짜나 다름없이 기차 여행을 즐길 수 있다. 옥스퍼드 여행안내 센터에서 할인 제도를 이용하려는 여러분의 여행 계획을 안내해 줄 수 있다. 여행 시간과 날짜를 조정하면서 미리 여행 행선지를 점검하기 바란다. 할인 요금의 범위에서 여러분은 최대한 많은 이득을 볼 수 있다.

관련 정보

전화 문의

기차 운행, 운임, 다른 시설에 대한 정보는 전화로 문의하기 바란다.[20]
• Oxford 722333
• 매일 8시부터 20시까지 자동호출 대기제도에 따라 엄격히 순서대로 연결되므로 전화 문의 때 기다려 주기 바란다. 다음 전화번호로 런던 도착 주요 노선과 요금에 대한 녹음 안내를 받을 수 있다.
• Oxford 249005
정보 내용은 운행 시간표의 중요한 변경 사항에 대하여 계속 갱신이 이뤄진다. 주요 도심간 노선의 전국 상황에 대한 요약을 들으려면 다음 여행 안내소로 전화하기 바란다.
• 01-246-8030

라디오와 텔레비전

지방 기차 여행 뉴스는, 특히 파업 시기의 경우, 옥스퍼드 라디오 채널을 듣기 바란다.
• Radio Oxford 202㎹, 1485㎑㎐, 95.2㎒
Ceefax(BBC 제1 방송) 색인 164~166쪽에서 장거리 기차 여행 소식을 제공해 준다. 또는 Oracle(신탁 말씀, iTV) 안내책자 186쪽을 보기 바란다. 영국 철로의 전반적 할인제도에 관해서는 125쪽을 보기 바람. Prestel(화상 전화)을 이용하신다면 221쪽에서 정보를 얻을 수 있다.

기차 여행안내 센터

여러분의 기차 여행 계획을 안내해 드리려고 지역 기차 여행안내 센터의 직원들이 여러분의 방문을 기다리고 있다. 포어코트 옥스퍼드 기차역 여행안내 센터는 다음처럼 운영된다.
• 월~금: 8시~19시 45분
• 토요일: 8시~18시 45분
• 일요일: 9시~19시까지

철도 회원 카드

철도 회원제로 많은 기차 여행길에 할인을 받을 수 있다. 구입 시점부터 12개월 동안 유효하다. 언제든지 원하는 대로 쓸 수 있다. 어린이 카드, 노인 카드, 가족 카드, 장애인 카드가 각각 £12이다. 노인들을 위하여 가장 저렴한 2등칸 전용의 £7 왕복권도 있다.

어린이 회원 카드

16세 미만의 어린이들은 반값이고, 5세 미만은 무료이다. 가족 카드, 노인 카드, 계절 특수 여행 카드를 갖고 있는 어른 한 명당 최대한 어린이 4명까지 각각 £1만 내고 이용할 수 있다.

장애인 회원 카드

일부 철도역은 장애인 접속 시설, 대기실, 전용 화장실이 있다. 대부분의 도심간 장애인용 자동차에는 수동식 대형 출입문이 있고, 일부는 자동식 이동 좌석도 있다. 여행 기간에 따라 도움을 받으려면 다음 번호로 전화하기 바란다.
• Oxford 772333

어린이 밖으로-돈 집안으로

이번 여름에 런던까지 가는 당일 여행을 어린이들과 함께 특별 할인을 받으면서 마음껏 즐기기 바란다. 2등칸 전용 왕복권으로, 반드시 어린이 1명 이상이 있어야 하고, 모두 4명까지 각각 운임을 £1씩만 받는다. 자세한 안내는 전단지를 보기 바란다.

할인 적용 유효 노선

이 난에 적힌 할인제는 다음과 같이 다섯 종류의 예외를 제외하면 어느 기차 여행이든지 모두 할인이 적용된다.

• 서부 잉글랜드 도착 노선: 월요일~목요일 10시 이전의 뮈딩 도심간 노선으로, 16시 25분에서 18시 25분까지 뮈딩 출발 노선은 적용되지 않음. 단 뮈딩 출발 기차는 콘월 역에서 19시 21분발 기차에 한해서만 할인이 적용됨.
• 침대칸 이용: 6월과 8월의 토요일 새벽 뮈딩 출발 00시 36분발 기차와 옥스퍼드로 돌아오는 기차는 어느 것도 할인이 적용되지 않음.
• 남부 해안 지역: 월요일~금요일, 10시 이전의 뮈딩 출발 기차는 할인이 적용되지 않음. 단, 옥스퍼드로 돌아오는 디드콧 출발 17시 46분 기차편만 제외하고서, 다른 노선에도 할인이 적용되지 않음.
• 특별 할인 기차 여행, 전철 여행, 기차·항공·자동차 연결 여행, 황금 휴일 기차 여행에는 모두 다 할인이 적용되지 않음.
• 런던을 경유하는 기차편은 모두 다 할인이 적용되지 않음.

할인은 오직 2등칸의 전용 여행에만 한해서 적용된다. 1등칸을 이용할 경우에 승무원이 1등칸 운임의 전액을 부과할 권리를 지닌다. 여러분은 할인 운임표 구매 조건을 위배하지 말아야 한다. 야간 여행의 경우에 전날의 권리가 다음날까지 계속된다. 도심간 특별 할인 운임표는 이용하지 않으면 단일 노선의 운임이 환불되지 않는다. 따로 언급된 조항이 없다면, 할인 운임표는 영국 철로 위원회의 운임 조건을 준수한다.

필요하다면 여러분은 영영사전을 찾아볼 수 있습니다.

(다음 문제를 푸는 데에 총 25분을 쓸 수 있습니다)

2. 옥스퍼드 역에서 출발하는 할인 운임제에 관한 영국 철도 안내서로부터 가져온 인용 속에 들어 있는 정보를 이용하여 다음 물음에 정답을 써 놓기 바랍니다.21)

(1) 7월의 일요일에 쉐필드로 가는 할인 왕복표를 사려고 합니다. 운임은 얼마입니까?

(2) 될 수 있는 한 저렴하게 우스터까지 당일 여행을 가려고 합니다. 안내문에서 운임이 얼마인지 언급되어 있습니까?

(3) 어른 동반자가 없이 8명의 어린이가 기차 여행을 하려고 한다면 어떤 할인 비율이 적용되는 기차표를 살 수 있습니까?

(4) 버밍엄에 가는 기차 시간표의 정보를 찾고 있습니다. 주어진 Oxford 전화번호에서 어느 번호로 전화를 걸어야 할까요?

(5) 만일 Oxford 249055로 전화한다면, 어느 도시로 가는 기차의 정보를 얻을 수 있습니까?

(6) 장애인이 철도 회원제에 가입하려면 회비를 얼마 내어야 합니까?

(7) 철도 회원 카드를 1985년 1월 1일에 샀습니다. 내일 당장 이를 쓸 수 있습니까?

(8) Oracle(신탁 말씀)은 원격 정보 안내책자입니다. 그곳 색인 186쪽에 어떤 정보가 주어져 있습니까?

(9) 기차로 멀리 떠나서 3주 뒤에 돌아오려고 하는데, 할인 운임표를 쓸 수 있습니까?

(10) 모든 기차 여행에 할인 운임표를 쓸 수 있습니까?

(11) 도심간 왕복 할인 운임표의 단일 노선을 아직 쓰지 않았다면, 환불받을 수 있습니까?

(12) 할인 운임표는 1등칸 여행을 위한 것입니까?

(13) 옥스퍼드에서 런던을 거쳐 요크로 가려고 한다면, 할인 운임표를 쓸 수 있습니까?

(14) 지금 토요일 저녁 7시 30분인데, 옥스퍼드 여행안내 센터에서 정보를 얻을 수 있습니까?

---

20) (역주) 전화번호 앞의 Oxford는 지역 번호를 대신하여 지명을 적은 것으로 보인다. 〈도표 7-16〉의 전화번호들을 보면 세 가지 방식이 있다. ① 여기서처럼 적은 것도 있다(Seaton 21542, Chard 3317 등). ② 이와는 달리 '지역 이름, 지역 번호, 전화번호'를 적어 준 것도 있다. 가령, Ilchester (0935) 840565, Craddock (0884) 40960 등이다. ③ 지명이 들어가지 않은 채 직접 지역 번호를 적은 것도 있다. 0297 21702인데, 이곳의 주소를 보면 앞의 번호 '0297' 이 Seaton이라는 곳의 지역 번호(①의 Seaton)에 해당함을 알 수 있다.

(15) 만일 여러분이 할인 운임표를 이용한다면, 당일로 된 여행 계획을 다음날까지 변경하여 계속 효력을 지속시킬 수 있습니까?

*출처: 외국어로서 영어시험, 옥스퍼드 상임 위원단

① 자유 회상 시험

자유 회상 시험(*free-recall tests*)은 가끔 즉각 회상 시험(*immediate recall tests*)로 불리는데, 학생들에게 지문을 읽도록 한 다음에, 그 지문을 덮고서 한 켠에다 놔 둔 채 그 지문으로부터 기억할 수 있는 것을 모두 적어 놓는 일이다. 자유 회상 시험은 바크먼·파머(1996)에서 '확장된 답변 산출 유형'으로 부른 바의 한 가지 사례이다.

이 기법은 종종 이해에 대한 좀 더 순수한 측정을 제공해 주는 것으로 믿어진다. 왜냐하면 시험 문항이 독자와 지문 사이에 끼어서 간섭할 일이 전혀 없기 때문이다. 또한 학습자의 처리과정에 대한 그림도 제공해 주는 것으로 주장된다. 버언하앗(Bernhardt 1983)에서는 회상이 머릿속에서 정보가 어떻게 저장되고 조직되는지를 드러내 준다고 말하였다. 분명히 회상은 제1 언어로 이뤄질 필요가 있고, 그렇지 않다면 쓰기 시험은 물론 읽기 시험으로 되어야 한다. 이(Lee 1986)에서는 회상이 제1

---

21) (역주) 필자가 생각하는 답과 근거를 같이 적어 둔다. (1) 혼잡일에 해당하며 19.50파운드임, (2) 더 많이 할인되지만, 얼마인지는 언급되어 있지 않으므로 문의해 봐야 알 수 있음, (3) 일단 6살 이상 16살 미만이라고 가정하고, 어린이 회원제에 가입해야 회원제 할인을 받는데, 8명이 각각 12파운드씩 내어야 하므로, 모두 96파운드를 내어야 함(이 카드를 이용하여 혼잡일과 평일에 따라 어린이는 반값에 기차 여행을 할 수 있는데, 명시적 언급이 없으나, 우리 문화와 같다면 통상적으로 어른 할인 운임의 반값으로 해석할 듯함). (4) Oxford 722333, (5) 런던 도착 주요 기차 노선, (6) 12파운드, (7) 철도 회원 카드는 구입 즉시 쓸 수 있음, (8) 장거리 기차 여행에 관한 안내와 소식, (9) 한 달, 곧 4주 이내에는 유효함, (10) 아니며, 할인이 적용되지 않는 다섯 종류의 경우가 있음, (11) 아니다, (12) 2등칸 전용 기차 여행에만 국한되어 할인이 적용됨, (13) 런던 경유 노선에는 할인이 적용되지 않음, (14) 토요일에는 오후 6시 45분에 문을 닫음, (15) 그렇지 않은데, 오직 야간 기차 여행의 경우에만 다음날까지 모든 권리가 유지됨.

언어로 되는지, 아니면 목표언어로 되는지 여부에 따라서 서로 다른 회상의 유형을 찾아내었다. 그럼에도 불구하고 외국어로서의 영어(EFL) 독자들에 대한 많은 연구에서는, 여전히 독자들에게 목표언어로 회상을 하도록 해 오고 있다.

회상이 어떻게 채점될 것인가? 가끔 이용된 한 가지 채점 제도는 격 문법(*case grammar*)에[22] 근거한 마이어(Meyer 1975)의 채점 가능한 애초 생각 회상이다(*recall scoring protocol*). 덩잇글이 사고 단위(*idea unit*, 생각 단위)로 나뉘고,[23] 사고 단위들 사이의 관계가 또한 덩잇글 위계의 다양한 수준에서 기호로 입력된다. 가령 비교, 대조 따위이다. 버언하앗 (Bernhardt 1991: 201~208)에서는 자세한 사례들을 제시하고 있다. 안타

---

22) (역주) 주로 필모어(Fillmore) 교수의 초기 업적들을 가리킨다. 영어교육 전공자들이 필모어 교수의 관련 논문들을 엮어 번역한 바 있다. 남용우·임선호·이통진·황봉주 엮고 뒤침 (1987), 『격문법이란 무엇인가?』(을유문화사). 필모어 교수의 최근 글들은 필모어(2003), 『언어에서 형식과 의미(*From and Meaning in Language*)』(CLSI Publications, Stanford University)를 읽어 보기 바란다.

23) (역주) 사고 단위 또는 생각 단위에 대해서는 매우 다양한 접근이 있고, 용어 또한 아주 많다. 아리스토텔레스의 논의 이래 철학을 비롯하여 오늘날 수학이나 심리학에서도 줄곧 명제(proposition)로 불러 왔다. 언어학에서는 XP(핵어의 최대 투영, Chomsky 교수), 유사 절 단위(clause-like unit), 사건 단위, 억양 단위, 날숨 단위(기식 집단) 등으로 불린다. '명제'란 용어는 화란에 유학했던 일본 청년 서주(西周)가 서술 단정문으로 표현되어야 하는 것을 명령문 형식으로 잘못 판단하여, 명제라는 잘못된 용어를 만들어 내었다. 그렇지만 아무도 이의를 다는 사람이 없이 지금까지 그대로 묵수되어 쓰이고 있다. 공통점은 이것들이 모두 동사와 동사가 거느리는 논항으로 이뤄져 있다는 점이다. 르펠트(Levelt 1989; 김지홍 뒤침 2008: 59쪽), 『말하기: 그 의도에서 조음까지』 1권(나남)에서는 18가지나 되는 용어를 도표로 만들어 보여 준다.

사고 단위를 정의할 때에 가장 큰 문제가 되는 것이 '낱말' 하나만으로도 사고가 이뤄지는 지 여부이다. 언어 자체가 홀로 낱말로만 쓰일 수 있기 때문이다. 결론만을 말한다면, 임의의 낱말은 기본값 동사인 존재 동사(있다, to be, 외연값 부여)와 존재 대상의 속성 지정 동사(이다, to be, 내포값 부여)를 보충하여 반드시 명제 또는 절 단위(낱개 사건)로 재구성되어야 한다. 이런 전환이 현대 학문에서 가장 중요한 핵심을 이루며, 판단과 결정은 일원론 바탕 위에서 일련의 복합사건 연결체들의 관계를 따지게 되는 것이다. 분석철학에 반발하여 일상언어 철학을 내세웠던 오스튼, 그롸이스, 스트로슨도 겉으로는 낱말(word)을 내세웠으나 속뜻을 찾아내는 이면에서는 낱말들이 이어진 명제가 기본 단위로 작동하고 있음을 확인할 수 있다. 심리학에서도 명제가 심리적 실재임을 증명하기 위하여 단일 명제와 복합 명제의 처리 시간 차이를 찾아내는 실험들을 자주 보고한다. 좀 더 자세한 논의는 김지홍 (2015), 『언어 산출 과정에 대한 학제적 연구』(도서출판 경진) 제1부를 읽어 보기 바란다. 앞에서 관련 역주를 두 차례 적어 놓았다. 136쪽 §.2-5-1의 역주 54)와 155쪽 §.2-5-6의 역주 68)도 함께 참고하기 바라며, 424쪽 역주 24)도 보기 바란다.

깝게도 비록 덩잇글 구조가 온전히 기록되어 있는 그런 채점 얼개가 합리적이라고 이해되지만, 250개의 낱말이 들어 있는 덩잇글에 대하여 한 가지 얼개를 만들어 내는 데에 무려 시간이 25시간에서 50시간까지 걸리는 것으로 보고되었고, 각각 학생의 애초생각 회상(recall protocol)을 채점하는 데에 1명당 30분에서 1시간까지 소요될 수 있다. 간단히 말하여, 아무리 읽기 조사 연구를 위해 유용하다손 치더라도, 이는 대부분의 평가 목적을 위하여 실용적이지 않다.

한 가지 대안은 간단히 사고 단위들만 헤아리고, 구조 또는 의미 관계를 아예 무시해 버리는 것인데, 그렇다면 이해 점수는 자유 회상으로 재생된 원래 덩잇글의 '사고 단위'들에 대한 숫자가 될 것이다. 그렇지만 사고 단위는 정의하기가 다소 어렵고, '완결된 사고(complete thought)'라는 용어가 '사고 단위(idea unit)'보다 도움을 더 주는 것도 아니며, 관련 문헌에서 이 개념이 거의 적합하게 서술된 적이 없다.24)

---

24) (역주) 저자가 아주 과장되게 진술하면서 본질을 철저히 왜곡해 놓고 있다. 사고 단위에 대응하는 '명제'에 대한 정의는 술어 논리학(또는 기호 논리학이나 상징 논리학으로도 불림)에서 아주 흡족하게 명시적으로 정의되어 있고, 참값이나 거짓값을 배당받는다. 오늘날 일원론(monism) 질서 위에 수립된 엄격한 가설-연역적 접근 체계에서는 공리계(axiomatic system) 속에서 기본 단위들을 정의하고, 이로부터 여러 가지 딸림 정의와 정리들을 연역하고 증명해 나가면서 학문의 체계를 확립시켜 오고 있다. 원문에 쓰인 용어 중 idea, thought, thinking은 모두 낱말 사슬(lexical chain)을 이룬 비슷한 낱말이며, 서구 계몽주의 시대 로크와 흄의 책에서 자주 볼 수 있다. idea(사고, 생각, 착상)는 우리가 감각기관으로 느끼는 sense(감각)과 대립되는 머릿속 실체이다. 일본인들이 관념(觀念, 멀리 떨어져서 자신의 '생각을 바라본다'는 계몽주의 시대의 비유를 표현한 것에 불과함)으로 번역하였으나, 관념이란 말은 오늘날 중요한 개념으로 다뤄지는 상위 인지(metacognition)와 구분되지도 않고 너무 현학적인 냄새가 강하므로, 여기서는 간단히 '사고, 생각'으로 번역하기로 한다.

번역자의 좁은 식견으로만 보면, idea가 상식적으로 많은 사람들에 의해 공유된다고 판단할 경우에 흔히 notion(통념, 통상적 생각)으로 부르고, 임의의 정의를 통하여 확정해 놓을 경우에는 concept(개념)으로 구별하여 부르기도 하며, 개념이 더욱 잘 짜이고 커지면 복합 개념(conception)으로 부른다. thinking(사고 과정)과 thought(사고의 결과 상태, 사고의 산출물)는 영어 단어 형성 방식에서, 사건의 진행과정에는 '-ing'(우리말 접사 '-기'에 대응함)를 붙이고, 그 결과 상태에 대해서는 '-ed'(우리말 접사 '-음'에 대응함)를 붙이며, 최종 산출물이나 결과물에는 '-or, -er'(우리말 접사에 '-개, -이'에 대응함)를 붙인다. 가령,

"think(동사 원형) → thinking(진행 과정) → thought(결과 상태) → thought(결과 산출물)"

과 같다. 엄격히 thinking(사고 과정)과 thought(사고 결과, 결과 산출물)를 구분할 수 있겠으나, 전문 학자들이라고 하더라도 이런 낱말 만들기 절차를 의식하지 못하므로, 거의 같은

사고 단위가 어떻게 찾아질 수 있는지를 예시해 주기 위하여, 이 논의의 첫 단락에 있는 내용을 대상으로 한다면, 다음과 같은 사고 단위들을 담고 있다고 말할 수 있다.

(1) 자유 회상 시험이 가끔 즉각 회상 시험으로 불린다.
(2) 자유 회상 시험에서는 학생들이 지문을 읽는다.
(3) 학생들이 그 지문을 덮고서 한 켠에다 놔 둔다.
(4) 학생들은 자신이 기억할 수 있는 것을 모두 적어 놓는다.
(5) 바크먼·파머(1996)에서는 이 시험을 확장된 답변 산출 유형으로 불렀다.

그렇지만 반드시 하나의 대안으로 모든 실사(*content word*, 내용 낱말)나 어구가 잠재적으로 별개의 사고를 담고 있는 것으로 취급해야 함을 받아들여야 한다. 따라서 앞에서 언급한 첫 번째 단락은 최소한 다음과 같이 15개의 사고 단위를 갖고 있을 것이다.[25]

뜻으로 쓰기 일쑤이다. 만일 우리말로 예를 들면 더욱 선명히 이런 질서를 깨우칠 수 있다. 만일 결과 산출물에서 고유한 접미사('-암, -엄, -개, -이' 따위)가 없다면 '-음'을 그대로 이용하는데, 영어의 thought이 결과 상태 및 결과 산출물에 동일하게 쓰이는 것과 동일하다. 단, '웃음'의 경우 중세 때에는 엄연히 '웃이'가 있었으나 곧 없어진 뒤 지금은 쓰이지 않으며, 영어에서는 '-er'접사 'laughter'와 zero 파생명사 'laugh'가 서로 같이 쓰이고 있다.

동사 원형 →	진행 과정 →	결과 상태 →	산출물
묻다(to burry)	묻기(burring)	묻음(burried)	무덤(burial)
막다(to stop)	막기(stopping)	막음(stopped)	마개(stopper)
웃다(to laugh)	웃기(laughing)	웃음(laughed)	웃이/웃음(laughter)
지나다(to pass)	지나기(passing)	지남(passed)	옛날(past)
살다(to live)	살기(living)	삶(lived)	사람(person)
볶다(to roast)	볶기(roasting)	볶음(roasted)	볶이(roaster)

25) (역주) 이 점이 잘못을 일으킨 첫 단추이다. 사고 단위는 낱개의 사건이나 명제에 대응해야 하므로, 임의의 낱말이 반드시 동사나 서술어와 결합된 형식으로 만들어져 있어야 한다. 사고 단위는 언제나 참과 거짓을 따지기 위하여 그 자체로 분석 가능해야 하는데, 흔히 주어와 술어로 분석되며(집합론에서는 집합과 원소로 분석됨), 이런 바탕 위에서만 오직 일관되게 일원론적 추론을 진행할 수 있다. 이런 측면에서 저자는 명제 분석의 방식을 자의적으로 곡해하고 있을 뿐이다. 번역자는 저자가 '환원론적 오류(reductional fallacy)'에 빠졌다고 본다.

이런 비판은 아무도 자각하지 못하다가 인류 지성사에서 처음으로 독일 수학자 프레게(Frege 1879) "개념 표기법(Begriffsschrift)"에서 시작되었기 때문에(일원론적 사고 체계의 첫 출발임)

(1) 자유 회상	(6) 하나의 것	(11) 기억하다
(2) 즉각 회상	(7) 덩잇글	(12) 바크먼
(3) 시험	(8) 옆에다 두다	(13) 파머
(4) 학생	(9) 적어 놓다	(14) 1996
(5) 읽다	(10) 모두	(15) 확장된 산출 답변

하나의 대안은 쉼 단위(*pausal units*, 휴지 단위, 구두점 단위)나 날숨 단위(*breath groups*, 기식 집단)에 근거하여 덩잇글에 있는 명제들을 분석하는 것이다. 쉼 단위는 정상적 속도에서 입말로 읽기가 진행될 경우에 시작점 및 끝점에 쉼이 놓이게 된다.[26] 이들 단위에서 명제가 목록으로 만들어진 다음에, 학생의 애초생각 회상(*recall protocol*)에 그런 단위들이 있는지 없는지에 관하여 점검이 이뤄진다. 전문적인 독자에 의하여 입말로 실시된 읽기는 쉼 단위들로 나뉘는 초기 구획을 위하여 이용될 수 있다. 전하는 바에 따르면, 채점이 머릿속 애초생각마다 10분이 소요된다. 그뿐만 아니라, 각 단위가 네 등급의 저울눈으로 덩잇글과의 관계에서 쉼 단위의 중요성 판정에 따라 등급이 부여될 수 있다. 버언하앗(Bernhardt 1991: 208~217)에서는 그렇게 '가중치가 부여된 명제 분석(*weighed propositional analysis*)'의 사례를 충분히 제시해 주고 있다. 마이어 방식 및 이렇게 단순화된 방식 사이의 상관도(*correlations*)가 하나

'현대 학문의 비조(the forefather of modern sciences)'로 칭송된다. 하이어노엇 엮음(Heijenoort 1967), 『프레게로부터 괴델까지: 1879년~1931년 사이에 출간된 수리논리학 기초의 원전 모음(*From Frege to Gödel: A Source Book in Mathematical Logic, 1879~1931*)』(Harvard University Press)에 영역된 그의 글들을 보기 바란다.

26) (역주) 한문에서는 구두 단위로 부르는데, 구(句)는 두 낱말 이상이 하나로 얽히는 것이고, 두(讀, 읽다가 쉴 두)는 쉼표나 마침표와 같이 어구 뒤에 약간 쉴 수 있는 틈새이다. 맞춤법에서 구두점이란 말이 여기에서 비롯되는데, 엄격히 따진다면 '구(句)'가 아니고, 오직 두(讀)라고 해야만 옳다(둣점, 讀點). 옛날 한문을 소리 내어 읽을 때 관용적으로 '구두(句讀)를 치다, 구두를 떼다'라는 표현을 썼었다. 이는 한문 어구 사이에 토씨 또는 구결을 집어넣는 일에 해당한다. 이런 지혜를 오늘날에 찾아낸 이가 담화 분석을 주도한 언어학자 췌이프(Chafe) 교수인데, 그는 '쉼 단위'(휴지 단위)와 억양 단위가 일치함을 찾아내어 이를 '억양 단위'라고 부르기도 하였다. 155쪽 §.2-5-6의 역주 68)을 보기 바란다.

의 덩잇글에 대해서는 0.96이었으나, 두 번째 덩잇글에 대해서는 단지 0.54에 불과하였다. 가중치가 부여된 방식을 이용함으로써 다시 후자의 덩잇글에 대한 상관도가 착실하게 0.85로 늘어났다. 버언하앗(1991)에서는 컴퓨터 장부 처리(*spreadsheet*) 소프트웨어를 이용하여도 그런 채점이 가능하다고 지적하였는데, 이는 다음과 같이 좀 더 질적인 물음

> "독자들이 어떤 유형의 정보를 최상의 것으로 받아들이는 것일까?",
> (*What types of information are the best readers gathering?*)
> 특정 독자들이 한 가지 명제 유형으로부터 다른 명제 유형보다 더 많은 것을 읽고 있는 것일까?"
> (*Are certain readers reading more from one type of proposition than from another?*)

따위에 대한 답변을 제공하면서, 이용자로 하여금 정보를 분류할 수 있게 해 준다. 어떤 채점 얼개가 이용되든지 간에 상관없이, 모종의 형태로 채점자간 상관을 이용하여 사고 단위의 숫자에 관한 판정을 놓고서 신뢰도를 확립하는 일이 중요하다.

이것이 이해에 대한 시험이 아니라 외려 좀 더 암기에 대한 시험이라고 하여 거부될 수도 있겠지만, 만일 읽어 나가면서 즉시 과제가 따른다면,[27] 이런 비판이 반드시 실제 사실이 아닐 수도 있다. 그렇지만 일부 조사 연구자들은 응시자에 대한 유의사항이 그들이 어떻게 평가

---

27) (역주) 이는 애초생각을 이끌어내는 기법 중에서 '동시 시행'에 해당된다(초현실주의 문학에서 의식의 흐름을 서술해 주는 자동기술법과 아주 유사함). 따라서 본문에서 논의되는 차후의 회상 기법과는 서로 엄격히 구분된다. 애초생각을 유도하는 방법의 자세한 하위분류는 600쪽 §.9-4-1의 역주 22)를 보기 바란다. 그런데 만일 학습자들에게 동시 시행 기법을 쓴다면, 학습자들에게 생각을 진전시키지 못하도록 하는 주범이 되어 버린다. 오직 자동기술법에 대한 전문적인 훈련을 받은 일부 사람들만을 대상으로 해서 쓰일 수 있을 뿐이다. 따라서 저자의 재반박은 결코 올바른 노선 위에 있는 것이 아님을 알 수 있다. 애초생각 및 번역자가 생각하는 다섯 가지의 한계에 대해서 10쪽 §.1-2의 역주 12), 97쪽 §.2-2-4의 역주 23), 198쪽 §.3-1의 역주 10)에 언급해 놓았으므로 같이 참고하기 바란다.

받게 될지에 관하여 아주 명백히 서술될 필요가 있음을 보여 주었다. 라일리·이(Riley and Lee 1996)에서는 만일 독자가 지문을 회상하는 것이 아니라 지문의 요약을 적어 내도록 요청받는다면, 단순한 애초생각 회상에서보다도 유의미하게 더 많은 중심 생각(*main ideas*)들을 산출해 내었음을 보여 주었다. 애초생각 회상은 중심 생각들보다는 더 높은 비율로 세부사항(*details*)들을 담고 있었다. 따라서 단순히 정확히 회상된 사고 단위를 세는 방식은, 이해에 대한 왜곡된 그림을 전달할 위험이 있다. 이런 위험에도 불구하고 여전히 조사 연구에서는 가중치가 부여된 채점 얼개가 이해의 품질에 관하여 더 나은 그림을 제공함을 보여 준다.

② 요약하기 시험

자유 회상 시험의 좀 더 익숙한 변이 모습은 요약하기이다. 학생들은 덩잇글을 읽고 나서 전체 덩잇글이나 일부에 대해서 중심 생각을 요약하거나, 또는 주어진 주제를 다루고 있는 덩잇글에 있는 중심 생각을 요약하도록 요구받는다. 학생들이 만족스럽게 과제를 실행하기 위하여, 덩잇글에 대한 중심 생각을 이해하고, 유관한 생각을 무관한 생각과 분리하며, 덩잇글에 대한 자신의 생각을 조직할 필요가 있다고 믿어진다.

그렇지만 요약을 채점하는 일이 문제를 일으킬 수 있다. 자유 회상에서처럼 채점자가 요약에서 중심 생각들을 숫자로 헤아리거나, 모종의 저울눈 위에서 그 요약의 품질을 등급 매기는 것일까? 만일 후자의 경우라면, 언급되어야 할 명백한 문제는 채점의 주관성에 대한 것이다. 이는 특히 요약에 대한 판정의 경우에 민감하다. 심지어 '전문가' 독자들에게서도 덩잇글에서 중심 생각들에 대한 합의가 불가능한 일에 가깝다고 입증될 수 있기 때문이다. 물론 이런 문제점은 만일 채점표에 중심 생각에 2점을 주고 부차 생각에 1점을 주는 얼개를 포함한다면 더욱 증폭된다. 덩잇글의 적합한 요약에 합의하는 한 가지 방식은, 해당 덩잇글에 관하여 시험 출제자와 요약 답안 채점자들로 하여금 그들 자신의 요약을 써 보도록 하고, 그런 다음에 응답자들 사이에서 합의된 비율(가령 100% 또는 75%)에 따라 그들의 요약에 포함된 내용을 '중심 생각'들로 받아들이는 것이다. 그렇지만 실제로 경험해 보면, 이런 일이 종종 가장 낮은 공통분모를 지닌 요약으로 귀결된다. 이런 사실은 일부 사람들에게 적합한 것이 아니라 오히려 부적합한 것으로 받아들일 수 있음을 시사해 준다.

그렇지만 만일 독자에게 과제/읽기 목적이 주어진다면 이런 문제가 사라질 수 있다. 모종의 덩잇글 정보가 명백하게 다른 정보보다 더 중요하고 유관하기 때문이다. 그뿐만 아니라 요약이 실생활 과제와 연관될 수 있다면, 답변의 적합성을 확립하기가 더 쉬울 것이다.

You are writing a brief account of the eruption of Mount St Helens for an encyclopaedia. Summarise in less than 100 words the events leading up to the actual eruption on May 18.

READING PASSAGE 1

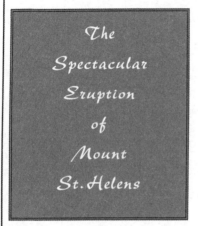

The Spectacular Eruption of Mount St. Helens

A   The eruption in May 1980 of Mount St. Helens, Washington State, astounded the world with its violence. A gigantic explosion tore much of the volcano's summit to fragments; the energy released was equal to that of 500 of the nuclear bombs that destroyed Hiroshima in 1945.

B   The event occurred along the boundary of two of the moving plates that make up the Earth's crust. They meet at the junction of the North American continent and the Pacific Ocean. One edge of the continental North American plate over-rides the oceanic Juan de Fuca micro-plate, producing the volcanic Cascade range that includes Mounts Baker, Rainier and Hood, and Lassen Peak as well as Mount St. Helens.

C   Until Mount St. Helens began to stir, only Mount Baker and Lassen Peak had shown signs of life during the 20th century.

According to geological evidence found by the United States Geological Survey, there had been two major eruptions of Mount St. Helens in the recent (geologically speaking) past: around 1900B.C., and about A.D.1500. Since the arrival of Europeans in the region, it had experienced a single period of spasmodic activity, between 1831 and 1857. Then, for more than a century, Mount St. Helens lay dormant.

D   By 1979, the Geological Survey, alerted by signs of renewed activity, had been monitoring the volcano for 18 months. It warned the local population against being deceived by the mountain's outward calm, and forecast that an eruption would take place before the end of the century. The inhabitants of the area did not have to wait that long. On March 27, 1980, a few clouds of smoke formed above the summit, and slight tremors were felt. On the 28th, larger and darker clouds, consisting of gas and ashes, emerged and climbed as high as 20,000 feet. In April a slight lull ensued, but the volcanologists remained pessimistic. Then, in early May, the northern flank of the mountain bulged, and the summit rose by 500 feet.

E   Steps were taken to evacuate the population. Most - campers, hikers, timber-cutters - left the slopes of the mountain. Eighty-four-year-old Harry Truman, a holiday lodge owner who had lived there for more than 50 years, refused to be evacuated, in spite of official and private urging. Many members of the public, including an entire class of school children, wrote to him, begging him to leave. He never did.

(ctd.)

F   On May 18, at 8.32 in the morning, Mount St. Helens blew its top, literally. Suddenly, it was 1300 feet shorter than it had been before its growth had begun. Over half a cubic mile of rock had disintegrated. At the same moment, an earthquake with an intensity of 5 on the Richter scale was recorded. It triggered an avalanche of snow and ice, mixed with hot rock - the entire north face of the mountain had fallen away. A wave of scorching volcanic gas and rock fragments shot horizontally from the volcano's riven flank, at an inescapable 200 miles per hour. As the sliding ice and snow melted, it touched off devastating torrents of mud and debris, which destroyed all life in their path. Pulverised rock climbed as a dust cloud into the atmosphere. Finally, viscous lava, accompanied by burning clouds of ash and gas, welled out of the volcano's new crater, and from lesser vents and cracks in its flanks.

G   Afterwards, scientists were able to analyse the sequence of events. First, magma - molten rock - at temperatures above 2000°F. had surged into the volcano from the Earth's mantle. The build-up was accompanied by an accumulation of gas, which increased as the mass of magma grew. It was the pressure inside the mountain that made it swell. Next, the rise in gas pressure caused a violent decompression, which ejected the shattered summit like a cork from a shaken soda bottle. With the summit gone, the molten rock within was released in a jet of gas and fragmented magma, and lava welled from the crater.

H   The effects of the Mount St. Helens eruption were catastrophic. Almost all the trees of the surrounding forest, mainly Douglas firs, were flattened, and their branches and bark ripped off by the shock wave of the explosion. Ash and mud spread over nearly 200 square miles of country. All the towns and settlements in the area were smothered in an even coating of ash. Volcanic ash silted up the Columbia River 35 miles away, reducing the depth of its navigable channel from 40 feet to 14 feet, and trapping sea-going ships. The debris that accumulated at the foot of the volcano reached a depth, in places, of 200 feet.

I   The eruption of Mount St. Helens was one of the most closely observed and analysed in history. Because geologists had been expecting the event, they were able to amass vast amounts of technical data when it happened. Study of atmospheric particles formed as a result of the explosion showed that droplets of sulphuric acid, acting as a screen between the Sun and the Earth's surface, caused a distinct drop in temperature. There is no doubt that the activity of Mount St. Helens and other volcanoes since 1980 has influenced our climate. Even so, it has been calculated that the quantity of dust ejected by Mount St. Helens - a quarter of a cubic mile - was negligible in comparison with that thrown out by earlier eruptions, such as that of Mount Katmai in Alaska in 1912 (three cubic miles). The volcano is still active. Lava domes have formed inside the new crater, and have periodically burst. The threat of Mount St. Helens lives on.

Fig. 7.7 A 'real-world' summary task. Text from International English Language Testing System Specimen Materials, task written by author

〈도표 7-7〉 '실세계' 요약 과제

백과사전에 싣기 위하여 여러분이 성 헬렌 산의 화산 폭발에 관한 간략한 설명을 집필하고 있습니다. 5월 8일 실제 폭발에까지 이른 이 사건의 전개 과정을 100개 낱말 이하로 요약하십시오.

지문 1

성 헬렌 화산의 어마어마한 폭발

Ⓐ 1980년 5월 워싱턴 주에 있는 성 헬렌 산의 폭발은 그 강도에서 세계를 놀라게 했다. 거대한 폭발이 화산의 정상부를 대부분 갈갈이 찢어 놓았다. 방출된 힘은 1945년 히로시마를 파괴했던 원자폭탄의 5백 배에 해당하였다.
Ⓑ 이 폭발은 지구 지각의 외피를 구성하는 움직이는 두 개의 판들이 접한 경계면을 따라 일어났다. 이것들은 북미 대륙과 대평양의 접합면에서 만난다. 북미 대륙판의 한쪽 끝이 대양의 후안 드 퓨카 소형판 위로 걸쳐져 있어서, 겹겹이 화산 단층 지구대를 만들어내며, 베이커 산, 뢰니어 산, 후드 산, 래슨 봉, 성 헬렌 산 등이 포함된다.
Ⓒ 성 헬렌 산이 요동치기 전가지는 단지 베이커 산과 래슨 봉이 20세기 동안 내내 활화산의 징후를 보여 왔다. 미국 지질 탐사국에서 찾아낸 지질학 증거에 따르면, 지질학적 연대기상 최근 과거에 성 헬렌 산에 큰 폭발이 두 번 있었다. 기원전 1900년 경, 그리고 기원후 1500년경이다. 이 지역에 유럽인들이 도착한 이후, 1831년과 1857년 사이에 간헐적으로 작은 폭발만이 있었다. 그런 뒤 1세기 넘도록 잠잠한 채 있었다.
Ⓓ 1979년에는 화산 활동의 재개될 조짐 때문에 지질 탐사국에서 18개월 동안 화산을 관측하고 있었다. 지역 주민들에게 산의 조용한 겉모습에 속지 말도록 경고하였고, 20세기 말 이전에 분출이 일어날 것으로 예측하였다. 그곳의 주민들은 그리 오래 기다릴 필요가 없었다. 1980년 3월 27일 검은 연기가 산꼭대기에 피어올랐고, 미세한 지진이 감지되었다. 28일에는 가스와 재로 이뤄진 더 크고 더 검은 연기가 분출하여 2만 피트(≒6천m)나 높이 솟았다. 4월에 약간 진정되었지만, 화산학자들은 비관적으로 보았다. 그런 뒤 5월 초순에 그 산의 북쪽 경사면이 불뚝 솟아올랐고, 꼭대기가 5백 피트(≒152m)나 상승하였다.
Ⓔ 전 주민을 대피시키기 위한 단계들이 취해졌다. 야영자, 도보 여행자, 벌목꾼들 대부분이 그 산 언덕을 떠났다. 그곳에서 50년 넘게 살고 있고 휴일 별장 소유주인 84세의 해뤼 트루먼 씨는 공식적으로도 사적으로도 재촉하였에도 불구하고 대피하기를 거절하였다. 그곳 학교의 전교생들을 포함하여 많은 공공기관의 직원들도 그에게 떠나기를 간청하는 편지를 보내었다. 그는 결코 떠나지 않았다.
Ⓕ 5월 18일 아침 8시 32분, 성 헬렌 산은 말 그대로 꼭대기를 날려 버렸다. 갑자기 높아지기 전에 본래 간직했던 산의 높이가 1300피트(≒396m)로 작아져 버렸다. 0.5ml³(≒8백m³)이 넘는 암석이 산산조각 났다. 동시에 리히터 눈금으로 강도 5°의 지진이 기록되었다. 이는 뜨거운 암석과 뒤섞인 채 눈사태를 일으켰다. 산의 북쪽 면은 완전히 무너져 내렸다. 모든 것을 태워 버리는 화산 가스와 암석 파편들의 파동이 수평의 방향으로 피할

겨를도 없이 시간당 2백ml(≒3,200m) 크기로 붕괴된 화산 사면으로부터 몰아쳤다. 얼음과 눈이 녹아 쏟아져 내림에 따라 가공스런 흙과 파편의 급류를 만들면서, 지나는 길목에 있는 모든 생명체를 다 쓸어 버렸다. 쇄설류 암석이 먼지 구름으로 대기 중으로 솟구쳤다. 마침내 모든 것을 태워 버리는 재와 가스 구름에 수반하여, 점착성이 있는 현무암이 새로 생긴 화산의 분화구로부터, 측면에 생긴 구멍과 틈새들로부터 솟아나왔다.
Ⓖ 이후에 지질학자들이 연속된 사건들은 분석할 수 있었다. 먼저 화씨 2천°(≒섭씨 1093°) 이상의 열기를 지닌 녹은 마그마 암반이 지구 맨틀로부터 화산 속으로 밀려들었다. 마그마 덩이가 커짐에 따라 동시에 화산 가스가 점점 더 누적되면서 강도의 증가가 수반되었다. 산이 부풀어 오르도록 만든 것은 그 산 내부의 압력이었다. 그 다음에 가스 압력의 상승은 격렬한 압력 하강을 유발하였는데, 소다 병을 흔들었을 때 코르크 마개가 터져 나가듯이 이것이 산 정상을 산산조각 날려 버렸던 것이다. 산 정상이 없어지자 그 안에 있던 녹은 암반이 가스 분출과 조각난 마그마의 모습으로 방출되었고, 분화구로부터 현무암이 솟아 흘러내렸다.
Ⓗ 성 헬렌 산의 폭발 결과는 대재앙이었다. 주변 숲에 있던 거의 대부분의 나무가 주로 더글러스 전나무들이었는데 다 쓰러졌고, 나뭇가지와 껍질이 폭발의 충격으로 다 꺾이고 벗겨져 버렸다. 재와 흙이 거의 2백ml²(≒3,200m²)이 넘게 퍼졌다. 그 구역의 모든 도심과 거주지들이 평평하게 재로 덮이었다. 35마일(≒56,000m)이나 떨어져 있는 콜럼비아 강이 화산재로 막히었고, 항해할 수 있는 물길도 깊이가 40피트(≒12m)에서 14피트(≒4.2m)로 낮아졌으므로 수로 운항 선박들이 출입이 불가능해졌다. 산기슭에 쌓인 쇄설물의 높이가 지역에 따라 무려 2백 피트(≒60m)에 이르기도 하였다.
Ⓘ 성 헬렌 산의 화산 폭발은 역사상 가장 가까이서 관찰되고 분석된 것 중 하나였다. 지질학자들이 예견하고 있었으므로, 화산이 폭발하였을 때에 방대한 양의 기술적 자료들을 모을 수 있었다. 폭발의 결과로 만들어진 대기 입자들에 대한 연구는, 태양과 지구 표면 사이에서 차면 역할을 하는 황산 방울들이 현저하게 대기온도를 떨어뜨림을 보여 주었다. 1980년 이래 성 헬렌 산과 다른 화산들의 활동이 대기에 영향을 미쳤음은 의심할 여지가 없다. 그럼에도 불구하고, ¼ml³(≒402m³) 크기의 성 헬렌 화산이 방출한 먼지의 양이 더 일찍이 1912년 알래스카에 있는 캣마이 화산이 쏟아낸 3ml³(≒4,827m³)과 비교하여 미미함이 계산되어 알려졌다. 이 화산은 여전히 살아 있다. 새로 생긴 분화구 안에 둥근 현무암 지붕이 만들어졌고, 주기적으로 분출하고 있다. 성 헬렌 화산의 위협은 계속 진행되고 있는 것이다.

*출처: 국제적 영어 검사제도, 저자가 집필한 표본 자료임

분명한 문제점 한 가지는, 학생들이 이 지문을 이해하지만, 특히 이 과제를 위해 쓸 수 있는 시간 범위 안에 글쓰기로 적합하게 자신의 생각을 표현할 수 없다는 점이다. 요약하여 쓰기는 글쓰기뿐만 아니라 읽기 기술도 함께 검사할 우려가 있다(≒목표언어의 읽기나 이해 능력만을 검사할 경우에는 복합 능력 중에서 어느 능력을 측정하고 있는지에 대한 의문이 생겨남). 한 가지 해결책은 응시자로 하여금 목표언어보다는 자신의 제1 언어로 요약을 쓰도록 하는 것이다. 그렇지만 이 기법이 제1 언어 읽기를 검사하는 데에 이용된다면, 또는 채점자가 응시자의 제1 언어를 이해할 수 없다면, 문제가 여전히 그대로 남아 있다. 읽기가 글쓰기와 뒤섞이어 오염되는 일을 막는 해결책 한 가지는, 여러 선택지 모습으로 요약을 제시해 주는 것인데, 여기서 독자의 과제는 제시된 선택지로부터 가장 적합한 요약을 선택하는 일이다. 다음 〈도표 7-8〉에서 이런 방식을 예시해 준다.

TASK 2

You are interested in helping students to improve their writing skills.

You have found the following extract from a teacher's resource book and you would like to summarize it for your colleagues.

Read the extract and then complete the tasks that follow in Section A and Section B.

WRITERS AND WRITING

1 Successful writing depends on more than the ability to produce clear and correct sentences. I am interested in tasks which help students to write whole pieces of communication, to link and develop information, ideas, or arguments for a particular reader or group of readers. Writing tasks which have whole texts as their outcome relate appropriately to the ultimate goal of those learners who need to write English in their social, educational, or professional lives. Some of our students already know what they need to be able to write in English, others may be uncertain about the nature of their future needs. Our role as teachers is to build up their communicative potential and we can do this by encouraging the production of whole texts in the classroom.

2 Perhaps the most important insight that recent research into writing has given us is that good writers appear to go through certain processes which lead to successful pieces of written work. They start off with an overall plan in their heads. They then think about what they want to say and who they are writing for. They then draft out sections of the writing and as they work on them they are constantly reviewing, revising, and editing their work. In other words, we can characterize good writers as people who have a sense of purpose, a sense of audience, and a sense of direction in their writing. Unskilled writers tend to be much more haphazard and much less confident in their approach.

3 The process of writing also involves communicating. Most of the writing that we do in real life is written with a reader in mind - a friend, a relative, a colleague, an institution, or a particular teacher. Knowing who the reader is provides the writer with a context without which it is difficult to know exactly what or how to write. In other words, the selection of appropriate content and style depends on a sense of audience. One of the teacher's tasks is to create contexts and provide audiences for writing. Sometimes it is possible to write for real audiences, for example, a letter requesting information from an organization. Sometimes the teacher can create audiences by setting up 'roles' in the classroom for tasks in which students write to each other.

4 But helping our students with planning and drafting is only half of the teacher's task. The other half concerns our response to writing. Writing requires a lot of conscious effort from students, so they understandably expect feedback and can be discouraged if it is not forthcoming or appears to be entirely critical. Learners monitor their writing to a much greater extent than their speech because writing is a more conscious process. It is probably true, then, that writing is a truer indication of how a student is progressing in the language. Responding positively to the strengths in a student's writing is important in building up confidence in the writing process. Ideally, when marking any piece of work, ticks in the margin and commendations in the comments should provide a counterbalance to the correction of 'errors' in the script.

(ctd.)

5 There is a widely held belief that in order to be a good writer a student needs to read a lot. This makes sense. It benefits students to be exposed to models of different text types so that they can develop awareness of what constitutes good writing. I would agree that although reading is necessary and valuable it is not, on its own, sufficient. My own experience tells me that in order to become a good writer a student needs to write a lot. This is especially true of poor writers who tend to get trapped in a downward spiral of failure; they feel that they are poor writers, so they are not motivated to write and, because they seldom practise, they remain poor writers.

6 This situation is made worse in many classrooms where writing is mainly relegated to a homework activity. It is perhaps not surprising that writing often tends to be an out-of-class activity. Many teachers feel that class time, often scarce, is best devoted to aural/oral work and homework to writing, which can then be done at the students' own pace. However, students need more classroom practice in writing for which the teacher has prepared tasks with carefully worked out stages of planning, drafting, and revision. If poorer writers feel some measure of success in the supportive learning environment of the classroom, they will begin to develop the confidence they need to write more at home and so start the upward spiral of motivation and improvement.

7 Another reason for spending classroom time on writing is that it allows students to work together on writing in different ways. Group composition is a good example of an activity in which the classroom becomes a writing workshop, as students are asked to work together in small groups on a writing task. At each stage of the activity the group interaction contributes in useful ways to the writing process, for example:

(a) brainstorming a topic produces lots of ideas from which students have to select the most effective and appropriate;

(b) skills of organization and logical sequencing come into play as students decide on the overall structure of the piece of writing.

8 Getting students to work together has the added advantage of enabling them to learn from each others' strengths. Although the teacher's ultimate aim is to develop the writing skills of each student individually, individual students have a good deal to gain from collaborative writing. It is an activity where stronger students can help the weaker ones in the group. It also enables the teacher to move around, monitoring the work and helping with the process of composition.

(Adapted from *Writing* by Tricia Hedge,
Resource Books for Teachers, OUP)

[Turn over

(ctd.)

For
Examiner's
Use

Section B

Choose the summary [(a), (b), or (c)] which best represents the writer's ideas.

Tick (✓) one box only.

(a) Writing tasks which help students to write complete texts are important since they develop communicative abilities. In order to succeed in their writing, students need to have an overall plan, in note form, and to have thought about who they are writing for. It is important that they read more because it develops their awareness of what constitutes good writing, and it also improves their own ability to write. Teachers can help in the writing process by getting students to work in groups and by monitoring and providing support. Group composition is a classroom activity which will help to improve students' confidence.

(b) More classroom time should be spent on writing complete texts. It is only with practice that students will improve their writing and it is possible for them to work together in class, helping one another. Successful writers tend to follow a particular process of planning, drafting and revision. The teacher can mirror this in the classroom with group composition. The teacher should also provide students with a context for their writing and it is important that feedback both encourages and increases confidence.

(c) Students can improve their writing ability and increase their confidence by participating in collaborative writing sessions in the classroom. It is possible for students to help one another during these sessions as they discuss their ideas about the correct way of phrasing individual sentences. The teacher's role during the actual writing is to monitor and provide support. An essential aspect of developing students' writing skills is the response of the teacher; it is important that traditional error correction should be balanced with encouragement.

[Turn over

Fig. 7.8 A multiple summaries task, using the multiple-choice technique (Cambridge Examination in English for Language Teachers)

〈도표 7-8〉 택일형 기법을 써서 선택지를 제시한 요약 과제: 채점자 전용임

[과제 2] 채점자 여러분은 학생들의 글쓰기 기술을 향상시켜 주는 데 관심이 있습니다. 교사용 책자에서 가져온 다음 지문을 놓고서 동료 교사에게 요약해 보도록 요구하려고 합니다.

아래 지문을 읽고 나서 각각 A부문과 B부문에 들어 있는 과제들을 완성하시오(단, 이곳의 예시에서는 B부문만 가져옴).

집필자와 글쓰기

① 성공적인 글쓰기는 분명하고 올바른 문장을 산출하는 능력 이상에 달려 있다. 나는 특정한 독자나 독자 집단을 위하여 학습자들이 전체 한 편의 의사소통 덩잇글을 쓰고, 정보나 착상이나 논점을 연결하고 발전시키도록 하는 데 도움을 주는 과제에 관심이 있다. 결과 산출물로서 전체 덩잇글 모습을 지닌 글쓰기 과제는 사회적·교육적·전문 직업적 생활 속에서 영어로 글을 쓸 필요가 있는 학습자들의 궁극적인 목적과 적절하게 관련된다. 일부 우리 학습자들은 영어로 글을 쓸 수 있으려면 무엇을 알아야 하는지 알고 있지만, 다른 학습자들은 영어 글쓰기에 대한 장래 필요성의 본성에 대하여 확신을 갖지 못할 수도 있다. 교사로서 우리의 역할은 의사소통 잠재력을 확립해 주는 것이고, 우리는 교실 수업에서 전체 덩잇글을 써 내도록 장려함으로써 이를 실천할 수 있다.

② 글쓰기에 대한 최근의 조사 연구에서 우리에게 알려준 가장 중요한 통찰력은, 아마도 유능한 집필자가 한 편의 글쓰기 작업을 성공적으로 이끌어 가는 모종의 과정들을 밟아 나가는 듯하다는 사실이다. 그들은 머릿속에서 전반적인 계획을 세우고 시작한다. 그러고 나서 자신이 말하고자 하는 바와 어떤 독자를 위하여 글을 쓰고 있는지를 생각한다. 그런 다음에 그 덩잇글의 부분들에 대한 초고를 작성하고, 계속 작업해 나감에 따라 끊임없이 자신의 덩잇글을 개관하고, 고치고, 편집해 나간다. 달리 말하여, 우리는 유능한 집필자를 글쓰기 목적과 독자와 집필 방향에 대한 감각을 지닌 사람으로 성격 지을 수 있다. 빈약한 집필자는 훨씬 더 무작정 아무렇게나 써 나가고, 자신의 접근 방식에 대해서도 자신감을 훨씬 덜 지니는 경향이 있다.

③ 집필 과정에서도 또한 의사소통을 포함한다. 실생활에서 우리가 실천하는 대부분의 글쓰기는 독자를 염두에 두고서 쓰이지는데, 친구, 친척, 직장 동료, 기관, 또는 특정한 교사 등이다. 누가 읽을지 아는 일은 집필자에게 그렇지 않았더라면 정확히 무엇 또는 어떻게 써 나갈지 알기 힘들었을 맥락을 제공해 준다. 달리 말하여, 적합한 내용과 문체의 선택은 독자층에 대한 감각에 달려 있는 것이다. 교사의 과제(업무) 한 가지는 맥락을 만들어 내고, 글쓰기를 위한 독자층을 제공해 주는 것이다. 가끔은 실제 독자층을 정하여 가령 어느 기관을 상대로 하여 정보를 알려주도록 요구하는 편지를 쓸 수도 있다. 때로 교사가 교실 수업에서 학생들이 서로에게 글을 쓰는 과제를 마련하여 '역할'을 정해 놓음으로써 독자층을 만들어 줄 수도 있다.

④ 그러나 학생들에게 계획하기 및 초고 쓰기로 도움을 주는 것은 다만 교사가 지닌 과제(업무)의 절반일 뿐이다. 다른 절반은 학생들의 쓴 글에 대한 우리의 반응과 관련된다. 글쓰기는 학생에게서 다수의 의식적 노력을 요구하므로, 따라서 교사로부터 알기 쉽게 점검받을 것으로 기대하며, 만일 점검이 이뤄지지 않거나 또는 전적으로 부정적 비판으로 보인다면 크게 낙담할 소지가 많다. 학습자들은 말하기에서보다 자신의 글쓰기를 훨씬 더 큰 정도로 점검한다. 왜냐하면 글쓰기가 해당 언어에서 학습자가 어떻게 처리를 하고 있는지를 보여 주는 좀 더 진실한 지표일 가능성이 높다. 학생의 글에서 강점에 대하여 긍정적으로 반응해 주는 일은 글쓰기 과정에서 자신감을 심어주는 데 가장 중요하다. 이상적으로는 임의의 글감을 채점하는 경우에 학생 답안지에

있는 '오류'의 교정에 맞서, 형평이 이뤄지도록 응당 글감 여백에다 장점 표시와 칭찬이 촌평으로 제공되어야 한다.

⑤ 널리 유능한 집필자가 되기 위하여 학생들이 많이 읽어야 한다는 확고한 믿음이 널리 퍼져 있다. 이는 타당하다. 다독이 학생들에게 다양한 덩잇글 유형의 여러 모형에 노출되어 이득이 되게 하므로, 좋은 글감이 무엇으로 이뤄지는지에 대한 자각을 향상시켜 줄 수 있다. 비록 다독이 필요하고 가치 있지만, 그것만으로는 충분치 않다는 점에 나는 동의한다. 내 자신의 경험으로 보면, 유능한 집필자가 되기 위해서는 학생들이 많이 써 봐야 한다. 이는 특히 실패의 악순환에 붙들린 빈약한 집필자에게 참이다. 그런 학생은 스스로 글쓰기에 자신이 없고, 따라서 글을 쓸 이유도 없으며, 거의 글 쓸 기회를 가져 보지 않기에 빈약한 집필자로 남아 있다고 느낀다.

⑥ 이런 상황이 글쓰기가 주로 숙제 활동으로 내쫓긴 많은 교실에서 더욱 악화된다. 아마 글쓰기가 자주 교실 수업 이외의 활동처럼 되는 경향이 있음은 놀랄 일도 아닐 듯하다. 많은 교사가 수업 시간이 듣기/말하기 활동에 바쳐져야 최선이고(그것조차 모자라며), 편하게 학습자 나름의 보폭대로 실행될 수 있도록 글쓰기 활동은 방과후 숙제로 돌려져야 한다고 느낀다. 그렇지만 교실 수업 활동이 좀 더 글쓰기로 실천될 필요가 있다. 이를 위하여 교사들이 신중하게 짜 놓은

'계획하기 ⇄ 초고 쓰기 ⇄ 고쳐 놓기'

단계들을 준비해 두어야 한다. 만일 충분히 뒷받침되는 학습 환경에서 빈약한 집필자가 모종의 성공 기준을 달성했다고 느낀다면, 자신감을 갖기 시작할 것이고, 결과적으로 더 많이 써 봐야 한다고 느끼며 따라서 동기 및 향상의 상승세를 타기 시작한다.

⑦ 수업 시간을 글쓰기에 쏟아야 하는 또 다른 이유는, 학생들로 하여금 글쓰기를 놓고서 서로 다른 방식으로 서로 함께 작업하도록 해 주기 때문이다. 모둠 글쓰기(group composition)는 학생들에게 글쓰기 과제를 놓고서 작은 모둠별로 함께 작업하도록 요구하게 되므로, 교실 수업이 글쓰기 토론으로 되는 활동의 좋은 사례이다. 이 활동의 각 단계별로 모둠내 상호작용이 글쓰기 과정에 유용한 방식으로 이바지한다. 예를 들어,

(a) 난상 제안으로 주제 정하기는 많은 착상들을 이끌어 낸다. 이런 제안으로부터 학생들은 가장 효과적이고 적합한 것을 선택하게 된다.

(b) 학생들이 한 편의 글감에 대한 전반적 구조를 결정함에 따라, 덩잇글 조직 기술과 논리적 연결 속성이 작동하게 된다.

⑧ 학생들에게 함께 작업하도록 하는 것은 그들에게 서로서로 강점들을 배울 수 있도록 하는 추가적 장점이 있다. 비록 교사의 궁극적 목표는 개인별로 글쓰기 기술을 향상시켜 주는 것이라 해도, 개별 학생들이 서로 협력하는 글쓰기 과정에서 많은 것을 얻을 수 있게 된다. 이는 능력이 더 나은 학생들이 자신의 모둠에서 능력이 약한 학생들을 도와 줄 수 있는 활동이다. 또한 교사로 하여금 교실 안을 돌아다니면서 그 작업과정을 점거하고 단계별 글쓰기 과정을 주지시키면서 도와줄 수 있게 해 준다.
(옥스퍼드 대학 출판부, 『교사용 자원 책자』에서 패트리셔 헤쉬 교수의 '글쓰기'로부터 가져왔음)

☞ 다음 페이지로 가시오!

아래 요약문 ①, ②, ③ 가운데 집필자의 생각이 가장 잘 나타난 것을 고르되, 오직 하나의 □에만 쐐기표(✔)를 지르시오.28)

□ ① 학생들을 도와서 완벽한 글감을 완성하도록 하는 글쓰기 과제가 중요한데, 의사소통 능력을 향상시켜 주기 때문이다. 글짓기를 성공적으로 마무리하기 위하여, 학생들이 초안(note) 형태로 전반적인 계획을 짤 필요가 있고, 누구에게 무엇에 관해 글을 쓰고 있는지를 생각해야 한다. 학생들이 더 많이 읽을 필요가 있음도 중요하다. 무엇이 좋은 글을 구성하는지에 대하여 자각을 향상시켜 주고, 글을 쓰는 학습자 자신의 능력을 늘려 주기 때문이다. 교사는 글쓰기 과정에서 학생들로 하여금 모둠별로 작업하도록 하고, 점검하며, 도움을 주는 일로써 뒷받침할 수 있다. 모둠 글쓰기는 학습자들의 자신감을 높여 주는 데 도움이 될 교실 수업 활동이다.

□ ② 더 많은 몫의 수업 시간이 완벽한 글감을 쓰는 일에 주어져야 한다. 이는 단지 학생들이 자신의 글쓰기를 향상시킬 실천 시간과 함께할 뿐만 아니라, 학생들이 서로 간에 도움을 주면서 교실 수업에서 함께 작업할 수 있도록 해 준다. 성공적인 집필자는 '계획하기·초고 쓰기·고쳐 가기'의 특정한 과정을 따르는 경향이 있다. 교사는 교실 수업에서 모둠 글쓰기로써 이런 과정을 거울처럼 보여 줄 수 있다. 또한 교사는 마땅히 학생들에게 글을 쓰기 위한 맥락을 제공해 주어야 하며, 되점검으로써 학생들을 격려하고 자신감을 높여 주는 것이 중요하다.

□ ③ 교실 수업에서 협동하며 글쓰기에 참여함으로써 학생들은 자신의 글쓰기 능력을 향상시키고 자신감을 높여 줄 수 있다. 이런 작업을 하는 동안에 학생들이 개별 문장들을 표현하는 올바른 방식에 관한 자신들의 생각을 토론함에 따라 서로 간에 도움을 줄 수 있다. 실제 집필이 이뤄지는 동안 교사의 역할은 점검하고 도움을 제공해 주는 것이다. 학생들의 글쓰기 기술을 향상시키는 한 가지 본질적 측면은 교사의 반응이다. 전통적인 오류 교정이 격려와 형평성을 똑같이 맞춰야 함이 중요하다.

*출처: 언어 교사들을 위한 캐임브리지 영어 검사

③ 빈칸이 들어 있는 요약 시험

요약하여 글쓰기를 반대하는 이들 두 가지 반박을 극복하는 한 가지 방식이 '빈칸 깃든 요약'이다. 학생들이 지문을 읽고 나서 동일한 지문에 대한 요약을 읽게 된다. 그 요약에서는 핵심 낱말들이 제거되어 있다. 학습자는 제거된 낱말을 채워 넣어야 한다. 이는 오직 본디 덩잇글에 대한 중심 생각들을 읽고 이해해야만 복원될 수 있다. 물론 실제

---

28) (역주) 필자가 보기에 ①이 가장 최상의 요약이다. 우연성을 배제하기 위하여, ②와 ③도 비슷한 분량으로 씌어져야 옳을 것이다. 이 예시에서는 가장 긴 요약 내용이 또한 정답이기 때문이다. 필자가 생각하기에, 논설류의 글을 대상으로 하되 일부 요약문을 제시하여(가령 ②만 제시하여), 어떤 중심 생각이 빠졌는지를 채워 넣도록 하는 물음도 또한 요약 과제로 이용될 수 있을 듯하다. 가령, ②에서는 글쓰기 목적과 독자층을 가늠하는 연습, 다독의 필요성, 단계별 성공에 힘입은 자신감 높이기에 대한 중심 생각들이 들어 있지 않다.

지문을 읽지도 않은 채 빈칸들을 완성하는 일이 가능해져서는 안 된다. 앞에 나왔던 〈도표 7-7〉의 성 헬렌 화산 폭발에 대한 지문을 놓고서, 빈칸이 들어 있는 요약 시험의 한 가지 사례가 다음 〈도표 7-9〉로 주어 져 있다.

Questions 5 - 8

Complete the summary of events below leading up to the eruption of Mount St. Helens. **Choose** **NO MORE THAN THREE WORDS** *from the passage for each answer.*

Write your answers in boxes 5-8 on your answer sheet.

In 1979 the Geological Survey warned ...**(5)**... to expect a violent eruption before the end of the century. The forecast was soon proved accurate. At the end of March there were tremors and clouds formed above the mountain. This was followed by a lull, but in early May the top of the mountain rose by ...**(6)**... . People were ...**(7)**... from around the mountain. Finally, on May 18th at ...**(8)**..., Mount St. Helens exploded.

Fig. 7.9 Gapped summary (International English Language Testing System)

〈도표 7-9〉 빈칸이 들어 있는 요약 시험

◁ 물음 (5)~(8) ▷

성 헬렌 산이 화산 폭발에 이르기까지 아래 있는 사건들의 요약을 완성하기 바랍니다. 각 물음마다 본문으로부터 둘 이하의 낱말을 골라 적어 놓으십시오.

여러분에게 제공된 별도의 답안지에 (5)~(8)의 빈칸에 들어갈 정답을 적어 주십시오.[29]

1979년 지질 탐사국에서는 20세기가 끝나기 전에 화산 폭발이 일어날 것이라고 (5) _____ 경고하였다. 그 예상은 곧 정확했음이 입증되었다. 3월 말에 작은 지진들이 일어났고 산 위로 검은 연기가 피어올랐다. 이것이 일시 멈추었지만 5월 초순에 산꼭대기가 (6) _____ 상승하였다. 사람들은 산 주변을 벗어나 (7) _____. 마침내 5월 18일 (8) _____, 성 헬렌 화산이 폭발하였다.

---

*출처: 국제적 영어 검사제도

---

29) (역주) 유의사항에서 지문 속에 있는 둘 이하의 낱말을 찾아서 적도록 제약을 주었으므로 정답이 거의 변동되지 않는다. 필자의 생각에 정답은 다음과 같다. (5) 지역 주민들에게, (6) 5백 피트나, (7) 대피하였다, (8) 8시 32분.

학생의 답변을 채점하는 일은 빈칸 채우기 시험에서와 같이 비교적 쉽다. 학생의 글쓰기 능력을 시험하게 될 위험(≒읽기 평가를 벗어날 가능성)은, 단답형 질문에 있는 정도로 그 이상 문제가 되지 않는다. 더욱이 제2 언어 또는 외국어 읽기 시험에서라도 요약 및 요구된 답변이 심지어 응시생의 제1 언어로도 이뤄질 수 있다.

추가적인 수정도 가능하다. 이미 §.7-2-2에서 언급되었듯이, 후보 낱말들을 한 데 글상자 속에 모아둔 빈칸 채우기 또는 기계적 공백 채우기 시험의 노선을 따라서, 빈칸이 있는 요약을 채워 넣기 위하여 한 묶음의 가능한 후보 낱말과 어구들을 제공해 주거나, 아니면 지문으로부터 가져온 한두 낱말을 찾아 답변을 적도록 제약하는 것이다. 다음 〈도표 7-10〉의 사례를 보기 바란다.

Reading passage

Job satisfaction and personnel mobility

Europe, and indeed all the major industrialized nations, is currently going through a recession. This obviously has serious implications for companies and personnel who find themselves victims of the downturn. As Britain apparently eases out of recession, there are also potentially equally serious implications for the companies who survive, associated with the employment and recruitment market in general.

During a recession, voluntary staff turnover is bound to fall sharply. Staff who have been with a company for some years will clearly not want to risk losing their accumulated redundancy rights. Furthermore, they will be unwilling to go to a new organization where they may well be joining on a 'last in, first out' basis. Consequently, even if there is little or no job satisfaction in their current post, they are most likely to remain where they are, quietly sitting it out and waiting for things to improve. In Britain, this situation has been aggravated by the length and nature of the recession – as may also prove to be the case in the rest of Europe and beyond.

In the past, companies used to take on staff at the lower levels and reward loyal employees with internal promotions. This opportunity for a lifetime career with one company is no longer available, owing to 'downsizing' of companies, structural reorganizations and redundancy programmes, all of which have affected middle management as much as the lower levels. This reduction in the layers of management has led to flatter hierarchies, which, in turn, has reduced promotion prospects within most companies. Whereas ambitious personnel had become used to regular promotion, they now find their progress is blocked.

This situation is compounded by yet another factor. When staff at any level are taken on, it is usually from outside and promotion is increasingly through career moves between companies. Recession has created a new breed of bright young graduates, much more self-interested and cynical than in the past. They tend to be more wary, sceptical of what is on offer and consequently much tougher negotiators. Those who joined companies directly from education feel the effects most strongly and now feel uncertain and insecure in mid-life.

In many cases, this has resulted in staff dissatisfaction. Moreover, management itself has contributed to this general ill-feeling and frustration. The caring image of the recent past has gone and the fear of redundancy is often used as the prime motivator.

As a result of all these factors, when the recession eases and people find more confidence, there will be an explosion of employees seeking new opportunities to escape their current jobs. This will be led by younger, less-experienced employees and the hard-headed young graduates. 'Headhunters' confirm that older staff are still cautious, having seen so many good companies 'go to the wall', and are reluctant to jeopardize their redundancy entitlements. Past experience, however, suggests that, once triggered, the expansion in recruitment will be very rapid.

The problem which faces many organizations is one of strategic planning; of not knowing who will leave and who will stay. Often it is the best personnel who move on whilst the worst cling to the little security they have. This is clearly a problem for companies, who need a stable core on which to build strategies for future growth.

(ctd.)

Whilst this expansion in the recruitment market is likely to happen soon in Britain, most employers are simply not prepared. With the loss of middle management, in a static marketplace, personnel management and recruitment are often conducted by junior personnel. They have only known recession and lack the experience to plan ahead and to implement strategies for growth. This is true of many other functions, leaving companies without the skills, ability or vision to structure themselves for long-term growth. Without this ability to recruit competitively for strategic planning, and given the speed at which these changes are likely to occur, a real crisis seems imminent.

Questions 9–13

The paragraph below is a summary of the last section of the reading passage. Complete the summary by choosing *no more than two words* from the reading passage to fill each space. Write your answers in boxes 9–13 on your answer sheet.

Example	*Answer*
Taking all of these various ...	factors
into consideration	

when the economy picks up and people ... **9** ..., there will be a very rapid expansion in recruitment. Younger employees and graduates will lead the search for new jobs, older staff being more ... **10** ... Not knowing who will leave creates a problem for companies; they need a ... **11** ... of personnel to plan and build future strategies. This is a serious matter, as ... **12** ... is often conducted by inexperienced staff, owing to the loss of many middle management positions. This inability to recruit strategically will leave many companies without the skills and vision to plan ahead and ... **13** ... to achieve long term growth.

Fig. 7.10 Banked choice, gapped summary task (International English Language Testing system)

〈도표 7-10〉 빈칸이 들어 있되 이를 채울 후보들을 글상자로 제공한 요약 과제

◇ 읽기 지문: 직무 만족도와 경력자 전직 가능성 ◇

유럽과 실제 모든 주요한 산업 국가들에서는 현재 불경기를 겪고 있다. 이는 분명히 스스로 경기 하강의 희생물로 느끼는 회사나 직원들에 대해 심각한 함의를 지닌다. 영국이 분명히 불경기로 인하여 해고가 늘어남에 따라, 또한 잠재적으로 똑같이 살아남은 회사들에 대해서도 일반적으로 고용 및 신규 채용과 관련된 심각한 함의가 있다.

불경기 동안에는 자발적 회사원 교체가 급격히 떨어지기 마련이다. 몇 년 간 한 회사에서 근무해 온 직원이라면 '누적된 여분의 상태 마련 권리'를30) 잃어버릴 위험을 감수하려고 하지 않을 것이다. 더욱이 '마지막 입사자가 남고, 맨 처음 입사자가 나가는' 풍속에 참여하여, 새로운 조직으로 옮겨 참여하려고 하지는 않을 것이다. 결과적으로 현재 자신의 직무에 대하여 직업 만족도가 거의 또는 전혀 없더라도, 현재 있는 자리에 그대로 남아 있기를 바랄 것이고, 조용히 끝까지 버티면서 사정이 나아지기만을 기다릴 것 같다. 유럽 다른 국가와 비유럽 국가에서도 실제 경우로 입증될 가능성이 있음에 따라, 영국에서 이런 상황은 불경기가 지속되는 길이와 본질에 의해서 악화되었다.

과거에는 회사들이 더 낮은 직급에서 회사원을 고용하고 충성스런 직원들에게 보답으로 내부 승진을 해 주곤 했었다. 한 회사에 다니며 평생 경력을 쌓던 이런 기회는, 회사의 '기구 감축'과 구조의 재조직과 잉여 직원의 재교육으로 말미암아 더 이상 가능하지 않다. 이런 조치가 모두 더 낮은 직급의 회사원들만큼 중간 관리자 계층에도 영향을 미쳤다. 이런 관리 계층의 축소는 회사 위계를 더욱 단순하고 평탄하게 이끌어갔고, 차례로 이는 대부분의 회사 내부에서 승진 전망을 확 줄여 버렸다. 이와는 달리 한때 야심찬 직원은 정규적인 승진 기회를 탔었다. 그러나 지금 그들도 자신의 승진 길이 막혀 있음을 깨닫는다.

이런 상황은 또한 다른 요인들에 의해서도 복합되어 있다. 임의 직급에 있는 회사원이 고용되는 경우에, 보통 외부로부터 영입되는 것이며, 승진이 점차 회사들 사이에 경력직 이동을 통하여 이뤄지고 있다. 불경기는 새로운 무리의 밝고 젊은 졸업생들을, 과거보다 훨씬 더 자기-탐닉적, 냉소적으로 만들어 버렸다. 그들은 취업 제안에 대하여 훨씬 더 많이 경계하고 회의적인데, 결과적으로 훨씬 더 어려운 협상 상대가 된다. 학교를 마치고 곧장 회사에 취업한 사람들이 가장 강하게 그 회의적 영향을 느끼며, 이제 중년 생활에서 불확실함과 불안감을 느낀다.

많은 경우에 이것이 직원 불만족으로 귀결된다. 더욱이 관리 그 자체가 이런 일반적인 나쁜 감정과 좌절에 기여해 왔다. 과거 수년 동안 직원을 돌봐 주는 인상은 다 사라져 버렸고, 잉여 인원의 공포가 종종 근무의 최우선 동기로 이용된다.

이들 모든 요인의 결과로서 불경기가 풀리고 사람들이 좀 더 자신감을 찾는 경우에는, 자신의 현재 직장을 벗어나기 위하여 폭발적으로 새로운 기회를 찾는 회사원들이 많아질 것이다. 이는 더 젊고 미숙련 근로자들과 빈틈없이 완고한 젊은 졸업생들에 의해 이끌어질 것이다. '영입 담당자'들은 더 나이 든 임원들의 경우에 많은 우량 회사들이 '파산하는' 꼴을 보았으므로, 여전히 신중하고, 기꺼이 자신이 잉여 임원 칭호를 받을 위험을 감수하려고 하지 않음을 확신한다. 그렇지만 과거의 경험에 비춰 보아, 채용에서의 확대는 일단 촉발된다면 아주 신속히 이뤄질 것이다.

많은 조직들에서 당면한 문제는, 누가 떠나고 누가 남을 것인지를 알아내는 일이 아니라, 전략적 계획을 짜는 일이다. 종종 다른 회사로 옮겨가는 사람은 최고의 임원이며, 반면에 최악의 직원은 안전함이 거의 없더라도 회사에 붙어 있으려고 한다. 이것이 분명히 회사에 문제가 되는데, 회사에서는 미래 성장을 위하여 전략들을 수립할 안정된 중심체(중심 인력)를 필요로 한다.

취업 시장에서 이런 확대가 곧 영국에서 일어날 것 같지만, 대부분의 고용주들은 단순히 준비가 되어 있지 않다. 안정된 시장에서 중간 관리층의 결여로 인하여, 직원의 관리 및 채용은 흔히 하급직에 의해서 실행된다. 그들은 단지 불경기만 알고 있고, 성장을 위하여 미리 계획하고 전략들을 구현하는 경험을 해 보지 못하였다. 이 점은 다른 많은 기능에서도 그러한데, 장기 성장을 위하여 자발적으로 스스로 재구조화하는 기술도 능력도 전망도 없이 회사를 내버려 둔다. 결합적으로 전략적 계획 수립을 위하여 사람을 모집하는 이런 능력도 없이, 그리고 이들 변화가 일어날 것 같은 속도가 사실이라면, 진짜 위기가 절박하게 다가오는 듯하다.

[물음 (9)~(13)]

아래 글은 읽기 지문을 요약해 주는 마지막 단락입니다. 각 빈칸을 채우기 위하여 앞의 읽기 지문으로부터 낱말을 하나씩 선택하여 완성하십시오. 따로 제공된 답안지 (9)~(13) 속에 여러분의 정답을 적어 놓으십시오.[31]

◁ 보기 ▷	◁ 정답 ▷
이들 다양한 _____ 모두 고려함으로써	요인들을

경제가 회복되고 사람들이 (9) _____ 경우에, 인력 채용에서 아주 신속한 확대가 일어날 것이다. 더 젊은 근로자와 졸업생들이 새로운 직장 구하기(찾기)를 이끌 것이지만, 나이 든 임원들은 좀 더 (10)_____ 상태일 것이다. 직원 중 누가 회사를 떠날지 알지 못하면 회사에 문제가 된다. 회사에서는 계획하고 미래 전략들을 세우기 위하여 임원의 (11) _____ 필요하다. 많은 중간 관리자 층위가 없어짐으로 말미암아, 종종 (12) _____ 비숙련 직원에 의해 실행되지만, 이는 심각한 일이다. 전략상 이렇게 임원들을 채용할 수 없는 상태는, 많은 회사를 숙련된 기술과 미리 계획을 세울 전망도 없이 그리고 장기간의 성장을 성취할 (13) _____ 없이 내버려 둘 것이다.

*출처: 국제적 영어 검사제도

올더슨 외(1995: 61쪽)에서는 그런 시험이 "출제하기가 어렵고 미리 모의고사로 시행하기를 몹시 요구하지만, 그런 노력만큼 궁극적으로는 제대로 작동하고 채점하기가 더 쉬울 수 있다."고 결론을 내렸다.

---

30) (역주) 미상. 원문 to lose accumulated redundancy rights(누적된 여분의 권리를 잃어버리다) 라는 말뜻을 정확히 알 수는 없다. redundancy가 긍정적 뜻(충분한 여분 몫)을 지닐 수도 있고, 부정적인 뜻(쓸모없는 군더더기)을 지닐 수도 있다. 긍정적인 뜻으로 구글을 검색해 보면, 행정학 쪽에서 랜도어(M. Landau 1969)가 만약의 실패를 대비하여 살아남기 위해서 redundancy(여분 마련 속성)가 필요하다고 하면서, 한 조직에서도 만일의 경우를 대비하여 '① 중첩, ② 반복, ③ 대등한 잠재력'을 지닌 여분의 속성을 마련해 둘 필요가 있다고 한다. 우리 몸에서 쌍으로 존재하는 기관들이 그러한 예이고, 비행기를 운항 기기들도 오작동을 대비하여 어느 정도 그러하다고 한다. 회사도 장래가 불확실함을 인정한다면, 인력이 어느 정도 겹쳐진 '여분의 상태'가 불가피하다. 그렇다면 아마 근속년수가 많을수록 불확실한 장래에 대비하여 회사의 흐름을 잘 아는 사람을 해고 범위에서 예외로 하여 머물게 해 두는 조치나 그러한 권리가 될 듯하다.

31) (역주) 필자의 생각에 빈칸에 들어갈 낱말들은 다음과 같다. (9) moves(이동하는), (10) reluctant(주저하는), (11) skills(노련함이, 숙련됨이), (12) recruitment(채용이), (13) strategies (전략들도).

7) 정보 옮기기 시험 기법

정보 옮기기 기법(*information-transfer technique*)은 사뭇 일반적인 시험 (그리고 교육) 기법이며, 종종 도표·괘도·일람표와 같이 그림들과 연합 되어 있다. 학생이 해야 할 과제는 목표 지문에서 필요한 정보를 찾아 낸 다음에, 그 정보를 흔히 어떤 변형된 형태로 일람표나 지도나 도표 등 어떤 것이든 간에 옮겨 놓는 일이다. 때로 정답이 명칭 및 숫자로 이뤄지며, 객관적으로 채점될 수 있다. 다른 경우에는 어구나 짤막한 문장을 요구하고, 주관식 채점이 필요할 경우도 있다.

PEOPLE AND ORGANISATIONS: THE SELECTION ISSUE

A   In 1991, according to the Department of Trade and Industry, a record 48,000 British companies went out of business. When businesses fail, the post-mortem analysis is traditionally undertaken by accountants and market strategists. Unarguably organisations do fail because of undercapitalisation, poor financial management, adverse market conditions etc. Yet, conversely, organisations with sound financial backing, good product ideas and market acumen often underperform and fail to meet shareholders' expectations.   The complexity, degree and sustainment of organisational performance requires an explanation which goes beyond the balance sheet and the "paper conversion" of financial inputs into profit making outputs. A more complete explanation of "what went wrong" necessarily must consider the essence of what an organisation actually is and that one of the financial inputs, the most important and often the most expensive, is *people*.

B   An organisation is only as good as the people it employs. Selecting the right person for the job involves more than identifying the essential or desirable range of skills, educational and professional qualifications necessary to perform the job and then recruiting the candidate who is most likely to possess these skills or at least is perceived to have the ability and predisposition to acquire them. This is a purely person/skills match approach to selection.

C   Work invariably takes place in the presence and/or under the direction of others, in a particular organisational setting. The individual has to "fit" in with the work environment, with other employees, with the organisational climate, style of work, organisation and culture of the organisation. Different organisations have different cultures (Cartwright & Cooper, 1991;1992). Working as an engineer at British Aerospace will not necessarily be a similar experience to working in the same capacity at GEC or Plessey.

D   Poor selection decisions are expensive. For example, the costs of training a policeman are about £20,000 (approx. US$30,000). The costs of employing an unsuitable technician on an oil rig or in a nuclear plant could, in an emergency, result in millions of pounds of damage or loss of life. The disharmony of a poor person-environment fit (PE-fit) is likely to result in low job satisfaction, lack of organisational commitment and employee stress, which affect organisational outcomes i.e. productivity, high labour turnover and absenteeism, and individual outcomes i.e. physical, psychological and mental well-being.

E   However, despite the importance of the recruitment decision and the range of sophisticated and more objective selection techniques available, including the use of psychometric tests, assessment centres etc., many organisations are still prepared to make this decision on the basis of a single 30 to 45 minute unstructured interview. Indeed, research has demonstrated that a selection decision is often made within the first four minutes of the interview. In the remaining time, the interviewer then attends exclusively to information that reinforces the initial "accept" or "reject" decision. Research into the validity of selection methods has consistently demonstrated that the unstructured interview, where the interviewer asks any questions he or she likes, is a poor predictor of future job performance and fares little better than more controversial methods like graphology and astrology. In times of high unemployment, recruitment becomes a "buyer's market" and this was the case in Britain during the 1980s.

F   The future, we are told, is likely to be different. Detailed surveys of social and economic trends in the European Community show that Europe's population is falling and getting older. The birth rate in the Community is now only three-quarters of the level needed to ensure replacement of the existing population. By the year 2020, it is predicted that more than one in four Europeans will be aged 60 or more and barely one in five will be under 20. In a five-year period between 1983 and 1988 the Community's female workforce grew by almost six million. As a result, 51% of all women aged 14 to 64 are now economically active in the labour market compared with 78% of men.

G   The changing demographics will not only affect selection ratios. They will also make it increasingly important for organisations wishing to maintain their competitive edge to be more responsive and accommodating to the changing needs of their workforce if they are to retain and develop their human resources. More flexible working hours, the opportunity to work from home or job share, the provision of childcare facilities etc., will play a major role in attracting and retaining staff in the future.

(ctd.)

Complete the notes below with words taken from Reading Passage 2. Use **NO MORE THAN ONE** or **TWO WORDS** for each answer.

Write your answers in boxes 23-25 on your answer sheet.

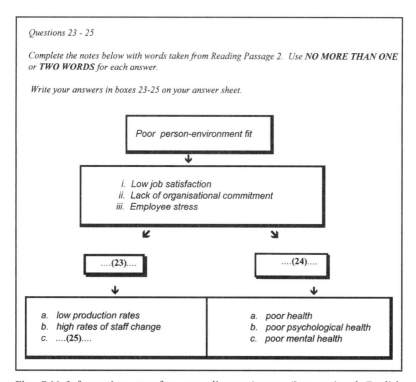

Fig. 7.11 Information transfer: text diagram/notes (International English Language Testing System)

<도표 7-11> 정보 옮기기 기법: 지문, 도표, 비망록(메모 노트)

◇ 지문 2: 인력과 회사 조직-채용 문제 ◇

Ⓐ 1991년 영국 산업·통상부에 따르면 등록된 4만 8천 개 영국 회사가 소멸하였다. 사업이 실패할 경우에, 전통적으로 사후 분석이 공인 회계사들과 시장 전략가들에 의해 이뤄졌다. 의문의 여지도 없이 투입 자본의 부족, 빈약한 회계 관리, 적대적인 시장 여건 따위로 말미암아 회사 조직들이 실패한다. 그럼에도 역으로 건전한 재정 지원과 양질의 생산 발상과 시장 통찰력을 지닌 회사라 하더라도, 부진한 실행을 하고 종종 주주들의 기대를 충족시키지 못한다. 회사 조직의 수행에 대한 복잡성, 정도, 지속성은 대차대조표를 넘어서는 설명과 재정 투입을 이윤을 만들어 산출로 바꾸는 "서류 전환"을 요구한다. "무엇이 잘못되었는지"에 대한 좀 더 완벽한 설명은, 반드시 일개 회사 조직이 무엇인지에 대한 본질을 고려해야만 하고, 가장 중요하고 종종 가장 값비싼 재정 투입의 한 가지가 사람(인력)이라는 점을 고려해야 한다.

Ⓑ 회사 조직은 오직 회사가 고용하는 사람들 수준 정도로만 양호하다. 해당 직무를 위해 올바른 사람을 선택하는 일은 필수적이다. 또는 바람직한 범위의 기술들과 그 업무를 수행하는 데 필요한 교육적·전문 직업적 자격을 확인하고서 이들 기술을 가장 많이 갖고 있거나 최소한 이런 기술들을 획득할 능력과 성향을 지닌 것으로 파악된 응시자를 채용하는 것 이상을 담고 있다. 이것이 채용 선발에서 순전히 '사람 : 기술'의 부합 접근이다.

Ⓒ 업무는 특히 회사 조직의 현장에서 변함없이 다른 사람의 눈앞에서 그리고/또는 지시 하에 일어난다. 개개인마다 다른 직원들과 더불어, 회사 분위기와 업무의 진행 모습과 조직 업무 분담과 회사 문화 속에서 업무 환경에 잘 '맞춰야' 한다. 서로 다른 회사 조직은 서로 다른 문화를 지닌다(카트롸잇·쿠퍼 1991, 1992). 영국 항공업계에서 기술자로 일하는 것은, 반드시 영국의 일반 전기 공급처(GEC)나 플레씨(Plessy)에서 똑같은 능력으로 작업하는 경험과는 비슷하지 않을 것이다.

Ⓓ 허술한 선발 결정으로 치를 비용은 비싸다. 예를 들면 경찰관 1명을 훈련시키는 데 대략 2만 파운드(대략 3천 5백만 원)의 비용이 든다. 정유 굴착기나 원자력 발전소에 부적합한 기술자를 고용한 대가는, 비상시에 수만 파운드의 손해나 인명 손실로 귀착될 수 있다. '인력-환경' 적합성이 불충분하여 생겨나는 부조화는 낮은 직무 만족도, 충실히 업무에 전념하는

정신의 결여, 직원 스트레스로 귀결될 것 같다. 이는 회사의 제품에도 영향을 주고, 개인의 성과에도 영향을 준다. 즉 전자는 생산성·높은 이직률·장기 결근 등 부정적 영향을 미치고, 후자는 신체적·심리적·정신적 복지 등에 부정적 영향을 미친다.

Ⓔ 그렇지만 채용 결정의 중요성과 심리측정과 평가 기구 등의 이용을 포함하여, 이용할 수 있는 복잡하고 좀 더 객관적 선발 기법의 범위에도 불구하고, 많은 회사 조직에서는 여전히 단 한 차례의 구조화되지 않은 30분~45분간의 면접시험에 근거하여 이런 결정을 내리려고 준비한다. 실제로 조사 연구를 해 본 결과, 채용 결정이 종종 면접이 시작된 4분 이내에 내려짐을 입증하였다. 그런 뒤 이어지는 나머지 시간에는 면접관이 전적으로 애초의 '합격'이나 '불합격' 결정을 강화해 주는 정보에만 주의를 쏟게 된다. 선발 방법의 타당성에 대한 조사 연구에서도 면접관이 자신이 원하는 질문을 아무것이나 묻는 구조화되지 않은 면접시험이, 관상술이나 점성학과 같은 더욱 논란 많은 방법보다 더 나을 것도 없이, 미래 업무 수행과 운명에 대한 허술한 예측 요소임을 지속적으로 입증해 왔다. 높은 실업률 시대에 채용은 "구매자 시장"으로 되었고, 이것이 영국에서 1980년대 동안의 실제 경우였다.

Ⓕ 우리는 미래가 다를 것이라고 듣고 있다. 유럽 공동체에서 사회·경제 동향들에 대한 자세한 조사는, 유럽의 전체 인구가 하락하고 노령화되고 있음을 보여 준다. 유럽 공동체에서 출생률은 현재 단지 기존 인구의 대체 인력을 보장해 주기에 필요한 수준의 ¾에 지나지 않는다. 2020년에 이르면 4명의 유럽 거주민 중 1명 이상이 60살 이상이고, 거의 5명당 1명이 20세 미만일 것으로 예상된다. 1983년과 1988년 간 첫 5년 주기에서, 유럽 공동체의 여성 근로 인력이 거의 6만명까지 늘어났다. 그 결과, 78%의 남성 인구와 비교할 경우, 노동시장에서 14살부터 64살까지 모든 여성의 51%가 현재 경제 활동에 참여하고 있다.

Ⓖ 변화하는 인구 통계 지표는 선발 비율에 영향을 미칠 뿐만이 아닐 것이다. 또한 만일 인간 자원을 고용하고 향상시키고자 할 경우에, 경쟁적인 강점을 잘 유지하여 작업 현장의 변화하는 요구에 더 잘 반응하여 순응하기를 바라는 회사 조직들에서는, 선발 비율이 중요한 문제로 부각된다. 좀 더 유연한 근무 시간, 재택근무의 기회, 일거리 공유, 아동 보호 시설의 제공 등이 장래에 임원들의 매력을 끌고 직장

에 남도록 하는 데에 중심 역할을 맡을 것이다.

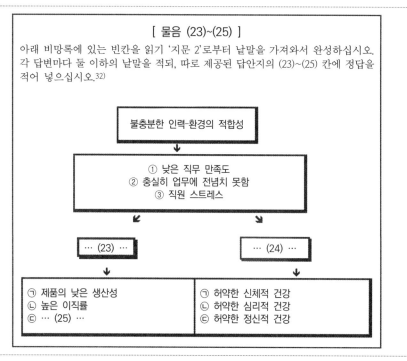

[물음 (23)~(25)]

아래 비망록에 있는 빈칸을 읽기 '지문 2'로부터 낱말을 가져와서 완성하십시오. 각 답변마다 둘 이하의 낱말을 적되, 따로 제공된 답안지의 (23)~(25) 칸에 정답을 적어 넣으십시오.[32]

불충분한 인력-환경의 적합성

① 낮은 직무 만족도
② 충실히 업무에 전념치 못함
③ 직원 스트레스

··· (23) ···　　　　··· (24) ···

㉠ 제품의 낮은 생산성
㉡ 높은 이직률
㉢ ··· (25) ···

㉠ 허약한 신체적 건강
㉡ 허약한 심리적 건강
㉢ 허약한 정신적 건강

*출처: 국제적 영어 검사제도

---

32) (역주) 필자의 생각에 정답은 다음과 같다. (23) 회사의 제품에 부정적 영향, (24) 개인의 성과에 부정적 영향, (25) 장기 결근.

*You should spend about 20 minutes on **Questions 30-38** (p. 247) which are based on the following Reading Passage 3.*

"The Rollfilm Revolution"

The introduction of the dry plate process brought with it many advantages. Not only was it much more convenient, so that the photographer no longer needed to prepare his material in advance, but its much greater sensitivity made possible a new generation of cameras. Instantaneous exposures had been possible before, but only with some difficulty and with special equipment and conditions. Now, exposures short enough to permit the camera to be held in the hand were easily achieved. As well as fitting shutters and viewfinders to their conventional stand cameras, manufacturers began to construct smaller cameras intended specifically for hand use.

One of the first designs to be published was Thomas Bolas's 'Detective' camera of 1881. Externally a plain box, quite unlike the folding bellows camera typical of the period, it could be used unobtrusively. The name caught on, and for the next decade or so almost all hand cameras were called 'Detectives'. Many of the new designs in the 1880s were for magazine cameras, in which a number of dry plates could be pre-loaded and changed one after another following exposure. Although much more convenient than stand cameras, still used by most serious workers, magazine plate cameras were heavy, and required access to a darkroom for loading and processing the plates. This was all changed by a young American bank clerk turned photographic manufacturer, George Eastman, from Rochester, New York.

Eastman had begun to manufacture gelatine dry plates in 1880, being one of the first to do so in America. He soon looked for ways of simplifying photography, believing that many people were put off by the complication and messiness. His first step was to develop, with the camera manufacturer William H.Walker, a holder for a long roll of paper negative 'film'. This could be fitted to a standard plate camera and up to forty-eight exposures made before reloading. The combined weight of the paper roll and the holder was far less than the same number of glass plates in their light-tight wooden holders. Although roll-holders had been made as early as the 1850s, none had been very successful because of the limitations of the photographic materials then available. Eastman's rollable paper film was sensitive and gave negatives of good quality; the Eastman-Walker roll-holder was a great success.

The next step was to combine the roll-holder with a small hand camera; Eastman's first design was patented with an employee, F. M. Cossitt, in 1886. It was not a success. Only fifty Eastman detective cameras were made, and they were sold as a lot to a dealer in 1887; the cost was too high and the design too complicated. Eastman set about developing a new model, which was launched in June 1888. It was a small box, containing a roll of paper-based stripping film sufficient for 100 circular exposures 6 cm in diameter. Its operation was simple: set the shutter by pulling a wire string; aim the camera using the V line impression in the camera top; press the release button to activate the exposure; and turn a special key to wind on the film. A hundred exposures had to

(ctd.)

be made, so it was important to record each picture in the memorandum book provided, since there was no exposure counter. Eastman gave his camera the invented name 'Kodak' - which was easily pronounceable in most languages, and had two Ks which Eastman felt was a firm, uncompromising kind of letter.

The importance of Eastman's new roll-film camera was not that it was the first. There had been several earlier cameras, notably the Stirn 'America', first demonstrated in the spring of 1887 and on sale from early 1888. This also used a roll of negative paper, and had such refinements as a reflecting viewfinder and an ingenious exposure marker. The real significance of the first Kodak camera was that it was backed up by a developing and printing service. Hitherto, virtually all photographers developed and printed their own pictures. This required the facilities of a darkroom and the time and inclination to handle the necessary chemicals, make the prints and so on. Eastman recognized that not everyone had the resources or the desire to do this. When a customer had made a hundred exposures in the Kodak camera, he sent it to Eastman's factory in Rochester (or later in Harrow in England) where the film was unloaded, processed and printed, the camera reloaded and returned to the owner. "You Press the Button, We Do the Rest" ran Eastman's classic marketing slogan; photography had been brought to everyone. Everyone, that is, who could afford $25 or five guineas for the camera and $10 or two guineas for the developing and printing. A guinea ($5) was a week's wages for many at the time, so this simple camera cost the equivalent of hundreds of dollars today.

In 1889 an improved model with a new shutter design was introduced, and it was called the No. 2 Kodak camera. The paper-based stripping film was complicated to manipulate, since the processed negative image had to be stripped from the paper base for printing. At the end of 1889 Eastman launched a new roll film on a celluloid base. Clear, tough, transparent and flexible, the new film not only made the roll-film camera fully practical, but provided the raw material for the introduction of cinematography a few years later. Other, larger models were introduced, including several folding versions, one of which took pictures 21.6 cm x 16.5 cm in size. Other manufacturers in America and Europe introduced cameras to take the Kodak roll-films, and other firms began to offer developing and printing services for the benefit of the new breed of photographers.

By September 1889, over 5,000 Kodak cameras had been sold in the USA, and the company was daily printing 6-7,000 negatives. Holidays and special events created enormous surges in demand for processing: 900 Kodak users returned their cameras for processing and reloading in the week after the New York centennial celebration.

(ctd.)

Questions 30 - 34

*Complete the diagram below. Choose **NO MORE THAN THREE WORDS** from the passage for each answer.*

Write your answers in boxes 30-34 on your answer sheet.

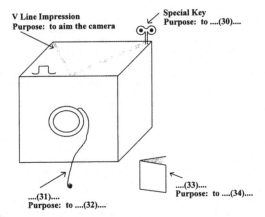

V Line Impression
Purpose: to aim the camera

Special Key
Purpose: to ....(30)....

....(31)....
Purpose: to ....(32)....

....(33)....
Purpose: to ....(34)....

Questions 35 - 38

*Complete the table below. Choose **NO MORE THAN THREE WORDS** from the passage for each answer.*

Write your answers in boxes 35-38 on your answer sheet.

Year	Developments	Name of person/people
1880	Manufacture of gelatine dry plates	.....(35).....
1881	Release of 'Detective' camera	Thomas Bolas
.....(36).....	The roll-holder combined with .....(37).....	Eastman and F.M.Cossitt
1889	Introduction of model with .....(38).....	Eastman

Fig. 7.12 Information transfer: labelling diagram and table completions (International English Language Testing System)

〈도표 7-12〉 정보 옮겨 놓기: 그림 설명의 빈칸 및 도표의 빈칸 완성하기

◇ 지문 3: 감개 필름의 혁명 ◇

아래 지문 3에 근거한 물음 (30)~(38)을 푸는 데에 여러분은 총 20분을 쓸 수 있습니다.

사진 인화에 건판 처리가 도입됨으로써 많은 장점들이 생겨났다. 사진사들이 더 이상 미리 자신의 사진 현상재료를 준비할 필요가 없어져서 훨씬 더 편리해졌을 뿐만 아니라, 또한 훨씬 더 큰 민감성으로 새로운 사진기의 탄생을 가능하게 해 주었다. 즉석 노출 인화 사진이 이전에는 큰 어려움과 더불어 오직 특별한 설비와 조건에서만 가능했었다. 이제는 충분히 사진기를 손에 든 채로도 노출 인화가 쉽게 달성된다. 관례적인 삼각대 사진기에다 빈지문(셔터)과 촬영범위 가늠틀(뷰파인더)을 잘 맞춰줄 뿐만 아니라, 제작사에서는 더 작은 휴대용 사진기를 만들어내기 시작하였다.

시장에 나온 첫 설계 중 하나가 1881년 토마스 보울러스의 '탐지' 사진기이었다. 외형상 평범한 상자로 보이나 당시 전형적이었던 주름 접히고 꿍음을 내는 사진기는 매우 조심히 사용될 수 있었다. 비록 아직도 대부분의 전문 사진사들에 의해 이용되는 삼각대 사진기보다 훨씬 더 편리하였지만, 필름 장착 감광판 사진기는 아주 무거웠고, 감광판을 장착하고 처리하기 위해 반드시 암실에 들어가야만 하였었다. 이런 번다한 일이 뉴욕 로췌스터에서 젊은 미국 은행원으로부터 사진기 제조업자로 전업한 조어지 이스트먼에 의해 다 바뀌었다.

이스트먼은 1880년에 젤러틴 감광 건판을 제조하기 시작하였는데, 미국에서 처음 시작한 제조자들 중 한 명이었다. 사진 촬영이 복잡하고 번다하기 때문에 많은 사람들에게 외면당할 것이라고 믿으면서, 그는 곧 촬영을 간단하게 만들어 주는 방법을 찾기 시작하였다. 첫 단계는 사진기 제조업자 윌리엄 워커와 함께 감개에 말아 둔 음화 인화지의 긴 '감광막(film)'을 넣을 저장 공간을 계발하는 것이었다. 이는 표준 평판 사진기에 맞춰질 수 있고, 다시 끼워 넣기 전에 무려 48번의 감광 노출이 가능하였다. 인화지 감개와 저장 공간의 결합 무게는, 고작 가볍고 단단한 목재 저장 공간에 들어 있는 동일한 숫자의 유리 감광 평판보다 훨씬 덜 나갔다. 비록 감개 저장 공간이 일찍 1850년대에 만들어져 있었지만, 당시 이용 가능한 사진 촬영 재료들의 제약으로 인하여, 아무도 성공하지 못하였다. 이스트먼의 감을 수 있는 인화지 필름은, 감도가 민감하였고 양질의 음화를 제공하였다. 이스트먼·워커식 감개 저장 공간은 대단한 성공작이었다.

다음 단계는 감개 저장 공간을 작은 휴대용 사진기에 결합하는 것이었다. 이스트먼의 첫 설계 작품은 직원 F.M. 코짓과 함께 1886년 특허 등록이 이뤄졌다. 그것은 실패작이었다. 단지 이스트먼 탐지용 사진기가 50대만 만들어졌지만, 1887년에 어느 도매업자한테 팔렸다. 값이 너무 비쌌고, 설계 제품 또한 복잡하였다. 이스트먼은 새로운 모형을 계발하는 일을 착수하였는데, 1888년 6월 시제품이 나왔다. 그것은 작은 상자였는데, 지름 6cm 통에 인화지가 감개에 돌돌 길게 말려 있었고, 순환적인 감광 노출이 충분히 100번씩이나 가능한 감광막(필름)으로 구성되었다. 작동도 간단하였다. 끈으로 된 줄을 잡아당기면 빈지문(셔터)이 열렸고, 사진기 윗면에다 V자 선을 각인하여 피사체 조준이 가능하도록 했으며, 단추를 눌러 감광 노출이 작동하도록 만들었고, 특별한 열쇠를 돌려 감광막(필름)을 감도록 했다. 1백 차례의 감광 노출이 이뤄졌고, 따라서 사진을 찍을 때마다 노출 횟수를 알 수 없었으므로, 제공된 비망록 형태의 기록이 중요해졌다. 이스트먼은 자기 사진기에 '코닥(Kodak)'이란 이름을 만들어 붙였는데, 대부분의 언어에서 쉽게 발음될 수 있고, 앞뒤로 감싼 글자 K가 단단하고 굳은 종류의 철자라고 느꼈기 때문이다.

이스트먼이 계발한 새로운 '감개 인화지 사진기'의 중요성은 그것이 처음이라는 점이 아니다. 이미 여러 종류의 초기 사진기들도 있었다. 1887년 봄에 시사회를 가졌고 일찍 1888년부터 판매에 들어간 스턴 '아메리카'가 대표적이다. 이 사진기도 역시 감개에 말린 음화 인화지를 썼고, 반사되는 피사체 가늠틀과 독창적인 노출 표시기와 같은 정교한 부품들이 장착되어 있었다. 최초의 코닥 사진기의 실제적 중요성은, 감광지의 현상과 사진 인화를 제조사가 책임지고 뒷받침했다는 사실이다. 지금까지도 실질적으로 모든 사진사들이 자신이 찍은 사진을 직접 현상하고 인화했었다. 이는 암실 설비와 소요 시간과 화학물질 처리 기술과 인화 등을 요구한다. 이스트먼은 이를 실행하기 위한 자원이나 바람을 누구나 갖고 있는 것이 아님을 깨달았다. 소비자가 코닥 사진기로 1백회 감광 노출을 끝냈을 경우에, 로췌스터(또는 더 뒤에 영국 해로우)에 있는 이스트먼 공장으로 사진기를 보내면, 다 찍힌 필름을 꺼내어 화학 처리를 거쳐 인화를 해 준 다음에, 필름을 장착하여 원 소유자에게 다시 보내주는 것이다. "단추만 누르십시오, 나머지는 우리가 다 해 드립니다!"는 이스트먼의 고전적인 상품 광고 구호이다. 사진기가 누구에게나 소유되었다. 누구든 미화 25불 또는 영국 5기니를 내면 사진기를 갖고, 10불 또는 2기니를 내면

현상과 인화를 받는다. 그 당시 1기니(미화 5불)는 많은 사람들에게 1주일어치 급료이었다. 따라서 오늘날 이런 간단한 사진기가 수백 불에 상당한다.

1889년 새로운 셔터 설계를 갖춘 개선된 모형의 제품이 시장에 나왔고, 제2 코닥 사진기로 불렸다. 인화를 위하여 음화 영상이 인화지로부터 벗겨내어져야 했으므로, 감광지를 쓰는 필름을 다루는 일은 복잡하였다. 1889년 말에 이스트먼은 셀룰로이드를 쓰는 새로운 감개용 필름을 선보였다. 깨끗하고, 질기며, 투명하고, 잘 말릴 수 있어서 새로운 재료는, 감개 필름 사진기를 온전히 실용적으로 만들어 주었을 뿐만 아니라, 또한 몇 년 지나 영화 촬영기의 도입을 위한 원재료를 제공해 주었

다. 여러 겹 주름을 지닌 모형들을 포함하여, 다른 여러 모형 중 21.6cm×16.5cm 크기의 사진을 찍을 수 있는 더 큰 것도 시장에 나왔다. 미국과 유럽의 여러 제조업체에서는 코닥 감개(roll) 필름을 쓰는 사진기들을 시장에 내놓았고, 새로운 무리의 사진사들에게 혜택을 주기 위해 현상과 인화 서비스를 제공하기 시작하였다.

1889년 9월까지 무려 코닥 사진기가 5천 대나 넘게 미국에서 팔렸고, 그 회사에서 매일 6천~7천 장의 음화를 인화하고 있었다. 휴일과 특별한 명절이면 인화 달라는 요구가 엄청나게 쇄도하였다. 뉴욕 1백 주년 기념일 뒤 1주간, 9백대의 코닥 이용자들이 인화와 필름 재장착을 위해 사진기를 회사로 보내었다.

[물음 (30)~(34)]

아래 그림을 완성하십시오. 각 답변마다 지문으로부터 둘 이하의 낱말을 선택하십시오. 여러분의 정답은 따로 제공된 답안지에서 (30)~(34) 난에 적어 놓으십시오.[33]

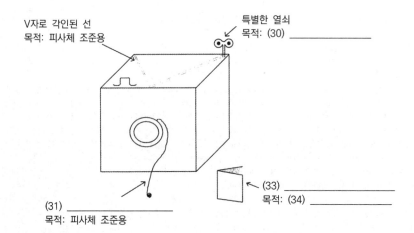

V자로 각인된 선
목적: 피사체 조준용

특별한 열쇠
목적: (30) _____

(31) _____
목적: 피사체 조준용

(33) _____
목적: (34) _____

[물음 (35)~(38)]

아래 사진기 발전사에 대한 도표를 완성하십시오. 각 답변마다 지문으로부터 둘 이하의 낱말을 선택하십시오. 여러분의 정답은 따로 제공된 답안지에서 (35)~(38) 난에 적어 놓으십시오.

연도	발전 내용	인명
1880년	젤러틴 감광 건판의 제조 생산	(35) _____
1881년	'탐지' 사진기의 시판	토머스 보올러스
(36) ___ 년	감개 저장 공간이 (37) _____ 과 결합됨	이스트먼과 F.M. 코깃
1889년	(38) _____ 를 지닌 모형이 시장에 등장	이스트먼

*출처: 국제적 영어 검사제도

454

이들 과제에 있는 문제점 한 가지는, 물음들이 인지적으로 또는 문화적으로 한켠으로 치우쳐져 있을 가능성이다. 예를 들면, 응시자에게 사실적 덩잇글을 읽도록 한 뒤, 도표로부터 제거된 관련된 통계를 그 지문에서 찾아내어 도표 속에 적어 넣도록 요구할 수 있다. 통계 자료를 도표 형태로 제시하는 데에 낯선 학생들이, 종종 그런 과제가 실행하기 어렵다고 알려 준다. 이것이 그 과제의 '참된' 인지적 난점에 대한 반영이기보다는 오히려 좀 더 정서적인 반응일 수 있겠지만, 원인이 무엇이든 간에 그런 치우침은 바람직하지 않은 듯하다. 그렇지만 실생활에서 우리가 그런 과제를 실행해야 하기 때문에, 그런 치우친 과제라 하더라도 합당하며, 실제로 그런 응시자가 실세계에서 비슷한 업무 과제에 의해 손해를 입게 될 것이므로 타당도의 지표가 된다고도 주장할 수 있다.

이와 관련되어 있을 수 있는 문제는, 그런 과제가 사뭇 복잡해질 수 있다는 점이다. 때로 응시자들이 무엇이 요구되는지, 무엇이 들어가야 하는지, 도표에서 어디에 들어가야 하는지를 이해하는 데에 아주 많은 시간을 보내므로, 언어상으로 너무 쉬운 과제인 것(지문 그 자체를 이해하는 일)을 놓고서도 수행이 아주 빈약해질 수 있다. 달리 말하여, 정보 옮기기 시험 기법이, 지문에 들어 있지 않은 난이도 요소를 추가해 놓는 것이다.

이어서 한 가지 추가 경고 사항도 있다. 가끔은 시험 출제자가 이미 지문과 연합된 자료 일람표, 괘도, 예시 따위의 도표를 선택하고 나서, 그 도표로부터 정보를 삭제한다. 학생들의 과제는 지워진 그 정보를 복원하는 것이다. 이때 원래의 지문에서는 언어 정보 및 도표 정보가

---

33) (역주) 필자의 생각에 정답은 다음과 같은데, 원문을 풀어서 번역하였으므로 둘 이하의 낱말 제약을 따르지 않았다. (30) 감광막(필름)을 감기 위하여, (31) 끈으로 된 줄, (32) 빈지문(셔터)이 열리도록 함, (33) 비망록, (34) 노출 횟수 기록용, (35) 조어지 이스트먼, (36) 1886, (37) 휴대용 사진기, (38) 새로운 셔터.

서로 보완적이었다는 점이 문제가 된다. 하나의 정보가 다른 정보를 도와주는 것이다. 언어로 된 지문에 관한 독자의 이해는 (삭제되지 않은 채 그대로 있는) 도표 정보를 참고하면서 도움을 받는다. 일단 그런 보완 관계가 정보를 삭제함으로써 방해를 받는다면, 언어로 된 지문이 이해 불가능한 것은 아니라 하더라도 이해하기가 어려워진다. 시험 출제자는 그 대목을 읽고 있는 학생들이 실제로 도표 정보를 완성하는 데 필요한 정보를 얻을 수 있도록 보장해 주기 위하여, 언어로 된 지문에 정보를 추가해 줄 필요가 있다.

§.7-3. '실생활' 구현 기법:
지문 유형과 시험 과제(문항) 사이의 관계

지금까지 논의된 모든 방법의 단점은, 그것들이 이해가 검사되고 있는 지문(덩잇글)과 관련이 거의 또는 전혀 없으며, 또한 사람들이 일상생활에서 덩잇글을 읽는 방식과도 관련이 없다는 것이다. 실제로 학생들이 시험 지문을 읽고 있는 목적은 단순히 시험 물음에 답변하려는 것이다. 이들 시험 방법 대부분이 '실생활 속의 읽기'에서 이례적이고, 시험을 치르는 독자들이 읽고 있는 목적과 아마도 그들이 읽는 방식이 평상시에 그런 덩잇글을 읽는 방식과 일치하지 않을 수도 있다. 결국 시험은 학생들이 실세계에서 덩잇글을 이해하는 방식을 반영해 주지 못할 위험이 있다.

제2장에서 우리는 읽기의 결과를 결정하는 데 읽기 목적이 얼마나 중요한지를 살펴보았다. 여전히 읽기 시험에서 전형적으로 읽기를 위하여 학습자들에게 내어주는 유일한 목적은, 시험 물음들에 대답하고, 그 지문에 대한 이해 여부를 보여 주려는 것이다. 읽기 시험을 출제하는 사람에게 도전은, 기계적 공백 채우기 시험이나 택일형 시험 기법보

다 좀 더 현실적으로 될 만한 시험 구현 방법을 창조함으로써, 독자의 목적을 변동시키는 방법이다. 추가적으로 단답형 물음이 그런 물음을 이용할 법한 독자들 간의 토의를 상상할 수 있다는 점에서 실세계에 더욱 가까이 다가오며, 심지어 스스로 단답형 시험에서 찾아지는 종류의 물음들을 스스로 던지고 있는 독자를 상상해 볼 수도 있다. 물론 문제는 홀로 읽으므로 독자가 보통 다른 누군가의 물음에 대답하는 일이 없는데, 자기 나름대로 물음을 던지고 대답하는 것이다.

어떤 시험 방법을 쓸지에 대한 문제를 놓고서, 실세계에서 독자들이 읽는 방법을 반영할 법한 점차 일반화되어 가는 해결책은 스스로 정확히 다음 질문을 던지는 것이다.

> 평소에 독자가 이와 같은 덩잇글을 놓고 어떤 일을 할 것 같은가?
> (*what might a normal reader do with a text like this?*)
> 스스로 제기한 물음들 중에 독자가 어떤 종류의 것에 대답을 하려고 할 것인가?
> (*What sort of self-generated questions might the reader try to answer?*)

예를 들어, 학생에게 텔레비전 방송 안내책자를 한 권 주고서, 다음 질문들에 대답을 하도록 요구하는 경우를 생각해 보기로 한다.

Fig. 7.13 'Real-life' short-answer questions (The Oxford Delegacy Examinations in English as a Foreign Language)

〈도표 7-13〉 '실생활' 속의 단답형 물음

(a) 여러분이 월요일 오후 2시 경에 스포츠를 시청하고 있습니다. 어떤 경기(스포츠)입니까?
(b) 여러분은 수학 전공생입니다. 특히 대학생을 위해 마련된 수학 방송을 어느 시간대에 시청할 수 있습니까?
(c) 여러분은 민요를 좋아합니다. 어느 방송내용(프로그램)을 여러분이 시청할 것 같습니까?
(d) 이번 월요일에 재방송되는 방송내용의 이름을 세 가지 적어 주십시오.
(e) 미리 녹화되지 않고 사건이 일어남에 따라 생방송될 방송내용의 이름을 하나 적어 주십시오.
(f) 어느 방송내용이 차후 방영될 2회분의 연속물을 갖고 있습니까?
(g) 지역 뉴스(새소식)를 담고 있는 방송내용의 이름과 시간대를 두 가지 적어 주십시오.
(h) 여러분이 5살 미만의 어린이와 함께 월요일 아침에 텔레비전을 시청하고 있습니다. 어느 채널을 시청하게 될 것 같습니까?
(i) 왜 청각 장애자가 7시 20분에 영국 국영방송의 뉴스를 시청하려고 합니까? 그가 시청할 것 같은 다른 뉴스 방송내용은 어떤 것입니까?
(j) 여러분이 22회 분량의 연속극을 시청하고 있습니다. 월요일 저녁에는 무엇을 시청하게 될 것 같습니까?
(k) 영국 생활 방식에 대해서 더 잘 알고자 여러분이 스스로 시청하려고 선택할 것 같은 세 가지 방송내용은 어떤 것입니까? 왜 그렇습니까?

*출처: 외국어로서 영어시험, 옥스퍼드 상임 위원단

이런 종류의 시험 기법을 이미 논의된 시험 방법과 구별해 주는 바는 출제자가 스스로에게 다음의 질문을 던진다는 점이다.

이와 같은 덩잇글을 읽는 독자라면 평상시 어떤 과제를 갖고 있을까?
(*what task would a reader of a text like this normally have?*)
평소에 그런 독자가 스스로 어떤 질문을 던질 법한가?
(*what question would such a reader normally ask herself?*)

간단히 말하여, '정상적인' 이해를 측정하려는 시도로서 시험 과제를
덩잇글 유형에 합치시키려는 시도가 있다. 더 많은 읽기 시험 출제자들
이 이제 '일상생활'에서 쓰는 덩잇글들을 좀 더 긴밀하게 거울처럼 반
영해 주는 과제(시험 문항)를 마련하려고 노력하고 있다.

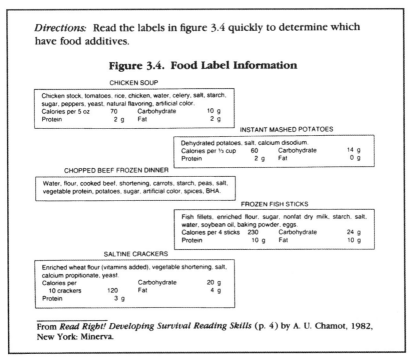

Fig. 7.14 Realistic tasks on real texts (Read Right! Developing Survival Reading Skills)

〈도표 7-14〉 실제 덩잇글을 이용한 현실적 과제

유의사항: 어느 상표에 식품 첨가물이 들어 있는지 결정하기 위하여 신속히 〈그림 3-4〉의 상표들을 읽고서,[34] 어느 상표인지 적어 놓으십시오.

〈그림 3-4〉 식품 상표에 표시된 정보

닭 수프
닭 국물, 토마토, 쌀, 닭, 물, 셀러리, 녹말, 설탕, 후추, 효모,
천연 향신료, 인공 색소
　　　5온스당 70칼로리,　　　탄수화물 10그램,
　　　　　단백질 2그램,　　　지방 2그램

즉석 식품 으깬 감자
건조 감자, 소금, 칼슘, 인산나트륨
½컵당 60칼로리,　　　탄수화물 14그램,
　　단백질 2그램,　　　지방 0그램

잘게 자른 소고기 냉동 요리
물, 밀가루, 조리된 소고기, 쇼트닝(지방), 당근, 녹말, 콩, 소금,
야채 단백질, 감자, 설탕, 인공 색소, 향신료, 방부제(부톡시드록
사아니솔 BHA)

냉동 어류 채
어류 살토막, 강화 분말, 설탕, 무지방 건조 우유, 녹말,
소금, 물, 콩기름, 베이킹 파우더, 달걀
4채 당 230칼로리,　　　탄수화물 24그램,
　　단백질 10그램,　　　지방 10그램

소금 친 크래커(비스킷)
비타민이 첨가된 강화 밀가루, 야채 쇼트닝(지방),
소금, 칼슘 정량, 효모
크래커 10개당 120칼로리,　　　탄수화물 20그램,
　　단백질 3그램,　　　지방 4그램

*출처: 차모(1982), 『올바로 읽기!, 생존을 위한 읽기 기술의 향상』, 4쪽.

---

34) (역주) food additives(식품 첨가제)에 대한 기준과 규격 따위는 어느 나라이든지 법률로
정하여 인체에 해로운 것들을 규제하고 있다. 국제보건기구(WHO)에서는 첨가제를 "식품
의 외관·향미·조직 또는 저장성을 향상시키기 위하여 미량으로 첨가되는 비영양성 물질"이
라고 정의하고 있다. 우리나라에서는 식품·의약품 안전청 고시 제2011-13호로 「식품첨가물
의 기준 및 규격」(모두 1631쪽임)을 공지하였다. 그 고시에는 '효모, 감초 추출물, 규조토,
오징어 먹물 색소, 차 추출물' 따위의 '천연 첨가물'에 대해서도 207종을 정하여 명시적으로
규정하고 있다. 이런 규정에 따르면, 본문에 제시한 상표의 사례에서 모두 식품 첨가물이
들어 있는 셈이며, 이를 시험 문제로 출제한다는 것은 그 자체로 자가당착이다. 여기서는
심각하게 그런 정의나 고시들을 하나하나 이해하는 것을 목표로 삼기보다는, 아마 상식적

3. **(b)** On the map below, various places are marked by a series of letters. For example, the place numbered 5 in the leaflet is marked E on the map. Using information given in the leaflet write, against each **number** printed under the map, the corresponding **letter** given on the map.

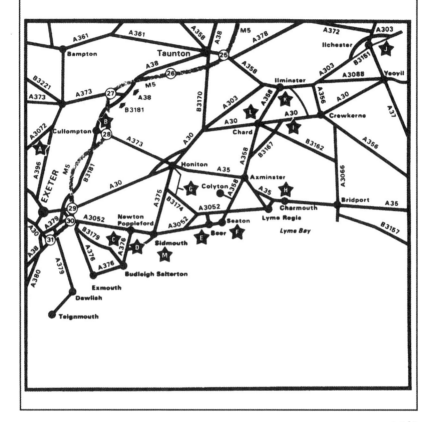

(ctd.)

으로 천연물 혼합을 제외한 인공물(우리나라 공전에서 '합성 첨가물'로 부름)의 첨가를 구분할 수 있는지를 묻고 있는 것으로 보인다. 가령, 우리나라 고시에 433종에 대한 규정을 하고 있는 '합성 첨가물'만을 대상으로 한다면, 아마 밑줄을 그어 놓은 '즉석 식품 으깬 감자, 잘게 자른 소고기 냉동 요리'가 정답일 듯하다. 미국의 경우에 470개 물질이 지정되었는데, 착향료(색깔과 냄새)를 포함할 경우에 2천여 종이나 된다고 하므로, 착색이나 미향을 도와주는 물질이 식품 첨가제에서 따로 구분되어 있는 듯하다. 그러나 만일 인공 색소까지 포함된다면 '닭 수프'도 정답 속에 들어가야 할 것이다. 아직 미국이나 영국의 고시를 보지 못하였으므로, 정확한 답을 필자로서는 잘 알 수 없다.

1

ROYAL NAVAL AIR STATION, YEOVILTON

Just off the A303 near Ilchester, Somerset
The largest collection of historic military aircraft under
one roof in Europe. Numerous ship and aircraft models,
photographs, paintings, etc., plus displays, including
the Falklands War. Also Concorde 002, with displays
and test aircraft showing the development of
supersonic passenger flight.
Flying can be viewed from the large free car park and
picnic area. Children's play area, restaurant, gift shop.
Facilities provided for the disabled.

Open daily from 10a.m. until 5.30p.m. or dusk when
earlier. Telephone: Ilchester (0935) 840565

2

Coldharbour Mill, Uffculme

An 18th century mill set in Devon's unspoilt Culm
valley where visitors can watch knitting wool spun
and cloth woven by traditional methods. These high
quality products can be purchased in the mill shop.
Other attractions include the original steam engine
and water wheel, restaurant, and attractive water-
side gardens.
Open 11a.m.-5p.m. Easter-end of September; daily.
October to Easter. Times subject to change—for
details please phone Craddock (0884) 40960.
Situated at Uffculme midway between Taunton and
Exeter, 2 miles from M5 Junction 27. Nearest town,
Cullompton.

3

THE WEST COUNTRY GARDEN — OPEN TO THE WORLD
★ 50 acres of Stately Gardens
★ James Countryside Museum
★ Exhibition on life of Sir Walter Ralegh
★ Children's Adventure Playground & teenage assault
  course
★ Temperate and Tropical Houses
★ Meet the Bicton Bunny
★ Bicton Woodland Railway
★ NEW — Bicton Exhibition Hall
★ Special events throughout the Summer.
Facilities for the disabled; self service restaurant, Buffet and
Bar. Open 1st April to 30th September 10a.m.-6p.m. Winter
11a.m.-4p.m. (Gardens only). Situated on A376 Newton
Poppleford-Budleigh Salterton Road. Tel: Colaton Raleigh
(0395) 68465.

4

Off the A376 near Budleigh Salterton
Tel: Colaton Raleigh 68521, 68031 (Craftsmen).

Otterton Mill brings stimulus and tranquility in an enchanting
corner of Devon. The mill, with its partly wooden machinery,
some of it 200 years old, is turned by the power of the River
Otter. Explanations and slides show you how it works. We sell
our flour, bread and cakes and you can sample them in the
Duckery licensed restaurant.
★ Changing exhibitions 8 months of the year.
★ Craftsmen's workshops in the attractive mill courtyard.
★ A well-stocked shop with British crafts, many made at the
  mill.

Open Good Friday-end of Oct.   10.30a.m.-5.30p.m.
Rest of the year   2.00p.m.-5.00p.m.

(ctd.)

5 E

AND PLEASURE GARDEN

A welcome awaits you high on the hillside. Enjoy the flower garden with delightful views, play Putting and Croquet, ride on the Live Steam Miniature Railway through the exciting tunnel. Lots of fun in the Children's Corner. Enjoy the Exhibition of Model Railways and garden layout. Take refreshments at the Station Buffet and in the "Orion" Pullman Car. Model and Souvenir Shops, car parking, toilets. Modest entrance charges. Exhibition & Garden open all year Mon-Fri. 10a.m.-5.30p.m. Sats. 10a.m.-1p.m. Full outdoor amenities from 26 May-Oct: inc. Spring & Summer Bank Hols. Sundays, 27 May then from 22 July-2 Sept. inclusive. **BEER, Nr. SEATON, DEVON.** **Tel: Seaton 21542**

6

Seaton to Colyton, via Colyford

Visiting Devon? Then why not come to Seaton where the unique narrow gauge Electric Tramway offers opentop double deck cars. Situated in the Axe Valley, the Tramway is an ideal place to see and photograph the wild bird life, for which the river is famous.

Colyton: is the inland terminus 3 miles from Seaton. An old town with many interesting features.

Party Booking: Apply to Seaton Tramway Co., Harbour Road, Seaton, Devon.

Tramway Services: Seaton Terminus, Harbour Road, Car Park:—Tramway operates daily from Easter to end of October, with a limited Winter service. Ring 0297 21702 or write for information.

7

A collection of rare breeds and present day British Farm Animals are displayed in a beautiful farm setting with magnificent views over the Coly Valley. Roam free over 189 acres of natural countryside and walk to prehistoric mounds.

Attractions

- Licensed Cafe
- Pony Trekking
- Donkey and Pony Rides
- Devonshire Cream Teas
- Covered Farm Barn for rainy days
- Picnic anywhere
- Nature Trails
- Pet's Enclosure
- Gifts/Craft Shop
- 18-hole Putting Green
- 'Tarzan's Leap'

Open Good Friday until 30th September
10.00a.m.-6.00p.m. daily (except Saturdays).
Farway Countryside Park, Nr. Colyton, Devon
Tel: Farway 224/367
DOGS MUST BE KEPT ON LEADS

8

Chard, Somerset Tel: Chard 3317

This old corn mill with its working water wheel and pleasant situation by the River Isle houses a unique collection of bygones well worth seeing.

The licensed restaurant offers coffee, lunches and excellent cream teas. Good quality craft shop. Free admission to restaurant, craft shop, car park and toilets. Coaches by arrangement only.

Open all year except for Christmas period.
Monday-Saturday 10.30-6.00;
Sundays 2.00-7.00 (6.00 in winter).
1 mile from Chard on A358 to Taunton.

Fig. 7.15 Information transfer: Realistic use of maps and brochure texts (The Oxford Delegacy Examinations in English as a Foreign Language)

〈도표 7-15〉 정보 옮겨 주기: 지도 및 안내책자의 실제적 사용

[물음 3b] 다음 지도에는 여러 장소가 일련의 영어 철자로 표시되어 있습니다. 가령, 네모 번호 5의 지문이 가리키는 장소는 지도에서 검정 별표 속의 E로 표시되어 있습니다(5 E). 안내책자에서 가져온 지문의 정보를 읽고, 지도 속 장소를 설명해 주는 각각의 네모 번호 옆의 빈칸 네모에다 검정 별표로 표시된 지점의 영어 문자를 적어 놓으십시오.35)

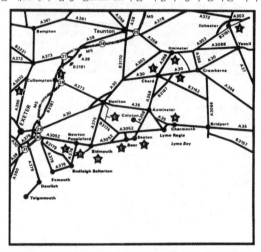

1 □ 왕립 해군 항공 기지, 여오빌튼
써머셋 일취스터 근처의 A303 도로에서 내리면, 유럽의 한 지붕 아래 쓰이던 역사적인 군용기를 다 모아 놓은 최대 수집장이 있다. 최근 1982년의 포클랜드 전투를 포함하여 온갖 군함과 군용기 모형·사진·그림과 실물들이 전시되어 있다. 또한 시험 비행을 했던 전시중인 콩코드 002는 초음속 여객기의 발전을 보여 준다. 실제 비행 모습은 대형 무료 주차장과 야외 소풍 구역에서 구경할 수 있다. 어린이 놀이시설, 음식점, 기념품점이 있고, 장애인을 위한 설비들이 제공된다. 매일 오전 10시에 열고 오후 5시 30분, 해가 짧을 경우에 해질녘에 닫는다. 전화, Ilchester (0935) 840565

2 □ 어프커움에 있는 콜드하버 공장
데븐의 청정한 커음 계곡에 18세기 공장이 자리를 잡고 있다. 방문객들은 실로 뽑은 양털 짜는 일과 전통적인 방법으로 짠 옷감을 구경할 수 있다. 높은 품질의 이런 제품들을 공장 가게에서 살 수 있다. 다른 볼거리로 초창기 증기 엔진, 물레방아, 음식점, 경관이 아름다운 강변 정원이 있다. 9월 부활절이 끝날 때까지는 개방 시간이 평일 오전 11시~오후 5시이다. 10월부터 부활절까지는 개방 시간이 바뀔 수 있다. 자세한 내용은 전화 Craddock (0884) 40960으로 하기 바란다. 토온튼과 엑시터 사이 중간 지점인 어프커움에 있다. M5 도로의 접합로(정션) ⑳로 내리면 2마일 거리이다. 가장 가까운 도심은 컬럼튼이다.

3 □ 서부 시골 정원, 온 세계 사람들에게 열려 있음
50에이커에 이르는 장중한 정원, 제임스 지역 박물관,

월터 롤리 경의 생애에 관한 전시, 어린이 모험 놀이기구, 십대 청소년 백병전 코스, 고열 및 열대 온실이 있음. 부활절 빅튼 토끼를 만날 수 있음. 새로운 빅튼 전시장 개장, 여름 내내 특별 공연, 장애인 시설, 자율 취사 식당, 뷔페, 술집이 있음. 개장 시간은 4월 1일부터 9월 30일까지 10시~6시임. 겨울에는 11시~4시임(정원에 국한). A376도로, 뉴튼 포플포드-버들리 쏠터튼 거리에 위치함. 전화, Colaton Raleigh (0395) 68465

4 □ 버들리 쏠터튼 근처의 A376 도로에서 내림
전화 Colaton Raleigh 68521, 68031(기능 보유자). 오터튼 방앗간은 데븐의 매혹적인 구석지에 자극과 평안함을 가져왔다. 일부 2백년이 넘은 목제 기계들을 갖춘 공장은 여전히 오터 강물의 힘으로 돌아간다. 슬라이드 영상과 설명으로 목제 기계가 어떻게 작동하는지를 알 수 있다. 밀가루, 빵, 케이크를 판매하며, 여러분은 오리 사냥이 허가된 식당에서 시험본으로 만들어 볼 수 있다. 전시품들이 8개월마다 교체된다. 매력적인 방앗간 안마당에 기능 보유자의 작업장이 있다. 전통 손기술로 만든 기념품들이 잘 갖춰져 있고, 이 작업장에서 만든 것들도 많이 있다. 개방 시간은 부활절 앞의 성 금요일부터 10월 말일까지 오전 10시 30분부터 오후 5시 30분까지임. 나머지 기간은 연중 오후 2시부터 5시까지임.

5 E 그리고 즐거움을 정원
언덕 위에서 환영 인사로 여러분을 맞는다. 유쾌한 볼거리와 함께, 퍼팅과 나무망치 타구를 하고, 흥분되는 터널을 통과하는 활기찬 증기기차 축소모형을 타고 꽃 정원을 감상하기 바란다. 어린이 구역에는 재미있는 놀이기

구가 많다. 모형 기차의 전시와 정원 배치도 즐거움을 준다. 기차역 뷔페에서 그리고 '오리온' 침대칸 자동차에서 다과를 먹을 수 있다. 모형과 기념품 가게, 주차장, 화장실이 있다. 입장료가 가장 싸다. 전시 및 정원의 개방 시간은 연중 월요일~금요일 10시부터 5시 30분까지이고, 토요일은 10시부터 1시까지이다. 5월 26일부터 10월까지 야외 편의시설을 충분히 이용할 수 있다. 봄·여름의 법정휴일, 일요일, 오순절 뒤 첫 월요일인 5월 27일을 포함하여, 7월 22일로부터 9월 2일까지 모두 해당된다. 위치는 데븐, 씨이튼 근처의 비어이고, 전화는 Seaton 21542이다.

⑥ □ 콜리포드를 경유하여, 씨이튼부터 콜리튼까지 데븐 주를 찾아오시는가? 그렇다면 왜 씨이튼을 찾지 않는가? 유일한 협궤 경전철에서 지붕 없이 2단으로 된 침대차를 제공해 준다. 엑스 계곡에 위치한 경전철은 그곳을 흐르는 강이 유명하며, 야생 조류 생활을 보고 사진을 찍을 수 있는 이상적인 장소이다.

〈콜리튼〉: 씨이튼으로부터 3마일 정도에서 끝나는 내륙이며, 흥미로운 특징들을 많이 지닌 옛 도심이다.
〈파티 예약제〉: 데븐, 씨이튼, 항만 도로에 있는 씨이튼 경전철 회사에서 운영한다.
〈경전철 운행〉: 항만 도로, 씨이튼 종점.
〈주차 구역〉: 경전철은 부활절로부터 10월 말일까지 매일 운행하지만 겨울에는 제한 시간에만 운행한다. 추가 정보를 얻으려면 0297 21702로 전화하거나 편지를 주기 바란다.

⑦ □ 영국 농장의 가축
희귀한 품종들을 모아 놓았다. 현재 영국 농장 가축이 모두 콜리 계곡에 걸친 장관과 더불어 아름다운 농장 무대에 펼쳐져 있다. 189에이커가 넘는 시골에서 자유롭게 돌아다니고 선사시대 고분들까지 걸어가 보기 바란다. 매력 있는 장소로서는 허가된 카페, 망아지 타고 돌아보기, 당나귀와 망아지 타기, 데븐셔 거품 차, 우천시 지붕 덮인 마구간, 어느 곳에서든지 야외 소풍, 자연 샛길 걷기, 애완동물 울타리, 기념품 수공예 가게, 18홀 잔디 퍼팅, 타잔 줄타기.
개방 시간은 부활절 앞의 성 금요일부터 9월 30일까지 토요일을 제외하고 매일 10시부터 6시까지임. 위치는 데븐, 콜리튼 근처, 먼 시골 지구 공원이고, 전화는 Farway 224/367임.
개들은 반드시 개줄로 묶여 있어야 함!

⑧ □ 써머셋, 촤드 물레방아 방앗간. 전화 Chard 3317
이곳은 물레방아로 찧는 오래된 옥수수 방앗간이다. 아일 강 가으들 곁의 쾌적한 장소에 있으며, 볼 만한 옛날 유물들을 모아두었다. 허가 받은 식당에서 커피, 점심, 빼어난 거품 차를 제공한다. 품질 좋은 수공예 가게도 있다. 식당, 수공예 가게, 주차장, 화장실이 모두 무료이다. 오직 마차 이용만은 미리 예약해야 한다. 크리스마스 휴일을 제외하고 연중 열려 있다. 개방 시간이 월요일~토요일은 10시 30분~6시이다. A358도로를 타고 토튼 쪽으로 가다가 촤드에서 내려 1마일 거리에 있다.

*출처: 외국어로서의 영어 시험, 옥스퍼드 상임 위원단

제2장에서 우리는 지문(덩잇글)의 선택이 읽기의 본성에 대한 이해에 얼마나 중요한지, 지문(덩잇글) 유형과 주제가 읽기 결과뿐만 아니라 또한 과정에 얼마나 두드러진 영향력을 지니는지, 그리고 다른 변인들의 영향력 중에서 가장 두드러진 독자의 동기 및 배경지식이 읽고 있는 지문에 의하여 어떻게 매개되는지를 살펴보았다. 비슷하게, 읽기 평가에서도 평가가 근거하고 있는 지문(덩잇글)도 독자의 수행 및 능력에 관한 추정값에 잠재적으로 주된 영향력을 지니고 있다. 이는 세 가지 주요 이유 때문에 그러하다. 첫째, 앞에서 암시된 것처럼, 지문(덩잇글)이 시험 수행을 놓고서 다른 변인들의 영향력을 매개하는 방식 때문이

---

35) (역주) 지도의 별표 속 영어 글자가 지문에서 언급한 8개 장소보다 5개가 더 많다. 정답이 표시된 '⑤ E'를 제외하고, 필자의 생각에 정답은 다음과 같다. ①은 J이고, ②는 B이며, ③은 D이다. 그리고 ④는 C이고, ⑥은 F이며, ⑦은 G이고, ⑧은 L이다.

다. 둘째, 독자에게 수행하도록 요구된 과제가 그 독자의 읽기 목적으로 간주될 수 있다는 개념 때문이다. 따라서 목적이 크게 수행에 영향을 미침을 알고 있으므로(제2장을 보기 바람), 적합한 과제들을 마련하는 일이, 읽기를 위하여 적합하고 다양한 목적들을 출제하는 한 가지 방식이 된다. 그리고 목적 및 과제가 둘 모두 덩잇글(지문)의 선택에 관련되므로, 덩잇글 유형과 주제에 대한 고려가 내용 타당도를 높이는 데에 중요하다. 마지막 셋째 이유는, 또한 독자에게 요구된 과제들이 선택된 덩잇글(지문)과 관련되는 방식 때문이다. 이미 저자는 일부 시험 기법이 특정한 덩잇글의 유형을 이용하는 데에 적합하지 않을 것임을 시사하였다. 그 함의는 선택된 덩잇글에 따라서 타당치 않게 과제를 이용할 가능성이 있다는 것이다.

그렇지만 이런 논제에도 또한 긍정적인 측면이 있다. 덩잇글(지문) 및 잠재적인 과제 사이에 있는 관계에 대하여 생각하는 일이, 출제자들에게 유용한 원칙이고, 출제 단계에서뿐만 아니라 또한 읽기의 향상된 측정 방식을 위해서도 개선의 가능성을 제시해 준다. 저자는 덩잇글(지문) 및 과제 사이의 관계에 대해 능동적으로 생각해 보는 일이, 임의의 독자가 적합하게 읽었는지 여부를 놓고서 적합한 결정에 도달하는 한 가지 방식이라고 시사하였다.

읽기의 평가에 대한 초기의 접근법에서는 덩잇글 및 시험 문항 사이에 있는 관계에 대해서 그리 주목을 많이 해 보지 못한 것으로 보인다. 대부분의 출제자는 아마 지문이 담고 있는 '생각'들을 중심으로 덩잇글을 검토하고 나서(의심할 바 없이 언어 복잡성·일반적 수용 가능성·주제의 관련성과 같은 특정 매개인자 속에서 검토됨), 시험 문항을 위한 초점으로 덩잇글 내용을 이용했던 듯하다. 덩잇글은 시험을 치르게 될 충분한 '대상'(*things*, 것)들을 제공해 준다면 이용될 수 있다. 즉, 충분한 사실적 정보·중심 생각·추론 가능한 의미 등이다.

좀 더 최근의 대안 접근법에서는 어떤 기술을 우리가 검사하고자 하는지를 결정하고, 유관한 덩잇글(지문)을 선택한 다음에, 그 지문의 어떤 부분이 읽게 될 목표 기술의 이용을 요구하는지를 직관하여 깨닫는다. 임의의 덩잇글에서 전부 또는 일부를 이해하기 위하여 실제로 어떤 기술이 요구되는지를 알아내는 문제는 제2장에서 이미 논의되었다. 그렇지만 여전히 덩잇글 및 시험 문항 사이에 있는 관계는 비교적 미묘하다. 덩잇글은 기술의 적용이나 또는 '생각의 추출'을 위한 매체인 것이다.

저자는 '의사소통 접근의' 대안이 우선 목표 집단의 독자가 읽을 만한 가능성이 높은 덩잇글들을 선택하고, 그러고 나서 그런 덩잇글들을 살펴보면서 스스로 다음 질문을 던져야 한다고 시사하였다.

① 평상시에 이와 같은 덩잇글을 읽는 독자라면, 이 덩잇글로 무엇을 할 것 같은가?

(*what would a normal reader of a text like this do with it?*)

② 왜 이 덩잇글을 읽고 있을 것 같은가?

(*why would they be reading it?*)

③ 어떤 환경에서 이런 덩잇글을 읽고 있겠는가?

(*in what circumstances might they be reading the text?*)

④ 이런 덩잇글을 놓고 그들은 어떻게 접근할 것 같은가?

(*how would they approach such a text?*)

⑤ 이 덩잇글로부터 얻어갈 것으로 또는 다 읽은 뒤 실행할 수 있을 것으로 기대하는 게 무엇일 것 같은가?

(*what might they be expected to get out of the text or to be able to do after reading it?*)

이들 질문에 대한 답변은, 출제자에게 이용하기에 적합할 법한 시험 기법의 유형에 대하여, 과제들이 언어로 표현될 수 있는 방식에 대하여, 한 가지 착상을 내어 줄 수 있다.

출제자들이 시험 수단으로서 합당하게 포함할 만한 덩잇글의 종류에 대한 자신들의 관점을 확대해 나감에 따라 이런 접근법은 점차 일반화되고 있다. 초기 읽기 시험에서는 전형적으로 검사되고 있는 언어에서 그 성격상 서사 이야기 또는 서술적인 고전 문학 작품들이나 유명한 현대 소설로부터 가져온 지문들을 포함했었고,[36] 가끔씩 과학적이거나 유사-과학적인 설명문들로부터 지문을 뽑았었다. 선택된 지문은 길이가 보통 150개 낱말과 350개 낱말 사이였고, 더 큰 대목으로부터 발췌한 것으로 명백히 출처가 밝혀졌으며, 흔히 그림이나 다른 어떤 종류의 도표 자료도 없이 거의 온전히 언어적인 내용이었다.

좀 더 최근에는 시험들이 지문과 더불어 빈번히 도표 자료를 담고 있다. 일람표, 도표, 사진, 그림 따위이다. 이는 정보 옮겨 주기 시험 기법에 적합하게 이용될 수도 있고 그렇지 않을 수도 있다. 그렇지만 가장 두드러진 것은 지문이 점차 문학류가 아닌 참된 실생활 자료로부터 가져오고 있고, 본디 글자체나 서식을 그대로 그리고 원래의 길이로 제시하여, 따라서 복제물(facsimiles)의 모습으로 이용하게 된다. 종종 사회적 구난(survival, 재해 구조) 성격의 덩잇글도 싣는데, 신문, 광고, 장볼 목록, 시간표, 공공 안내문, 법률 덩잇글, 편지 등에서 뽑는다. 그런 지문은 분명히 좀 더 '참된 실생활 속성의(authentic)' 평가 과제에 도움이 된다. 따라서 일부에서는 비-시험 현장에 대하여 잠재적으로 강화된 타당도 및 일반화 가능성을 옹호하여 논의한다.

전통적 시험 기법을 담고 있는 시험조차 지문 및 과제 사이의 관계에서 참된 실생활 속성을 더 크게 성취하려고 노력한다. 가령, 응시자에게 먼저 물음들을 읽고 나서, 지문을 훑어 읽어 나가면서 각각의 답변을 찾도록 장려해 주기 위하여 지문 앞에 물음들을 배치해 놓는 일이다.

---

36) (역주) 이점에 대해서는 이미 이 책의 §.2-5-3에서 충분히 다뤄져 있다. 번역자 또한 세 개의 역주를 추가적으로 달아놓았다. 142쪽 §.2-5-3의 역주 58), 281쪽 §.5-2-2의 역주 9), 351쪽 §.6-3 '상황 3'의 역주 12)를 함께 읽어 보기 바란다.

그렇기 때문에 이는 독자들에게 모종의 읽기 목적을 제공해 주는 셈이다.

§.7-4. 격식 없이 시행하는 평가 방법

지금까지 우리는 지필 시험 형식의 공식적으로 격식 갖춘 읽기의 평가에서 이용될 수 있는 시험 기법들을 논의하였다. 그렇지만 일정 범위의 다른 시험 기법들도 있는데, 독자를 평가하는 데에 빈번히 격식 없이 이용된다. 이것들은 특히 교실수업에 근거하여 지속적으로 이뤄지는 학습자의 평가와 관련된다. 특히 읽기를 배우고 있는 학습자, 특히 독서 지체를 겪는 학습자, 어른 대상의 읽는 힘(*literacy*)[37] 기르기 교육을 받는 학습자와 관련된다. 어른 교육의 환경에서는 각별히 자주 공식적으로 격식 갖춘 시험이나 평가 절차에 대한 강한 거부감이 있는데, 다음과 같이 네 가지 이유 때문이다. 첫째, 어른 학습자들이 시험을 이전에 겪었던 실패와 연결시킬 수 있기 때문이다. 둘째, 격식 갖춘 수단으로 향상 과정을 측정하기가 어려울 수 있기 때문이다. 셋째, 교사나 출제자가 스스로 시험을 (언제나 합당한 것은 아니지만) 의혹의 눈길로 바라보기 때문이다. 넷째, 로줘즈(Rogers)가 말하듯이 종종 "읽는 힘에 대한 훈련은 기술들을 향상시키는 일만이 아니다. 이는 좀 더 올바른 태도 기르는 일, 특히 학습자들의 자신감(*confidence*)을 세워 주는 일에 관한 문제이다."(Rogers 1995; Fordham et al. 1995에 있는 서문 vi쪽)

사실상 바아튼(Barton 1994a)에서 지적하듯이, 영국의 경우에 어른의 읽는 힘 기르기 얼개에서 최근까지도 외부 평가 및 평정을 회피하려는 의식적인 시도가 있었다. 그는 학부모와 교육자들, 특히 "읽는 힘을 임의의 맥락으로부터 고립시키거나 아니면 임의의 맥락을 모의하는"(바

---

37) (역주) 어원이 letter(글자)에서 나온 literacy(읽는 힘)에 대해서는 xx쪽 총서 편집자 서문의 역주 4), 61쪽 §.1-9의 역주 68)과 62쪽 70), 280쪽 §.5-2-2의 역주 8)을 보기 바란다.

아튼 1994a: 211쪽) 사람들이, 표준화된 시험을 이용하는 일에 신중해지도록 조언하였고,[38] 대신 교사의 평가 및 학습자 자신의 자기평가에 좀 더 많이 의존하도록 조언하였다. 그리고 이봐닉·해밀튼(Ivanic and Hamilton 1989)에서도 어른들이 자신의 읽는 힘에 대한 평가는, 다양한 역할과 맥락에서 찾을 수 있는 현재의 필요성 및 열망에 의해서 정의되는 것이지, 독립적 측정값과 객관적 시험에 의해 정의되는 것이 아니라는 믿음을 언급하였다.

일반적으로 쓰이는 평가 기법에는 다음 네 가지 방법이 포함된다. ① 독자로 하여금 큰 소리를 내어 읽도록 하고, 자신의 능력에 대한 인상적 판단을 내리는 일, 또는 자신의 수행을 견주어 보기 위한 점검표를 이용하는 일, ② 격식 갖추었거나 격식 없이 큰 소리로 읽는 행위를 놓고서 단서 착각에 대한 분석을[39] 시행하는 일, ③ 특정한 읽기 수행에 근거하든가 아니면 일기의 도움을 받든가 하면서, 자신의 읽기 습관·문제·수행에 대하여 독자를 면담하는 일, ④ 읽기 성취 수준 및 능숙도(256쪽 §.4-8의 역주 20 참고)를 평가하기 위하여, 큰 소리 내면서 생각하기·일기·독자 보고를 포함하여 자기 보고 기법을 이용하는 일.

제2 언어 읽기 맥락에서도 너톨(Nuttall 1996)은 폭넓게 읽기(*extensive*

---

38) (역주) 여기서 표준화된 시험(검사)은 곧 외부 전문기관에서 공식적으로 실시하는 임의의 평가나 또는 특별히 검사를 위한 문제지를 구입하는 일을 가리킨다. 이런 외부 기관의 평가는 한 주기의 교육 기간이 다 끝날 경우에 실시되는 것이 나은 선택이다. 평상시에는 점진적인 학습자의 향상 과정을 독려하기 위하여, 비록 격식을 엄격히 갖추지 않았더라도 교사에 의해 주도되거나 학습자 스스로 자기 평가에 의해 이뤄지는 시험 형태가 더 낫다고 보는 것이다.

39) (역주) miscue(단서 착각)에 대한 분석은 9쪽 §.1-2-10의 역주 10)과 102쪽 §.2-2-6의 역주 28)을 읽어 보기 바란다. miscue(단서 착각)는 misunderstanding(오독)과 엄격히 구분되어 쓰여야 마땅하다. 왜냐하면 전자는 부주의한 실수로 간주되는 것이고, 후자는 구조적인 오류에 속하기 때문이다. 구조적인 것은 당장 고쳐지거나 개선될 수 없고, 일정 기간의 강도 높은 교육을 거친 뒤에라야 비로소 가능하다. 그렇지만 부주의한 실수는 책을 읽어 나가면서 어디에 주목해야 하는지를 반복하여 연습시키게 되면 충분히 개선될 수 있는 것이다. 단서 착각은 §.9-4-5에서 다시 한계점을 언급하여 비판을 받는다. 단서 착각이 오직 낭독만을 다루게 되고, 낱말 이상을 다룰 수 없으며, 심층의 추론 과정을 드러낼 수도 없으므로, 만일 유용하게 쓰려면 낮은 수준의 초보 학습자에게만 가능하다고 보았다.

reading, 다독, 66쪽 §.1-9의 역주 71 참고)를 놓고서 격식 갖춘 정규 시험을 권하지 않는다. 서로 다른 독자들이 임의의 시간에 서로 다른 책들을 읽을 뿐만 아니라, 또한 폭넓게 읽기를 검사하는 일도 학생으로 하여금 덜 자유롭고 넓게, 그리고 그리 즐거움이 없이 강제로 읽게 만든다면, 오히려 해로움만 끼칠 것으로 본다. 대신 학생들이 어떤 책을 읽었는지에 대한 기록이, 특히 만일 학급 문고에 있는 책들이 난이도 수준별로 잘 정돈되어 있다면, 폭넓게 읽기에서 향상에 대한 충분한 증거를 제공해 준다고 너톨은 시사하였다. 따라서 학생들의 읽기 능력 향상은, 학급 문고에 있는 정돈된 도서들의 한 수준에서 다음 수준으로 점차 올라가는 일로 가시화된다. 그녀는 폭넓게 읽기(다독)를 놓고서 읽기 능력의 수준에 대한 유용한 평가로서 다음 사례를 한 가지 제시해 준다.

> 호머 학생은 주로 학급 문고에서 수준 4의 책들을 읽지만, 수준 5에 있는 소수의 책들도 즐겁게 읽었다. 전쟁 이야기와 여행 견문록을 더 읽고 싶어 한다. (너톨 1996: 143쪽)
>
> (*Homer reads mainly at level 5 but has enjoyed a few titles from level 5. Keen on war stories and travel books.* Nuttall 1996: 143)

그런 정보를 모으기 위해서, 교사가 직접 학생들의 읽기 및 그들의 반응에 대하여 자세한 관찰을 할 수도 있고, 아니면 가령 사적인 독서 일기, 모든 학급 구성원의 정규적 읽기 기록(*Reading Diets*, 후술 도표 속의 설명을 보기 바람), 설문지에 대한 응답, 또는 읽기 즐거움에 대하여 격식 없이 가진 면담 질문 따위로부터 찾을 수 있는 읽기 습관에 관한 정보에 따라, 어떤 책들이 읽혔는지 알 수 있는 기록을 학생이 스스로 적도록 하여 보충할 수도 있다. 비슷하게 만일 동기를 너무 박탈해 버리는 것이 아니었더라면, 주어진 수준에 있는 덩잇글을 독자가 잘 이해하였는지 여부를 평가하기 위하여, 기계적 빈칸 채우기 기법도 학급 문고로부터 선택된 표본 지문들을 놓고 이용될 수 있었을 것이다.

포어듬 외(Fordham et al 1995)에서는 어른의 읽기 힘을 기르는 교육 내용을 놓고서, 향상을 위한 일정 범위의 가능한 접근 및 방법들을 제시한다. 집단적 개관 검토와 모임 토론이 '풍부하게 정보를 얻는 가장 간단하고 가장 효과적인 방법'으로, 특히 개인별 난점들을 '일반화하는 (*depersonalize*)' 접근으로 제시되어 있다. 주어진 본보기 질문들은 개인별 향상이나 성취보다는, 오히려 어른 교육 내용의 평가에 초점을 맞추는 듯하다. 예를 들어 "여러분은 교육 내용을 따라가기가 즐겁습니까?, 교육 내용의 진전 속도가 너무 느리다고 느끼십니까?, 여러분이 기대했던 만큼 도움을 받고 있습니까?" 등이다(포어듬 외 1995: 108쪽).

그렇지만 그런 물음이 개인별 면담으로 이뤄질 수 있으며, 개인별 차이뿐만 아니라 개인별 관심사항들도 드러낼 수 있을 것임은 의심의 여지가 없는데, 이것이 원래 저자들이 제시하였던 두 번째 일반적 접근이다. 여기서 문화에 따라 개인별 면담이나 면담자의 방문을 꺼려할 수도 있음을 유의해야 한다. 교사나 시험 출제자나 급우에 의해서 면담을 진행하는 동안에 개인들이 편안히 느끼도록 하는 것이 본질적이다. 열려 있는 의문사 질문(wh-question)이 닫힌 질문보다 더 유용한 것으로 추천된다. 면담 주체들에게는 나중에 참고할 수 있도록 개별 면담에 관한 이용 가능한 기록을 해 두도록 권고된다(다음 논의를 참고 바람).

이런 종류의 평가에서 유용한 두 가지 다른 접근이 교실수업 관찰뿐만 아니라, 또한 평상시 대화 및 관찰이다. 교실수업 관찰은40) 그 목적

---

40) (역주) 흔히 아무렇게나 인상적으로 관찰하는 듯이 생각하겠지만, 엄격히 의사소통 중심 언어 교육에서는 이는 교실수업 관찰에 대한 일정한 도표를 통해 이뤄진다. 도표 속의 관련 난에 관찰하면서 표시된 요인들을 모두 합쳐서 임의 수업에 대한 질적 내용들을 평가하게 된다. 흔히 약자 '콜트'로 불리면서 가장 널리 쓰이는 스패더·프뢸릭(Spada and Föhlich 1995), 『언어 수업의 의사소통 지향성(COLT) 관찰 얼개: 부호 약정과 적용(*Communicative Orientation of Language Teaching Observation Scheme: Coding Conventions and Applications*)』 (National Centre for English Reaching and Research, Macquarie University)를 보기 바란다. 또한 와인륍(Wajnryb 1992; 임칠성·최진희·정영아 뒤침 2014), 『언어 수업 관찰』(박이정)도 참고하기 바란다.

이 판단이 아니라 뒷받침이라는 점을 이해하여 실행되어야 한다. 왜냐하면 교사들이 종종 자신의 수업이 외부인에 의해 관찰되는 경우에 불편하게 생각하기 때문이다. 차 마시는 휴식 시간이나, 교실 수업 이전과 이후의 쉬는 시간이나, 우연한 만남에서 이뤄지는 평상시 대화뿐만 아니라, 또한 '방법'으로 아직 분류되지 않았으나 몸짓과 얼굴 표정과 같이 비-언어적 행위에 대한 관찰이 아주 유용한 정보를 제공해 주는 것으로 믿어진다. 아마 이는 차후에 언급된 다른 접근 수단에 의해서 후속 보완될 수 있다.

언급된 오직 '읽는 힘 기르기 기술'의 한 가지인 읽기를 평가하는 데에 포어듬 외(1005)에서는 '읽기를 점검하는' 다수의 방식들을 제안하였는데, 아마도 '점검'이 '평가'나 '시험'보다 덜 격식적이고 덜 공포감을 느낄 듯하다. 이것들은 다음 10가지 사항을 포함한다.

읽기 점검 사항

① 향상(*progress*, 진전)에 대하여 학습자와 이야기 나누기
② 큰 소리 내어 읽기(그러나 이것이 묵독과 다름에 주의해야 하고, 일부 독자들이 여러 사람 앞에서 이를 수행하는 일에 대하여 아주 부끄럽게 여길 수 있음)
③ 단서 착각 분석[41]: "이는 유창성을 평가하고 새로운 낱말의 뜻을 알아내고 지문으로부터 의미(주제)를 도출하기 위하여 독자가 어떤 전략들을 이용하고 있는지 찾아내는 한 가지 방법이다. 그러나 이것이 어떤 형태이든지 간에, 읽기 기술에 대한 시험을 치르는 것은 아니다": 111쪽)
④ 이해를 위한 읽기에서 묵독을 하는 동안에 독자가 얼마나 많은 것을 지문에서 얻어내는지 점검하기
⑤ 지문에 대한 물음들에 답변하기(가능하다면 짝끼리 입말로 진행함)
⑥ 기계적 공백 또는 빈칸 채우기 연습: 이것들의 주요 가치는 이미 답변한 대로 독자들이 왜 그렇게 대답하게 되었는지에 관하여 독자들과 함께 이야기할 기회를 제공해 주는데, 따라서 가능하다면 독자들이 읽기 과제에 접근한 방식을 놓고서 통찰력을 제공해 줄 것으로 간주한다.

⑦ 짝 지워진 읽기

⑧ '시험'이라기보다 오히려 '실생활 상황'(이런 실생활 상황에서 학습자들이 교실 수업 외의 새로운 맥락 속에서 낱말들을 이해하는 방법에 대하여 보고하도록 장려됨).

⑨ 모든 학급 구성원의 정규적 읽기 기록(*Reading Diets*): 특정 기간 동안 이 뤄진 모든 학급 구성원들의 읽기 활동을 대상으로 하여 학습자 또는 교사에 의해 작성된 비망록이나 다른 기록물이며, 오랜 시간에 걸쳐 서로 비교할 수 있게 해 준다.

⑩ 다음과 같은 물음을 던지기, "학습자들이 이전에는 감당할 수 없었던 모종의 덩잇글을 읽을 수 있었습니까?, 학습자들이 무엇을 읽었습니까?, 앞번에는 일부러 회피하고자 했던 모종의 덩잇글을 놓고서 이제는 읽어 보려고 시도를 합니까?"

*출처: 포어듬 외(1995).

읽는 힘을 기술에 근거한 것으로 보며 따라서 필경 맥락으로부터 읽는 힘을 따로 분리해 버리는 일에 관한 표준화된 시험에 대하여 비판적인 글도 있다. 리틀 외(Lytle et al. 1989)에서는 그들이 '읽는 힘 평가'에 대하여 학습자들이 중심적으로 간여된 '참여 접근'으로 부른 바를 설명하고 있다. 이런 참여적 평가는 다양한 측면들을 포함한다. 연습에 대한 설명, 전략에 대한 평가, 목표에 대한 지각과 논의의 포함이다. 따라서 읽는 힘이 부분적으로 이용된 사회적 그물짜임(*social networks*)을 탐구하기 위하여, 학습자들이 읽는 힘 기르기 활동에 간여하는 다양한 현장들을 서술해 주도록 장려된다. 읽는 힘을 기르기 위하여, 다양한 덩잇글과 과제들을 다루는 학습자의 전략들과 읽는 힘 기르기 활동의 수행 기록철(*portfolio*) 형태로 문서화된다. 개인별 읽는 힘의 학습 및 이력에 관한 그들 자신의 생각, 그리고 그들에게 읽는 힘이 무엇을 의미하는지에 관한 그들 자신의 견해가 면담으로 탐구된다. 학습자들은 읽는 힘

---

41) (역주) 자세한 설명은 102쪽 §.2-2-6의 역주 28)과 470쪽 §.7-4의 역주 39)를 참고 바란다.

학습을 위하여 그들 나름의 목표와 목적을 찾아내고, 우선 순위를 매겨 놓도록 장려된다.

그런 평가에 이용된 방법이 리틀 외(Lytle et al. 1989)에 서술되어 있는데, 그것들을 구현하면서 일어난 문제도 함께 서술되어 있다. 학습자들을 자신의 평가에 능동적으로 참여시키는 일이, 학생과 교사 사이에서 새로운 역할 및 힘의 관계를 창조하였는데, 많은 이들이 불편하게 느꼈다. 수행 기록철 만들기와 같이 몇 가지 이용된 방법들은 전통적 시험에서보다 훨씬 더 많은 시간이 소비되었고, 따라서 일부에 의해서 거부되었다. 그리고 이 절차가 아주 복잡하였기 때문에, 교사들이 사용을 위해 더 많은 훈련이 필요하였다. 따라서 좀 더 전통적인 시험 실시와 평가 절차를 대신하여 이런 절차를 이용하려고 옹호되는 경우에, 덜 익숙하고, 더 격식이 없으며, 더욱 복잡한 평가 절차의 도입과 이용에 관련된 어려움들이 응당 간과되어서는 안 된다.

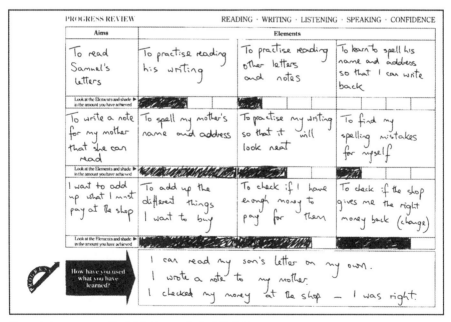

Fig. 7.16 A progress profile (Adult Literacy Basic Skills Unit)

〈도표 7-16〉 성인 교육 향상 일람표

◁ 향상 개관 ▷			읽기, 쓰기, 듣기, 말하기, 자신감
목적	수행 요소		
아들 쌔무얼의 편지 읽기	아들이 쓴 글을 읽는 연습	다른 편지와 비망록 쪽지를 읽기 연습	아들 이름과 주소를 적는 법 익혀서 답장을 보낼 수 있도록 하기
달성한 만큼 검게 칠하기	███████	██	
꼭 읽을 필요가 있는 비망록 쪽지를 어머니한테 쓰기	어머니 이름과 주소를 글로 쓰기	깔끔하게 보이도록 내 자신의 글씨를 연습하기	스스로 맞춤법 실수를 찾아내기
달성한 만큼 검게 칠하기	██████████		
가게에 치러야 할 외상값을 더 적고 싶다	내가 사고 싶은 다른 물건들을 더 적어 놓기	외상값을 치를 돈을 충분히 갖고 있는지 점검하기	가게에서 거스름돈을 제대로 주는지 점검하기
달성한 만큼 검게 칠하기		████████	████████
익힌 것을 어떻게 써 보았습니까?	내 아들의 편지를 스스로 읽을 수 있다 어머니한테 비망록 쪽지를 적었다 가게에서 거스름 돈을 확인하였는데, 제대로 잘 하였다		

*출처: '어른의 읽는 힘에 관한 기본 기술 단위' ALBSU

아주 중요하고 자주 옹호되는 방법이 읽기 활동 및 과정에 대한 체계적 기록 유지 방법이다. 때로 이는 영국에서 '어른의 읽는 힘에 관한 기본 기술 단위(ALBSU, Adult Literacy Basic Skills Unit)'에서 이용된 것과 같은 '향상 일람표(Progress Profiles)'이며, 〈도표 7-16〉에서 예시되어 있다.

교사들은 이런 모습으로 자주 교실 수업 행동의 관찰 및 서술에 근거하여, 자신이 가르치는 학습자들의 수행에 대한 기록을 해 놓는다. 만일 항목들이 좀 더 격식 갖춘 문서나 또는 학교의 학사력으로[42] 1년이나 그 이상의 실질적인 기간에 걸쳐서 좀 더 체계적 모습으로 만들어진다면, 사뭇 포괄적인 향상의 일람표(profile)가 세워져서 점검된 향상에 대한 기록으로 이바지할 수 있다. 한 가지 그런 제도가 '읽는 힘 향상의 저울눈 일람표(Literacy Profile Scales)'인데, 처음 호주 빅토리아에서 계발되었고, 그 이후로 제1 언어 독자의 읽기 향상을 기록하기 위하여 다수의 영어권 맥락에서 이용되어 왔다(Griffin et al. 1995). 관찰 기록을

---

42) (역주) 서구에서는 9월이 새 학기이므로 학사력(a school year)에 따른 1년이 이듬해 봄 학기까지 걸쳐 있다. 395쪽 §.7-2-3의 역주 12)를 보기 바란다.

위한 〈도표 7-17〉과 결과를 보고하기 위한 〈도표 7-18〉을 보기 바란다.

Reading Profile Class Record

Class .... School ....

Teacher ....

Band

Band	Description
I	Is skillful in analyzing and interpreting own response to reading. Can respond to a wide range of text styles.
H	Is clear about own purpose for reading. Reads beyond literal text and seeks deeper meaning. Can relate social implications to text.
G	Reads for learning as well as pleasure. Reads widely and draws ideas and issues together. Is developing a critical approach to analysis of ideas and writing.
F	Is familiar with a range of genres. Can interpret, analyze and explain responses to text passages.
E	Will tackle difficult texts. Writing and general knowledge reflect reading. Literary response reflects confidence in settings and characters.
D	Expects and anticipates sense and meaning in text. Discussion reflects grasp of whole meanings. Now absorbs ideas and language.
C	Looks for meaning in text. Reading and discussion of text shows enjoyment of reading. Shares experience with others.
B	Recognizes many familiar words. Attempts new words. Will retell story from a book. Is starting to become an active reader. Interested in own writing.
A	Knows how a book works. Likes to look at books and listen to stories. Likes to talk about stories.

Fig. 7.17 Literacy Profile Scales: record keeping (The Reading Profile Class Record, Australian Curriculum Studies Association, Inc.)

<도표 7-17> 읽는 힘 향상에 대한 눈금 일람표: 수업 관찰 기록용

읽기 향상 일람표에 따른 교실 수업 기록											
학교 이름 _____ 학급 _____ 교사 이름 _____											
등 급											
높음 Ⅰ	읽기에 대한 자신의 답변을 분석하고 해석하는 데에 능숙하다. 광범위한 덩잇글 유형을 놓고서도 대답을 할 수 있다.										
H	읽기를 위한 목적에 대하여 분명히 알고 있다. 덩잇글의 축자적 의미를 넘어선 더 깊은 뜻을 찾는다. 사회관계의 함의를 덩잇글과 관련지을 수 있다.										
G	학습뿐만 아니라 즐거움을 위하여 읽는다. 널리 읽으면서 착상이나 논제를 함께 이끌어 낸다. 착상의 분석과 글쓰기에 대한 비판적 접근을 발전시키고 있다.										
F	일정 범위의 덩잇글 갈래들에 친숙하다. 지문에 대한 반응을 해석하고 분석하며 설명할 수 있다.										
중간 E	어려운 덩잇글들을 다룰 줄 안다. 글쓰기와 일반 지식이 읽기를 반영해 준다. 문학류 답변은 사건 현장과 주인공에 대한 자신감을 반영한다.										
D	덩잇글에 있는 어감과 의미를 기대하고 예상한다. 토론이 전체 의미의 파악을 반영해 준다. 이제 착상과 언어를 흡수하고 있다.										
C	덩잇글에 있는 의미를 찾는다. 읽기와 덩잇글에 대한 토론이 즐겁게 읽음을 보여 준다. 급우들과도 말을 하면서 자신의 경험을 나눠 갖는다.										
B	익숙한 낱말들을 많이 알아차린다. 새로운 낱말들도 뜻을 알아보려고 한다. 책에서 읽은 이야기를 다시 말해 준다. 능동적인 독자가 되는 일을 시작하고 있다. 자신의 글쓰기에도 관심이 있다.										
낮음 A	책이 어떻게 작동하는지를 안다. 책 보기를 좋아하고, 이야기 듣기를 좋아한다. 이야기들에 대하여 말하기를 좋아한다.										

*출처: 호주 교과과정 연구 연합회, 『읽기 향상 일람표의 교실 수업 기록지』

Reading Profile Rocket

Class .... School ....

Teacher .... Student...

Is clear about own purpose for reading. Reads beyond literal text and seeks deeper meaning. Can relate social implications to text.

Is familiar with a range of genres. Can interpret, analyze and explain responses to text passages.

Expects and anticipates sense and meaning in text. Discussion reflects grasp of whole meanings. Now absorbs ideas and language.

Recognizes many familiar words. Attempts new words. Will retell story from a book. Is starting to become an active reader. Interested in own writing.

I • • • • • • Is skillful in analyzing and interpreting own response to reading. Can respond to a wide range of text styles.

H

G • • • • • • Reads for learning as well as pleasure. Reads widely and draws ideas and issues together. Is developing a critical approach to analysis of ideas and writing.

F

E • • • • • • Will tackle difficult texts. Writing and general knowledge reflect reading. Literary response reflects confidence in settings and characters.

D

C • • • • • • Looks for meaning in text. Reading and discussion of text shows enjoyment of reading. Shares experience with others.

B

A • • • • • • Knows how a book works. Likes to look at books and listen to stories. Likes to talk about stories.

☐ 50% of the Grade ☐ students can be located within this range. Norms for all grades can be identified by locating the 'box' from the box and whisker plot in Chapter 13 for the relevant skill.

■ The student is estimated to be at about this location on the profile. See the worked example for writing shown on pages 106-8.

Fig. 7.18 Literacy Profile Scales: reporting results (The Reading Profile Rocket, Australian Curriculum Studies Association, Inc.)

〈도표 7-18〉 읽는 힘 향상의 일람표: 결과 보고용

읽기 향상 일람의 로켓 그림

학교 이름 _____ 학급 _____

교사 이름 _____ 학생 이름 _____

I 읽기에 대한 자신의 답변을 분석하고 해석하는 데에 능숙하다. 광범위한 덩잇글 유형을 놓고서도 대답을 할 수 있다.

읽기를 위한 목적에 대하여 분명히 알고 있다. 덩잇글의 축자적 의미를 넘어선 더 깊은 뜻을 찾는다. …… 사회관계의 함의를 덩잇글과 관련지을 수 있다.

H

G 학습뿐만 아니라 즐거움을 누리려고 읽는다. 널리 읽으면서 착상이나 논제를 함께 이끌어 낸다. 착상의 분석과 글쓰기에 대한 비판적 접근을 발전시키고 있다.

일정 범위의 덩잇글 갈래들에 친숙하다. 지문에 대한 반응을 해석하고 분석하며 설명할 수 있다.

F

E 어려운 덩잇글들을 다룰 줄 안다. 글쓰기와 일반 지식이 읽기를 반영해 준다. 문학류 답변은 사건 현장과 주인공에 대한 자신감을 반영한다.

덩잇글에 있는 어감과 의미를 기대하고 예상한다. 토론이 전체 의미의 파악을 반영해 준다. 이제 착상과 언어를 흡수하고 있다.

D

C 덩잇글에 있는 의미를 찾는다. 읽기와 덩잇글에 대한 토론이 즐겁게 읽기를 하고 있음을 보여 준다. 급우들과도 말을 하면서 자신의 경험을 나눠 갖는다.

익숙한 낱말들을 많이 알아차린다. 새로운 낱말들도 뜻을 알아보려고 한다. 책에서 읽은 이야기를 다시 말해 준다. 능동적인 독자가 되는 일을 시작하고 있다. 자신의 글쓰기에도 관심이 있다.

B

A 책을 어떻게 들고 읽는지를 안다. 책 보기를 좋아하고, 이야기 듣기를 좋아한다. 이야기들에 대하여 말하기를 좋아한다.

■ 음영 상자: 절반의 학생은 음영 상자 범위 안에 있다. 모든 등급의 기준이 제13장 관련 기술들의 해설에서 찾아질 수 있다.

■ 검정 상자: 이 학생은 이 일람표에 표시된 위치에 있는 것으로 추정된다. 106~108쪽에 보인 글쓰기 사례를 보기 바란다.

*출처: 호주 교과과정 연구 연합회, 『읽기 향상 일람표에 대한 로켓 그림』

그런 기록지는 여러 가지 '관찰을 위한 맥락'들로부터 모아진다. 가령, 이는 ① 교사가 학습자와 책의 일부를 토론하고, 큰 소리를 내며 읽는 학생들에게 귀를 기울이며, 자기평가를 장려해 주는 '읽기 모임', ② 학생 또는 교사가 학생이 읽은 책들에 대한 목록을 적어 놓는 '읽기 일지',

③ 자신이 읽은 내용에 대하여 다시 말로 전해 주기(교사는 학생이 이해한 것이 무엇인지 얼마나 잘 이해했는지에 관하여 판단을 내림), ④ 수업 과제 및 수행 기록철로부터 수집한 정보와 더불어, ⑤ 빈칸 채우기 활동과 교실 수업 관찰로부터 적어 둔 비망록 쪽지 등을 포함한다. 교사들이 또한 학생들의 읽기 향상을 놓고 더 나은 통찰력을 얻기 위하여 학부모와도 토의하도록 장려된다. 그런 풍부하고 다양한 자원들의 이용이, 교사로 하여금 학생들이 만들고 있는 향상을 놓고서 현저한 통찰력을 발전시킬 수 있게 해 준다.

읽기 향상 일람표는 그 자체가 본질적으로 향상에 대한 눈금이며, 앞의 도표의 경우에는 읽기뿐만 아니라, 글쓰기와 입말, 듣기, 관점 수립(viewing)이 포함되어 있다. 눈금은 9등급으로 나뉘어 있다. 가장 낮은 A등급으로부터 시작하여 가장 높은 I등급까지인데, 각 등급마다 자세한 서술 및 간추린 요약 진술을 담고 있다. 이런 일람표는 무슨 일이 일어나야 되는지를 규범적으로 처방하는 것이 아니라, 오히려 학생들이 무엇을 실행할 수 있는지를 서술해 놓기 위하여 의도되었으며, 마땅히 도달되어야 하는 기준을 서술해 준다. 교사들은 처음에는 총체적인 방식으로 간추린 진술을 이용하고 나서, 그런 다음에 개별 학생에 대한 자신의 관찰 및 기록에 근거하여 제시되어야 하거나 그렇지 않을 것으로 판단한 한 다발의 행동들을 가리켜 주는 눈금으로서 상세한 등급을 이용하도록 장려된다. 이는 〈도표 7-19〉로 예시된다.

Recognizes many familiar words. Attempts new words. Will retell story from a book. Is starting to become an active reader. Interested in own writing.

Reading profile record

School .... Class ......
Name .... Term ......

Reading band A

COMMENT

Concepts about print
Holds book the right way up. Turns pages from front to back. On request, indicates the beginnings and ends of sentences. Distinguishes between upper- and lower-case letters. Indicates the start and end of a book.

Reading strategies
Locates words, lines, spaces, letters. Refers to letters by name. Locates own name and other familiar words in a short text. Identifies known, familiar words in other contexts.

Responses
Responds to literature (smiles, claps, listens intently). Joins in familiar stories.

Interests and attitudes
Shows preference for particular books. Chooses books as a free-time activity.

Reading band B

COMMENT

Reading strategies
Takes risks when reading. 'Reads' books with simple, repetitive language patterns. 'Reads', understands and explains own 'writing'. Is aware that print tells a story. Uses pictures for clues to meaning of text. Asks others for help with meaning and pronunciation of words. Consistently reads familiar words and interprets symbols within a text. Predicts words. Matches known clusters of letters to clusters in unknown words. Locates own name and other familiar words in a short text. Uses knowledge of words in the environment when 'reading' and 'writing'. Uses various strategies to follow a line of print. Copies classroom print, labels, signs, etc.

Responses
Selects own books to 'read'. Describes connections among events in tests. Writes, role-plays and/or draws in response to a story or other form of writing (e.g. poem, message). Creates ending when text is left unfinished. Recounts parts of text in writing, drama or artwork. Retells, using language expressions from reading sources. Retells with approximate sequence.

Interests and attitudes
Explores a variety of books. Begins to show an interest in specific type of literature. Plays at reading books. Talks about favorite books.

Reading band C

COMMENT

Reading strategies
Rereads a paragraph or sentence to establish meaning. Uses context as a basis for predicting meaning of unfamiliar words. Reads aloud, showing understanding of purpose of punctuation marks. Uses picture cues to make appropriate responses for unknown words. Uses pictures to help read a text. Finds where another reader is up to in a reading passage.

Responses
Writing and artwork reflect understanding of text. Retells, discusses and expresses opinions on literature, and reads further. Recalls events and characters spontaneously from text.

Interests and attitudes
Seeks recommendations for books to read. Chooses more than one type of book. Chooses to read when given free choice. Concentrates on reading for lengthy periods.

Suggested new indicators

VIEWING · LISTENING · SPOKEN LANGUAGE · WRITING · READING

H G F E D C B A

Fig. 7.19 Reporting literacy: overall ('nutshell') statements (Australian Curriculum Studies Association, Inc.)

482

<도표 7-19> 읽는 힘 향상 보고서: 전반적으로 간추린 진술

읽기 B 등급	익숙한 낱말들을 많이 알아차린다. 새로운 낱말들도 뜻을 알아보려고 한다. 책에서 읽은 이야기를 다시 말해 준다. 능동적인 독자가 되는 일을 시작하고 있다. 자신의 글쓰기에도 관심이 있다.
읽기 기록 일람표	학교 이름 ＿＿＿＿＿＿＿＿＿ 학년 ＿＿＿＿ 학급 ＿＿＿＿＿ 학생 이름 ＿＿＿＿＿＿＿＿＿ 학기 ＿＿＿＿

◁ 읽기 A 등급 (늑왕초보 등급) ▷	비고(촌평)	
• **인쇄물에 대한 개념** 책을 올바로 잡는다. 책의 쪽들을 처음서부터 끝까지 넘긴다. 요구함에 따라 문장의 시작과 끝을 가리켜 준다. 대문자와 소문자를 서로 구분한다. 책의 시작 부분과 끝 부분을 가리킨다. • **읽기 전략** 낱말, 줄, 여백, 글자들을 파악한다. 알파벳 글자를 이름으로 부를 수 있다. 자신의 이름과 다른 더 익숙한 낱말들을 알아차린다. 다른 맥락 속에서 알고 있는 익숙한 낱말들을 찾아낸다. • **반응** 문학에 대하여 반응하는데, 열중하면서 웃고 박수 치며 잘 듣는다. • **관심거리와 읽기 태도** 특정한 책들을 좋아하며, 자유시간의 활동으로서 그런 책들을 고른다.		관점 수립 듣기 입말 쓰기 **읽기** I H G F E D C **B** A
◁ 읽기 B 등급 ▷	비고(촌평)	
• **읽기 전략** 읽기를 할 경우 새로운 모험을 한다. 간단하고 반복적인 언어 유형을 담고 있는 책들을 '읽는다. 자신의 '글쓰기'를 '읽고' 이해하고 설명한다. 인쇄물이 이야기를 말하고 있다는 점을 깨닫는다. 덩잇글의 의미에 대한 단서들을 위해 그림을 이용한다. 낱말의 의미와 발음에 대하여 다른 사람에게 도움을 청한다. 계속 익숙한 낱말들을 읽고, 덩잇글 속에 있는 상징들을 해석한다. 낱말들을 예측한다. 잘 아는 글자 연결체를 잘 모르는 낱말의 글자 연결체와 비교하여 보고 찾아낸다. '읽기'와 '글쓰기'를 할 경우에 주위에서 낱말들의 지식을 이용한다. 수업에서 나눠 준 유인물, 표제, 기호 등 인쇄물의 줄을 따라 읽기 위하여 다양한 전략을 이용한다. • **반응** 스스로 자신이 '읽을' 책을 선택한다. 시험에서 사건들 사이에 이어진 내용을 서술한다. 이야기나 다른 형태의 덩잇글(가령 시, 전달내용)에 대한 반응으로 글을 적고, 역할 놀이를 하며 그리고/또는 그림을 그린다. 덩잇글이 완결되지 않은 채 남겨질 경우에도 마무리를 창의적으로 만들어 낸다. 글쓰기나 연극이나 그림 그리기로 덩잇글의 일부를 자세히 말한다. 읽기 원전으로부터 가져온 언어 표현을 이용하면서 다시 말해 준다. 적합하게 연결 지으면서 다시 말한다. • **관심거리와 읽기 태도** 다양한 종류의 책을 탐구한다. 특정한 유형의 문학에 관심을 보이기 시작한다. 좋아하는 책들에 대하여 말한다.		
◁ 읽기 C 등급 ▷	비고(촌평)	
• **읽기 전략** 의미를 세워 나가기 위하여 단락이나 문장을 다시 읽는다. 낯선 낱말의 의미를 예측하기 위한 토대로서 맥락을 이용한다. 구두점 표시의 목적을 이해하면서 큰 소리 내어 읽는다. 낯선 낱말에 대하여 적합한 답변을 하기 위하여 그림 단서들을 이용한다. 덩잇글을 읽기 위하여 그림들을 이용한다. 읽기 지문에서 다른 사람이 어느 부분을 읽고 있는지 알아차린다. • **반응** 글쓰기와 그림 그리기가 덩잇글에 대한 이해를 반영한다. 문학 작품을 놓고서 다시 말하고 논의하며 자기 의견을 표현하고, 계속 더 읽어 나간다. 자발적으로 덩잇글로부터 사건과 주인공들을 회상한다. • **관심거리와 읽기 태도** 읽을 책에 대하여 추천해 주기를 바란다. 두 유형 이상의 책들을 선택한다. 자유 선택이 주어질 경우에 스스로 읽을 책을 선택한다. 긴 시간 동안에 읽기에 집중한다.		
새로운 단계 안내		

*출처: 호주 교과과정 연구 연합회

읽기 향상의 눈금에 대한 좀 더 자세한 논의는 제8장에서 다뤄진다. 그뤼핀 외(Griffin et al. 1995)에서 자주 강조된 중요한 점은, 그들이 제시한 다양한 평가 절차들의 형성적(*formative*) 가치와 읽는 힘 향상 일람표(*literacy profiles*)이다. 그들은 읽는 힘 향상 일람표를 확립하는 일이 "교사들이 평상시 일상의 교실 수업에서 보고 실행하는 바에 대한 명확한 표현"이기 때문에, 응당 정보를 기록하는 일이 교사 업무의 일상적 부분이 되어야 할 뿐만 아니라, 또한 모아진 정보가 계속 이어진 수업과 학습 활동을 알려주고 안내하는 데에도 이용될 수 있다.

> "일람 자료를 모아 놓는 과정이, 수업 및 학습 과정을 도와줄 수 있다는 점에서, 형성 평가의 이용으로 간주될 수 있다."(같은 책 7쪽)

또한 그들은 교사가 자신이 모아 둔 증거를 비교하는 경우에, 자신의 판단에 대한 조절 및 자신의 판단에 증거로 내세우는 정당성이 공식적이고 비공식적인 교사 발전에 모두 가치가 있을 것이라고 주장한다. 그리고 중요한 것으로서, 그들은 긍정적 성취에 대하여 강조를 하기 때문에(모든 등급 서술이 부정적 진술이 아니라, 긍정적 측면을 언급하고 있음: 뒤친이), 일람표가 학생들을 위해 동기가 부여될 수 있고, 학생들에게 그 일람표의 여러 측면들을 모아 놓기 위한 책임감이 주어지며, 교사들이 학생의 학습에 대한 긍정적 측면을 찾아줌으로써 학생들에게 동기가 커짐을 깨닫게 된다고 강조한다. 그들은 일람표가

> "학생들이 무엇을 실행할 수 있을까?, 학생들이 어떤 속도로 향상을 만들어 가는가? 학생들이 어떻게 급우들 및 수립된 기준들과 비교하는가?" (같은 책 105~113쪽, 121~128쪽)

와 같은 핵심 질문에 대하여 답변하는 데에 이용될 수 있는 다수의 예

시적인 교실 수업 실천 사례들을 제시한다. 그들이 강조하는 점은 (사례로 보여 준) 모아진 정보가 직접 가르치는 일에 맞물려 들어갈 수 있고, 직접 학생들의 작업에 뿌리를 내릴 수 있는 방식이다.

외국어를 가르치면서 읽기를 평가하는 경우에 일람표(*profiles*) 및 수행 기록철(*portfolios*)의 이용에 대한 추가 예시는, 국립 취업 자격(*NVA*, *National Vocational Qualification*) 단위에서 다루는 언어 학습자의 언어 수행 기록철을 보거나(McKeon and Thorogood 1998), 아니면 타 언어 화자에 대한 영어 교사(*TESOL*, *Teachers of English to Speakers of Other Languages*) 학술지 1995년 가을호에서 다뤄진 대안 평가의 상이한 방법들에 대한 사례들을 보기 바란다(가령, Huerta-Macías 1995; Gottlieb 1995; McNamara and Deane 1995를 참고). 읽기를 평가하는 비격식적인 방법은 자주 교실의 읽기 수업에 좀 더 민감하고, 따라서 학생 독자의 강점 및 약점의 진단에 좀 더 정확하다고 주장되었다. 한 가지 그런 일련의 방법이 특히 미국에서 '비격식적 읽기 평가표(*Informal Reading Inventories*, *IRIs*)'로 알려져 있는데, 자주 교과서 집필자와 교사 연수 장학관들에 의해서 옹호되었다.

> "읽기 당국에서는 비격식적 읽기 평가표가 교실 수업에서 가르치기 위한 학습자들의 읽기 수준을 평가하기 위하여 교사가 쉽게 이용될 수 있는 한 가지 가장 강력한 도구를 나타냄에 동의한다."(푹스 외 1982에서 인용한 켈리 1970: 112쪽)
>
> (*Reading authorities agree that the informal reading inventory represents one of the most powerful instruments readily available to the classroom teacher for assessing a pupil's instructional reading level*. Kelly 1970: 112, cited in Fuchs et al. 1982)

그렇지만 그런 옹호에도 불구하고 타당도 및 신뢰도에 대한 증거는 아주 미약하다. '비격식적 읽기 평가표(IRIs)'와 학생의 읽기 수준, 그리고 표준화된 읽기 시험 및 비슷한 배치 사이에 있는 상관도는 다양하게 달라지며, 그런 변이가 표준화된 시험을 선호하는 경우에 가장 흔하다. '비격식적 읽기 평가표(IRIs)'는 전형적으로 등급화된 독자들로부터 나온 선별에 토대를 둔다. 독자들은 선택된 지문을 큰 소리로 읽도록 요구받고, 교사들이 낱말 정확성 및 읽기의 이해를 추정한다. 놀랍게도, 낱말 정확성 및 이해를 평가하기 위한 전통적 기준은 각각 95%와 77%이라고 주장하지만, 한편 이들 가름 점수(*cut-off point*, 낙제 점수)를 입증하는 조사 연구가 거의 없었을 뿐만 아니라, 다른 연구자들은 아주 다른 기준을 권고하기도 한다. 스미쓰(Smith 1959)에서는 각각 80%와 70%라고 주장하였고, 쿠퍼(Cooper 1952)에서는 초급 수준의 학습자에게서는 각각 95%와 60%이며, 중급 수준의 학습자에게서는 각각 98%와 70%라고 주장하였다. 스파취(Spache)는 더 낮은 경계선으로 각각 60%와 75%를 주장하였다. 이들 인용은 모두 퓩스 외(Fuchs et al. 1982)에서 가져왔다.

퓩스 외(1982)에서는 해당 주제를 개관하고 '비격식적 읽기 평가표(IRIs)'에 대한 그들 자신의 연구 결과를 보고한다. 전통적인 95%의 정확성 기준이 다수의 다른 가름(낙제) 점수 기준들처럼 잘 실행되었다. 이들 상이한 기준 및 교사 배치 사이에서는 더 높은 상관이 찾아졌는데, 이는 한 가지 기준이 다른 기준보다 더 나은 장점이 전혀 없음을 시사해 준다. 그렇지만 교차 분류 분석법(*cross-classification analysis*)에서는 표준 성취 시험 및 교사 배치들과 모두 비교하여, 다수의 서로 다른 가름 점수에 따라 많은 수의 학생이 '비격식적 읽기 평가표(IRIs)'에 의해서 잘못 분류되었음을 보여 주었다.

책자 전반에 대하여 일관되게 중간값을 지닌 2개의 지문이 찾아지기 전에, 평균적으로 미리 기본 읽기 독본으로부터 10개의 지문이 선택되었다. 덩잇글 내부의 변이가 예상될 수 있고, 따라서 '비격식적 읽기 평가표(IRIs)'에 맞는 지문들을 선택하는 방법을 놓고서, 교사에게 아무런 안내도 없었음을 논문 집필자들이 비판하였다.

'비격식적 읽기 평가표(IRIs)'는 외견상 간단하고 실용적이기 때문에 매력적이지만, 타당도가 결여되어 우려된다. 퓪스 외(1982)에서는 '비격식적 읽기 평가표(IRIs)'와 대등한 내용 출제를 옹호한다. 여러 날에 걸쳐서 여러 번 시행한 뒤에 결과가 모아지면, 거기에 따라 다수의 지문들을 표본(늑시험 문제)으로 만들고 일정 범위의 수행을 허용하는 것이다.

아마 불가피하게도 교사 또는 교실 수업에 근거한 그런 비격식적인 기법들이 이용되거나 옹호되는 맥락에서는, 그 기법들에 대한 타당도, 정확성이나 신뢰도에 대한 언급이 거의 이뤄지지 않는다. 그런 기법의 '유용성'과 '완벽성', 그리고 특히 어른들이 학습할 경우에 능동적으로 학습자를 그들 자신의 평가에 간여시킬 필요성에 대하여 더 많은 언급이 이뤄진다. 예를 들어, 포어듬 외(Fordham et al. 1995: 106)에서는 "어른들이 능동적으로 학습 과정에 참여하는 경우에 가장 잘 배우고, 자신의 향상을 평가하는 최상의 방식은, 비슷하게 평가 과정에 어른 학습자들을 참여시키는 것이다."라고 주장하였다. 또한 교사들에게 수업에서 이용된 동일한 종류의 활동을 평가하도록 권장하고, 가능하다면 언제든지 평가를 위하여 '실제 활동들(real activities)'을 이용하도록 장려한다. "예를 들어, 학습자가 실제적으로 거래 장부를 적는 방식이나, 얼마나 자주 그리고 무슨 목적으로 우체국을 이용하는지" 등이다(106쪽). 이미 살펴보았듯이, 이는 여타 읽기 힘 '기술'들보다 읽기를 위한 훨씬 더 어려운 과제이다. 그럼에도 불구하고, 대부분 그들이 옹호하는 바는 줄곧 이 책자에서 옹호된 원리 및 절차들을 반영하고 있고, 일반적으로 언제나 신뢰도와 타당도의 최소 표준이 보장되는 조건에서 시험 시행에서 양질의 실천과 근본적으로 다른 것이 아니다.

"읽기 힘을 평가하는 일은 향상 및 변화를 찾아내고 인식하며 서술해 주는 과정이다. 만일 우리가 측정 과정에만 관심을 둔다면, 통계값이나 등급이나 백분율처럼 오직 계량화될 수 있는 증거만을 찾으려는 경향이 있다.

그렇지만 학습자에게 그들 자신의 향상을 서술해 주도록 요구한다면, 「저는 이제 병원에 있는 간판을 읽을 수 있어요」, 「저는 부활절 일요일에 교회에서 성서 일과를 읽었어요」와 같이 질적인 답변을 얻게 된다. 만일 학습이 질적 방식과 양적 방식으로 모두 평가된다면, 최종적으로 나온 정보가 좀 더 완벽하고 좀 더 유용할 것이다."(포어듬 외 1995: 106~107쪽) (*Assessing literacy is a process of identifying, recognising and describing progress and change. If we are concerned only with measuring progress, we tend to look only for evidence that can be quantified, such as statistics, grades and percentages. If, however, we ask learners to describe their own progress, we get qualitative responses, such as "I can now read the signs in the clinic" or "I read the lesson in church on Easter Sunday". If learning is assessed in both qualitative and quantitative ways the information produced is more complete and more useful.* Fordham et al. 1995: 106~107)

저자는 독자가 이런 양적·질적 측정의 특성을 단지 통계값으로서만 공유하는 것이 아님을 알게 되기를 희망한다. 다른 허수아비 존재는 종종 통계값만 그러하다고 안다(늑착각한다). 저자는 평가를 서술 과정으로 본다. 판정은 더 뒤에 우리가 서술하거나 관찰하거나 이끌어낸 것이 무엇인지를 해석하려고 하는 경우에라야 나오는 것이다. 그럼에도 불구하고 어른의 읽는 힘, 수행 기록철 평가, 성취 일람표와 성취 기록을 다루는 이들에 의해 평가에 도입한 관점은, 잠재적으로 우리의 지평선을 더 넓혀 주는 데 유용하다. 안타깝게도 포어듬 외(1995)에서와 같은 논의는, 옹호되고 있는 접근법이나 방법 또는 기법이 실제로 뭔가를 의미하고 있고, 실제로 좀 더 완벽한 서술로 귀결되며, 실질적으로 반복되거나 이용되거나 심지어 해석될 수 있음을 보여 주는 어떤 증거도 제시되어 있지 않다.

평가의 그런 대안 방법에 대한 자세한 논의는 이 책자의 범위를 벗어나 버리지만, 다른 곳에서 잘 다뤄져 있으므로 다음 문헌을 읽어 보기 바란다. 앤쏘니 외(Anthony et al. 1991), 가씨어·피어슨(García and Pearson 1991), 구드먼(Goodman 1991), 홀트(Holt 1994), 뉴먼·스몰른(Newman and Smolen 1993), 패튼(Patton 1987), 뷜렌씨어(Valencia 199) 등이다. 수행 기록철 평가가 현재 유행하고 있음에도 불구하고, 그리고 대안 평가가 새로운 것이라고 웨어터마씨어스(Huerta-Macías 1995)처럼 열광자에 의해서 만들어진 인상 인상에도 불구하고, 사실상 이는 오랜 역사를 지니고 있다. 스코틀런드에서 1970년대까지 거슬러 올라가는 성취 기록 및 성취 일람표를 놓고서 브로드풋(Broadfoot 1986)에서는 빼어난 개관과 비판을 제공해 준다. 저자는 독자들에게 이론적 근거와 현재 이용되고 있는 얼개의 많은 사례들에 대한 충분한 설명을 위하여 브로드풋(1986)을 읽어 보도록 추천한다.

§.7-5. 요약

제7장에서 저자는 읽기 평가를 위한 다수의 상이한 시험 기법들을 제시하고 논의하였다. 저자는 시험 방법의 효과에 대한 암초를 강조하였고, 따라서 오직 만일 한 가지 또는 제한된 몇 가지 시험 기법만을 이용한다면 읽기 평가를 한쪽으로 치우치게 할 위험을 경고하였다. 서로 다른 시험 기법들이 거의 분명히 서로 다른 측면의 읽기 과정이나 결과를 측정하고 있다. 따라서 한 가지 시험 기법만 택하면 그것이 무엇이든 간에 우리로 하여금 측정하고 관찰하며 서술할 수 있게 해 주는 바를 제한하게 될 것이다. 이 책에서 반복적으로 자각하고 있는데, 사적이며 조용한 읽기의 본질에 대한 이런 측정의 난점이 사실이라면, 필연적으로 읽기 과정에 대한 개인별 성격, 읽기 결과에 대한 흔히 개인 특유의 그렇지만 적법한 성격, 그리고 평가를 위한 임의의 단일한

기법은 제공해 줄 수 있는 그런 사적인 활동에 대한 그림에서 제한을 받게 될 것이다. 임의의 한 가지 시험 기법만의 채택은 또한 그리고 아마 필연적으로 읽기 과정 그 자체를 왜곡할 것이다. 읽기 능력이나 읽기 성취에 대한 통찰력은 으레 행위 및 이해를 이끌어 내는 데에 이용된 기법들에 의해서 제약되기 마련이다. 한편으로 제5장과 제6장에서 개관해 놓았듯이, 응당 실세계 읽기에 될 수 있는 대로 가깝게 우리의 도구와 절차를 관련짓도록 추구해야 하겠지만, 다른 한편으로 언제나 우리가 이용하는 시험 기법들이 불완전함을 깨달아야 한다. 따라서 다수의 방법과 기법들을 함께 이용하도록 추구해 나가야 하고, 읽기 능력과 읽기 향상에서 얻게 되는 통찰력을 언급하는 주장에서 격식 갖춘 평가 절차나 좀 더 비격식적인 평가 절차를 통하여 얻었다고 하더라도 겸손하고 온건한 목소리를 내어야 한다.

제8장에서는 읽기 향상에 대한 통념을 좀 더 상세하게 논의하게 될 것이다. 독자가 더 나은 독자가 됨에 따라 무엇이 바뀌고, 이런 변화가 어떻게 서술되고 작동될 수 있는지를 다룬다.

제**8**장 읽기 능력의 향상

§.8-1. 들머리

앞에서 살펴보았듯이, 읽기에 대한 조사 연구와 읽기 시험 출제자들은 오랫동안 유능한 독자와 빈약한 독자 사이 또는 성공적 독자와 실패한 독자 사이에 있는 차이를 찾아내는 데에 관심을 기울여 왔다. 읽기에 대한 많은 연구가 읽기 향상 과정을 탐구해 왔다. 독자가 좀 더 유능해짐에 따라, 읽기 능력이 나이 및 경험과 더불어 발달해 나감에 따라, 바뀌는 바에 관한 것이다. 읽기 이론은 비록 읽기 능력의 향상이란 용어로 언급되지 않았더라도 종종 그런 조사 연구에 근거하고 있다. 읽기 능력에 대한 구성물들이 또한 발달/향상의 용어로 표현될 수 있다. 독자들이 좀 더 유능해짐에 따라 밑바닥에 깔려 있는 능력에서 바뀌는 바이다. 더 앞에서는 발달/향상을 놓고서 시험 명세내역 및 얼개에 깔려 있는 읽기 구성물을 탐구하는 일에 관심을 쏟아 왔다. 제8장에서는 시간 경과에 따라 읽기 능력이 어떻게 발달/향상하는지에 대한 견해들을 살펴봄으로써, 읽기 구성물을 놓고서 일정 시간에 걸친 여러 측면들을 탐구할 것이다.

출제자들은 시험 점수를 이용할 사람들에게 점수 해석을 도와주기 위하여, 읽기 시험에서 높은 점수를 받은 응시자가 더 낮은 점수를 받은 응시자가 할 수 없는 일로서 무엇을 할 수 있는지 서술해 주어야 한다. 게다가 서로 다른 읽기 시험이 종종 서로 다른 발달 단계에 있는 독자들을 위하여 출제되므로, 발달 중의 독자들을 서로 구별하기 위하여 서로 다른 수준에 따른 시험들에 대하여 자세한 명세내역을 제공해 줄 필요가 있다. 따라서 읽기 시험 및 평가 절차의 설계자는 반드시 읽기 능력 발달/향상에 의해서 자신이 의미하는 바를 제대로 운용시켜 주어야 한다. 그런 평가 얼개들을 살펴봄으로써, 읽기 수행과 읽기 시험의 눈금들이 시험 구성에 대한 유용한 통찰력뿐만 아니라, 또한 읽기와 읽기 구성물에 대한 상이한 관점들도 함께 제공해 줄 수 있다.

제8장에서는 시험 출제자와 다른 사람들이 읽기 능력 발달의 본질과 여러 발달의 단계를 정의해 준 방식들을 살펴보게 될 것이다. 저자는 읽기 발달 및 성취를 보고하기 위하여 널리 이용된 다수의 얼개와 저울눈과 시험들을 검토하고, 이들 여러 수준의 이론적이고 실용적인 기반들과 함의들을 살펴볼 것이다.

먼저 영국 국가 차원의 성취 얼개 속에서 읽기에 대한 두 가지 사례를 검토할 것이다. 제1 언어(모국어)와 외국어에서 발달하는 읽기가 어떻게 관념되는지 서로 대조해 주기 위하여, 하나는 제1 언어로서 영어 읽기에 대한 사례이고(1989년 판 및 1994년 판 성취 얼개의 내용임) 다른 하나는 현대 외국어 읽기에 대한 사례이다. 그러고 나서 다양한 읽기 저울눈을 서술할 것인데, 특히 ① 외국어 교육을 위한 미국 협의체(ACTFL)[1] 능숙도 안내지침과 이에 연합된 경험적 조사 연구, ② 유럽의 언어 검사자 연합(ALTE)의[2] 얼개, ③ 영국의 국제적 영어 검사제도(IELTS)[3] 시험에

---

1) (역주) 본디 American Council for the Teaching of Foreign Languages(외국어 교육을 위한 미국 협의회)를 줄였다.

2) (역주) 본디 Association of Language Testers in Europe(유럽 언어 검사자 연합)을 줄였다.

3) (역주) 본디 International English Language Testing System(국제적 영어 검사제도)를 줄였다.

있는 읽기 수행에 대한 등급 해설을 다룰 것이다. 마지막으로 두 벌의 외국어 읽기 시험을 서술하게 될 것인데, ④ 캐임브리지 대학의 외국어로서 영어에 대한 주요한 시험 다발(*Cambridge main suit of examinations in English as a Foreign Language*), ⑤ 영어의 의사소통기술 자격인증(CCSE)이다.4)

제8장에서는 서로 다른 많은 얼개, 저울눈, 시험들이 심지어 대표적이라 하더라도 아주 상세하게 철저히 다루려고 하지는 않을 것이다. 그렇지만 읽기 능력 향상/발달을 성격 지어 놓는 일에 대하여 서로 다른 접근법의 충분한 예시가 되도록 추구할 것이다.

§.8-2. 영국 국가 차원의 성취 얼개

읽기에서 국가 차원에서 나온 성취 얼개가 많이 있겠지만(영국은 영국병 치유의 일환으로 1988년에 와서야 국가 차원의 얼개가 처음 마련되었음: 뒤친이), 저자는 영국에서 가져온 한 가지 사례를 이용하여 예시를 하게 될 것이다. 그런 얼개들이 성취를 추적할 뿐만 아니라, 또한 학교들을 등급으로 구별하기 위해서도 이용되며, 종종 논란거리가 된다. 브륀들리(Brindley 1998)을 보기 바란다. 그렇지만 여기서 그런 논란에는 관심을 쏟지 않고, 그런 얼개가 제1 언어는 물론 외국어에서 읽기 능력 향상/발달을 개념화해 주는 방식을 서술하는 데에 더 관심을 기울이기로 한다.

---

4) (역주) 본디 Certificate in Communicative Skills in English(영어의 의사소통 기술 자격인증)을 줄였다.

1) 제1 언어로서의 영어 읽기

잉글런드 지역과 웨일즈 지역에서 만든 국가 차원의 교과과정에서는 읽기를 포함하여 영어를 위한 성취 목표를 담고 있다. 공식 문서는 특정 수준에서 공부하는 학생들이 마땅히 특징적으로 예증해 주어야 하는 수행의 유형과 범위에 대한 해설을 제시해 준다.

학생들에게 공식적 시험과 평가 절차가 시행되어야 하는 경우에 10가지 수준의 수행과 4가지 핵심(늑기본교육) 단계가 있다.5) 제1 핵심 단계는 만 7살에 시행되고, 제2 핵심 단계는 만 11살에 시행되며(11~13세), 제3 핵심 단계는 만 14살에 시행된다(14~15세). 제4 핵심 단계(16~17세)는 만 16살에 중학교 졸업 자격시험으로 치르는 첫 번째 공식 시험인 중학교 졸업자격 일반 시험(GCSE)과 동등한 것이다. 이는 다음처럼 주장된다.

　　"대다수의 학생들이 핵심 단계 1이 끝날 때까지 1수준에서 3수준에서 작업할 수 있어야 하고, 핵심 단계 2가 끝날 때까지 2수준에서 5수준까지 작업할 수 있어야 하며, 핵심 단계 3인 끝날 때까지 3수준에서 7수준까지

---

5) (역주) 영국에서 시민 교육(우리나라에서는 '국민 교육'으로 부름)을 시행하는 일련의 단계들이다. 잉글런드·웨일즈·북 아일런드 지역이 공동으로 운영되고, 스코틀런드 지역과 아일런드 지역이 각각 독자적으로 운영된다. 앞의 세 지역의 연합체에서는 최근 2014년 12월 개정 고시가 있었다. 다음 누리집을 찾아가 보기 바란다.

　　https://www.gov.uk/government/collections/national-curriculum

스코틀런드는 http://www.rcs.ac.kr을 찾아가고, 아일런드는 http://www.qqi.ie를 찾아가기 바란다. 영국에서는 학력시험으로서 16세에 치러야 하는 중학교 교육 일반자격 시험(GCSE, 간단히 'G-수준 시험'으로 부름)이 있고, 18세에 치러야 하는 고등학교 교육 고급자격 시험(GCEA, 간단히 'A-수준 시험'으로 부름)이 있다. 이들 학력시험에서 모두 일정 수준을 넘어서야만 졸업 자격이 부여된다.

　　1988년 영국병을 고치는 일의 하나로서 처음 시행된 '국가 차원'의 영국 교육과정에 대해서는, 조금 오래 되었지만 우리말 교육 연구소 엮음(2003), 『외국의 국어 교육과정 1: 일본·중국·영국·프랑스의 교육과정』(나라말)에서 관련 부분을 읽어 보기 바란다. 단, 395쪽 §.7-2-3의 역주 12)에서 언급하였듯이 학교의 학사력이 9월에 시작되고 다음해 8월이 끝나므로 우리나라의 학사력 기준과 일치하지는 않는다.

작업할 수 있어야 한다. 핵심 단계 3에서 가장 능력이 뛰어난 학생들에게는 8수준에서 10수준이 이용될 수 있다."

1989년 초판의 성취 목표들은 각 수준의 해설에서 두드러지게 자세한 내용을 담고 있지만, 교사들이 반발하였기 때문에 론 디어링 경(Sir Ron Dearing, 당시 영국 교육부 장관)은 1994년 개정판에서 이것들을 고치고 간단하게 만들었다. 두 판 사이에 있는 차이를 보기 위하여, 각각 1수준에 대한 해설을 살펴보기로 한다.

읽기 수준 1에 대한 해설

1989년 초판	학생들은 다음 일들을 할 수 있어야 한다. ① 인쇄물이 일상세계에서 책자로 그리고 다른 형태로 의미를 전달하는 데 이용됨을 인식한다. ② 익숙한 맥락에서 개별 낱말들 또는 글자들을 인식하기 시작한다. ③ 읽기에 관심을 발달시킨다는 신호를 보여 준다. ④ 이야기의 내용이나 비-허구적 책자의 정보에 대하여 간단한 용어로 말한다.
1994년 개정판	큰 소리로 간단한 덩잇글을 읽으면서 학생들이 익숙한 낱말들을 정확하고 쉽게 인식한다. 낱말들을 읽고 의미를 수립하기 위하여 알파벳과 소리-글자 관계에 대한 자신의 지식을 이용한다. 이들 활동에서 때때로 도움을 요청한다. 자신이 좋아하는 측면들을 찾아냄으로써 시와 이야기에 대하여 자신의 반응을 언어로 표현한다.

1994년 판이 틀림없이 교사들이 시험을 보거나 평가하기에 훨씬 더 쉽게 예시해 주었다. 왜냐하면 1989년 판에서는 가령 어떻게 학생이 인쇄물이 의미를 전달하는 데 이용되는지를 인식한 것으로 간주될 수 있는지에 대한 표시(포착 방법)가 거의 주어지지 않았기 때문이다.

읽기가 5수준까지 어떻게 발달할 것으로 관념되는지를 살펴보기 위하여 다음에서 두 판의 해설을 검토하기로 한다.

읽기 수준 5에 대한 해설

1989년 초판	① 자신이 좋아하는 내용을 말과 글로 설명하면서 일정 범위의 소설과 시를 읽는다. ② 소설과 시에 대하여 이야기하는 경우에 그들 자신의 견해를 발전시키고 있음을 예증해 주고, 덩잇글에 있는 일부 세부사항들을 제시함으로써 그런 견해를 뒷받침할 수 있다. 가령 소설에 있는 주인공과 행위들에 대하여 말하는 경우임. ③ 토론에서 비문학류의 그리고 대중매체의 덩잇글에 있는 주제가 사실로 제시되었는지 아니면 의견으로 제시되었는지를 인식한다. ④ 가령, 학급 문고나 학교 도서관에서 또는 컴퓨터에서 찾아내어 참고 서적과 다른 정보 자료들을 선택하고, 가령 장 제목, 부제, 활자체, 상징 부호처럼 그들 자신의 물음에 답변을 찾기 위하여 덩잇글 조직 기제들을 이용한다. ⑤ 익살, 비관례적 철자 등 낱말 놀이의 이용에 관하여, 그리고 영어의 비유 용법에서 집필자의 낱말 선택에 대한 일부 효과를 인식하고 말한다.
1994년 개정판	학생들이 필수 요점들을 선택하고 적합한 경우에 추론과 연역 방법을 이용하면서 일정 범위의 덩잇글에 대한 이해를 보여 준다. 그들의 반응에서 핵심 특징을 찾아내고 자신의 견해를 뒷받침하기 위하여 문장과 어구와 관련된 정보를 선택한다. 일정 범위의 자원으로부터 정보를 인출하고 맞춰 놓는다.

흥미롭게도, 1수준에서는 해설이 단순화되기보다는 두 판 사이에 서로 차이가 있는 반면, 5수준에서는 많은 세부사항들을 빼어 놓은 1994년 개정판이 두드러지게 단순화되었음을 본다. 물론 이는 비록 발달 계층의 가정에서 그런 세부사항이 처방적일 뿐만 아니라 또한 단순히 부정확한 속성이 될 위험이 있다 하더라도, 좀 더 자세한 목표가 시험 출제자와 평가를 실행하는 교사들에게 상세한 안내지침을 더 많이 제공해줄 수 있다는 점에서 단순화는 불행한 변화이다.

그뿐만 아니라, 학습자들이 읽는 내용과 학습자들의 읽기가 어떻게 장려될 것인지에 대해서도 또한 다양한 핵심 단계들에서 정의된다. 1994년 개정판에서는 덩잇글 길이, (정의되지 않은) 단순성, (문학류, 비문학류) 유형, 반응 사이를 구별하고 있다. 주요 사건 및 중심 생각을 이해하는 인지로부터 시작하여, 정보의 위치와 인출, 추론과 연역, 사적인 반응을 제시하며 요약하고 입증하는 일, 문학류에 대한 비판적 반응, 논점의 분석과 비일관성의 인식에 이르기까지 다양하다.

읽기가 정보를 얻는 것이든 아니면 즐거움을 주는 것이든 간에 상관없이, 읽기에서 독립성으로 이끌어 가고, 학생들이 자신의 목적에 맞추어 덩잇글을 선택하기 쪽으로 이끌어 가면서, 읽기 습관의 향상에 대한 중요성이 강조되고 있다. 동기의 중요성, 학생들이 자신의 삶과 관련짓게 될 덩잇글을 읽도록 격려 받는 일, 즉, 읽기 위해서 배울 뿐만 아니라 또한 배우기 위해서 읽도록 장려하는 일의 중요성은, 특히 초기 단계들에서 명백히 다른 어떤 것보다도 우선시된다.

좀 더 뒷 단계에서 학생들은 점차적으로 좀 더 도전적인 덩잇글에 노출될 것이다. 도전(*challenge*)이란 개념이

① '생각을 확장해 주는' 주제,
② 서사 이야기 구조,
③ 비유 언어

에 비춰 정의됨에 주목하는 것은 흥미롭다. 이런 측면이 외국어 읽기에서 우리가 살펴보게 될 진전과는 아주 다른 모습인데, 거기에서는 통사 및 담화 조직과 같이 좀 더 언어의 복잡성에 좀 더 강조점이 놓이고, (차원이 낮은) 어휘라는 친숙한 영역 쪽에는 강조가 놓여 있지 않다. 또한 제1 언어 독자들에게는 비록 정의가 이뤄져 있지 않으나 '잘 씌어진 덩잇글(*well-written text*)'에 대하여, 그리고 '고전 문학(*literary heritage*, 문학적 유산)'에 대하여 강조하게 된다. 학생들에게 노출되어 읽혀야 할 덩잇글의 광범위한 다양성 및 읽기가 향상될 것으로 가정되고 학생들이 통과해야 할 노출 내용은, 특히 제3 및 제4 핵심(≒기본교육) 단계에서 명백하다. 거기에서는 문학류 덩잇글에 강조가 놓여 있고, 응당 학생들에게 읽도록 장려되고 읽을 수 있어야 하는 비-허구(실화) 부류와 설명적 덩잇글, 정보 전달용 덩잇글의 종류에 대한 정의는 훨씬 덜 주어져 있다.

이는 토박이 영어 독자들이 적어도 교육과정의 영어 영역에서 다른

덩잇글 유형보다는 오히려 허구적(*fictional*, 소설) 부류와 문학 작품을 통하여 평가된 자신의 읽기 능력 발달/향상을 지니게 될 것임을 시사해 준다. 한편으로 설명류의 덩잇글이 다른 주제 영역에서 읽히게 될 것임이 분명한 사실이다. 그렇지만 다른 한편으로 학생들이 다양한 차원의 예민함 및 추론으로써 사실에 대한 지식 및 주제지식을 이용하면서 정보를 처리하는 능력에 대해서는, 오히려 그런 문학류의 주제 영역(≒상상력·감성·교감 능력을 길러 주는 영역)에서 정보를 처리하는 능력을 놓고 제대로 평가를 받을 것 같지 않다.

초기 단계의 읽기로서 이런 얼개에서 제시된 제1 언어 읽기 능력 향상/발달에 관한 견해를 요약하자면, 학생들은 소리-글자 상징의 일치를 배우고, 철자와 인쇄물의 관례에 대한 지식을 발전시키며, 인식된 다수의 낱말과 인식의 속도와 정확성에 비례하여 낱말 인식 능력이 늘어난다. 이런 측면의 향상/발달은, 비록 제3 핵심(≒기본교육) 단계(14~15세)에서 여전히 '인쇄물에 대하여 이해하기(*make sense of print*)' 위하여 자신의 언어지식을 이용하는 학생들에 대한 능력이 언급되어 있다고 하더라도, 대체로 제2 핵심(≒기본교육) 단계(11~13세)를 끝마칠 무렵까지는 완성되는 것으로 가정된다. 학생들은 또한 응당 인쇄물이 무엇이고, 인쇄물이 어떤 목적들에 기여할 수 있는지에 대한 이해를 발달시켜야 하고, 읽을 덩잇글을 선택하며 새롭고 낯선 자료를 읽는 자신감이 점차 늘어나게 된다.

제2 핵심 단계까지는 자신감이 늘어날 뿐만 아니라, 또한 예민한 감성·언어 자각·열정도 함께 자라난다. 즉 ① 속뜻으로 깃든 의미(≒행간 사이를 읽음)에 대한 그리고 언어 사용에 대한 예민한 감성, ② 언어 사용에 대한 예민성 및 유사한 덩잇글 구조·주제·심상의 전개에 대한 자각,6) ③ 일반적으로 읽기에 대한 열정이다. 독자는 스스로 질문을 던지

---

6) (역주) 영국에서 일어난 '언어 자각' 또는 '언어 사용에 대한 자각'은 호킨즈(Hawkins 1987 개정판), 『언어 자각: 개론(*Awareness of Language: An Introduction*)』(Cambridge University

고 답변을 찾으면서 좀 더 덩잇글과 상호작용을 하는 쪽으로 바뀌고, 대체로 덩잇글의 중요한 부분들을 구별할 수 있으며, 그들 나름의 해석을 정당화해 주는 능력을 발전시키게 된다.

제3 및 제4 핵심 단계(14~17세)에서는 세부사항 및 전반적 의미에 주의를 기울이는 능력, 통찰력을 늘여 가기, 사실 및 의견을 구분하기 따위의 모든 영역에서 추가 발달을 기대한다. 논점의 흐름을 따라가면서 함의 및 비일관성을 찾아내는 능력이라는 새로운 요소는, 부분적으로 더 앞의 단계에 있는 '요약해 주는 능력' 및 순수한 '읽기'보다는 오히려 '축자적 의미를 넘어서서 추론 의미에 대한 민감성'으로부터 나오지만, 자신의 고유한 해석을 정당화해 주는 더 앞선 단계의 능력이 논리적 사고 및 표현에서 성장을 요구하는 듯한 만큼이나 늘어나는 인지적·언어적 발달을 시사해 준다.

그렇다면 전반적인 그림이 점차 늘어나는 예민함 및 점차 미세한 덩잇글 의미에 대한 자각이 깃들어 있는 반응이 되고, 향상되어 나가는 자신의 해석들을 뒷받침하기 위한 차츰 복잡해진 능력이 되는데, 그런 능력의 일부는 바람직한 결과를 달성하기 위하여 언어 사용에 대하여 늘어난 자각과 연결된다.

더 앞선 장들에게 어느 정도 길게 살펴보았듯이, 만일 외국어 독자가 자신의 제1 언어(모국어)에서 이미 그런 민감성들을 발달시켰다 하더라

Press)에서 시작하여, 페어클럽 엮음(Fairclough 1992), 『비판적 언어 자각(*Critical Language Awareness*)』(Longman, 13편의 글); 제임스·게륏 엮음(James and Garrett 1992), 『수업 활동에서 언어 자각(*Language Awareness in the Classroom*)』(Longman, 22편의 글); 뵌리어(van Lier 1996), 『언어 교과과정에서 상호작용: 자각·자율성·참된 실생활 속성(*Interaction in the Language Curriculum: Awareness, Autonomy, and Authenticity*)』(Longman)으로 이어져 왔고, 이런 흐름이 오늘날 비판적 담화 분석(Critical Discourse Analysis)로 모아져 있다. 비판적 담화 분석은 페어클럽(1989, 2001 개정판; 김지홍 뒤침 2011), 『언어와 권력』(도서출판 경진); 페어클럽 (1995; 이원표 뒤침 2004), 『대중매체 담화 분석』(한국문화사); 페어클럽(2003; 김지홍 뒤침 2012), 『담화 분석 방법: 사회 조사 연구를 위한 텍스트 분석』(도서출판 경진)으로 번역되어 있다. 최윤선(2014), 『비판적 담화 분석: 담화와 담론이 만나는 장』(한국문화사)도 읽어 보기 바란다.

도, 외국어에서 발달하는 읽기 능력과 이런 능력의 관련성은 아직 미해결점으로 남아 있다. 그렇지만 분명히 그런 민감성에 대한 발달 검사는 크게 외국어 읽기에서 그런 자각과 능력의 관련성 및 역할에 대한 탐구를 촉진시켜 줄 듯하다.

2) 현대 외국어 읽기

잉글랜드와 웨일즈 지역에서 통용되는[7] 국가 차원의 교육과정에서 현대 외국어를 위한 성취 목표들은 현대 외국어 능통성의 평가에 대한 얼개를[8] 제공해 주는데, 제1 언어에서 읽기 능력 발달/향상에 대한 견해와 대조를 보여 준다는 점에서 흥미롭다.

달성(성취) 목표들은 오직 제3 및 제4 핵심(≒기본교육) 단계들과 관련되는데, 제1 외국어의 학습이 보통 만 11세에 시작하기 때문이다. 학생들에게 수준 1에 있는 단일한 낱말들을 이해하는 일로부터 시작하여, 수준 2의 짤막한 구절과 수준 3의 짤막한 덩잇글을 거쳐 수준 5에서 수준 8까지 일정 범위의 글말 자료에 이르기까지 나아갈 것이라고 말해진다. 여기서 수준 5에서부터는 참된 실생활(*authentic*) 자료들을 포함하는데, 수준 6의 익숙지 않은 맥락들과 수준 7의 복잡한 문장들을 포함한다. 흥미롭게도, 수준 8에서는 이런 측면에서 더 앞에 있는 수준들

---

7) (역주) 국가 차원의 교육과정은 1988년 영국병을 고치는 일환으로 처음 만들어졌지만, 각 지역마다 고유하게 교육과정을 운영하도록 되어 있다. 현재 잉글랜드 웨일즈 북아일런드의 세 지역에서는 공동으로 중고교 교육과정을 운영하고 있고, 스코틀런드와 아일런드 지역에서는 각각 독자적으로 교육과정을 운영한다. 스코틀런드 지역은 http://www.educationscotland.gov.uk를 찾아가고, 아일런드는 http://www.ncca.ie/en/을 보기 바란다.

8) (역주) 잉글랜드·웨일즈·북아일런드 세 지역에서는 옥스퍼드 대학교와 케임브리지 대학교와 왕립 기술 검사회(Royal Society of Arts Examination)의 세 기관에서 공동으로 연합단체를 만들고(이를 각 단체의 첫글자를 따서 'OCR'로 부름) 중학교 졸업자격 시험(GCSE)을 대비하여 마련된 학교별 교과과정 및 수업 계획 표본을 다음 누리집에서 살펴볼 수 있다.

https://www.gov.uk/government/publications/national-curriculum-in-england-english-programes-of-study

과 차이가 거의 없는 듯하다.

이해(*understanding*)에9) 비춰 보아, 학생들은 점차적으로 수준 2의 인쇄물을 놓고서 소리 일치시키기로부터, 수준 3의 중심 생각을 찾아내기, 수준 4의 일부 세부사항 찾아내기까지 나아간다. 한편 수준 2에서는 학습자들이 '좋아하다, 싫어하다, 느낌'을 이해한다고 말해지지만, 수준 5에서는 학생들이 이제 '의견(*opinions*, 주장)'들을 이해하고, 수준 6에서는 '관점(*points of view*, 시각)'들을 이해한다고 언급된다. 수준 8에 이르기까지는 학습자들이 '태도 및 감정들을 인지'할 수 있다.

흥미를 끄는 글말 자료의 특정 대목을 찾아 읽기(*scanning*)는 수준 5에서 처음 언급되지만, 이미 수준 3에서 학습자들이 덩잇글을 '선택한다'고 언급되어 있다. 학생들이 수준 3에서 여전히 사전과 용어 풀이집을 이용한다. 심지어 수준 4에서도 모르는 낱말의 의미를 짐작하는 일과 더불어 사전들이 이용되기 때문에, 비록 '무엇에 대한 독립성'인지 불분명하지만, 독립성이란 용어는 수준 3에서 나오기 시작한다. 수준 6에서는 독립적으로 읽는 능력을 언급하고, 수준 8에서는 개인별 관심거리를 위한 읽기를 언급한다. 자신감에 대한 언급도 또한 수준 5에 있는 큰 소리 내어 읽기와 수준 6에 있는 낯선 언어의 의미를 추론하기에서도 보인다.

임의의 독자가 어떻게 외국어 읽기를 위한 이들 달성(성취) 목표들에서 서술된 '예외적 수행(*exceptional performance*)'보다 더 잘 할 수 있는지를 살펴보기는 어렵다. 저자로서는 이것이 유능한 독자들이 자신의 제1언어에서 수행할 법한 내용과 어떻게 다른지 잘 알 수 없다.

---

9) (역주) 영국의 교육과정에서는 '이해'라는 용어가 단순히 언어에 대한 이해만을 가리키는 것이 아니다. 교육과정의 서술 모형을 삼분하여 '지식·기술·이해'로 부르는데, 우리나라에서 '지식·기능·태도'로 삼분하는 것을 연상시킨다. 지식과 기술 영역은 각각 이론과 실천, 지식과 응용을 가리킨다. 그러나 이해 영역은 이 두 영역을 자기 것으로 소화시켜 필요할 경우에 언제든지 쓸 수 있는 속성을 가리키고 있다. 이런 점에서 '이해'라는 용어가 중의적으로 쓰이고 있음에 유의할 필요가 있다.

"학생들이 광범위한 사실적 덩잇글과 상상 속의 덩잇글에 대한 이해를 보여 주고, 일부 이들 덩잇글에서는 서로 다른 관점과 논제와 관심사를 표현하는데, 이는 공식적이고 격식 갖춘 자료를 포함한다. 학생들은 입말로 그리고 글말로 자세히 요약하고, 보고하며, 발췌부분을 설명한다. 학생들은 자신의 관심거리에 따라서 이야기·신문 기사·책·연극을 선택하고 반응함으로써 독자적인 읽기 능력을 발전시킨다."

(Pupils show understanding of a wide range of factual and imaginative texts, some of which express different points of view, issues and concerns, and which include official and formal material. They summarise in detail, report, and explain extracts, orally and in writing. They develop their independent reading by selecting and responding to stories, articles, books and plays, according to their interests)

이 절에서는, 제1 언어뿐만 아니라 외국어에서 읽기 능력을 발달/향상시키는 일을 측정하는 얼개들을 살펴보았다. 이들 양자 사이에는 주요한 차이가 있었다. 외국어 읽기 향상에서는 처리될 수 있는 늘어난 언어 복잡성은 물론 또한 늘어난 덩잇글의 범위에도 강조점이 놓여 있었다. 반면에 제1 언어 읽기 능력 향상에서는 인지상 복잡성에서의 발달이 더 특징적이었다. 그렇지만 현재로서는 이들 얼개가 발달에 대한 경험적 근거에 토대를 둔 진술이라기보다는, 오히려 이론적이거나 순환적인 접근을 표현함을 강조해 두는 것이 중요하다.

§.8-3. 읽기 저울눈의 눈금

저울눈 상으로 각각의 점수, 수준, 등급에 대한 자세한 해설과 더불어 눈금들을 계발함으로써 언어 능숙도(*proficiency*)의 수준을 정의하려는 많은 시도들이 있었다. 외국어 교육을 위한 미국 협의체(ACTFL)[10] 또는 이와 긴밀하게 관련된 호주 제2 언어 능숙도 채점등급(ASLPR)이나[11] 유럽 위원회(Council of Europe 1996)의 유럽 공통 얼개(Common European Framework)와 같이 이런 시도의 일부는 잘 알려져 있지만, 다른 것들을 제대로 알려져 있지 않다.

1) 외국어 교육을 위한 미국 협의체(ACTFL)의 능숙도 평가 지침

외국어 교육을 위한 미국 협의체(ACTFL)의 능숙도 평가 지침에서는 주어진 수준에서 해당 언어로 학습자들이 무엇을 실행할 수 있는지를 놓고서 자세한 해설을 제공해 준다. 그 수준은 초보·중급·고급·최상급 으로 명칭이 붙어 있다. 각 수준마다 세 단계 하위 등급 '낮음·중간·높 음'으로 나뉘어져 있고, 네 가지 기술들에 대하여 모두 9가지 상이한 수준들이 들어 있다. 읽기 능숙도에 대한 정의는 '덩잇글 유형·읽기 기 술·과제에 근거한 수행'에 비춰서 서술되어 있다. 아마 학습자 발달 수 준들을 정의하려고 각 단면들로 나뉘어 있는 듯하다. 리·머쓔메치(Lee and Musumeci 1988: 173)에서는 다음과 같이 언급하였다.

> "특정한 발달 수준은 특정한 덩잇글 유형 및 특정한 읽기 기술과 연합되 어 있다. 계층의 정의에 의해서 높은 수준의 기술 및 덩잇글 유형은 낮은 수준들을 포함하므로, 더 높은 수준의 읽기 능숙도를 입증해 주는 독자는 응당 덩잇글과 상호작용할 수 있어야 하고, 더 낮은 수준들의 능숙도를 특징짓는 읽기 기술들을 예증해 줄 수 있어야 한다. 반대로 낮은 수준의 능숙도 저울눈에 머무는 독자는 더 높은 수준의 기술도 예증해 줄 수 없

---

10) (역주) 원래 the American Council for the Teaching of Foreign Languages를 줄인 것이다.
11) (역주) 원래 Australian Second Language Proficiency Ratings를 줄인 것이다.

고, 높은 수준의 덩잇글과도 상호작용을 할 수 없다."

(A specific developmental level is associated with a particular text type and particular reading skills. By the definition of hierarchy, high level skills and text types subsume low ones so that readers demonstrating hight levels of reading proficiency should be able to interact with texts and be able to demonstrate the reading skills characteristic of low levels of proficiency. Conversely, readers at low levels of the proficiency scale should neither be able to demonstrate high level skills nor interact with high level texts. *Lee and Musumeci* 1988: 173)

이들 평가 지침이 적어도 미국에서는 널리 보급되어 있고 영향력을 지 닌다. 그렇지만 이들 지침은 일부 논란에 휩싸여 있다. 수준에 대하여 선험적(*a priori*) 정의에 근거하고 있는 데다가, 선험적 가정들을 타당하 게 해 줄 경험적 근거가 아무런 것도 없기 때문이다.

수준	덩잇글 유형	표본 덩잇글 예시	관련된 읽기 기술
0/0+	열거하기	숫자, 이름, 거리 표지, 돈 액면가, 회사/가게 지정, 주소	암기 요소 인식하기
1	지향하기	여행 및 등록 서식, 비행기 기차 시간표, TV/라디오 방송 안내, 식단, 비망록, 신문 제목, 내용 목차, 전달내용	통독하며 골자 파악하기, 관련 정보 찾아 읽기
2	지시하기	광고와 상표, 신문 해설, 지시 및 방향 찾기, 사실 보도, 형태들에 대한 격식 갖춘 요구, 초대, 도입과 결론 단락	해독하기, 분류하기
3	평가하기	신문 사설, 분석, 변명(해명), 특정 문학 작품, 비판적 해석을 들어 있는 인물 전기	추론하기, 짐작하기, 가정하기, 해석하기
4	투영하기	예술 또는 연극 연기에 대한 비판, 문학 작품, 철학적 담론, 과학 기술 논문, 논쟁 부류	분석하기, 입증하기, 확장하기, 가정하기

*출처: Lee and Musumeci 1988: 174

앨런 외(Allen et al. 1988)에서는 외국어 교육을 위한 미국 협의체(ACTFL)

의 능숙도 평가 지침의 읽기 능숙도가, 특정한 문법 특징 및 덩잇글의 기능/유형에 따라 늘어난다는 가정에 근거하고 있음을 지적하였다. 외국어 교육을 위한 미국 협의체(ACTFL)의 덩잇글 위상이, 간단한 것으로부터 복잡한 것까지 분포한다고 주장한다(Child 1987). 간단한 덩잇글은 친밀감이 담긴 편지나 대중 잡지 기사가 될 수 있고, 좀 더 어려운 덩잇글은 형식 갖춘 업무 편지 또는 심각한 신문 기사가 될 수 있다. 앨런 외(1988)에서는 이런 관점이 제한적임을 논의한다. 왜냐하면 독자 변인과 독자의 지식을 전혀 고려하지 않았기 때문이다. 따라서 결과적으로 이해나 읽기 향상에 대한 적합한 견해를 제시할 수 없다고 반박하였다.

앨런 외(1988)에서는 제2 언어 읽기에 대한 대부분의 논의가 덩잇글에만 초점을 모으고, 읽기 행위에는 초점을 모으지 않았다고 주장한다. 전형적으로 읽기 자료들은 '등급화'된다. 즉, 난이도에 비춰 순서가 정해지는 것이다. 난이도의 추정값은 직관적으로 얻어지거나, 또는 '읽기 용이성(*readability*)' 공식이나 실사 밀집도의 측정값('더 빈도가 잦은 낱말이 이해가 더 쉽게 된다')과12) 같은 기제에 의해서 얻어진다. 그 가정에 따르면, 제2 언어 읽기 능력 향상은 좀 더 쉬운 덩잇글로부터 좀 더 어려운 덩잇글로 옮겨가는 일이다.

미국에서 중고등학교 9학년부터 12학년까지 불어·스페인 어·독어로 읽기를 조사하면서, 앨런 외(1988)의 연구에서는 외국어 교육을 위한 미국 협의체(ACTFL)의 평가 지침에 따라 다양한 등급의 수준에 적합한 참된 실생활 덩잇글들을 선택하였다. 그들의 연구 결과는, 능숙도 및 등급의 수준에 관계없이, 교사의 기대와는 달리 학생들이 모든 덩잇글로부터 어떤 의미를 포착할 수 있었음을 보여 주었다. 또한 그들의 연구 결과는 외국어 교육을 위한 미국 협의체(ACTFL)의 평가 지침 속에 깃들어 있는 난이도 연결체나 또는 덩잇글의 위계를 전혀 보여 주지

---

12) (역주) 154쪽 §.2-5-6의 논의와 그곳의 역주 66)을 보기 바란다.

않았다. 그들은 독자와 덩잇글 사이에 있는 상호작용이 평가 지침보다 훨씬 더 복잡함을 시사하였다.

"'덩잇글 유형'과 같이 덩잇글에 근거한 요인들은 제2 언어 학습자들의 읽기 능력을 거의 설명해 주지 못하였다."(앨런 외 1988: 170쪽)
(text-based factors such as 'type of text' do little to explain the reading abilities of second language learners. *Allen et al.* 1988: 170)

그렇지만 또한 그들은 다음처럼 결론을 내렸다. 심지어 낮은 수준의 학습자들도 참된 실생활 덩잇글로부터 모종의 정보를 이끌어낼 수 있었다. "학습 시간에 늘어남에 따라, 덩잇글로부터 계속 증가하는 명제들(즉, 정보)의 분량을 모으는 능력도 늘어났다"(앞의 책 170쪽). 심지어 낮은 수준의 학습자들이라 하더라도 250~300개 낱말로 된 긴 덩잇글도 처리할 수 있었다. 덩잇글 길이가 더 짧다고 하여, 반드시 더 쉬움을 의미하는 것은 아니다. 왜냐하면 더 긴 덩잇글일수록 좀 더 일관되고 좀 더 흥미로울 수 있기 때문이다. 그들은 결론 내리기를, 아마 덩잇글의 난이도 증가에 근거하여 능력의 향상을 추론하는 일이 타당치 못하다고 하였다. 또 덩잇글의 난이도에 대한 이런 위계가 덩잇글 유형과 관련될 경우에는 특히 더욱 타당치 않다고 하였다.

리·머쓔메치(Lee and Musumeci 1988)에서는, 상이한 수준의 이태리 어 학습자들을 놓고서 덩잇글들 사이에서 어떤 유의미한 차이도 찾아질 수 없음을 보여 줌으로써, 이들 결과를 확증해 주었다. 비록 덩잇글 유형이 유의미하게 달랐었지만, 난이도의 순서가 외국어 교육을 위한 미국 협의체(ACTFL)의 평가 지침에서의 예측을 따르지 않았던 것이다. 제1 수준의 덩잇글이 제3 수준과 제5 수준의 덩잇글만큼이나 어려웠던 것이다! 비슷하게 기술 난이도에 대한 예측된 수준도 전혀 얻어지지 않았다. 제2 수준의 기술이 제1 수준이나 제3 수준이나 제4 수준의 기술들보다 더 어려웠던 것이다! 덩잇글 유형의 위계에 대해서도, 그리고 더 높은 수준의 과제들에 대한 수행이 더 낮은 수준의 수행을 포함한다는 믿음에 대해서도, 이런 주장을 뒷받침해 주는 어떤 경험적 증거도 찾아지지 않았다.

리·머쓔메치(1988)에서는, 외국어 교육을 위한 미국 협의체(ACTFL)의 기술들이 채택한 듯이 보이는 점증하는 인지 난이도에 기반한 기술의 수준은, 독자들이 대체로 동일한 인지 수준에 있을 경우에 읽기 능숙도의 수준을 설명하지 못하지만, 반면에 언어에 기반한 읽기 기술이 그런 독자들을 구별해 줄 수 있음을 시사해 주었다.

더욱이, 읽을 수 있고 학업상 성공적인 어른 학습자들을 위한 제2 언어 및 외국어 읽기 능숙도의 수준이, 자신의 제1 언어에서 여전히 읽을 수 없거나 학업상 실패한 학습자들을 위한 수준과 다를 수 있다. 또한 인지상으로 미성년 아동의 제1 언어 읽기 능력에 대한 발달 수준과는 차이가 나는 것이다.

2) 유럽의 언어 검사자 연합(ALTE) 얼개

유럽의 언어 검사자 연합(ALTE)에서는[13] 특히 유럽의 언어 검사자 연합 회원들에 의해 만들어진 수준들을 놓고서 언어 검사들을 비교하기 위하여 수준들에 대한 얼개를 계발하였다. 유용한 『편람』(ALTE 1988)에서는 유럽의 언어 검사자 연합(ALTE) 구성원들의 다양한 시험 내용들을 서술해 주는데, 이들 수준뿐만 아니라, 또한 기술들에 따라서도 달라진다. 시험 내용의 세부사항들을 보려면 관심 있는 독자들은 15개 어로 된 『편람』을 참고하기 바란다(카탈로니아 어, 덴마크 어, 네덜란드 어, 영어, 핀란드 어, 불어, 독어, 희랍어, 아이리쉬 게일 어, 이태리 어, 룩셈부르그 어

---

13) (역주) 원래 The Association of Language Testers in Europe 유럽의 언어 검사자 연합)을 줄인 것이다.

[*Letzeburgish*], 노르웨이 어, 포르투갈 어, 스페인 어, 스웨덴 어).

이 시점에서 읽기에 대한 유럽의 언어 검사자 연합(ALTE) 수준들을 놓고서 포괄적인 서술내용을 간략히 살펴보는 일이 유용하다. 유럽 위원회(Council of Europe) 수준들과의 관련성(제1, 제2, 제3 수준이 각각 왕초보[*Waystage*], 초급[*Threshold*], 중급[*Vantage*] 수준을 나타냄)뿐만 아니라, 또한 이 수준들이 읽기 능숙도를 향상시키는 일을 놓고서 잠재적으로 영향력을 지닌 견해를 나타내기 때문이다. 이하에서 모든 언급 내용은 유럽의 언어 검사자 연합(ALTE 1988)에서 발간한 『편람(*Handbook*)』에서 가져왔다.

유럽의 언어 검사자 연합(ALTE)에서는 학습자가 특정한 수준에서 실행할 수 있는 바에 대하여 각 기술마다 자세하게 서술해 놓기 전에 일반적인 서술을 제시하였다. 이는 때때로 언어 사용을 위한 목적 및 맥락에 비춰서 해당 기술의 세부사항을 명백히 만들어 주는 데에 도움을 준다. 가령, 제1 수준 '생존·일상생활·친숙한 상황들을 위한 언어'는 제4 수준 '언론 및 다른 매체, 그리고 문화의 영역들에 대한 접속'과 비교된다. 따라서 이런 일반적인 서술의 세부사항들이, 읽기에 대한 상세한 서술에 앞서 각 수준에 대한 유럽의 언어 검사자 연합(ALTE) 문서에 주어져 있다.

각 수준마다, 유럽의 언어 검사자 연합(ALTE)에서는 세 가지 주요한 사용 영역을 구별해 놓았다. ① 사회적 맥락과 여행 맥락, ② 일터(직장) 맥락, ③ 학업 맥락이다. 비록 각 맥락마다 수준의 서술내용이 대체로 비교될 수 있겠지만, 읽기 능력을 향상시켜 주는 모형이 그런 맥락들 사이에서 구분되거나 또는 각 맥락마다 따로 읽기 능력이 구체화될 필요가 있음을 함의한다. 이런 구별은 유럽의 언어 검사자 연합(ALTE) 구성원들이 모종의 방식으로 이들 상이한 맥락들과 관련되거나 이들 맥락을 겨냥한 시험지들을 만들었으므로, 그런 맥락에서 검사 사용자들에 의해서 해석될 수 있는 정보를 제공해 줄 필요성을 느꼈다는 사실을 반영해 준다. 따라서 회사원을 채용하는 기업주가 알 필요가 있는 바가 표준 철자를 처리할 수 있는지 여부(수준 1)일 경우에, 어느 직무에 응시한 후보가 독일어로 현금 인출기 안내 설명(*notice*)을 읽을 수 있는 능력이 충분히 있음을 기업주에게 말해 주는 데에는 거의 이점이 없다.

그렇지만 해당 문서에서 불명확한 바는, 유럽의 언어 검사자 연합(ALTE)에서 읽기 능력의 단계별 일람표(*stepped profiles*)가 가능함을 고려하는지 여부이다. 따라서 가령 임의의 후보가 사회적 맥락과 여행 맥락에서는 읽기 수준 3에 있더라도, 학업 맥락에서는 오직 수준1에 있을 경우가 가능할 것인가? 세 가지 주요 맥락에 대한 구별은, 이것이 읽기 능력에 대하여 생각하거나 또는 측정을 하려고 하는 경우를 살펴보는 중요한 차원이 될 수 있음을 시사해 준다.

읽기 능력을 향상시키는 두 번째 차원은 주어진 임의의 수준에서 처리될 수 있는 덩잇글들이다. 따라서 수준 1에서 이 검사를 응시하는 후보들은

> "… 길거리 표지판, 가게 안내문, 간단한 길 찾기, 물건 가격표, 공산품 상표에 쓰여진 이름, 표준 식단표 상으로 공통된 음식 이름, 영수증, 호텔 표지판, 숙박시설에 대한 광고로부터 나온 기본적인 정보, 은행과 우체국의 표지판과 현금 인출기에 있는 안내 설명, 응급 구호의 이용과 관련된 게시문 등을 읽을 수 있다."(ALTE 1998)

수준 4에 이르면, 후보들이 '잡지 및 신문 기사들을 이해할' 수 있고, '일터에서 지시사항, 공문서, 보고서를 이해할 수 있으며', '학업 맥락이라면 사용자 자신의 교과목 영역과 관련된 읽기가 추상적이거나 비유 언어, 그리고 문화 관련 언급이 잦을 경우에라야 문제가 된다'.

이런 서술내용은 수준들 사이의 차이가 단순히 수준 1의 서술로부터 나온 경우에서 알 수 있듯이 덩잇글 유형의 일이 아니라, 또한 구체적

언어 대 추상적 언어, 문화적 친숙함이나 낯섦, 그리고 독자의 지식 내부 또는 외부의 주제 영역에 관한 일임을 명백히 해 준다.

이해될 수 있는 정보의 속성은 다양하게 변동한다. 수준 1의 '사실적 덩잇글로부터 가져온 기본적 정보'로부터 시작하여, 수준 2의 '더 나은 이해'와 '대부분의 언어 … 대부분의 상표'와 "이해가 단지 사실들을 골라내는 일을 넘어서서 의견과 태도와 분위기와 바람을 포함할 수 있다"를 거쳐, 수준 3의 '일반적 의미'와 "…씌어진 덩잇글의 이해가 응당 사실적 정보 항목들을 골라내는 단계를 넘어서서, 중심 논점과 부차 논점들 사이를 구별하고, 덩잇글의 일반적인 주제와 특정한 세부사항들 사이를 구별하며", 수준 4의 '골계(농담) 또는 복잡한 이야기 구성'의 이해 여부, 그리고 수준 5의 '문화상으로 멀리 떨어진 언급 내용들'의 이해 여부까지 포함한다.

독자들이 실행할 수 있는 바와 실행할 수 없는 바에 대한 언급은, 또 다른 차원의 발달에 대한 서술을 도입한다. 긍정적 서술 및 부정적 서술이다. 비록 체계적으로 변동하는 것은 아니라 할지라도, 유럽의 언어 검사자 연합(ALTE)의 서술내용에서는 임의의 수준에서 독자가 실행할 수 있는 바에 대한 진술 및 독자가 실행할 수 없는 바에 대한 진술을 둘 모두 담고 있다.

이런 체계성이 없이 차원을 이용할 경우에, 결과적으로 읽기 능력 향상에 대한 이론 구성에 문제를 일으키는데, 이 점이 이 책에서 지적하려는 바라고 말해질 수 있다. 그렇지만 이 『편람』에서 시험 출제자에게 그리고 특정한 응시생의 읽기 능력에 관하여 주어진 시험과 주어진 점수나 등급이 무엇을 말해주는지 알고 싶어 하는 사람들에게 모두 유용한 안내를 전혀 제공해 주지 못한다고 말하려는 것은 아니다.

유럽의 언어 검사자 연합(ALTE) 얼개에서 읽기 능력 향상/발달을 분류해 놓는 다른 차원들은 사용의 예측 가능성(*predictability of use*)을 포함한다. 가령 '표준 철자, 상례적 서신, 예측 가능한 소재(영역), 예측 가능한 주제, 뜻밖의 상황과 예측할 수 있는 상황에 대해 적합하게 대답'과 같으며, 친숙함 및 주제지식과 관련되는 듯이 보이는 차원이다. 비록 정의되지 않았다고 해도 속도(speed)도 가끔씩 언급된다. 수준 2에서 '만일 충분히 시간이 주어진다면'과 같은데, 종종 부정적으로 표현되어 있고, 또한 수준 2에서 '더 긴 덩잇글에 대한 읽기 속도가 느려질 것 같다', 또는 수준 5에서 '대학원 학업 수준에 대하여 읽기 속도가 여전히 느리다'고 표현되어 있다.

덩잇글의 길이도 또 다른 차원이 된다. 좀 더 향상된 고급 독자들은 더 낮은 수준의 독자들보다도 더 긴 덩잇글을 처리할 수 있다고 언급된다. 가령, 수준 3을 보면 '이 수준에서 학습자들은 더 낮은 두 수준에서 처리될 수 있는 특징인 아주 간략한 표지판과 게시물 따위를 넘어서서 그보다 더 긴 덩잇글을 읽을 수 있다'. 그렇지만 다시, 덩잇글 길이에 대한 이런 차원은 어떤 수준에서도 정의되어 있지 않고, 모든 수준을 통하여 체계적으로 언급되어 있지도 않다. 처리될 수 있는 읽기의 분량도 또한 심지어 더 향상된 고급 독자들에게서 하나의 논제가 된다. 수준 4를 보면, '학업 과정상 요구된 읽기의 분량을 통과하는 데 여전히 어려움을 겪는다'.

말투(register)와 정중함과 격식성에 대한 자각도 발달하는 듯하다(수준 3).14) 수준 3에서 '자신감을 갖고서 주요한 구조들을 처리할 수 있는'

---

14) (역주) register(말투, 언어 투식)에 대한 풀이는 340쪽 §.6-3 '상황 2'의 역주 9)에 자세히 적어 두었다. formality(격식성)은 우리말 대우에서 '-습니다'체와 '-요'체를 구분해 주는 속성으로 전자가 격식적 대우이고, 후자가 비격식적 대우에 해당한다. 격식성은 다시 심리적 거리감(distance)과 사회적 거리감으로 나뉘어 다뤄지기도 한다. politeness(정중함)는 라틴어 polire의 과거 분사 형태(politus)에서 나온 말로서, polished(잘 닦인 상태), made smooth(미끄럽게 만든 상태)를 가리킨다. 아마 '정중하다', '예의를 다 갖추다, 예의를 차리다'라고 번역되어야 옳을 듯하다. 여기서는 '정중함, 정중한 표현'으로 부르기로 한다. '나라 정(鄭)'이란 글자는 술 동아리(樽, 酋)가 제사 지내는 탁자(爪, 臺) 위에 놓이어 제사의 예의를 완벽히 다 갖춘 상태를 가리킨다. 정중(鄭重, 예의 갖춤이 무겁다)이란 예의를 모두 갖추어 있는 상태이며, 상대의 체면을 고려하면서 말을 정중히 한다면 기본 표현에서 더욱 더 길어질 수밖에 없다.

사회학자 고프먼(Erving Goffman, 1922~1982)의 사회적 자아를 세우려는 '체면 욕구(face wants)'(진수미 뒤침 2013, 『상호작용 의례: 대면 행동에 관한 에세이』, 아카넷)를 처음으로 언어 표현에 적용한 업적이 Brown and Levinson(1978, 1987 확장판), 『정중성: 언어 용법에 능력이나 수준 4에서 '쉽고 유창하게' 처리하는 일이 특히 좀 더 향상된 고급 단계에서 언급된 차원이다. 정의되지 않은 채 덩잇글의 단순성 및 복잡성에 대한 언급도 이뤄져 있다. 수준 2를 보면 간단하게 만든 덩잇글에[15] 대한 필요성이 있지만, 이것들이 참된 실생활(*authentic*) 덩 잇글과 체계적으로 대조되어 있지 않다. 왜냐하면 심지어 수준 1에서 도 독자들이 '실제(*real*)' 덩잇글을 처리할 수 있다고 언급해 놓았기 때 문이다. 덩잇글 처리할 경우에 도움물의 필요성이 또한 더 낮은 수준의 독자들의 한 가지 특징인데, 사전에 더 많이 의존한다고 말해진다.

요약하자면, 유럽의 언어 검사자 연합(ALTE) 얼개에 따라서 우리는 읽기 능력의 향상이 맥락, 덩잇글, (아마도) 덩잇글 유형, 언어, 주제의 친숙성(그리고 주제에 대한 독자 지식)의 관점에서 살펴볼 필요가 있고, 부정적으로 독자가 여전히 실행할 수 없는 바에 비춰서 또는 긍정적으 로 이제 독자가 실행하거나 이미 실행한 바에 비춰서 표현될 수 있음을 알았다. 향상은 자신감의 증가, 속도, 자각, 덩잇글의 길이와 분량뿐만 아니라 또한 덩잇글의 단순함과 예측 가능성, 덩잇글에서 이해될 수 있는 (기본적, 일반적, 특정적, 의견을 담은, 골계담 따위의) 정보의 속성에 대한 증가도 포함한다.

유럽의 언어 검사자 연합(ALTE) 얼개는 구성원들의 출제 경험에 근

서 일부 보편속성(*Politeness: Some Universals in Language Usage*)』(Cambridge University Press) 이며, 그 핵심을 다음 도표로 요약할 수 있다.

표현 의도┬행위로 표현
   └언어로 표현┬내용 감춘 간접 표현
       └내용 밝힌 직접 표현┬노골적인 표현
            └체면 배려 표현┬우회적인 정중한 부정문
                 └직접적이며 정중한 긍정문

이에 따르면 '간접 표현'도 또한 매우 중요한 대우 방식임을 잘 알 수 있다. 이는 형태소 중심의 정태적 자료를 벗어나서, 반드시 담화 전반에 걸쳐 역동적인 표현 방식들의 관계를 앞뒤로 따지면서 논의되어야 함을 뜻한다.

15) (역주) 의사소통 중심 언어 교육에서는 토니 린취(Tony Lynch) 교수의 논의가 핵심을 다루 고 있는데, 158쪽 §.2-5-6의 역주 70) 및 그곳과 관련된 논의, 그리고 300쪽 §.5-2-3의 역주 24)도 함께 살펴보기 바란다.

거하여 읽기 능력 향상에 대한 흥미로운 가정들의 묶음을 언급한다. 이는 외국어 읽기 능력 향상에 대한 경험적 차원의 추후 조사 연구를 위하여 아주 거름진 토대를 제공해 줄 수 있다.

3) 학업상 외국어 읽기 수행에 대한 등급 서술

응시생들에게 등급을 배당하게 될 영국의 국제 영어 검사제도(IELTS)를 위하여 저울눈을 마련하려는 일부 자신의 시도로서, 어컷트(Urquhart 1992)에서는 그간 읽기의 저울눈을 마련해 놓으려고 했던 많은 시도들을 조사하였다. 그렇지만 그의 시도는 난점들로 가득 차 버렸다.

첫째, 올더슨(1991)에서 지적하듯이, 사용자를 지향한, 즉, 사람들에게 검사 점수를 이해하는 데 도움을 주도록 의도된, 읽기 능력 또는 수행에 대한 저울눈이 반드시 시험 내용과 관련되어야 한다. 외국어 교육을 위한 미국 협의체(ACTFL)와 호주의 제2 언어 능통성 채점등급(ASLPR)에서 실행하듯이, 높은 수준의 독자가 신문 사설들을 읽을 수 있다고 주장하는 것은, 만일 그들이 그런 덩잇글이나 능력상으로 검사받아 보지 못하였다면 받아들일 수 없다. 그렇게 검사를 시행하였다는 증거도 없이, 주어진 임의의 수준과 연합된 해설은 도전에 열려 있고(≒도전을 받고 부정될 수 있음), 기껏해야 그런 수준에 있는 '전형적인' 독자들의 행동들로부터 간접적인 추론을 나타낼 뿐이다.

둘째, 주어진 수준들에 대한 수행의 해설은 따라서 반드시 해당 시험에 대한 청사진인 검사 명세내역들 및 실제 검사내용에 대한 정밀 조사 둘 모두로부터 도출되어야 한다. 그렇지만 후자는 오직 전자에 대한 표본이며, 따라서 검사에 토대를 둔 수행의 해설은 검사 수행에 비춰 보아 아무리 '정확하다'손 치더라도, 결국 일반화 가능성을 결여하게 될 것이다.

실제로 읽기 수행의 저울눈을 계발하고자 시도하는 여러 문헌이 두

드러지게 비-경험적이고 사변적이다. 독자들이 등급으로 구별될 수 있을 법한 관련 차원들을 찾아내려고 하였던 어컷트 교수 자신의 시도도, 또한 자신의 읽기 이론에 대한 지식 및 읽기 조사 연구에만 근거하여 사변적이었고, 흥미롭지만 정당성이 입증되지 않은 채 남아 있다.

어컷트 교수가 제안한 등급 저울눈 초안의 구성 부문들은 다음처럼 '덩잇글·과제·독자' 요인들을 포함한다.

세 요인으로 이뤄진 등급 구분 모형

	덩잇글 유형	설명적인 글, 논쟁적인 글 따위
덩잇글 요인	담화 내용	비교/대조, 원인/결과 따위
	접속 가능성	표현을 위해 채택한 신호 방식, 투명함 대 흐릿함
	길이	
과제 요인	복잡성	좁음 대 넓음, 얕음 대 깊음
	풀어쓰기	간단한 부합 대 풀어쓰기
독자 요인	융통성	과제에 대하여 일치하는 수행
	독자성	주도적 또는 부차적 역할을 선택하기, 전체 또는 연속물

*출처: 어컷트(Urquhart 1992).

어컷트 교수가 예시한 초안 등급은 여덟 가지 각각 상이한 수준마다 각 요인들에서 상이한 변인들에 대한 상세한 해석을 담고 있다. 그렇지만 해설들을 면밀히 조사하면, 그런 많은 저울눈에서 구체성이 결여된 익숙한 문제점들이 드러난다. 수량 및 비교 형용사는 절대값을 지니지 않으며, 심지어 상대값도 결정하기 어렵다. '합리적으로(reasonably)', '일부(some)', '어지간히(considerable)'와 같은 평가 어휘는 도대체 무슨 값을 지닐까? 또는 심지어 '더 짧은(shorter)', '더욱 요구하는(demanding)' 이란 평가 어휘는 도대체 어떤 값을 지닐까? 명백히 이런 용어들은 해당 등급들이 의미가 있거나 유용해지려면, 닻을 내리거나 적어도 예시로 보여 줄 수 있는 정의를 필요로 한다.[16]

그렇지만 흥미롭게도 어컷트 교수는 검사 이용자에 의해 판정된 유능한 독자와 빈약한 독자에 대한 그림을 상상하여 그려 준다. 이 경우에 대학원생의 읽기를 지도하면서 읽기 점수의 정확성에 관하여 결정을 내릴 필요가 있을 법한 개별 강사이다. 이 개별 강사는 다음과 같은 방식으로 독자의 정확성을 판정할 가능성이 있고, 어컷트 교수는 이를 등급 눈금 속으로 세워 놓아야 함을 시사해 준다.

두 유형의 대학원생 가상 독자에 대한 묘사

유능한 독자	이 학생은 불평도 없고 긴장한 증거도 없이 읽기에 필요한 모든 것을 다 실천하였다는 신호를 내어 준다. 특히 특정 논문에 바쳐진 세미나와 개별지도에서, 이 학생은 골자 및 세부사항들을 모두 다 뽑아냈다는 증거를 보여 준다. 개별 강사가 이 논문에 관하여 합리적인 의견으로 여기는 바를 표현할 수 있다. 이들 의견은 원래 집필자의 의견과 같은 노선이거나 또는 반대 노선일 수 있다. 좀 더 일반적으로 특정한 논의에 적합한 논문들을 인용할 수 있고, 추후 자신의 논점에 그것들을 이용할 수 있다.
	독자적인 조사 연구로 이 학생은 자신의 목적과 관련된 논문들을 선별할 수 있다. 글쓰기에서 적합하게 논문으로부터 인용하면서 본문과 맞물려 놓을 수 있다. 또한 그 논문에 있는 정보를 풀어 써 줄 수 있다. 원래 집필자에 의해 제시되고 있는 실제 경우와 이 실제 경우를 뒷받침하기 위해 원래 집필자가 이용하는 증거도 잘 깨닫고 있다. 원래 집필자가 말하는 바를 추론하여 서로 다른 맥락에 대하여 좀 더 특정하게 자기 자신과 관련해서 적용할 수 있다. 필요하다면 원래 집필자의 논의에서 결점을 끌어내고 자신의 입장을 뒷받침하기 위한 증거를 제시할 수 있다.
빈약한 독자	이 학생은 수업 동안 배당된 읽기가 너무 많고, 다 읽어 내려면 시간이 너무 걸린다고 불평할 수 있다. 임의의 논문을 전적으로 심도 있게 다루는 세미나에서 의견을 말하기를 주저하고, '논문 내용을 다 잘 이해하지 못했음'을 인정하거나 논문이 너무 어려웠다고 진술할 가능성이 있다. 비록 사실적 요점들을 지적하여 원래 집필자가 X, Y, Z에 관하여 말한 바를 언급할 수 있다고 하더라도, 종종 논문에 언급되어 있는 듯한 관점을 찾아낼 수 없다.
	학위논문 작업에서, 읽은 논문들의 선택이 온전히 적합한 듯하지 않다. 이 학생은 자신의 작업 속으로 통합하지 않은 채 현저한 정도로까지 여러 논문으로부터 길게 내용을 인용할 소지가 있다. 인용된 내용에 관해서도 평가를 거의 하지 않는다. 이런 인용이 일반적으로 '아무개가 말하기를 …'이란 구절로 도입된다. 덩잇글을 풀어 말해 주려는 시도가 거의 또는 전혀 없다. 이따금 논점을 뒷받침하기에 적합한 주제이지만 자기 자신의 논점을 뒷받침하지 못하거나, 최악의 경우에 직접 반론이 될 수 있는 임의의 덩잇글을 인용한다.

*출처: 어컷트(Urquhart 1992: 34~35).

---

16) (역주) 이 문장 뒤에 꾸밈말로서 'much less valid(훨씬 타당하지 않은)'가 덧붙어 있는데, 교정이 안 되어 있거나 오류인 듯하다. more or less(대체로)이거나 아니면 invalid(부당한)로 바뀌어야 앞뒤로 일관적이다. 정도 부사를 써서 평가를 나타내는 일은 인상적 판정에 불과하다. 마땅히 수치화된 양적 정보로 표시되어야 옳다.

저자의 지식으로는, 읽기 수행을 서술하려는 어떤 다른 시도도 아직 시험 이용자의 관점을 채택한 적이 없다. 어컷트 교수에 의해 이뤄진 이런 소략한 시도는 다른 맥락에서 그리고 추후 실험에서 반복될 가치가 있다.

이 절에서는 읽기 능력을 놓고서 세 종류의 저울눈을 검토하였다. 흥미롭게도 제1 언어에서는 물론 제2 언어에서도 읽기가 어떻게 향상될 수 있을지에 관하여 시사적이지만, 또한 점차 늘어나는 과제 및 덩잇글의 난이도에 대하여 그리고 읽기 능력과 연합된 향상에 대하여 경험적 증거가 얻기 어려웠음도 살펴보았다. 이는 훨씬 저울눈들이 사실상 읽기 능력의 향상을 반영해 준다고 확신할 수 있기 전에 더 많은 경험적 탐구가 필요함을 함의한다.

§.8-4. 한 다발로 묶여 있는 읽기 검사

읽기 능숙도가 어떻게 발달하는지를 살펴보는 또 다른 방식은 일련의 언어 검사들을 검토하고, 검사 수준들이 진전됨에 따라 무엇이 바뀌는지를 알아보는 것이다. 아마 가장 잘 알려진 그런 일련의 언어 검사들은 외국어로서 영어에 대한 케임브리지 검사들일 것이다. 케임브리지 대학교 지역시험 연합(UCLES)에서는[17) 외국어로서의 영어(EFL)에서 다섯 가지 상이한 수준으로 된 능숙도 검사를 마련하였는데, 그들은 이를 '주요 검사다발(*main suit*)'로 부른다.

---

17) (역주) 원래 University of Cambridge Local Examinations Syndicate(케임브리지 대학교 지역시험 연합)을 줄였다.

케임브리지 대학교 지역시험 연합(UCLES)의 주요 검사다발 다섯 가지

① 핵심(≒기본적) 영어 검사(Key English Test, KET)
② 예비 영어 검사(Preliminary English Test, PET)
③ 초급영어 자격인증(First Certificate in English, FCE)
④ 고급영어 자격인증(Certificate in Advanced English, CAE)
⑤ 영어통달 자격인증(Certificate of Proficiency in English, CPE)

게다가 케임브리지 대학교 지역시험 연합(UCLES)에서는 네 가지 수준
으로 된 영어의 의사소통기술 자격인증(CCSE)도 마련하여 제공해 준
다. 저자는 이들 검사다발이 각각 읽기 능력 향상에 대한 견해를 어떻
게 운영하는지를 놓고서 차례로 서술해 나갈 것이다.

1) 케임브리지 대학교 지역시험 연합(UCLES)의 주요 검사다발

이하에서는 먼저 각 검사에 대한 세부사항들을 서술하고 난 뒤에 읽
기 능력의 향상을 위한 함의를 논의하려고 한다.

① 핵심(≒기본적) 영어 검사(Key English Test, KET)

핵심(≒기본적) 영어 검사(KET)는 유럽 위원회(Council of Europe 1990)
의 『왕초보(*Waystage*)』[18] 명세내역에 기반하고 있는데, 이는 학업시간
180~200시가 투입되어 달성될 수 있는 내용이다.[19] 이 수준에 있는

---

18) (역주) 유럽 위원회에서 주관하고 있으나, 총서의 각 권마다 공저자 이름 뵈넥·트륌(J.
A. van Ek and J. L. M. Trim)으로 표시되어 있고, 모두 케임브리지 대학 출판부에서 나왔다.
1998년 『왕초보(*Waystage*)』(모두 110쪽), 1998년 『초급(*Threshold 1990*)』(모두 184쪽), 2001
년 『도약(*Vantage*)』(모두 187쪽)으로 출간되었다(만일 축자 번역을 하면 '길 나서기, 문턱
1990, 전망 지점' 정도로 될 듯함).
19) 이 과정을 1년 내에 끝낸다고 보고 최소시간인 180시간을 따진다면, 1주일에 4시간씩
배당될 경우 45주가 소요된다. 한 달을 4주로 치면, 11개월이 조금 넘는다. 만일 1.5년 동안

언어 사용자는 일상생활에서나 외국을 여행하는 동안에 살아남는 데 필요한 종류의 간단한 덩잇글을 읽을 수 있는 것으로 언급된다.

1988년 『편람(Handbook)』에서는 검사되는 언어 기능(언어 사용 목적)들을 목록으로 제시하였다. ① 음식이나 음료 주문, 그리고 물건 구입과 같은 업무, ② 사실적 정보 얻어내기, ③ 사회적 접촉과 직업상의 접촉을 수립하기 등이다. 응시생들이 처리할 수 있을 것으로 기대되는 사적이며 구체적인 주제들도 목록으로 제시되어 있는데(가령 건물과 집안 그리고 주위 환경에서 필요한 일), 일상생활, 일과 공부, 날씨, 장소, 편의 시설 등이다.

핵심(≒기본적) 영어 검사(KET)에서 이용된 덩잇글은 "흔히 길거리, 기차역, 공항, 가게, 음식점, 사무실, 학교 등에서 찾아지는 유형"의 표지판, 공공 게시물, 또는 다른 짤막한 덩잇글들을 포함하고, "서류 서식, 신문과 잡지 기사, (응시생이 쓸 것으로 기대되는 종류의) 비망록과 짤막한 편지들도 포함한다."

비록 이 검사가 케임브리지 대학교 지역시험 연합(UCLES)의 검사다발 중 가장 낮은 검사라고 하더라도, 이 검사에서도 참된 실생활 덩잇글을 이용하면서 응시생의 수준에 맞도록 고쳐 놓는다. 읽기는 문제지 상으로 쓰기와 더불어 검사가 이뤄진다. 70분이 소요되고 56개 문항을 담고 있다. 읽기 검사는 5개 부문으로 나뉘어져 있다.

제1부문에서는 표지판과 게시물, 또는 공공장소에서 찾을 수 있는 아주 짤막한 덩잇글의 핵심 전달내용을 이해하는 능력을 검사한다. 질문들로서, 이런 표지들을 어디에서 찾을 수 있는지, 게시물들이 누구를 의도하여 읽도록 하는지, 또는 이런 부류들의 일반적 의미를 풀어 주도록 요구하게 될 듯하다. 제2부문에서는 어휘에 대한 지식을 검사하는데, 가령 낱말들과 정의들을 서로 일치시켜야 하는 물음이다. 제3부문

왕초보 과정을 운영한다고 치면, 1주일에 3시간씩 배당할 경우에 모두 60주가 걸리며, 한 달을 4주로 치면, 15개월(대략 1년 반)이 소요된다.

에서는 "일상생활에서 관례적으로 주고받는 언어를 이해하는 능력"을 검사한다. 제4부문에서는 (대략 180개 낱말을 지닌) 좀 더 긴 덩잇글의 중심 생각과 일부 세부사항들을 이해하는 능력을 검사하는데, 다시 신문과 잡지와 같은 자원으로부터 가져오지만 응시생의 수준에 맞춰 가다듬게 된다. 『편람(Handbook)』에 있는 사례들은 기상 예보 및 어느 배우와의 면담을 담고 있다. 제5부문은 제4부문에서 다룬 것들과 비슷한 덩잇글의 맥락 속에서 문법 구조의 지식과 용법을 검사한다.

세 가지 남은 부문들 중에서 두 부문에서는 글쓰기에 초점을 모으는데, 응시생들에게 빈칸이 들어 있는 덩잇글(가령, 비망록이나 편지)을 완성하도록 요구하고, 그리고 하나의 덩잇글로부터 다른 덩잇글로 정보를 옮겨 놓도록 요구한다. 가령, 덩잇글로부터 얻은 어떤 사람에 대한 정보를 동일한 사람에 대하여 여권 발급 서식으로 옮겨 놓는 일이다. 비록 초점이 간략하게 올바른 쓰기 산출에 모아져 있지만, 이들 두 부문이 명백히 읽는 능력까지도 포함하고 있다.

덩잇글 처리 운용·기술·이해의 수준 등에 대한 추가 정보는 주어져 있지 않다. 명백히 이런 읽기 검사는 간단하고 짤막한 덩잇글과 필수 정보를 모으는 일에 초점을 모으고 있지만, 또한 언어의 이해에도 초점을 모으고 있다. 즉, 어휘와 문법이 명백히 검사되고 있는 것이다. 이들 언어 요소/난이도에 대한 자원들은 "동사 형태, 한정사, 대명사, 전치사, 접속사와 같은 구조적 요소에 초점을 모은다. 어구·절·문장·문단 수준에서 구조적 관계를 이해하는 일이 요구될 수 있다."는 언급 외에는 따로 구체화되어 있지 않다(앞의 『편람』 1998: 12쪽). 이런 선택에 대한 근거, 가령 (제1 언어) 읽기 능력 향상의 언어 구성요소들에 대한 조사 연구와 관련되는지, 아니면 제2 언어 습득 조사 연구와 관련되는지에 대해서는, 따로 진술되어 있지 않다.

② 예비 영어 검사(Preliminary English Test, PET)

예비 영어 검사(PET)는 유럽 위원회(1990)의 초급 수준에[20] 근거하고 있다. 이 수준을 달성하기 위한 수업 시간은 375시간을 요구하는 것으로 간주되었다.[21] 예비 영어 검사(PET)는 초급 수준(*threshold*) 검사 응시생이 처리할 수 있는 바에 비춰 정의된다. 읽기에 대해서는 다뤄질 수 있는 덩잇글 유형들이 다음을 포함한다. "길거리 표지판, 공공 게시물, 제품 포장지, 서류 서식, 포스터, 소책자(요람), 도심 안내, 운용 방법에 대한 지시 내용, 비격식적인 편지, 신문과 잡지 기사, 연재물, 날씨 예보"(『편람』 1997: 6쪽).[22] 예비 영어 검사(PET)에서는 실생활에서 언어 사용을 반영해 준다고 주장된다.

읽기에 관하여 『편람』에서는 예비 영어 검사(PET)의 목적들을 다음과 같이 진술하였다.

"이 『편람』에 목록으로 제시된 구조와 주제들을 이용하면서, 응시생들이 응당 공공 게시물과 표지판을 이해할 수 있어야 하고, 사실적 속성을 지닌 짤막한 덩잇글을 읽어야 하며, 그 내용의 이해를 보여 주어야 하고, 상대적인 시간·공간·소유물 따위의 개념을 표현하는 데 이용되므로 언어

---

20) (역주) 뵈넥·트륌(1998), 『초급(*Threshold 1990*)』(Cambridge University Press)로 출간되어 있는데, 서문을 보면 개정되기 이전의 초판은 1975년에 출간된 것으로 되어 있으며, 책 이름 뒤의 숫자 1990은 개정판 연도를 가리킨다(a thorough revision … was taken in 1989~1990, and published as 『*Threshold 1990*』). 이 책에는 네 개의 부록이 실려 있는데, 'A 발음과 억양, B 문법 요약, C 낱말 색인, D 주제 색인'이다. 따라서 응시생에게 시험을 부과할 경우에 언제든지 초급 수준의 범위 속에 들어 있는지 여부를 곧 확인할 수 있는 장점을 제공해 준다.

21) (역주) '왕초보' 수준이 총 180~200시간을 요구하였던 것에 비해 곱절이나 늘어났다. 만일 이를 2년 과정으로 운용한다면, 무려 1주일에 4시간씩 배당하여야만 총 94주(거의 23개월)가 나온다.

22) (역주) 앞에서 『편람』의 출간연도를 1998로 언급하였고, 다음 항목에서도 1998로 언급하므로, 유독 이 항목에서만 1997로 쓴 것은 오류일 듯하지만, 번역자가 관련 자료를 대조할 수 없어서 일단 원문대로 써 둔다.

520

의 구조에 대한 이해를 예증해 주어야 한다. 관련된 과제를 수행하기 위하여 잉여적 또는 무관한 자료를 무시하면서 정보를 담고 있는 사실적 자료를 훑어보며 찾을 수 있어야 하고, 상상적이거나 감정적 성격의 작품을 읽고 해당 작품의 중심 의미, 해당 자료에 대한 원 작가의 태도, 독자에게 줄 것으로 의도된 효과를 붙들 수 있어야 한다."(『편람』 1997: 9쪽)

읽기 능력의 서술에서 통사와 의미 개념들의 처리 능력을 포함하였음에 주목하는 일은 흥미롭다. 부분적으로 이는 이 검사가 유럽 위원회의 '초급 수준'과 긴밀한 관련성 때문에 그러하다. 실제로 『편람』의 여러 쪽에서 기능·개념들에 대한 일람 및 전체적으로 그 검사에서 다뤄지는 의사소통 과제들을 목록으로 제시하고 있고, 검사되어야 할 문법 영역과 주제 및 낱말들에 대한 일람표를 담고 있다.

  놀랄 것도 없이, 주제들도 또한 유럽 위원회의 주제와 관련된다. 개인별 정체성, 환경, 자유 시간, 여행, 건강과 신체 보호, 상품 구매, 편의시설, 언어, 건물과 가정, 일상생활, 즐거움, 다른 사람들과의 관계, 교육, 음식과 음료, 장소, 날씨 등이다.

  읽기는 문제지 1에 있는 글쓰기와 아울러 검사가 이뤄지고, 총 90분이 소요된다. 읽기 항은 다음과 같이 다섯 부문으로 나뉘어져 있다.

각 부문	내용
제1부문	덩잇글이 표지판, 상표 또는 공공 게시물이다. 응시생들은 이런 덩잇글이 나올 만한 상황을 살펴보고, 그 목적을 짐작하도록 조언을 받는다. 모든 낱말을 다 이해할 필요는 없다(다섯 가지 선택지 중에 하나를 고르는 문제임).
제2부문	다섯 가지 정도의 짤막학 사실적 덩잇글로서, 이에 대해 다른 짧은 덩잇글이 일치되어야 한다(통상 선택할 덩잇글이 여덟 가지 주어지는데, 서로 일치시키기 위한 다섯 가지 더 짤막한 덩잇글이 있음).
제3부문	일련의 덩잇글이나 하나의 덩잇글인데, 실용적 정보를 담고 있다. '사람들이 실생활에서 마주치게 되는 과제의 유형이다'(『편람』 13쪽). '응시생들에게 먼저 질문들을 읽어보고 나서 각각의 답을 찾기 위해 지문을 탐색하도록 장려하기 위하여, 질문들을 덩잇글보다 앞에 배치함으로써 해당 과제는 좀 더 참된 실생활 속성을 많이 지니도록 만들어진다.'

제4부문	사실적 정보를 넘어서는 덩잇글로서, 일반적 이해 (골자), 집필자의 목적, 독자의 목적, 태도나 의견, 세부적이고 전반적인 의미를 겨냥한 택일형 질문을 갖고 있다. '응시생들이 사실상 아주 신중하게 해당 덩잇글(늑지문)을 읽을 필요가 있을 것이다'(『편람』13쪽).
제5부문	더 짧은 덩잇글로서, 신문 기사나 편지 또는 이야기로부터 가져온 발췌인데, 택일형 선택지들로부터 채워져야 할 숫자가 표시된 빈칸들을 지니고 있다. 이 부문은 '어휘 및 연결사와 전치사와 같이 문법 요점들을 검사하도록' 마련되었다.

게시물에 대한 학생들의 이해가 문화적 지식이 아니라 언어에 달려 있으며, 전체 읽기 부문은 '통독하면서 골자 파악하기(*skimming*)와 얼핏 보면서 해당 대목 찾아 읽기(*scanning*) 기술에 강조점이 놓여 있다'고 주장된다.

③ 영국의 초급영어 자격인증(First Certificate in English, FCE)

영국의 초급영어 자격인증(FCE) 시험은 §.4-6에 서술되어 있으므로, 이 검사의 세부사항들은 그곳을 참고하기 바란다.

④ 영국의 고급영어 자격인증(Certificate in Advanced English, CAE)

영국의 고급영어 자격인증(CAE) 시험에서 문제지 1의 읽기는 '통독하면서 골자 파악하기(*skimming*), 얼핏 보면서 해당 대목 찾아 읽기(*scanning*), 맥락으로부터 의미의 추론, 주어진 과제를 완성하기 위한 관련 정보의 선택을 포함하여 다양한 읽기 기술'을 검사한다(『편람』1998: 7쪽). 이 시험의 수준은 유럽의 언어 검사자 연합(ALTE, §.8-3-2 참고) 얼개의 수준 4 속에 들어간다.

"이 수준에 있는 학습자들은 사실적이며 허구적인 덩잇글들에서 모두 그들 자신의 흥미를 발달시킬 수 있다. … 제4 수준에 있는 시험들은 관리 차원이나 전문 직업 차원에서 일을 하거나 대학 차원에서 학업의 강좌들을 따라가는 데에 필요한 언어 수준에 대한 증명으로 이용될 수 있다."(『편람』 1998: 6쪽)

(*Learners at this level can develop their own interests in reading both factual and fictional texts … Examinations at Level Four may be used as proof of the level of language necessary to work at a managerial or professional level or follow a course of academic study at university level.* Handbook 1998: 6)

그렇지만 이 검사는 특별히 전문적인 또는 학업상의 목표언어 사용 영역들을 염두에 두고서 마련된 것은 아니다. '정보적, 서술적, 서사 이야기, 설득적, 의견/촌평, 조언/지시적, 상상적/언론 매체 영역을 포함하여 일정 범위의 덩잇글 유형들로부터 네 가지 덩잇글이 선택되었고, 자원들은 신문, 잡지, 정기 간행물(*journals*), 비문학류 책자, 전단지, 안내 책자 등을 포함한다.' 뿐만 아니라, 전단지 속 안내, 광고들도 포함될 수 있고, 예시를 위하여 '적합한 경우에' 계획표와 도표와 다른 시각적 입력물(자극물, *stimuli*)도 이용된다.

덩잇글의 언어와 관련하여, 읽기 문제지 제2부문에 대해서는 '덩잇글의 논리적 그리고 통사 결속적 전개를 표시해 주는 광범위한 언어 기제들에서 연습이 필요하다. 가령 시간을 표시하는 낱말과 구절들, 원인과 결과, 대조되는 논점, 대명사, 반복, 동사 시제의 이용이다[23]'(『편

---

23) (역주) 머카씨(McCarthy 1998; 김지홍 뒤침 2010, 2012 증보판: 제5장), 『입말, 그리고 담화 중심의 언어교육』(도서출판 경진)에서는 영국의 입말 담화를 중심으로 하여 시제 표현이 '담화의 무대'를 설정하고, 그 무대 위에서 개별 사건들을 전개시켜 나가는 데에 중요한 몫을 맡고 있음을 처음으로 밝혀내었다(따라서 담화 차원의 문법이 반드시 필요하다고 주장함). 비격식투의 발화에서는 과거 사건을 말해 주기 위하여 현재완료 시제(have+P.P.) 표현이 먼저 무대를 마련하는 역할을 맡는다. 만일 현재와는 단절된 사건을 표현하는 것이라면, 과거에 지속적인 반복 사건을 표시해 주는 'used to'로 무대를 마련하고 뒤에 이어지는 우연한 과거 사건들에는 조동사 would로써 나타내는 것이다. 그곳에 있는 논의를 다음과 같이 도표로 제시할 수 있다.

람』 1998: 11쪽).

다음은 이 시험에서 초점을 모으고 있는 내용이다.

각 부문	초점 모은 내용
제1부문	덩잇글을 통독하면서 골자 파악하거나, 얼핏 보면서 해당 대목을 찾고, 의견이나 태도를 포함하여 특정한 정보를 배치하는 능력
제2부문	덩잇글이 어떻게 조직되어 있는지를 이해하고, 덩잇글의 전개를 예측하는 능력
제3부문	의견과 태도를 포함하여, 외견상 비슷한 관점들, 결과, 이유 사이를 구분하면서 덩잇글에 대한 자세한 이해
제4부문	임의의 덩잇글에서 특정한 정보를 위치시키는 능력

난점들 중 한 가지는, 이 검사 다발에 있는 한 가지 시험이 다른 것들과 어떻게 차이가 나는지를 이해하는 데 있다. 다시 말하여, 읽기 향상에 대한 어떤 관점이 이 검사들에 반영되어 있는지에 대해서이다. 이 검사 다발에 두루 걸쳐서 서로 다른 낱말들, 처리 방식, 기술, 운용 방법들이 덩잇글을 서술해 주는 데 이용되고 있다. 따라서 이 검사 다발을 통하여 한 단계가 진전되어 나감에 따라 어떤 변화들이 일어나는지를 알아내기가 다소 어렵게 된다.

영국의 초급영어 자격인증(FCE) 시험과 영국의 고급영어 자격인증(CAE) 시험의 표본 문제지들을 검토해 보면, 점점 애매한 어휘들이 들어 있어 덩잇글의 언어가 좀 더 어렵게 되어 있고, 통사와 수사학적 짜임새가 간단치 않으며, 질문/과제의 언어가 덜 제약되어 있음을 시사해 준다. 고급영어 자격인증(CAE) 시험 문제들이 근원적으로 초급영어

시제 말투	발생 시점	무대를 마련하는 시제	⇨ 후속 사건의 서술 시제
비격식적 말투	과거 사건	현재완료(have+P.P)	⇨ 단순과거(-ed)
	과거 사건	지속적이었던 반복행위/습관(used to)	⇨ 우연한 과거사건(would)
	미래 사건	현재에 근거한 무대(be going/supposed to)	⇨ 단순미래 조동사(will)
격식적 말투	과거 사건	지속적이었던 반복행위/습관(used to)	⇨ 단순과거(-ed)
	미래 사건	예정된 미래 사건(be to: 권위성이 깃듦)	⇨ 단순미래 조동사(will)

자격인증(FCE) 시험 문제와 다르지 않지만, 시험 명세내역에서 주장되어 있듯이 좀 더 명백히 '실세계'와 더 많이 관련되어 있는 것은 아니다. 고급영어 자격인증(CAE) 수준에서 독자들은 좀 더 어려운 덩잇글을 읽고 더 빨리 읽어야 하겠지만, 오직 문항 수행상 경험적 자료들과 연합하여 자세하게 내용 분석을 진행해야만, 유능한 고급영어 자격인증(CAE) 독자들이 자신의 초급영어 자격인증(FCE) 능숙도의 단계를 벗어나서 얼마나 향상시켰는지를 분명하게 만들어 줄 듯하다.

⑤ 영국의 영어통달 자격인증(Certificate of Proficiency in English, CPE)

1998년 『편람(*Handbook*)』을 보면, 영국의 영어통달 자격인증(CPE)은 '학습자가 높은 수준의 학업 활동을 제대로 대처할 수 있는 증명으로 간주될 수 있는' 능숙도 수준을 가리켜 주는 것으로 서술되어 있다. 영어통달 자격인증(CPE)은 대부분의 영국 대학교에서 영어 입학자격 조건을 충족시켜 주는 것으로 인정받는다.

> "이 인증 시험은 또한 세계 여러 곳의 대학교, 고등교육 기관, 전문직 단체, 통상 및 산업체에서 아주 높은 수준의 영어 능통성에 대한 지표로 널리 인정받고 있다."(『편람』 1998: 6쪽)

그렇지만 제5장과 제6장에서 이미 논의하였듯이, 이 시험이 목표언어 사용 영역의 분석에 기반을 두고 있는 것 같지는 않다. 문제지 1(읽기 이해)은 아주 전통적이다. 이는 두 절을 포함하고 있다. A절(Section A)에서는 별개의 문장들에 기반하여, 응시생의 어휘와 문법 통제력을 평가하려고 마련한 25개의 질문이 네 개의 선택지 중 하나를 고르는 모습으로 주어져 있다. B절(Section B)에서도 마찬가지로 택일형의 질문 15개가 있지만, 셋 또는 그 이상의 덩잇글에 기반을 둔다. 오직 B절만이 이 책에서 다뤄지고 논의됨에 따라 읽기의 구성물을 반영해 주는 것으로 간주될 것이다. 제4장에서 살펴보았듯이, 본디 영국의 초급영어 자격인증(FCE)도 또한 이런 형식을 지녔었지만, 그 뒤 최근에 바뀌었으므로, 머 잖은 장래에 영어통달 자격인증(CPE)도 좀 더 읽기가 무엇인지에 대한 최신 견해들을 반영하면서 바뀔 것으로 기대할 수 있다.

B절에서 덩잇글 자원의 출처는 '문학류 소설, 실화, 신문, 잡지, 정기 간행물 등'을 포함한다. 흔히 한 가지 덩잇글이 문학류이고, 다른 두 가지 덩잇글이 비-문학류이다. 비-문학류 덩잇글들은 '좀 더 설명적이 거나 논변적이고, 교육받은 일반 독자를 겨냥한 비-허구적 덩잇글들로 부터 가져왔다. 예를 들면 주제들이 최근에 매체, 과학철학, 고고학, 교육, 음악 기호의 발달을 포함하였다'(『편람』 1988: 11쪽).

A절은 다음 영역의 언어 능력을 검사하는 것으로 서술되어 있다. '의미 짝들, 이음말(연어, *collocation*),[24] 문법 규칙과 제약들의 이용, 의미 정확성, 부사 어구, 접속사, 구 동사(*phrasal verbs*)[25]'(『편람』 1988: 11쪽).

---

24) (역주) 입말과 글말이 전산 처리가 되면서 새롭게 낱말들이 결합하는 방식들이 드러나게 되었는데, 기본 문헌으로 콜린즈 코빌드 사전 편찬에 간여하였던 존 싱클레어(John Sinclair 1933~2007) 교수의 업적들이 자주 거론된다. 씽클레어(2003), 『일치 현상 해석하기: 개론서 (*Reading Concordances: An Introduction*)』(Pearson Education)와 씽클레어 엮음(2004), 『언어 교육에서 말뭉치 이용 방법(*How to Use Corpora in Language Teaching*)』(John Benjamins)을 보기 바란다. 2002년 옥스퍼드 대학 출판부에서 나온 『옥스퍼드 학생용 영어 이음말 사전 (*Oxford Collocations Dictionary for Students of English*)』과 바이버·콘뢰드·리취(Biber, Conrad, and Leech 2002), 『입말과 글말 영어에 대한 롱먼 학생 문법(*Longman Student Grammar of Spoken and Written English*)』(Longman)도 압권이다. 우리말의 이음말에 대하여 자세한 논의 를 보려면 홍종선·강범모·최호철(2001), 『한국어 연어 관계 연구』(월인)를 읽어 보기 바라 며, 우리말의 이음말 사전으로 김하수 외 9인(2007), 『한국어 교육을 위한 한국어 연어 사전』 (커뮤니케이션 북스)이 나와 있다.

25) (역주) 영어는 go away('가다+멀리 떨어지다' 늑 떠나 버리다, 도망치다)처럼 두 낱말이 하나의 뜻을 만들어 주는 구(*phrase*) 형태의 동사들이 많다. 이를 '구 동사(phrasal verb)' 또는 '구절 동사'로 부르는데, 최근에 이를 다루는 영역을 어구론 또는 구절론(*phraseology*)이라고 부른다. 바로 앞의 이음말과도 영역이 일부 중복된다. 허브스트, 파울하버, 유리그 엮음 (Herbst, Faulhaber, and Uhrig 2011), 『언어에 대한 어구론적 견해: 존 씽클레어를 기리면서 (*The Phraseological View of Language: A Tribute to John Sinclair*)』(De Gruyter Mouton)와 코위 엮음(Cowie 1998), 『어구론: 이론·분석·응용(*Phraseology: Theory, Analysis, and Applications*)』 (Clarendon)을 읽어 보기 바란다.

B절에서는 '덩잇글의 다양한 측면, 가령 덩잇글의 중심 생각, 덩잇글의 일부 주제나 골자, 원래 집필자의 의견이나 태도, 서사 이야기에서의 전개 내용, 덩잇글의 전반적 목적 등'을 검사한다(『편람』 1988: 11쪽).

분명히 읽기 향상에 대한 영어통달 자격인증(CPE)에서의 견해는 좀 더 복잡하고 문학적인 덩잇글을 처리하는 능력만큼이나 긴밀하게 문법 및 의미 민감성의 발달과 관련되어 있다.

주요한 검사 다발에 대한 개관이 〈그림 8-1〉에 주어져 있으며, 그 내용이 읽기 향상에 대한 검사의 관점을 운용한다.

	Expected hours instruction required
KET	180–200
PET	375
FCA	Not stated
CAE	Not stated
CPE	Not stated
	Time
KET	70 mins (inc Writing)
PET	90 mins (inc Writing)
FCE	75 mins (Reading only)
CAE	75 mins
CPE	60 mins

(ctd.)

Number of items

KET	40
PET	35
FCE	35
CAE	40/50
CPE	40 (25 of which are Structure)

Number of texts

KET	Not stated: 13 short, 2 longer, 10 conversations, 5 words
PET	13 short, 3 longer
FCE	4/5
CAE	4
CPE	3

Average text length

KET	Not stated ('longer' text said to be 180 words)
PET	Not stated
FCE	350–700 words
CAE	450–1200 words
CPE	450–600 words

Total text length

KET	Not stated
PET	Not stated
FCE	1900–2300 words
CAE	3000 words
CPE	1500–1800 words

Topics

KET	House, home and environment; daily life, work and study, weather, places, services
PET	Personal identification, environment, free time, travel, health and body care, shopping, services, language, house and home, daily life, entertainment, relations with other people, education, food and drink, places and weather. (Long citation from Council of Europe lists)
FCE	Not stated
CAE	Not stated; 'it is free from bias, and has an international flavour'
CPE	Not stated: claims topics 'will not advantage or disadvantage certain groups and will not offend according to religion, politics or sex'

Authenticity

KET	Authentic, adapted to candidate level
PET	Authentic, adapted to level
FCE	Semi-authentic
CAE	Authentic in form
CPE	Not stated

(ctd.)

	Texts
KET	Signs, notices or other very short texts 'of the type usually found on roads, in railway stations, airports, shops, restaurants, offices, schools etc'; forms; newspaper and magazine articles; notes and short letters
PET	Street signs and public notices, product packaging, forms, posters, brochures, city guides and instructions on how to do things, informal letters, newspaper and magazine texts such as articles, features and weather forecasts, texts of an imaginative or emotional character, a short text, an extract from a newspaper article or a letter or story
FCE	Informative and general interest, advertisements, correspondence, fiction, informational material (e.g. brochures, guides, manuals, etc), messages, newspaper and magazine articles, reports
CAE	Informational, descriptive, narrative, persuasive, opinion/comment, advice/instructional, imaginative/journalistic. Sources include newspapers, magazines, journals, non-literary books, leaflets, brochures, leaflets, guides, and advertisements, plans, diagrams and other visual stimuli
CPE	Narrative, descriptive, expository, discursive, informative, etc. Sources include literary fiction and non-fiction, newspapers and magazines.
	Skills/ability focus
KET	The ability to understand the main message, knowledge of vocabulary, the ability to understand the language of the routine transactions of daily life, the ability to understand the main ideas and some details of longer texts, knowledge of grammatical structure and usage
PET	Using the structures and topics listed, able to understand public notices and signs; to show understanding of the content of short texts of a factual nature; to demonstrate understanding of the structure of the language as it is used to express notions of relative time, space, possession, etc; to scan factual material for information in order to perform relevant tasks, disregarding redundant or irrelevant material; to read texts of an imaginative or emotional character and to appreciate the central sense of the text, the attitude of the writer to the material and the effect it is intended to have on the reader. Ability to go beyond factual information, general comprehension (gist), writer's purpose, reader's purpose, attitude or opinion, and detailed and global meaning. Candidates will need to read the text very carefully indeed
FCE	Candidates' understanding of written texts should go beyond being able to pick out items of factual information, and they should be able to distinguish between main and subsidiary points and between the gist of a text and specific detail, to show understanding of gist, detail and text structure and to deduce meaning and lexical reference, ability to locate information in sections of text
CAE	A wide range of reading skills and strategies: Forming an overall impression by skimming the text

(ctd.)

	Retrieving specific information by scanning the text
	Interpreting the text for inference, attitude and style
	Demonstrating understanding of the text as a whole
	Selecting relevant information required to perform a task
	Demonstrating understanding of how text structure operates
	Deducing meaning from context
CPE	The candidate's knowledge of vocabulary and grammatical control
	Understanding structural and lexical appropriacy
	Understanding the gist of a written text and its overall function and message
	Following the significant points, even though a few words may be unknown
	Selecting specific information from a written text
	Recognising opinion and attitude when clearly expressed
	Inferring opinion, attitude and underlying meaning
	Showing detailed comprehension of a text
	Recognising intention and register

Fig. 8.1 Foreign language reading development, as revealed by UCLES' main suite exams (University of Cambridge Local Examinations Syndicate)

〈도표 8-1〉 외국어 읽기 기술 향상(UCLES의 주요 검사 다발)

시험 이름 항목	KET	PET	FCE	CAE	CPE
예상된 필수 수업 시간	180시~200시	375시	진술되지 않음	진술되지 않음	진술되지 않음
시험 소요 시간	70분(쓰기 포함)	90분(쓰기 포함)	75분(읽기만)	75분	60분
문항 숫자	40개	35개	35개	40개~50개	40개(25개는 문장 구조임)
지문의 숫자	진술되지 않음. 13개 짧막, 2개 더 길며, 10개 대화, 5개는 낱말임	13개는 짧막하고, 3개는 더 길	4개~5개	4개	3개
평균 지문 길이	진술되지 않음(긴 지문이 180개 낱말로 됐다고 함)	진술되지 않음	350개~700개 낱말	450개~1200개 낱말	450개~600개 낱말
전체 덩잇글 길이	진술되지 않음	진술되지 않음	1900개~2300개 낱말	3000개 낱말	1500개~1800개 낱말
주제	건물, 집안, 환경, 일상생활, 일과 공부, 날씨, 장소, 편의 설비	개인의 정체성, 환경, 자유 시간, 여행, 건강과 신체 보호, 물건 구입, 편의 설비, 언어, 건물과 집안, 일상생활, 즐거운 놀이, 다른 사람들과의 관계, 교육, 음식과 음료, 장소와 날씨(긴 인용은 유럽 위원회 목록으로부터 가져옴)	진술되지 않음	진술되지 않음. 이는 치우침으로부터 자유롭고 국제적 성향을 지님.	진술되지 않음. 특정 집단들에 이익이나 불이익을 주지 않을 주제와, 종교 정치 성별에 따라 불쾌감을 주지 않을 주제를 다룬다고 주장됨
참된 실생활 자료 속성	응시생 수준에 맞춰진 참된 실생활 자료임	수준별로 맞춰진 참된 실생활 자료임	반쯤 참된 실생활 자료로서 가다듬어져 있음	형태상 참된 실생활 자료임	진술되지 않음
지문 (덩잇글)	표지판, 게시물 또는 흔히 길거리, 기차역, 공항, 가게, 음식점, 관공서, 학교 등에서 찾아지는 유형의 다른 아주 짧막한 덩잇글, 신문과 잡지 기사, 비망록과 짧은 편지	길거리 표지판, 공공 게시물, 상품 포장지, 서류 서식, 포스터, 안내책자, 도심 안내물, 물건 작동법 설명서, 비격식적인 편지, 신문과 잡지로부터 가져온 기사, 특집, 일기 예보, 상상 또는 정서 특징의 덩잇글, 짧막한 덩잇글, 신문 기사나 편지 또는 이야기로부터 가져온 발췌	정보적·일반적 관심거리, 광고, 서신, 허구(문학류), 정보 담은 자료(가령, 소개 책자, 안내문, 사용 설명서 등), 전달내용, 신문과 잡지 기사, 보고서 등	정보적, 서술적, 서사 이야기적, 설득적, 의견/촌평, 조언/지시적, 상상적/정기 간행물의 지문. 자원 출처는 신문, 잡지, 정기 간행물, 비문학류 책자, 전단지, 소개 책자, 안내문, 광고, 계획, 도표, 다른 시각적 입력물을 포함함	서사 이야기적, 서술적, 설명적, 논쟁적, 정보적 지문 등. 자원 출처는 문학류 허구 작품과 실화(비·허구 작품), 신문, 잡지 등을 포함함
기술/능력 초점	주요한 전달 내용의 이해 능력, 어휘지식, 일상생활의 관습적 소통의 언어를 이해하는 능력, 더 긴 덩잇글의 중심 생각과 세부사항들을 이해하는 능력, 문법 구조와 용법에 대한 지식	목록으로 제시된 구조와 주제를 이용하기. 공공 게시물과 표지판 이해, 사실적 속성의 짧막한 덩잇글들의 세부 이해, 상대적 시간·공간·소유물 등의 개념을 표현하는 데 쓰이는 언어 구조의 이해 예증, 관련 과제를 수행하기 위한 정보로서 사실적 자료 찾아내기, 잉여적이거나 무관한 자료 무시하기, 상상 또는 정서적 성격의 덩잇글을 읽고 그 덩잇글의 핵심 의미 파악, 자료 선택에 대한 집필자의 태도와 독자에게 의도된 효과, 사실적 정보를 넘어 추론하는 능력, 일반적 이해(골자), 집필자의 목적, 독자의 목적, 태도나 의견, 세부 의미와 전반적 의미, 응시자들은 사실상 아주 신중하게 덩잇글을 읽을 필요가 있을 것임	덩잇글에 대한 응시생의 이해가 사실적 정보를 담은 항목들을 골라내는 상태를 넘어서야 한다. 중심 요점과 부차적 대목들 사이, 그리고 덩잇글의 골자 및 특정한 세부사항들 사이를 구별할 수 있어야 한다. 골자와 세부사항과 덩잇글의 구조에 대한 이해를 보여 주고, 의미와 어휘 지시 내용을 도출할 수 있어야 한다. 덩잇글의 단락들에서 정보를 배치하는 능력	광범위한 읽기 기술과 전략들. 덩잇글을 두루 읽으면서 전반적 인상 추출하기, 해당 덩잇글로부터 특정 정보 인출하기, 추론, 태도, 문제를 위하여 해당 덩잇글을 해석하기, 전체적으로 해당 덩잇글 이해하기, 과제 수행에 필요한 관련 정보 선택하기, 덩잇글 구조가 어떻게 작동하는지 이해 예증하기, 맥락으로부터 의미 끌어내기	응시생의 어휘지식과 문법 통제. 구조적 어휘적 적합성 이해하기, 글말의 골자, 전반적 기능과 전달 내용을 이해하기, 낱말 몇 개를 모른다고 하더라도 중요한 초점을 따라가기, 글말로부터 특정 정보 선택하기, 명백히 표현된 경우에 의견과 태도를 인식하기, 의견, 태도, 밑바닥에 깔린 의미를 추론하기, 덩잇글의 세부 이해를 보여 주기, 의도와 말투 인식하기

2) 영어의 의사소통기술 자격인증(CCSE)

읽기 향상의 구성물을 놓고서 서로 다른 해석이나 운용이 가능하다는 사실은, 또한 특히 케임브리지 대학교 지역시험 연합(UCLES)[26]에서 만든 다른 검사 다발들에 의해서도 예시되는데, 곧 영어의 의사소통기술 자격인증(CCSE, *Certificate in Communicative Skills in English*)이다. 어떤 의미에서 유기적으로 성장해 왔고 그 위계 속에서 여전히 언어 능력에 대하여 이질적 견해보다 차라리 통합적 견해가 되는 주류 검사 다발과는 달리, 영어의 의사소통기술 자격인증(CCSE)은 의사소통 관점에서 나온 언어 능숙도의 발달에 대한 통합적 견해에 근거하고 있으며, 따라서 읽기 향상에 대하여 잠재적으로 아주 홍미롭고 상이한 견해를 제시해 준다.

영어의 의사소통기술 자격인증(CCSE)은 네 가지 수준으로 제시되어 있는데, 각 수준은 대체로 다음과 같이 주요한 검사 다발 시험에 대응하는 것으로 언급된다.

CCSE	서로 비슷한 UCLES 검사 다발
제1 수준	핵심 영어 검사(*KET*)에 해당함
제2 수준	초급영어 자격인증(*FCE*)의 C~D 등급임
제3 수준	고급영어 자격인증(*CAE*)에 해당함
제4 수준	영어통달 자격인증(*CPE*)의 B~C 등급임

읽기·쓰기·말하기·듣기에 대한 네 가지 미시-기술에서 각각의 시험이 있다. 그렇지만 케임브리지 대학교 지역시험 연합(UCLES)의 주요한 검

---

26) (역주) UCLES(케임브리지 대학교 지역시험 연합 University of Cambridge Local Examinations Syndicate), KET(핵심/기본적 영어 검사 Key English Test), PET(예비 영어 검사 Preliminary English Test), FCE(초급영어 자격인증 First Certificate in English), CAE(고급영어 자격인증 Certificate in Advanced English), CPE(영어통달 자격인증 Certificate of Proficiency in English).

사 다발의 시험과는 달리, 학생들이 원하는 만큼 많은 기술에서 영어의 의사소통기술 자격인증(CCSE) 시험을 치를 수 있고, 상이한 수준에서 상이한 기술들의 수업에 들어갈 수 있다. 따라서 응시생이 오직 제1 수준에서의 읽기 시험만 치르거나 또는 제3 수준에 있는 읽기 시험과 제2 수준에 있는 쓰기 시험 등을 치를 수 있다. 응시생들에게 간단히 각 수준에서 통과 또는 실패가 주어진다. 시험의 상세한 세부내용들은 각 수준에서 '통과'가 무엇을 의미하는지를 가리켜 준다.

　이 시험들의 아주 흥미로운 특징 한 가지는, 비록 그 소책자에 있는 모든 덩잇글이 모든 수준에서 다 이용되는 것은 아니지만, 참된 실생활 자료(원래 발간물로부터 복사물 형태로 재생된 참된 표본들)의 동일한 모음이 네 가지 모든 수준에서 이용된다는 점이다. 그러나 동일한 덩잇글이 서로 다른 과제를 이용하여 서로 다른 읽기 기술을 요구하면서 상이한 수준들에서 이용될 수 있는 경우도 있다. 달리 말하여, 읽기 향상이 참된 실생활 자료가 아닌 것으로부터 참된 실생활 덩잇글로, 심지어 한 덩잇글로부터 다른 덩잇글로 진전되는 것으로 간주되는 것이 아니다. 오히려 모든 수준에 있는 독자들이 참된 실생활 덩잇글을 읽을 필요가 있다고 인식된다. 달라질 것은, 그런 덩잇글들을 놓고서 독자들이 실행할 수 있을 것으로 기대되는 바이다. 흥미롭게도 두 수준들에 걸쳐서 덩잇글과 과제 간의 완벽한 중복(달리 말하여 인접한 수준들에서 덩잇글과 과제의 반복)이 또한 그 시험의 '신뢰도 및 타당도'를 점검하도록 포함되어 있다.

"과제들은 다음의 덩잇글 유형을 놓고 작업하고 있는 응시생들을 포함할 수 있다.
　• 모든 수준에서: 전단지, 광고, 편지, 엽서, 서류 서식, 일련의 지시사항, 일기 항목, 시간표, 지도, 계획표, 신문과 잡지 기사
　• 오직 제3, 제4 수준에서: 신문 특집, 신문 사설, 소설(발췌), 시"(『편람』

1998)

가능하다면 과제들은 모든 수준에서 실세계에서 이용될 수 있을 만한 목적을 지닌 덩잇글을 이용하는 일을 포함한다. "달리 말하여, 이 시험들을 마련하는 출제자들에게 출발점은 주어진 덩잇글을 놓고 마련될 수 있는 질문들을 찾아내는 것뿐만이 아니라, 또한 '실제' 언어 사용자가 그 덩잇글에 대하여 알고자 하는 바, 그리고 동일한 덩잇글 처리 운용 과정에서 응시생들을 포함하여 질문들을 던질 내용을 고려해야 한다."(『편람』 1998: 10쪽)

모든 수준에서 시험 형식들이 닫힌 질문이거나(택일형이거나 예/아니오 형식) 또는 열린 질문이다(단일한 낱말, 어구, 메모, 짤막한 보고). 그렇지만 더 낮은 수준에서는 응시생들이 오직 단일한 낱말이나 구절을 써넣어야 할 것이며, 더 높은 수준에서는 읽기와 연계된 글쓰기가 요구될 수 있다. 따라서 비록 채점하는 동안에 초점이 언제나 이해(*receptive*, 처리) 기술에 모아져 있더라도, 언어 산출에 비춰 볼 때 읽기 향상의 한 가지 측면은 해당 덩잇글을 좀 더 잘 운용하는 능력이 되는 듯하다.

'덩잇글 처리 운용법[*text processing operations*]'('기술[*skills*]'로 언급되지 않았음에 유의하기 바람)은 일부 수준에 따라 차이가 나며, 일부 여러 수준들에 걸쳐서 공통적이다. 오직 제3 및 제4 수준에서만, 과제들이 다음을 포함할 수 있다.

① 덩잇글(늑지문)이 사실이나, 의견이나, 전해들은 바에 근거하는지 여부를 결정하기

② 논점의 전개 모습을 추적(그리고 기록)하기

③ 덩잇글(늑지문)에 의해 묵시적으로 드러나듯이 집필자의 태도 및 감정들을 인식하기

④ 글 전체를 요약하기 위해 관련 요점, 특정한 착상, 또는 밑에 깔려 있는

생각을 뽑아내기

⑤ 전달내용의 소통에서 글자체, 배치 방식, 그림으로 이뤄진 사용 의도
를 음미하여 알아내기

따라서 오직 비교적 고급 수준의 독자들만이 사실과 의견을 구별하고,
논점을 따라가며, 비-언어적 기제들을 음미하고 알아차릴 수 있을 것으
로 예상된다. 그렇지만 모든 수준에서 독자들은 다음과 같이 덩잇글
처리 운용법에 간여할 수 있을 것으로 예상된다. 달리 말하여, 자신의
능력에 따라 독자들이 다음 일곱 가지 방법이 저절로 향상될 것으로
간주되는 것은 아니다.

㉠ 지문(≒덩잇글)에 있는 특정한 정보의 위치를 찾아내고 이해하는 방법
㉡ 지문(≒덩잇글)의 전반적인 전달 내용(골자)을 이해하는 방법
㉢ 특정 지문이 (전체적으로 또는 부분적으로) 과제 완성에 필요한지 여
부를 결정하는 방법
㉣ 지문에 주어진 정보가 더 앞에 주어진 정보와 일치하는지 여부를 결정
하는 방법
㉤ 명시적으로 표현되어 있을 경우에 집필자의 태도와 감정을 인식하는
방법
㉥ 어떤 유형의 덩잇글(가령 광고, 뉴스 보도 등)이 포함되어 있는지를
찾아내는 방법
㉦ 지문에 있는 정보에 근거하여 적합한 일련의 행동 경로를 결정하는
방법

분명히 독자들의 기술이 이런 운용법의 사용으로 향상된다는 주장이
들어 있지 않음에 주목하는 일은 흥미롭다. 그렇지만 여러 덩잇글(≒지
문)들에 걸쳐 중복적으로 쓰임이 사실이라면, 많은 덩잇글 처리 운용법

들 사이에 공통점이 있고, 제1 수준과 제2 수준, 또는 제3 수준과 제4 수준 사이에 구분이 어떤 것도 이뤄지지 않았으므로, 정확히 어떤 모형의 독자 읽기 향상이 이런 묶음의 시험 밑바닥에 깔려 있는지 여전히 궁금한 채로 남겨진다.

『편람』에서는 네 가지 수준을 읽기 과제에 의해 요구된 언어 사용에서 기술의 정도에 따라 구별해 줌으로써 이런 질문에 답변하고자 한다. 〈도표 8-2〉를 보기 바란다. 수준별 기술의 정도는 복잡성·범위·속도·융통성·독립성에 따라 분류되어 있다.

Degree of Skill: Certificate in Reading

Degree of Skill	In order to achieve a pass at a given level, candidates must demonstrate the ability to complete the tasks set. Tasks will be based on the degree of skill in language use specified by these criteria.			
	Level 1	Level 2	Level 3	Level 4
COMPLEXITY	Does not need to follow the details of the structure of the text.	The structure of a simple text will generally be perceived but tasks should depend only on explicit markers.	The structure of a simple text will generally be perceived and tasks may require understanding of this.	The structure of the text followed even when it is not signalled explicitly.
RANGE	Needs to handle only the main points. A limited amount of significant detail may be understood.	Can follow most of the significant points of a text including some detail.	Can follow most of the significant points of a text including most detail.	Can follow all the points in a text including detail.
SPEED	Likely to be very limited in speed. Reading may be laborious.	Does not need to pore over every word of the text for adequate comprehension.	Can read with considerable facility. Adequate comprehension is hardly affected by reading speed.	Can read with great facility. Adequate comprehension is not affected by reading speed.
FLEXIBILITY	Only a limited ability to match reading style to task is required at this level.	Sequences of different text types, topics or styles may cause initial confusion. Some ability to adapt reading style to task can be expected.	Sequences of different text types, topics cause few problems. Good ability to match reading style to task.	Sequences of different text types, topics and styles cause no problems. Excellent ability to match reading style to task.
INDEPENDENCE	A great deal of support needs to be offered through the framing of the tasks, the rubrics and the context that are established. May need frequent reference to dictionary for word meanings.	Some support needs to be offered through the framing of the tasks, the rubrics and the contexts that are established. The dictionary may still be needed quite often.	Minimal support needs to be offered through the framing of the tasks, the rubrics and the contexts that are established. Reference to dictionary will only rarely be necessary.	No allowances need to be made in framing tasks, rubrics and establishing contexts. Reference to dictionary will be required only exceptionally.

Fig 8.2 Degree of skill in reading (Certificate in Communicative Skills in English)

〈도표 8-2〉 읽기에서 수준별 기술의 정도

수준별 기술의 정도: 읽기에서의 자격 인증				
기술의 정도		제1 수준(저급)	제2 수준	제3 수준	제4 수준(고급)

		제1 수준(저급)	제2 수준	제3 수준	제4 수준(고급)
언어 관련 요소	복잡성	덩잇글의 구조에 대한 세부사항을 따를 필요가 없다.	일반적으로 간단한 덩잇글의 구조가 파악되나, 과제들이 오직 명시적인 표지들에만 의존해야 한다.	일반적으로 간단한 덩잇글의 구조가 파악되고, 과제들도 이런 구조의 이해를 요구할 수 있다.	명시적으로 구조가 표시되지 않은 경우에라도 덩잇글의 구조를 따라간다.
	범위	오직 중심 요점만 처리할 필요가 있다. 한정된 양의 중요한 세부사항들만이 이해될 수 있다.	일부 세부사항들을 포함하여 덩잇글에서 대부분의 중요한 요점들을 따라갈 수 있다.	대부분의 세부사항들을 포함하여 덩잇글에서 대부분의 중요한 요점들을 따라갈 수 있다.	세부사항들을 포함하여 덩잇글에 있는 모든 요점들을 따라갈 수 있다.
	속도	속도에서 아주 제한적일 것 같다. 읽기가 힘들 수 있다.	적합한 이해를 위하여 덩잇글의 모든 낱말들을 심사숙고할 필요가 없다.	현저히 쉽게 읽을 수 있다. 적합한 이해가 읽기 속도에 의해 영향을 거의 받지 않는다.	아주 쉽게 읽을 수 있다. 적합한 이해가 읽기 속도에 의해 영향을 받지 않는다.
인지 요소	융통성	이 수준에서는 과제에 따라 읽기 방식을 맞추는 오직 제한된 능력만이 요구된다.	상이한 덩잇글 유형, 주제, 문체 등의 연결체가 처음부터 혼란을 일으킬 수 있다. 과제에 따라 읽기 방식을 맞추는 능력이 기대될 수 있다.	상이한 덩잇글 유형, 주제들의 연결체가 문제를 거의 일으키지 않는다. 과제에 따라 읽기 방식을 맞추어 주는 능력이 양호하다.	상이한 덩잇글 유형, 주제, 문체 등의 연결체가 아무 문제도 일으키지 않는다. 과제에 따라 읽기 방식을 일치시키는 능력이 뛰어나다.
	독립성	과제를 해설해 주는 일을 통해서 상당량의 도움이 제공될 필요가 있다.	과제를 해설해 주는 일, 그리고 시험 시행 지침과 수립된 맥락을 통해서 약간 도움이 제공될 필요가 있다. 사전이 여전히 아주 자주 이용될 필요가 있다.	과제를 해설해 주는 일, 그리고 시험 시행 지침과 수립된 맥락을 통해서 최소의 도움이 제공될 필요가 있다. 사전을 찾아보는 일이 오직 드물게만 필요할 것이다.	과제를 해설해 줄 필요도 없고, 시험 시행 지침과 맥락 수립에 아무런 도움도 필요 없다. 사전을 찾아보는 일이 예외적으로만 필요할 수 있다.

※ 주어진 수준에서 '통과'를 받으려면 응시생들이 반드시 주어진 과제를 완성하는 능력을 예증해 주어야 한다. 과제들은 이들 기준에 따라 구체화된 수준별 언어 사용 기술의 정도에 바탕을 두고 있다.

따라서 과제들이 "㉠ 덩잇글로부터 뽑아내어야 할 정보의 복잡성, ㉡ 덩잇글로부터 처리되어야 한 요점의 범위, ㉢ 덩잇글이 처리될 수 있는 속도, ㉣ 과제에 따라 읽기 방식을 부합시키는 일에서의 융통성, ㉤ 과제의 설계에서의 단서와 시행지침에 따라 그리고 낱말 의미를 찾는 사전의 이용에 따라 독자가 도움물에 의존하는 정도"에 비춰 보아 점차적으로 응시생들에게 더 많은 것을 요구한다고 말할 수 있다(『편람』 1998: 11쪽).

이들 중에서 복잡성·범위·독립성은 덩잇글의 언어 특징과 관련되고, 언어의 의해 전달된 정보와 관련되며, 독자의 성장하는 언어 능력과 관련되는 듯하다. 언어 능통성과 그리 직접적으로 관련되지 않는 유일한 측면은 융통성일 듯하다. 비록 읽기 방식(reading style)이 정의되어 있지 않지만, 일부 읽기 향상이 적합하게 읽기 방식을 채택하는 향상된 능력으로 간주될 수 있다고 논의될 수 있다.

이것이 반드시 독자가 진전됨에 따라 새로운 읽기 방식을 발전시킨다는 주장과 동일할 필요는 없지만, 간단히 독자들이 아마 늘어나는 언어 능통성과 이에 따른 덩잇글의 언어로부터 독립성의 결과로서 점차적으로 그런 방식들을 이용할 수 있게 되는 것이다. 이는 불합리한 입론이 아닌 듯하고, 제1 언어로부터 나온 읽기 능력이 제2 언어에로 옮겨가는 일에 관하여 앞에 있는 장들에서 우리가 논의해 왔던 조사 연구의 결과와도 온전히 조화된다. 그런 견해에서는 외국어에서 읽기 향상이 긴밀히 언어 능통성의 발달과 연결되어 있다. 이는 저자가 현재 영국의 영어통달 자격인증(CPE) 및 과거 영국의 초급영어 자격인증(FCE)에 반영된 전통적인 읽기의 견해로 부른 바를 어느 정도 분명히 입증해 줄 것 같다. 즉, 통사 및 어휘/의미 능력이 읽기 능력에 대한 필수적 부분이라는 것이다. 영어의 의사소통기술 자격인증(CCSE)에서는 다른 견해를 택한다(아니면, 아마 이 점이 진술되어 있지 않으므로, 언어 능력을 따로 측정하는 데에 관심을 두지 않았을 수도 있는데, 읽기 능력에 대한 직접적 측정을 통해서 이것이 간여되며 따라서 측정될 것이기 때문이다). 이와 같이 두 가지 다른 견해의 존재는, 서로의 접근법에 대한 경험적 함의들을 탐구하기 위한 훌륭한 기회를 제공해 준다.

요약하면, 영어의 의사소통기술 자격인증(CCSE) 시험은 외국어 읽기 향상이 무엇을 의미하는지를 정의하려는 흥미로운 시도를 보여 준다.

『편람』에 있는 명세내역들은 수준들 사이에서 의도적으로 현저하게 중첩 내용을 보여 준다. 다른 시험 제도와 달리, 영어의 의사소통기술 자격인증(CCSE) 시험에서는 많은 덩잇글 유형이 임의의 수준에 있는 독자들에 의해 접속될 것이고, 따라서 처리될 수 있는 덩잇글에 비춰서 읽기 향상이 특징지어지지 않음을 잘 알고 있다. 달라질 바는, 독자들이 덩잇글을 처리할 수 있는[27] 내용이다. 그렇지만 영어의 의사소통기술 자격인증(CCSE) 시험에서는 또한 심지어 '낮은 수준'의 독자라 하더라도 실세계에서 덩잇글을 처리할 수 있으며,[28] 따라서 난이도에 의해서 또는 발달 용어로써 읽기 수준을 순서로 정해 주려는 시도를 하지 말아야 함도 잘 알고 있다.

영어의 의사소통기술 자격인증(CCSE) 시험에서는 차별화가 능력이 발달하고 있는 독자들 가운데에서 자신이 채택할 수 있는 기술들의 정도에 따라 생겨날 것이라고 믿는 듯하다. 이것들이 인지 기술로 표현되어 있지 않고, 처리되고 있는 언어 정보와 처리된 속도에 더 많이 관련된 듯이 표현되어 있다. 구성물에 대한 이런 정의는, 심지어 명백히 읽기 향상에 관한 이론과 묶여 있지 않더라도 직관적으로 외국어 독자들에게 의미가 있는 듯하다. 표본 시험들은 그 자체로 구성물이 어떻게

---

27) (역주) to *do things with* (text)는 to use(사용하다), to operate(작동시키다, 운용하다), to handle(처리하다), to perform(수행하다)의 뜻을 지닌다. 일상언어 철학을 연 오스틴의 책 이름이 '*how to do things with words*'인데, '낱말 사용 방법'을 의미한다. 본문에서 두 군데 나오는데, 모두 '덩잇글을 처리하다'는 뜻으로 번역해 둔다.

28) (역주) 이미 §.8-3-1에서, 상세함 때문에 가장 많이 채택되는 외국어 교육을 위한 미국 협의체(ACTFL)의 『편람』속의 직관적이고 상식적인 가정들이 근거가 전혀 없음을, 경험적 자료를 통해 논박하는 논문들을 요약해 놓았다. 즉, 제1 수준의 덩잇글 유형이 제3 수준과 제5 수준의 덩잇글 유형만큼이나 어려웠고(수준 구분 실패), 제2 수준의 기술이 제1 수준이나 제3 수준이나 제4 수준의 기술들보다 더 어려웠으며(기술 위계 설정 실패), 더 높은 수준의 과제 수행이 더 낮은 수준의 수행을 포함한다는 주장에 대해서도 어떤 경험적 증거도 없었음(수준별 수행 구분 실패)을 매듭지었다. 만일 이런 논박에 따른 경험적 근거가 확실하다면, 오직 두 가지 가능성이 있다. 평가의 수준과 위계가 새로 짜여야 하거나, 그럴 가능성이 전혀 없이 오직 평가자의 직관대로만 자의적으로 평가해야 하는 것이다. 후자가 피해야 할 대상이라면, 오직 전자의 가능성을 조심스럽게 합리적 근거를 다지면서 추구해야 할 뿐이다.

운용되는지를 이용자들에게 친절한 모습으로 예시해 준다.

그렇지만 외국어 교육을 위한 미국 협의체(ACTFL)의 편람을 다루면서 그 반박 논의들에서 살펴보았듯이, 읽기 능력 향상과 관련된 시험 출자자들의 믿음이 경험상으로 입증되는지 여부를 조사 연구를 시행하여 살펴볼 필요가 있다(저자는 이미 그런 믿음이 근거 없는 오류라고 반박하였음: 뒤친이). 영어의 의사소통기술 자격인증(CCSE)에 있는 여러 수준들의 중복이 사실이라면, 이 검사 다발은 그런 믿음을 검사해야 봐야 할 흥미로운 기회를 제공해 준다.

§.8-5. 요약

이런 읽기 시험에 대한 제시와 분석, 읽기 수행의 저울눈, 읽기 평가를 위한 얼개들을 어느 정도 길게 계속 논의하는 일이 가능하다. 분명히 저자가 제시할 수 있었고 때로 새로운 특징들을 예시하는 검사 및 저울눈들이 많이 있었다. 그러나 어딘가에서 이 장이 멈춰져야 하는 것이다.

제8장에서는 읽기 구성물의 운용 내용들을 검토하는 경우에 생겨나는 일정 범위의 논제들을 예시하고 논의하려고 노력하였다. 저자는 독자들에게 이들 접근 중 하나를 받아들이는 일, 또는 자신의 목적에 알맞게 비슷한 얼개를 발전시키는 일을 살펴볼 수 있도록 충분한 예증을 제공하였기를 희망한다.

그뿐만 아니라, 제8장에서 예시해 주는 것은, 독자들이 향상됨에 따라서 대체 무엇이 발달하는지를 주장하는 접근법에서 가급적이면 명확하게 되는 일이 중요하고, 애매한 용어와 중복되는 수준들을 응당 피해야 하며, 해당 저울눈에 포함된 개념들과 얼개 서술 및 검사 명세내역들이 실제적으로 어떻게 운용되는지를 보여 주는 표본 검사나 표본 항목들을 제공해 주는 일의 중요성이라고 믿는다.

더 나아가, 저자는 하나의 향상에 대한 견해를 놓고서 경험적 입증의 중요성을 강조해 왔다. 외국어 교육을 위한 미국 협의체(ACTFL)의 『편람』을 놓고 실행된 조사 연구에서는, 『편람』에 담긴 직관적 주장들을 정면으로 논박하는 경험적 연구 결과들로서 그 연구들의 가치가 높다. 물론 이런 반박은 아주 어려운 문제들을 야기한다. 그중 일부는 아마 해결 불가능할 듯하다. 대부분의 시험 문항들에 대한 조사 연구 난점이, 개별 독자와 시험 문항 간의 상호작용에 말미암기 때문이다.[29] 그렇지만 이런 난점이 우리가 살펴본 검사·저울눈·얼개들의 밑바닥에 깔려 있는 주장을 조사해 볼 필요가 없다는 충분한 변명이나 이유가 되는 것은 아니다. 저자는 읽기 향상에 대한 추후 조사 연구를 위한 토대로서, 제8장이 시험 출제자들로 하여금 경험적으로 발달 및 향상에 대한 자신의 주장들을 탐구하고, 읽기 조사 연구자들로 하여금 이미 존재하는 검사·저울눈·얼개를 심층적으로 다시 조사해 보도록 자극하기를 열렬히 희망한다.[30]

---

29) (역주) 사례별 심층 연구도 변수들이 너무 많아 제대로 제어하기 힘들다(해석적 또는 질적 연구에 해당함). 그럴 뿐만 아니라 다시 이것들을 일반화하는 일도 거의 불가능에 가까운 것이다(통계적 또는 양적 연구에 해당함). 이런 어려움은 어떤 평가 시도에서도 그대로 적용될 듯하다. 대안은 다음 역주를 보기 바란다.

30) (역주) 이 주장은 평가를 평가하라는 것이다. 여러 평가들에 대한 상위 평가인 셈이다. 상위 평가의 기준은 무엇이 될까? 번역자는 명백히 읽기에 대한 구성물로부터 마련되어야 할 것으로 본다. 구성물의 정의가 반드시 '타당도 및 신뢰도'가 높아야 비로소 상위 평가의 잣대가 될 수 있다.

제9장 앞으로 나아갈 길, 독자와 지문 간의 상호작용 평가:
과정 및 전략

§.9-1. 들머리

마지막 제9장은 성격상 좀 더 사변적이 될 것이며, 최근 중요한 것으로 간주되어 온 읽기 처리의 측면들이 어떻게 평가될 수 있는지를 탐구하게 될 것이다. 전통적으로 언어 검사는 이해 과정을 검토하는 일보다 오히려 이해의 산출물(결과물)을 수립하는 데 더 많은 관심을 기울여 왔다. 읽기 기술들을 측정하려고 시도하였던 접근들에서조차 사실상 하나의 질문(또는 과제) 및 지문(덩잇글) 사이에 있는 관련성으로부터 하나의 '기술'만을 추론해 왔다. 따라서 한 지문(*passage*, 본문, 덩잇글)의 중심 생각을 이해하는 '기술'은, 응시생들에게 그 지문의 중심 생각을 찾아내도록 요구하는 질문에 대한 올바른 대답으로부터 추론되는 것이다. 특히 대규모 시험에서 이들 처리과정 동안에 일어나는 처리의 측면들 및 전략들을 평가하는 경험은 거의 없다. 그러므로 처리과정이 어떻게 평가될 수 있을지를 놓고서 저자는 착상들을 비-시험 자원들에 의지하여 얻게 된다. 특히, 읽기 전략들이 어떻게 가르쳐지거나 학습되는지, 해석적/질적 조사 연구 기법들을 통하여 조사 연구자들이 처리과정의 여러 측면을 어떻게 찾아내었는지, 상위 언어 및 상위 인지 능력들과 전략들의 이용을 학자들이 어떻게 탐구해 왔는지를 살펴볼 것이다.

처리과정 및 전략들을 평가하는 방법들을 계발하기 위해서는 전통적 검사 및 평가 실천 방식들보다 더욱 멀리 내다봐야 함을[1] 시사하면서, 불가피하게 제9장에서는 정보 기술의 이용을 포함하여 가까운 장래에 평가가 발전되어야 할 방향에 관한 논의를 하게 될 것이다.

§.9-2. 읽기 과정

제1장, 제2장, 제4장에서는 읽기 처리과정의 본성을 어느 정도 길게 검토하였고, 읽기를 처리과정으로 보는 관점과 맞물리는 읽기 구성물(*a construct of reading*)의 명확한 내용에 관련된 결론들을 이끌어 내었다. 저자는 시험 명세내역, 읽기 능력의 저울눈, 기술 및 덩잇글에 대한 독자의 상호작용을 포함한 실제 시험 항목들이 어떻게 읽기 구성물을 입증해 주는지를 예시해 주었다. 또한 독자 및 독자 능력에 대한 고려사항들을 덩잇글 및 임의의 읽기 활동이나 읽기 평가와 연합된 과제들의 본성으로부터 따로 떼어내기 어려움도 살펴보았다. 불가피하게, 예시되었던 대부분의 내용이 처리과정뿐만 아니라 또한 그런 처리의 결과(산출물)에 대한 관점을 반영해 준다.

그렇지만 이 마지막 장은 특히 읽기에 대한 '전략'들로 이름 붙여진 바를 살펴봄으로써 앞에서 설명한 읽기 처리과정 위에 세워지며, 읽기 평가에서 장래 방향을 모색하게 된다. 그러나 우선 '처리과정'을 평가하는 문제점들을 상기하기 바란다.

제2장에서는 개별 읽기 기술들을 분리하려는 노력과 연합되고, 이들

---

1) (역주) 전통적 평가에서 기술(skills)을 검사한다면 주로 언어 형식과 내용에만 머물러 있었고, 전략(strategies)을 검사한다면 고작 문제해결 능력에만 맴돌았을 뿐이다.

기술이 임의의 '읽기' 또는 질문이나 과제에 대한 답변으로 강력하게 상호작용하는 가능성과 연합된 난점들을 살펴보았다. 사실상, 이것이 기술에 대한 조사 연구가 왜 그렇게 확정적이지 못한지에 대한 이유들 중 한 가지이다. 시험 출제자들은 자신의 시험 문제들이 스스로 주장하는 처리과정을 실제로 이용하고 있음을 확립시켜 놓지 못하였다. 이미 일부 조사 연구에서는 심판관(채점관)들이 읽기 문항에 의해서 어떤 기술이 검사되고 있는지에 대하여 합의를 얻어내기 어렵다는 점을 알아차렸음을 보여 주었다(올더슨 1990b). 한편 바크먼 외(1996)에서처럼 심판관(채점관)들이 적합하게 구성된 채점 도구를 이용하면서 문항 내용들을 찾아내도록 훈련될 수 있음을 보여 주는 다른 조사 연구도 있지만, 응시생이 간여하고 있는 처리과정들이 여전히 독자로서 심판관(채점관)이나 전문 독자로서 심판관이 간여할 것으로 판단하는 처리과정을 반영해 준다는 점이 반드시 도출되는 것은 아니다.

여러 연구들에서 개별 기술들을 따로 떼어내어 검사할 수 없음을 보여 준 올더슨(1990b)의 연구를 반복 시행하였다. 앨런(Allan 1992)에서는 읽기 시험이 읽기 과정들에 대한 정보를 수집함으로써 타당하게 될 법한 방식들을 탐구하려는 목적을 지닌 일련의 연구를 시행하였다. 한 가지 연구에서는 심판관(채점관)들에게 임의의 시험 문항이 무엇을 측정하고 있었는지를 결정하도록 요구하였다. 놀랍게도 그들은 기술의 수준(더 높은 또는 더 낮은 순서)에 대해서도 전혀 합의를 이루지 못하였고, 오직 50%의 사례에서만 검사되고 있는 정확한 기술에 대해 합의를 이룰 수 있었다. 그는 한 무리의 심판관(채점관)들을 이용하더라도 믿을 만한 결과들 산출하지 못할 것 같음을 매듭지었고, "특정한 문항들로 무엇이 측정되고 있는지에 관해 촌평을 하도록 요구받은 심판관들에게 응당 검사 원형들에 대한 예비 시행으로부터 얻어진 큰 소리로 말해 주는 애초생각 자료가 제공되어야 함"을 시사해 주었다.

리(Li 1992)에서는 자기 반성적(성찰적) 자료를 이용하여 다음과 같이 세 가지 부정적 측면을 보여 주었다. 첫째, 실험 참가자들이 검사 질문들에 대답하는 경우에 좀처럼 오직 하나의 기술만 이용함을 보고하지 않았다. 둘째, 이용된 기술들이 시험 출제자의 의도와 일치하는 경우에는 학생들이 반드시 대답을 올바르게 찾아낼 필요가 없었다. 셋째, 출제자가 미처 확인하지 못하였던 기술들을 이용하는 동안에 학생들이 올바르게 대답을 하였다. 그는 자신이 얻어낸 결과들을 두 가지 유형으로 묶어 놓았는데, 예측된 유형 및 예측하지 못한 유형이다.

그가 '예측된 결과들'이라고 부른 것에는 두 가지가 있다. ① 올바른 대답으로 이끌어가는 예상된 기술(다른 기술들과 함께, 아니면 다른 기술이 없이), ② 틀린 대답으로 이끌어 가는 예상치 못한 기술들이다. '예측치 못한 결과들'로 부른 것에도 두 가지가 있다. ㉠ 그른 대답으로 이끌어 가는 예측된 기술(다른 기술들과 함께, 또는 다른 기술이 없이), ㉡ 올바른 대답으로 이끌어 가는 예측하지 못한 기술들이다. 그는 예측된 결과만큼 예측하지 못한 결과도 많이 찾아내었다.

리(Li 1992)에서는 배당된 기술을 이용하더라도 반드시 성공으로 이끌어 가는 것이 아니며, 단독으로 또는 여러 기술을 복합한 상이한 여러 가지 기술도 문항의 성공적인 완성으로 이끌어갈 수 있다고 결론을 맺었다. 따라서 문항들이 반드시 출제자가 단정하는 바를 검사하는 것이 아니고, 개인별로 다양하게 예측하지 못한 방식으로 이해를 보여 줄 수 있으며, 검사되고 있다고 주장된 기술의 이용이 틀린 대답으로 이끌어 갈 수도 있는 것이다. 다시, 그러함에도 불구하고, 이는 읽기 이해 질문들을 통하여 적어도 특정한 기술들의 이용으로 정의된 읽기 처리과정을 믿을 만하게 얻어내는 일이 어렵다는 사실을 강조해 준다.

여전히 일부 독자들에 대하여 읽기 시험 문항들이 주장된 하나 이상의 기술을 측정하고자 마련될 가능성이 있다. 대답을 하는 동안에 만일 일부 독자가 측정된다고 주장된 그런 기술을 불러내지 않는다면 문제가 생겨난다. 즉, 검사 또는 조사 연구 결과들을 분석하는 경우에 시험 문항에 대하여 부당하거나 의도되지 않은 답변에다 '타당하거나' 또는 의도된 응답도 덧붙여지는 것이다. 그렇다면 그런 총합에 대한 분석이, 임의의 기술이 따로 검사되고 있음을 분명히 보여 주지 못한다고 하더라도 전혀 놀랍지 않다. 달리 말하여, 그런 시험 문항이 일부 독자들에 대하여 해당 기술을 측정할 가능성이 있겠지만, 다른 독자들에게서는 그렇지 못하므로, 불가피하게 별개의 요인에 무게(가중치)를 더해 놓지 못할 듯하다. 학생들이 실제로 해당 시험 문항들을 어떻게 처리하였는지를 반영해 주는 방식으로 대답들을 모두 수집하기 위하여, 아마 자료 수집 및 총합 절차를 설계하는 방식을 다시 생각해야 할 필요가 있을 것이다. 미쓸리뷔·뵈어헐스트(Mislevy and Verhelst 1990)와 벅 외(Buck et al. 1996)에서는 이런 영역을 탐구하기 위하여 신중한 분석에 보상해 줄 만한 다른 방법론을 계발하였다(§.3-1-2에서 벅 외에 대한 언급을 참고하기 바람).

그렇지만 만일 그런 검사들이 반드시 그럴 필요는 없더라도 읽기가 여러 영역으로 나뉠 수 있다는 견해에 근거하고 있다면, 이는 오직 읽기 검사에 대한 문제일 뿐이다. 실제로 대부분의 제2 언어 읽기 검사가 다중 영역 분리 가능성(*multi-divisibility*)에 의지하고 있는 것은 아니다. 한편 출제자들은 다른 기술들보다 모종의 어떤 기술들을 검사하려고 하거나 또는 덩잇글의 상이한 이해 수준에 도달하려고 목표를 내세운 시험 문항들을 집필하고자 아주 노력을 기울일 가능성도 있다. 전체 점수가 각 영역의 하위 기술들에 따라 영역별 분석 점수로 보고되지 않는다면, 응시생들의 성공하였는지 여부에 그리 크게 관여되지 않을 소지가 있다.

일반적으로 읽기 검사 점수가 총체적으로 보고되고,[2] 특정한 기술들

---

2) (역주) 그렇다고 하여 총체적인 통합 점수가 읽기가 단일한 능력이라거나 통합된 단일 능력이라고 전제를 하는 것은 결코 아니다. ① 덩잇글 내부의 언어 요인(cohesion)과 ② 덩잇글 심층에서 언어를 벗어나서 추론해야 하는 요인(coherence)과 ③ 덩잇글과 관련된 여러

에서 약점이나 강점을 확인할 수 있는 상태의 주장은 아니다. 이런 진퇴양난(dilemma)이 문제시되는 것은, 오직 우리가 진단 검사를 계발하였다고 주장하는 경우에만3) 그러하다. 읽기 검사 계발 주체들이 실행할 필요가 있는 모든 것은, 될 수 있는 한 읽기 구성물의 포함 범위를 포괄적으로 되도록 하기 위하여, 일정 범위의 기술 및 이해의 수준들을 다 아우르는 검사 문항들을 포함하려고 모든 노력을 쏟았다고 진술해 주는 일뿐이다. 많은 조사 연구에서 전문 심판관들이 개별 시험 문항들에서 어떤 기술들이 검사되고 있는지에 관해 합의를 이뤄내기가 아주 어려웠음을 깨달았음이 사실이라면, 어쨌든 간에 그런 주장들에 대해 반격하기도 어렵고 심지어 검증하기도 어려울 것이다.

그렇지만 만일 읽기의 처리과정을 평가하는 데에 관심이 있고, 읽기 과정을 다중 영역으로 분리할 수 있다는 견해를 갖고 있다면, 특히 'x'라는 독자가 덩잇글을 적합하게 처리하는 능력을 보여 주거나, 또는 평가 과정 동안에 'y'라는 기술을 예증해 주었다고 말할 수 있기를 바란다면, 실제로 그런 문제들과 정면으로 부닥치게 되는 듯하다.

환경 요인들을 어느 정도 뒤섞어 결과적으로 하나의 점수로 모아 놓았다고 보아야 온당하다. 읽기 처리과정을 규정하는 일은 구성물을 정의하는 일과 겹쳐진다. 이는 가장 협소하고 단순한 접근인 언어의 형식과 언어의 내용으로 보는 방식에서부터 시작하여, 덩잇글 내부 요인과 덩잇글 외부 요인으로 나누는 방식을 거쳐(이들은 양분 영역이라고 부를 수 있음), 덩잇글 내부와 외부 요인, 독자가 지닌 인지 요인, 사회문화적 요인, 이들 요인을 통합하는 재귀 영역 요인을 상정하는 다분 영역의 접근도 있다. 전자일수록 쉽게 통제되지만, 후자로 갈수록 통제가 어려워지며, 어떤 것이 주된 것인지(주변수 및 종속변수로 나눠 접근함)가 늠하는 일이 수반되어야 한다. 이 책의 저자는 이런 상황을 염두에 두고서 전통적으로 실시해 온 읽기 평가의 위상을 긍정적 가치 쪽으로 부여하려고 하기 때문에, 매우 주저되고 현학적으로까지 보이는 표현들을 동원하고 있는 듯하다.

3) (역주) 진단 검사(diagnostic tests)라고 하여 반드시 모두 영역별 분석 점수를 매기고 합산하는 것은 아니다. 오직 타당하게 읽기 처리과정에 대한 구성물의 정의가 주어져 있을 경우에만 그러하다.

§.9-3. 전략

읽기 수업에 대한 최근의 접근들에서는 덩잇글 내용을 잘 처리하기 위하여 전략들을 익히는 학생들의 중요성을 강조해 오고 있다. 제2 언어로서의 영어(ESL) 읽기 조사 연구에서는 오랫동안 독자 전략들에 관심을 기울여 왔다. 전략들이 무엇이고, 더 나은 읽기에 전략들이 어떻게 이바지하며, 수업에 전략들이 어떻게 맞물려 들 수 있는지에 관해서이다. 이것들은 다양한 방식으로 명칭이 부여되고 분류되어 왔다. 그럼에도 불구하고 그뢰이브(Grabe 2000)에서4) 명백히 보여 주듯이, 전략이란 용어는 아주 잘못 정의되었다. 그뢰이브 교수는 다음과 같이 아주 적절한 질문을 던진다.

① 정확히 기술(*a skill*) 및 전략(*a strategy*) 사이의 차이점이 무엇인가?
② 정확히 처리 수준 및 의미 수준 사이의 차이점은 무엇인가?
③ '추론하기 기술(*inferencing skills*)'이 '잘못된 이해 깨닫기(*recognising mis-comprehension*)'와 같은 '전략'과는 어떻게 차이가 나는가?
④ 또는 '추론하기 기술'이 '정보를 뽑아내고(*extract*) 이용하며(*use*), 정보를 종합하고(*synthesize*), 정보를 추리하는(*infer*) 능력'과는 어떻게 다른가?
⑤ '정보를 뽑아내고 이용하는 능력'이 '정보를 종합하는 능력'과 동일한 전략(기술)인가?

---

4) (역주) 이 논문의 내용들과 관련하여, 그뢰이브·스톨러(Grabe and Stoller 2002, 개정판 2011; 허선익 뒤침 2014), 『읽기 교육과 현장 조사 연구』(글로벌콘텐츠)의 제2부 '읽기에 대한 조사 연구 살펴보기'를 읽어 보기 바란다. 국어 교사이든 아니면 외국어 교사이든 모두가 크게 도움을 받을 수 있다. 그뢰이브 교수는 또한 글쓰기에 대한 책도 썼는데, 그뢰이브·캐플런(Grabe and Kaplan 1996; 허선익 뒤침 2008), 『쓰기 이론과 실천 사례』(박이정)을 읽어 보기 바란다.

그뢰이브 교수는 올바르게 용어 분류 및 재범주화의 필요성을 찾아내었다. 그럼에도 불구하고 이런 영역이 아무리 혼란되어 있어도, 전략·기술·능력을 가르치려고 하는 주장들은 여전히 전면적이고 설득력 있게 남아 있고, 가르쳐진 바를 검사하기를 바라는 사람들에게 도전장을 내민다. 과연 읽기 시험이 읽기 전략들을 측정할 수 있을 것인가?

이는 아주 어렵고도 흥미로운 영역이다. 흥미로운 까닭은, 만일 전략들을 찾아낼 수만 있다면, 우리가 양질의 진단 검사를 계발할 수 있고, 관심거리 조사 연구도 실행할 수 있기 때문이다. 아주 어려운 까닭은 세 가지 이유 때문이다. 앞에서 지적하였듯이, 첫째, 전략에 대한 적합한 정의를 내리지 못하기 때문이다. 둘째, 시험을 치르는 과정에서 응시생들에게 찾아진 일부 전략들의 이용을 장려하기보다 오히려 억제해 버릴 수 있기 때문이다. 예를 들어, 모든 학습자들이 기꺼이 덩잇글 내용을 예측하는 모험을 과단성 있게 할 것 같은가? 셋째, 시험 치르는 일이 규범적이기 때문이다. 답변이 전형적으로 옳다 또는 그르다로 판정되거나, 어떤 눈금상으로 채점이 이뤄진다. 그러나 전략 이용에 관하여 우리가 규범적일 수 있다는 사실이 명백성과는 아주 거리가 멀다. 유능한 독자는 융통성 있는 전략 이용자들이라고 언급된다. 독자로 하여금 강제적으로 오직 특정한 전략만을 이용하도록 요구하는 것이 합리적일까? 오직 특정한 전략들만 이용되도록 보장해 주는 일이 과연 가능할까? 그런 기술들을 개별적으로 통제할 수 있다는 주장에서 우리는 스스로 진퇴양난에 빠졌음을 깨닫게 된다.

벅(1991)에서는 듣기에서 예측 및 이해 점검을 측정하려고 시도하였는데, 실질적으로 학생이 말하는 해당 덩잇말과 조금이라고 관련성을 지니는 답변이라면 어떤 것이든 다 받아들여야 함을 발견하였다(그리고 일부 덩잇말에 없는 추론 내용도 그러하였음). 임의의 합리적인 답변을 허용할 수 있는 시험 문항들은 전형적으로 채점하기가 아주 어렵다.

이미 앞에서 언급하였듯이, 전략들에서 관심 사항은 읽기의 결과물보다는 오히려 읽기의 처리과정을 성격지어 주는 관심사에 일부 뿌리를 두고 있다. 그렇지만 또한 일부 이는 좀 더 일반적으로 학습 전략에 대한 관련 문헌들로부터 유래한다. 읽기 전략들이 어떻게 찾아져 왔고 '수업되어' 왔는지를 살펴보기에 앞서서, 저자는 일반적인 학습 전략이라는 영역을 먼저 다루기 위하여 약간 우회하게 될 것이다.

1) 학습자 전략

1970년대와 1980년대에는 특히 언어 학습에서 학습자 전략들에 대한 두드러진 관심이 생겨났다. 유용한 개관 및 조사 연구들에 대한 검토를 위해서 웬든·루빈(Wenden and Rubin 1987)을 읽어 보기 바란다.5)

스턴(Stern) 교수는 전략을 '학습자가 만드는 의식적인 노력들'이며, '목적 지향 활동'으로 정의하였다(웬든·루빈 1987: xi쪽). 그렇지만 웬든 (1987: 7쪽)에서6) 지적하기를 관련 문헌에서

---

5) (역주) 제2 언어 교육에서 전략에 대한 책은 옥스퍼드(Oxford 1990), 『언어 학습 전략: 모든 교사들이 응당 알아야 하는 것(*Language Learning Strategies: What Every Teacher Should Konw*)』(Heinle and Heinle)과 옥스퍼드 엮음(Oxford 1996), 『세계 도처에서 쓰이는 언어 학습 전략: 범문화적 관점(*Language Learning Strategies Around the World: Cross-cultural Perspective*)』 (University of Hawai'i)도 함께 참고하기 바란다.

6) (역주) 웬든·루빈 엮음(1987)의 제1장이며, 모두 12장(181쪽)으로 된 이 책에 퓐슬로(Fanselow) 교수 서문과 스턴 교수의 서문이 들어 있다. 스턴 교수의 책 중에서 국어교육 전공자들에 의해 번역된 책으로 스턴(1983; 심영택·위호정·김봉순 뒤침 1995), 『언어 교수의 기본 개념』 (하우)이 있는데, 이 번역서의 앞머리에 이례적으로 서울대 국어교육과 교수 세 분의 추천 사(이용주, 박갑수, 윤희원)가 실려 있다. '초창기(草創期)'에 국어국문학과는 차별화되는 '국어교육학' 영역의 정체성 및 독자성을 확립하려는 눈물겨운 노력이 느껴진다. 아마 핼러 데이·매킨토시·스트뤼븐즈(Halliday, McIntosh, and Strevens 1964; 이충우·주경희 뒤침 1993), 『언어 과학과 언어 교수』(국학 자료원)와 함께 국어교육 전공자들이 학문의 토대를 마련하려고 헌신한 자취들이다. 앞으로 부박한 부평초 학문으로 전락하지 않으려면, 선업들을 소중히 배우면서 탑을 쌓아나갈 필요가 있다.

특히 중국어에 정통한 핼러데이(1925~) 교수는 형식만 다루려는 생성문법에 반발하여 대안으로 기능주의 언어학을 창도하였고, 호주의 언어 교육의 기반을 마련해 놓은 거장이다. 최근 영국의 Continuum 출판사에서 10권의 총서를 발간한 바 있다(1권 *On Grammar*, 2권 *Linguistic Studies of Text and Discourse*, 3권 *On Language and Linguistics*, 4권 *The Language of Early Childhood*, 5권 *The Language of Science*, 6권 *Computational and Quantitative Studies*, 7권 *Studies in English Language*, 8권 *Studies in Chinese Language*, 9권 *Language and Education*,

'전략들이 "기술, 전술, 잠재적으로 의식적인 계획, 의식적으로 채택된 작동법, 학습 기술, 기본 기술, 기능적 기술, 인지 능력, 언어 처리 전략, 문제 해결 절차"로 언급되어 있다. 이처럼 여러 가지 언급 내용은 전략이란 용어의 붙들기 힘든 성격을 가리켜 주는 것이다'

(strategies have been referred to as "techniques, tactics, potentially conscious plans, consciously employed operations, learning skills, basic skills, functional skills, cognitive abilities, language processing strategies, problem-solving procedures". These multiple designations point to the elusive nature of the term. Wenden 1987: 7)

웬든 교수는 전략 조사 연구에서 언급해 놓은 세 가지 질문을 구분해 놓았다. '㉠ 제2 언어 학습자가 제2 언어를 배우기 위하여 무엇을 실행하는가?, ㉡ 이들 노력을 학습자들이 어떻게 관리하거나 스스로 지시하는가?, ㉢ 제2 언어 학습 과정의 어떤 측면들에 대하여 학습자들이 무엇을 알고 있는가?' 따라서 그녀는 전략들을 다음과 같이 세 가지로 분류해 놓았다.

ⓐ 언어 학습 행동들을 가리켜 줌
ⓑ 학습자가 자신이 이용하는 전략들에 대하여 알고 있는 바를 가리켜 줌
ⓒ 학습자가 자신이 이용하는 전략들과는 다른 제2 언어 학습의 여러 측면들에 관하여 알고 있는 바를 가리켜 줌

웬든(1987: 7~8쪽)에서는 자신이 전략으로 부르는 언어 학습 행동에 대한 여섯 가지 특성을 다음과 같이 목록으로 제시하였다.

10권 Language and Society). 아마 저작권 때문에 중요한 단행본들이 이 총서 속에 포함되지 않았는데, 기능주의 언어학 및 담화에 관련된 책자가 있고, 핼러데이(1985), 『입말과 글말 (Spoken and Written Language)』(Oxford University Press)도 압권이다.

① 전략은 특정한 일련의 행위와 기술들을 가리킨다. 즉, 가령 '위험 감수자'처럼 일반적 접근의 특징은 아니다(strategies refer to specific actions and techniques: i.e., are not characteristic of a general approach, e.g., 'risk-taker').

② 일부 전략들은 관찰할 수 있으나 머릿속으로 비교하기와 같이 다른 전략들은 그러하지 않다(some strategies will be observable, others will not ['making a mental comparison']).

③ 전략들은 문제 지향적이다(strategies are problem-oriented).

④ 전략들은 직접적으로 그리고 간접적으로 언어 학습에 기여한다 strategies contribute directly and indirectly to language learning).

⑤ 가끔은 전략들이 의식적으로 채택될 수 있다. 그렇지 않다면 전략들이 자동화되어 무의식적으로 작동될 수 있다(sometimes strategies may be consciously deployed, or they can become automatised and remain below the level of consciousness).

⑥ 전략은 쉽사리 변화하는 행동들이다. 즉 낯선 전략들도 학습될 수 있다(strategies are behaviours that are amenable to change: i.e., unfamiliar ones can be learned).

동일한 책(1987: 19쪽)에서 루빈 교수는 전략들을 '학습자에 의해 정보를 얻고 저장하며 인출하고 이용하는 일을 촉진시켜 주기 위해 이용된 임의의 묶음으로 된 운용, 단계, 계획, 관례적 행위들'로 분류하였다. 그녀는 다음 네 가지 전략들 사이를 구분해 놓았다(루빈 1987: 20쪽, 그리고 여기저기에서).

㉮ 인지적 학습 전략(cognitive learning strategies): 명백히 만들기/입증하기, 짐작하기/귀납적 추론, 연역 추론, 연습하기, 암기하기, 점검하기

㉯ 상위 인지 학습 전략(metacognitive learning strategies): 선택하기, 우선

시하기, 계획하기, 미리 준비함, 선택적 주의, 그 외

㉐ 의사소통 전략(communication strategies): 완곡한 표현/풀어 주기, 관례적 표현 이용, 회피 전략, 명백화 전략

㉑ 사교적 전략(social strategies)

이들 구분은 인지 전략 및 상위 인지 전략 사이에 자주 이뤄지는 구분을 반영해 준다(Brown and Palinscar 1982). 상위 인지 전략에는 처리과정, 처리과정의 계획과 점검, 이들 활동 뒤에 스스로 평가에 대한 생각하는 일들을 포함한다.

2) 읽기 전략

대부분 언어 사용 또는 학습 전략으로 불리는 바가 읽기의 연구와는 직접 관련되지 않음이 분명해질 것이다. 사실상 전략을 다루는 대부분의 문헌에서는 입말 상호작용, 듣기, 글쓰기에 집중한다. 읽기 이해의 영역에 제공할 만한 통찰력은 훨씬 덜하다. 그럼에도 불구하고, 언어 학습 또는 언어 사용 전략들의 범주가, 다른 영역들에서 발전해 온 방식들이 명백하게 읽기의 맥락에서 조사 연구가 진행되었는지에 상관없이, 읽기의 이해와 관련될 수 있는 방식들도 있다. 예를 들어, ㉠ 덩잇글의 이해가 발달하는 일을 점거하기, ㉡ 미리 읽는 방법을 준비하기, ㉢ 선택적으로 덩잇글에 주의를 기울이기가 분명히 읽기와 관련된다. ㉣ 해당 덩잇글의 의미에 잘 들어맞는지 여부를 알아보기 위하여 자신이 이해한 바를 풀어 주는 일, 또는 ㉤ 원래 집필자의 의도를 명백하게 만들기 위하여 단락이나 기사의 구조를 연역적으로 분석하는 일이 또한 이해 어려움들을 극복하기 위하여 효과적인 상위 인지 전략들임이 입증될 가능성도 있다.

그렇지만 아직도 읽기 전략들에 대한 대부분의 조사 연구와 교육이 사뭇 엉성하게 남아 있으며, 종종 전략 관련 문헌에서 좀 더 일반적으

로 정의된 모습으로 '전략들' 및 읽기 관련 문헌에서 자주 이용된 것으로서 '기술들' 사이를 제대로 구별해 주지 못한다. 웬든·루빈(1987)을 보면, 읽기에 있는 전략 조사 연구의 소수 사례들 중 한 가지가 호즌펠트(Hosenfeld)의 업적이다. 그는 실패한 제2 언어 독자들로부터 성공적인 제2 언어 독자들을 구별해 놓는 요인으로서 맥락으로부터 짐작하기 (*contextual guessing*)를 찾아내었다. 또한 상위 인지 전략도 찾아내었는데, 여기서 독자들이 자신의 짐작 논리에 대한 적합성을 평가하게 된다. 루빈은 호즌펠트가 씬디(Cindy)라는 학습자의 사례를 연구하여 찾아낸 전략들을 다음과 같이 인용하였다.7)

맥락으로부터 성공적으로 짐작해 내는 방법(How to be a Successful Contextual Guesser)

---

(1) 읽어 가는 동안에 본문의 의미를 염두에 두고, 이를 의미를 예측하기 위하여 이용한다.
(2) 낯선 낱말들을 건너뛰고, 문장이나 더 뒷문장에 있는 다른 낱말들로부터 그 의미를 짐작한다.
(3) 낯선 낱말을 해독하기 위한 이전 맥락을 염두에 두고서 그 덩잇글에서 뒤쪽으로 선회한다.
(4) 그 의미를 짐작하기 전에 낯선 낱말의 문법 기능을 찾아낸다.
(6) 예시를 검토하고 해독 과정에서 그 속에 담긴 정보를 이용한다.
(7) 제목을 읽고 그것으로부터 추론을 이끌어 나간다.
(8) 옆에 제시된 주석을 참고한다.
(12) 같은 어원의 낱말을 인식한다.
(13) 낯선 낱말을 해독하기 위하여 세계지식을 이용한다.
(14) 상대적으로 전체 의미에다 더해 놓는 것이 거의 없을 만한 낱말들은 건너뛴다.

---

*출처: 호즌펠트(1979: 24).

---

7) (역주) 나열 항목 중에 (5)와 (9)와 (10)과 (11)이 들어 있지 않은데, 인용자가 의도적으로 제외시킨 듯하다. 또한 호즌펠트(1987)로 표시된 출처도 1979의 오류인 듯하다. 도표의 제목이 비록 짐작하는 주체(guesser)인 씬디(Cindy)에 관한 것이지만, 여기서는 일반화하여 맥락을 통하여 짐작하는 행위로 번역해 둔다.

덩잇글에서 모르는 낱말의 의미를 추론하는 능력은 읽기 관련 문헌에서 중요한 기술로 오랫동안 인식되어 왔다. 호즌펠트(1977, 1979, 1984)에서 제시한 바는, 어린 독자들이 큰 소리를 내며 생각하는 동안에 그들에 의해 보고된 이런 처리과정의 구성부문들에 대한 자료 기반 주석이다. 그렇지만 그런 기술이 현재 왜 '전략'으로 분류되는지는 잘 알 수 없다.

읽기 연구에서 오랫동안 중요한 것으로 알려져 온 변수들을 전략으로 재분류하는 이런 경향에 대한 한 가지 사례가 톰슨(Thompson 1987)이다. 그는 간략히 읽기에서 기억의 역할을 검사하였고, 처리과정에서 배경지식의 중요한 효과 및 덩잇글의 수사학적 전개 구조를 강조하였다. 그는 제1 언어 독자들에 대한 여러 가지 연구를 보고하는데(톰슨 1987: 52쪽), 다음 세 가지 연구들을 포함한다. 마이어 외(Meyer et al. 1980)에서는 유능한 9학년 학습자들이 자신의 회상 내용을 조직하는 일에서 집필자로서 원래 덩잇글과 동일한 전반적 구조를 이용하지만, 반면에 빈약한 독자들은 그러하지 못하였다. 웨일리(Whaley 1981)에서는 유능한 독자들이 이야기를 읽기 전에 미리 어떻게 개념 얼개를 활성화해 주는지를 보여주지만, 빈약한 독자들은 그러하지 못하였다. 이먼(Eamon 1978/ 79)에서는, 유능한 독자들이 본문의 전반적 구조와 주제의 관련성을 놓고서 주제를 평가함으로써 주제에 관한 정보를 좀 더 많이 회상하였다(또한 제1장과 제2장을 보기 바람). 그렇지만 이런 조사 연구가 읽기 전략의 측면에서 표현되어 있는 것은 아니고, 단순히 제1 언어에서 유능한 독자와 빈약한 독자 사이의 차이점들을 규명하려고 추구되었다.

어떤 연구도 제2 언어 읽기 전략들에 관하여 이뤄지지 않았다고 주장하면서, 그럼에도 불구하고 톰슨(1987)에서는 읽기 전략들을 목록으로 제시한다. 그는 이것이 제1 언어에서 이해 능력을 향상시키기 위하여 가르쳐질 수 있고, 효율적인 제2 언어 읽기로 이끌어 갈 수 있다고 함의하였다. 이것들은 다음처럼 7개의 항목으로 제시되어 있다.

톰슨(1987)에서 제시된 읽기 전략

① 흐름 표시 괘도(flow-chart) 또는 계층적 요약을 통하여 덩잇글 구조를
  찾아내기
② 읽기에 앞서서 먼저 덩잇글에 대한 제목을 제공해 주기
③ 내포된 제목들을 더 진전된 조직 얼개로서 이용하기
④ 질문들을 미리 읽어 보기
⑤ 짤막한 이야기에 대하여 일반적 문제-해결 얼개로부터(독자 스스로 묻는
  질문들임) 특정한 이야기 개념의 얼개를 만들어 내기
⑥ 시각적 심상의 이용
⑦ 서로 다른 사람 또는 참여자들의 관점으로부터 이야기를 읽어 가기

이들 활동의 많은 항목을 더 앞에 있는 장들에서 이미 살펴보았다. 이
제 여기서는 이것들이 읽기 전략으로 제시되고 있는 듯하다. 이는 전략
이 무엇인지, 그리고 기술이나 능력이나 다른 구성물들이 무엇인지를
결정하는 일에서 더 큰 명확성이 필요함을 강조해 준다. 앞에서 인용된
언어 학습의 관련 문헌들에서 전략들의 변별적인 특징은, 현재 채택된
전략에 대한 의식 정도가 될 것임을 시사해 준다.

3) 교과서 속의 전략과 교사에 의한 전략의 성격

기술, 처리과정, 또는 전략들의 어떤 측면들이 측정되거나 또는 최소
한 평가될 수 있는지를 찾아내려는 저자의 시도로서, 이제 얼마나 다양
한 교재들이 그런 구성물들은 운용하고 있는지를 검토하고 나서, 실습
으로 들어가기로 한다. 더 앞선 접근들에서는(가령, Grellet 1981; Nuttall
1982) 읽기 기술을 강조하였는데, §.7-1과 §.7-4에서 이를 어느 정도 길게
논의한 바 있다. 여기서는 좀 더 최근의 접근법들과의 유사성을 보여
주기 위하여 다시 언급한다. 그뤼릿(1981)은 읽기의 편람이 아니라, 읽기
교육을 위한 연습 유형론에 해당한다. 그럼에도 불구하고, 그뤼릿의 책

은 영향력을 끼쳐 오고 있으며, 그녀의 '전략(strategy)' 및 '기술(skill)'이란 용어 사용법을 살펴보는 일은 흥미롭다.

"게시판의 게시물에서 특정 형태의 아파트 광고를 볼 경우와 과학 학술지에서 특정한 관심거리에 대한 논문을 신중하게 읽는 경우에 서로 다른 읽기 전략을 쓴다. 그럼에도 불구하고, 관련된 광고를 칠판에 붙여 두고 그 내용에 포함된 새로운 정보를 이해하는 일은 각 경우에 읽기 목적이 성공적으로 실행되었음을 예증해 준다. 첫 번째 경우에, 유능한 독자는 신속히 무관한 정보를 제거하고서 자신이 살펴보고자 하는 바를 찾아낼 것이다. 두 번째 경우에, 해당 덩잇글의 골자를 이해하는 일만으로는 충분치 않다. 더 자세한 이해가 필요한 것이다."(그뢸릿 1981: 13쪽)

여기서 그뢸릿(1981)에서는 전략을 읽기 목적과 연관 짓는 듯하고(비록 이것들이 똑같은 것이 아니지만), 정보를 배치하는 일은 해당 목적에 따라서 여러 가지 상이한 처리과정의 결과로서 생겨난다. 무관한 정보를 거절하는 일, 그리고 골자와 자세한 정보를 이해하는 일과 전략들을 어떻게 관련짓는지는 분명치 않다. 전략들이 의식적 또는 무의식/잠재의식적으로 되는 범위도 또한 분명치 않다.

그뢸릿(1981)에서는 읽기의 '방식'들이 비록 상호 배타적으로 분명히 나뉘지 않음을 지적해 두었지만, 다음과 같이 네 가지로 구별해 놓았다.8)

---

8) (역주) 아래 항목의 ①과 ②는 §.1-4와 25쪽의 역주 28)을 참고하고, ③은 66쪽 §.1-9의 역주 71)을 보기 바란다. 그런데 ④에서 intensive를 '강도 높게'로 직역하면 말뜻이 통하지 않는다. 대신 '집중적으로, 전념하여' 읽는다는 뜻으로 번역해 두는데, 그 결과로서 독자가 심층적 해석에 이르게 된다. 심층적 해석에 대한 언급은 120~121쪽 §.2-3-3의 역주 38)과 40), 그리고 306쪽 §.5-2-4의 역주 28)을 읽어 보기 바란다. 심층적 해석을 평가하는 방법을 마련하기가 어렵다는 사실은 §.5-2-2의 말미에 명시적으로 언급되어 있다.

① 통독하면서 골자 파악하기(*skimming*)

② 얼핏 보면서 필요한 대목을 찾아 읽기(*scanning*)

③ 폭넓게 읽기(*extensive reading*, 다독)

④ 집중적으로 읽기(*intensive reading*)

그녀는 자신의 분류 및 읽기 기술들에 대한 명칭 사용에서 자주 먼비 (Munby 1968, 1978)를 언급한다(4~5쪽). 처리과정으로서 읽기에 대한 그녀의 접근법은 명백히 구드먼(1969, 1982, 1996)과 스미쓰(1971)의 업적에 의해 영향을 받았는데, 읽기를 끊임없이 짐작하는 과정으로 간주한다. 즉, 가정 만들기, 골자 파악하기, 짐작 확증하기, 추가 예측 등이다. 그녀는 읽기 이해 연습을 〈도표 9-1〉에 제시되어 있는 모습으로 분류한다. 이런 구분은 그륄릿(1981)의 책자를 네 부분의 조직으로 나눠 놓은 일에 반영되어 있다. ㉠ 그녀가 '읽기 기술 및 전략'으로 부르는 읽기 기술, ㉡ 집필 목적 표현 방식, ㉢ 의미 이해, ㉣ 덩잇글 평가이다.

Reading techniques	How the aim is conveyed	Understanding meaning	Assessing the text
1 SENSITIZING	1 AIM AND FUNCTION OF THE TEXT	1 NON-LINGUISTIC RESPONSE TO THE TEXT	1 FACT VERSUS OPINION
1 Inference: through the context Inference: through word-formation 2 Understanding relations within the sentence 3 Linking sentences and ideas: reference Linking sentences and ideas: link-words	1 Function of the text 2 Functions within the text 2 ORGANIZATION OF THE TEXT: DIFFERENT THEMATIC PATTERNS 1 Main idea and supporting details 2 Chronological sequence 3 Descriptions 4 Analogy and contrast	1 Ordering a sequence of pictures 2 Comparing texts and pictures 3 Matching 4 Using illustrations 5 Completing a document 6 Mapping it out 7 Using the information in the text 8 Jigsaw reading	2 WRITER'S INTENTION
2 IMPROVING READING SPEED 3 FROM SKIMMING TO SCANNING	5 Classification 6 Argumentative and logical organization	2 LINGUISTIC RESPONSE TO THE TEXT	
1 Predicting 2 Previewing 3 Anticipation 4 Skimming 5 Scanning	3 THEMATIZATION	1 Reorganizing the information: reordering events Reorganizing the information: using grids 2 Comparing several texts 3 Completing a document 4 Question-types 5 Study skills: summarizing Study skills: note-taking	

Fig. 9.1 Reading comprehension exercise-types (Grellet, 1981:12–13)

〈도표 9-1〉 읽기 이해 연습의 유형

읽기 기술	집필 목적 표현 방식	의미 이해	덩잇글 평가
1. 민감하게 만들기 ① 추론: 맥락을 통한 추론과, 낱말 형성을 통한 추론 ② 문장 안에서의 관계 이해 하기 ③ 문장과 착상을 연결하기: 지시 내용, 접속사 2. 읽기 속도 향상시키기	1.덩잇글의 목적 및 기능 ① 덩잇글의 기능 ② 덩잇글 안에서의 기능 2 덩잇글의 조직: 상이한 주 제별 유형 ① 중심 생각과 뒷받침하는 세부사항 ② 시간 흐름상의 연결 ③ 서술(묘사)	1. 덩잇글에 대한 비-언어적 반응 ① 일련의 그림을 순서 짓기 ② 덩잇글과 그림을 비교하기 ③ 부합시키기 ④ 예시 사례 이용하기 ⑤ 문서 완성하기 ⑥ 세밀히 나타내기 ⑦ 덩잇글에 있는 정보 이용하기 ⑧ 끼워 맞추며 읽기	1. 사실 대 의견
3. 골자 파악으로부터 정보 찾아 읽기로 진행 ① 예측하기 ② 개관하기 ③ 기대하기 ④ 골자 파악하기 ⑤ 정보 찾아 읽기	④ 유추와 대조 ⑤ 분류하기 ⑥ 논쟁적 논리적 조직화 3. 주제 드러내기	2. 덩잇글에 대한 언어적 반응 ① 정보 재조직하기: 사건 순서 재 배열, 격자 이용 정보 재조직 ② 여러 덩잇글 비교하기 ③ 문서 완성하기 ④ 질문 유형 ⑤ 학업 기술: 요약하기, 비망록 만 들어 두기	2. 집필자 의도

*출처: Grellet 1981: 12~13.

비록 그뤼릿이 이들 네 가지 부문들 사이에서 상당량의 중첩이 있음을 지적해 놓았지만, 전략들은 '기술' 또는 '기법' 이름 아래에 나타난다. 간단히 말하여, 사실상 '전략'이 무엇이 될지에 관해서, 그리고 전통적으로 읽기 능력의 일부로 간주되어 온 기술들로부터 전략이 어떻게 다른지에 관해서, 결코 분명한 생각을 얻어낼 수 없다.

그렇지만 그뤼릿(1981)에 관하여 가치 있게 만드는 바는, 이들 기법이나 기술이나 전략들에 대한 풍부한 예시에 있다. 본서에서 여러 차례 언급되었듯이 시험 문항 및 연습 과제 사이에 분명한 구분을 해 놓기 어렵다는 사실도 강조하면서, 실제로 그 책에 있는 대부분의 예시는 연습으로서뿐만 아니라 또한 시험 문항이나 평가 절차로서도 기능할 수 있다. 따라서 특정한 기술이나 전략들의 검사(시험)가 무엇과 같을지에 관한 착상의 원천으로서, 많은 검사 해설서처럼 그뤼릿(1981)도 유용한 참고문헌이다.

세 가지 사례를 제시하기로 한다. (앞에서 기술과 전략 둘 모두로 언급된) 낯선 어휘 항목들의 의미를 이끌어 내는 일, 관련 정보 찾아 읽기, 예측하기이다.

Exercise 5

Specific aim: To train the students to infer the meaning of unfamiliar words.

Skills involved: Deducing the meaning of unfamiliar lexical items through contextual clues.

Why?   This kind of exercise (cloze exercise) will make the students realize how much the context can help them to find out the meaning of difficult or unfamiliar words.

Read the following paragraph and try to guess the meaning of the word '*zip*'.

Zip was stopped during the war and only after the war did it become popular. What a difference it has made to our lives. It keeps people at home much more. It has made the remote parts of the world more real to us. Photographs show a country, but only *zip* makes us feel that a foreign country is real. Also we can see scenes in the street, big occasions are *zipped*, such as the Coronation in 1953 and the Opening of Parliament. Perhaps the sufferers from *zip* are the notable people, who, as they step out of an aeroplane, have to face the battery of *zip* cameras and know that every movement, every gesture will be seen by millions of people. Politicians not only have to speak well, they now have to have what is called a '*zip* personality'. Perhaps we can sympathize when Members of Parliament say that they do not want debates to be *zipped*. (From *Britain in the Modern World* by E. N. Nash and A. M. Newth)

zip means ☐ cinema
☐ photography
☐ television
☐ telephone

Fig. 9.2 Exercise in lexical inferencing – deducing the meaning of unfamiliar words (Grellet, 1981:32)

〈도표 9-2〉 어휘 추론 사례: 낯선 낱말의 의미 끌어내기

◁ 연습 5 ▷

구체적인 목적: 학생들로 하여금 낯선 낱말의 의미를 추론하도록 훈련시킴.

포함된 기술: 맥락 단서들을 통해서 낯선 어휘 항목의 의미를 이끌어 내는 기술.

연습 이유, 왜?: 이런 종류의 연습(빈칸 채우기 연습)이 학생들로 하여금 어렵거나 낯선 낱말들의 의미를 찾아내도록 맥락이 얼마만큼 도와 줄 수 있는지를 깨닫게 한다.

다음 지문을 읽고서 'zip'이란 낱말의 의미를 짐작해 보기 바랍니다.[9]

'zip'은 세계 제2차 대전 동안에는 중단되었고, 오직 2차 대전 뒤에 와서야 보편화되었다. 이것이 우리 생활에 무슨 차이를 만들어내었을까? 이것은 사람들을 집안에 좀 더 오래 머물게 한다. 세상에서 멀리 떨어져 있는 지역들이라 하더라도 우리들에게 좀 더 사실적으로 만들어 주었다. 사진은 어느 나라의 풍경을 하나만 보여 주지만, 오직 'zip'만이 외국의 실제 느낌을 전해 준다. 또한 다양한 거리의 풍경을 볼 수 있고, 1953년 영국 여왕의 대관식(즉 위식)과 영국 의회 개원과 같이 큰 기념행사도 'zipped'되었다. 아마 'zip'으로부터 고통 받는 이들은 유명 인사들일 듯하다. 비행기에서 한 발자국 밖으로 나서면 일단의 'zip' 촬영기들을 마주해야 한다. 그들의 모든 동작과 모든 몸짓이 수만 명의 사람들에게 비춰질 것이다. 정치가들은 연설을 잘 해야 할 뿐만 아니라, 이제는 또한 'zip 개성'으로 불리는 바도 갖추고 있어야 한다. 아마도 우리는 영국 국회의원들이 'zipped'되는 것에 대하여 논란을 벌이고 싶지 않다고 말하는 경우에 공감을 할 수 있다. (내슈·뉴쓰『현대 세계에서의 영국』으로부터 가져옴)

'zip'은 □ 사진기이다
　　　 □ 사진 촬영이다
　　　 ☑ 텔레비전이다
　　　 □ 전화기이다

*출처: Grellet 1981: 32.

다음에 인용된 '연습 7'에서도 모르는 낱말의 의미를 맥락으로부터 이끌어 내는 능력을 교육하는 동일한 목적을 지닌다. 그런데 단순히 대체로 8번째 낱말마다 삭제된 빈칸 채우기 검사로 되어 있음에 주목하기 바란다.

---

9) (역주) 일단 주어진 선택지 중에서 큰 기념행사와 관련된 것은 사진이나 텔레비전이다. 그런데 중간에 사진과 대조되는 대목이 있으므로, 사진기와 사진 촬영을 배제되고, 오직 텔레비전하고만 관련된다. 텔레비전 시청 때문에 사람들이 집에 오래 머물게 되고, 먼 곳의 풍광도 직접 눈앞에 있는 듯이 볼 수 있다. 큰 사전에서도 이 낱말의 뜻을 찾을 수 없고, 구글 검색을 해도 관련 정보를 얻을 수 없다. 일반 사전에는 ①zip은 총알이 휙 지나가는 소리를 가리키며 빠르다는 뜻을 지녔고, ②다른 뜻으로 '닫다, 잠그다'는 뜻도 있고, 여기서 파생된 zipper(지퍼)가 있으며, ③컴퓨터 용어로 '압축 파일'을 가리키기도 한다. 그렇지만 이것들이 모두 본문의 맥락과는 관련이 없다.

Exercise 7

Specific aim: ⎫ Same as for exercise 5 but this time about one word out of
Skills involved: ⎬ eight has been taken out of the text and must be deduced
Why? ⎭ by the students.

Read the following text and complete the blanks with the words which seem
most appropriate to you.

What is apartheid?

It is the policy of .... Africans inferior, and separate from Europeans.
.... are to be kept separate by not being .... to live as
citizens with rights in .... towns. They may go to European towns to
.... , but they may not have their families .... ; they must
live in 'Bantustans', the .... areas. They are not to ....
with Europeans by .... in the same cafés, waiting-rooms,
.... of trains, seats in parks. They are not to .... from the
same beaches, go to the .... cinemas, play on the same game-
.... or in the same teams.

Twelve per cent of the .... is left for the Africans to live and
.... on, and this is mostly dry, ... , mountainous land.
.... the Africans are three-quarters of the people. They are
.... to go and work for the Europeans, not .... because
their lands do not .... enough food to keep them, but also
.... they must .... money to pay their taxes. Each adult
.... man has
to pay £1 a year poll tax, and ten shillings a year .... for his hut.
When they .... into Europeans areas to work .... are not
allowed to do .... work; they are hewers of wood and drawers of
water, and their .... is about one-seventh of what a European
.... earn for the same .... of work.

If a European .... an African to do skilled work of the kind
.... for Europeans, ... as carpentry, both the European
and his .... employee may be fined £100. Any African who takes
part in a strike may be .... £500, and/or sent to .... for
three years.

(From *Britain in the Modern World*, by E. N. Nash and A. M. Newth)

Here are the answers as an indication:
keeping – they – allowed – European – work – there – native – mix – sitting –
compartments – bathe – same – fields – land – farm – poor – yet – forced –
only – grow – because – earn – African – tax – go – they – skilled – wage –
would – kind – employs – reserved – such – African – fined – prison

Fig. 9.3 Exercise in lexical inferencing through a cloze task (Grellet, 1981:34)

〈도표 9-3〉 빈칸 채우기 검사를 통한 어휘 의미 추론하기 연습

◁ 연습 7 ▷

구체적인 목적: ㄱ 앞의 '연습 5'와 동일하지만 이번에는 8개의 낱말 중에서 대략 낱말
포함된 기술:　│ 하나가 지문에서 삭제되어 있고, 학생들이 그 낱말을 이끌어 내어야
연습 이유, 왜?: ┘ 한다.

다음 지문을 읽고서 가장 적합하게 판단되는 낱말들로 빈칸을 채워 넣기 바랍니다.[10]

남아프리카 공화국의 인종차별 정책이 무엇인가?

이는 아프리카 사람들을 _____(열등하게) 가둬 놓고, 유럽 사람들로부터 나눠 놓는 정책이다.
_____(그들은) _____(유럽 사람들이) 사는 도심에서 권리를 갖고서 시민으로 살아갈 _____(유럽
사람들)이 아니라는 이유로 분리되어 있는 채 살아야 한다. 그들은 유럽 사람들의 도심에 _____(일하러)
갈 수 있지만, _____(거기에) 자신의 가족들을 살게 할 수 없다. 그들은 반드시 _____(원주민) 구역인
'반투스탄'에서 살아야만 하는 것이다. 그들은 같은 찻집, 대기실, 기차의 _____(객실), 공원의 의자에
유럽 사람들과 함께 _____(앉지도 못하고) _____(뒤섞이지) 말아야 한다. 그들은 같은 해변에서
_____(목욕도 할) 수 없고, _____(같은) 극장에 가지도 못하며, 같은 조원으로도 될 수 없고 같은
운동 _____(경기장)에서 시합도 함께하지 못한다.
_____(국토)의 12퍼센트만이 아프리카 사람들이 거주하면서 농사를 짓도록 남겨졌다. 이는 대체로
가장 건조하고 _____(척박한) 산악 지대이다. _____(그럼에도 불구하고) 아프리카 사람들은 전체
인구의 3/4에 달한다. 그들은 유럽 사람들을 위하여 일터로 가서 노동하도록 _____(강요받는데),
_____(다만) 그들의 농경지가 그들을 먹여 살릴 만큼 _____(풍요롭지) 않을 뿐만 아니라, 또한
자신들의 세금을 낼 돈도 _____(벌어야만) 하기 때문이다. _____(아프리카 사람) 어른 1명당 매년
주민세로 1파운드를 내어야 하고, 자신의 오두막에 대한 주택세로 매년 10실링의 세금을 바쳐야 한다.
그들이 유럽 사람들이 사는 지역으로 일을 하러 _____(가는) 경우에, _____(그들은) _____(숙련된
기술) 노동에 종사하도록 허용되지 않는다. 그들은 장작을 패고 물을 긷는 막노동꾼이며, 그들의
_____(품삯은) 유럽 사람들이 동일한 _____(종류의) 노동을 하여 벌어들일 _____(만한) 액수의
1/7에 지나지 않는다.
만일 유럽 사람의 고용주가 목수일과 _____(같이) 유럽 사람들을 위해 _____(마련된, 예정된) 종류의
숙련된 노동을 하도록 아프리카 사람을 _____(고용한다면), 유럽 고용인과 _____(아프리카) 노동자
양쪽이 모두 다 1백 파운드의 벌금형을 받게 된다. 파업에 참여하는 아프리카 사람은 누구든지 5백
파운드의 _____(벌금형을 받거나) 그리고/또는 3년 동안의 _____(징역형)을 받아 감옥에 갇히게
된다. (내슈·뉴쓰 『현대 세계에서의 영국』으로부터 가져옴)

*출처: Grellet 1981: 34.

---

10) (역주) apartheid[아파르트헤이트]는 'the state of being apart(분리된 상태)' 또는 'apart-
hood(분리주의)'라는 뜻을 지녔다. 본문에서 매번 8번째 낱말이 기계적으로 지워진 것은
아니다. 주로 내용을 추측할 수 있는 실사들이 삭제 대상이 되었다. 인용 지문의 하단에
지워진 낱말에 대한 정답이 다음처럼 적혀 있다.

① keeping, ② they, ③ allowed, ④ Europeans, ⑤ work, ⑥ there, ⑦ native, ⑧ mix, ⑨ sitting,
⑩ compartments, ⑪ bathe, ⑫ same, ⑬ fields, ⑭ land, ⑮ farm, ⑯ poor, ⑰ yet, ⑱ forced, ⑲
only, ⑳ grow, ㉑ because, ㉒ earn, ㉓ African, ㉔ tax, ㉕ go, ㉖ they, ㉗ skilled, ㉘ wage,
㉙ would, ㉚ kind, ㉛ employs, ㉜ reserved, ㉝ such, ㉞ African, ㉟ fined, ㊱ prison

그런데 어순이 다르므로 번역에서는 직선의 배열 순서에서 매번 여덟 번째 낱말을 기계적
으로 지울 수 없다. 번역에서는 밑줄을 그은 뒤에 괄호로 지워진 낱말을 적어 놓기로 한다.
한편, 남아프리카 공화국의 원주민 차별 정책은, 남아공 최초의 투표를 거쳐 고(故) 넬슨
만델라 대통령이 취임한 뒤 공식적으로 1994년 4월 27일 완전 폐기가 선언되었다. 그렇지만
그 동안의 뿌리 깊은 차별과 가난의 대물림, 그리고 40%가 넘는 실업률과 잦은 범죄의 악순
환은 여전히 해소될 기미가 보이지 않는 큰 숙제이다.

둘째, 다음 '연습 3'은 학생들에게 지시내용을 찾는 연습으로서 필요한 대목 찾아 읽기(scanning)를 가르치는 연습 사례이다.

Exercise 3

Specific aim: To train students to use the text on the back cover of a book, the preface and the table of contents to get an idea of what the book is about.

Skills involved: Reference skill.

Why? It is often important to be able to get a quick idea of what a book is about (e.g. when buying a book or choosing one in the library). Besides, glancing through the book, the text on the back cover, in the preface and in the table of contents gives the best idea of what is to be found in it.

You have a few minutes to skim through a book called *The Rise of The Novel* by Ian Watt and you first read the few lines written on the back cover of the book, the table of contents and the beginning of the preface. What can you tell about the book after reading them? Can you answer the questions that follow?

1 For what kind of public was the book written?
2 The book is about
   ☐ reading   ☐ eighteenth century
   ☐ novelists   in the ☐ Middle Ages
   ☐ literature in general   ☐ nineteenth century
3 What major writers are considered in this book?
4 The main theory of the author is that the form of the first English novels resulted from:
   ☐ the position of women in society
   ☐ the social changes at that time
   ☐ the middle class

Fig. 9.4 Exercise in scanning (Grellet, 1981:60)

<도표 9-4> 필요한 대목 찾아 읽기(scanning) 연습

◁ 연습 3 ▷

구체적인 목적: 학생들에게 책자 뒷면의 소갯글, 서문, 목차를 이용하여 해당 책자가 무엇에
관해 쓴 내용인지 알도록 훈련한다.
포함된 기술: 지시 내용 찾기 기술
연습 이유, 왜?: 가령 서점에서 책을 사거나 도서관에서 책을 고를 경우에 종종 한 책자가
무엇에 대하여 쓴 것인지를 놓고서 생각을 신속히 얻는 일이 중요하다. 게다가 해당
책자를 일별하면서, 책자 뒷표지에 쓰인 안내와 서문 및 목차 등은 그 책 속에서
무엇을 찾게 될 것인지에 대한 최상의 생각을 제시해 준다.

여러분은 이언 와트가 쓴 『소설의 출현』으로 불리는 책을 통하여 몇 분 동안 통독(skim)을
하게 되는데, 먼저 이 책의 뒷표지에 씌어져 있는 몇 줄을 읽고, 목차와 서문의 시작 부분을
읽게 됩니다. 그것들을 다 읽고 나서 여러분은 이 책자에 대하여 무엇을 말할 수 있습니까?
다음 질문들에 답변을 할 수 있습니까?

(1) 어떤 종류의 대중(public)들을 위하여 이 책자가 씌어졌습니까?
(2) 이 책은 _____ 관한 책자이다.
  ☐ 읽기,   ☐ 18세기,   ☐ 소설가,   ☐ 중세기에,   ☐ 일반적인 문학,   ☐ 19세기
(3) 이 책자에서 주요한 작가(major writers)들은 어떻게 간주됩니까?
(4) 집필자의 주요한 이론은 첫 번째 영어 소설의 형태가 어디로부터 유래되어 나왔다고
  하였습니까?
  ☐ 사회에서 여성의 지위,   ☐ 그 당시의 사회 변화,   ☐ 중산층

*출처: Grellet 1981: 60.

마지막으로 참-거짓 질문으로 된 '연습 2'의 예측을 살펴보기로 한다.

Exercise 2

Specific aim:
Skills involved: } Same as for exercise 1 but a quiz is used instead of
Why? questions.

Decide whether the following statements are true or false.

a) The first automatons date back to 1500.
b) The French philosopher Descartes invented an automaton.
c) The first speaking automatons were made around 1890.
d) In the film *Star Wars* the most important characters are two robots.
e) One miniature robot built in the United States can imitate most of the movements of an astronaut in a space capsule and is only twelve inches tall.
f) Some schools have been using robot teachers for the past few years.
g) One hospital uses a robot instead of a surgeon for minor operations.
h) Some domestic robots for the home only cost £600.
i) A robot is used in Ireland to detect and disarm bombs.
j) Some soldiers-robots have already been used for war.

What is your score?

Fig. 9.5 Exercise in prediction (Grellet, 1981:62)

〈도표 9-5〉 예측하기 연습

```
                      ◁ 연습 2 ▷

구체적인 목적: ┐
포함된 기술: ├   앞의 '연습 1'과 동일하지만, 일반 질문이 아니라 쪽지 시험용 질문이
연습 이유, 왜?: ┘   이용된다.
```

아래 진술이 참인지 거짓인지를 결정하시오.

(1) 최초의 자동기계는 1500년까지 거슬러 올라간다: ☐ 참, ☐ 거짓
(2) 프랑스 철학자 데카르트는 자동기계를 발명하였다: ☐ 참, ☐ 거짓
(3) 말을 하는 자동기계들이 1890년쯤에 만들어졌다: ☐ 참, ☐ 거짓
(4) 영화 '스타워즈(Star Wars)'에서 가장 중요한 주연은 두 대의 로봇이다: ☐ 참, ☐ 거짓
(5) 미국에서 만들어진 로봇 축소모형은 대부분 우주선 속의 우주 비행사의 동작을 모방할
　 수 있으나 단지 12인치 크기일 뿐이다: ☐ 참, ☐ 거짓
(6) 지난 몇 년 간 몇몇 학교에서는 로봇 교사들을 이용하고 있다: ☐ 참, ☐ 거짓
(7) 한 병원에서 자잘한 수술을 위하여 외과 의사를 대신하여 로봇을 이용한다:
　 ☐ 참, ☐ 거짓
(8) 집안일을 맡는 어떤 가사 로봇들은 값이 단지 6백 파운드이다: ☐ 참, ☐ 거짓
(9) 아일랜드에서는 로봇이 폭발물을 탐지하고 해체하기 위하여 이용된다: ☐ 참, ☐ 거짓
(10) 몇몇 로봇 군인들이 이미 전쟁에 이용되고 있다: ☐ 참, ☐ 거짓

모두 몇 개를 맞추었습니까?

*출처: Grellet 1981: 62.

이들 연습이 시험 문항으로 이용될 수 있는 범위는, 물론 우리가 올바르거나 최상의 답에 관하여 규범적으로 될 수 있는 범위에 달려 있는데, 이미 여러 차례 다루었던 요점이다.

실버스타인(Silberstein 1994)은 제2 언어로서의 영어 학습자와 교사들을 연습시켜 주려는 목적을 지니고서, 제2 언어 읽기를 가르치고 읽기 교사를 훈련하기 위하여 교재 집필에 많은 경험을 지닌 집필자에 의해 씌어졌다. 이 책자는 평가에 대하여 아무런 언급도 없지만, 저자가 제안하고 예시하는 다수의 교실수업 진행기법이 평가 맥락에 맞게 고쳐질 수 있을 것이다. 그렇지만 여기서 논의하려는 내용은 전략을 가르치는 기법들로서, 하나의 올바른 정답이란 존재하지 않으며, 따라서 앞에서 논의하였듯이 평가에 대한 문제를 부각시킨다는 사실을 염두에 둘 수 있다.

예측 전략은 흔히 독자가 학습해야 할 중요한 것으로 여겨지며, 학습자가 자신의 배경지식을 간여시키면서 덩잇글이 전개됨에 따라 자신의 기댓값을 점검하도록 장려하게 된다. 스미쓰(Smith 1971)와 구드먼(Goodman 1969, 1982, 1996)의 업적과 읽기가 심리언어학적 짐작 놀이라는 개념을 따른다면(§.1-6을 보기 바람) 그런 전략들이 특히 일반적이다. 실버스타인이 제시하는 한 가지 사례는 다음과 같다.

The Changing Family

Below is part of an article about the family [*LSA* 10(3)(Spring 1987)]. Read the article, stopping to respond to the questions that appear at several points throughout. Remember, you cannot always predict precisely what an author will do, but you can use knowledge of the text and your general knowledge to make good guesses. Work with your classmates on these items, defending your predictions with parts of the text. Do not worry about unfamiliar vocabulary.

The Changing Family by Maris Vinovskis

1. Based on the title, what aspect of the family do you think this article will be about? List several possibilities.

_____

_____

(ctd.)

Now read the opening paragraph to see what the focus of the article will be.

There is widespread fear among policymakers and the public today that the family is falling apart. Much of that worry stems from a basic misunderstanding of the nature of the family in the past and lack of appreciation for its strength in response to broad social and economic changes. The general view of the family is that it has been a stable and relatively unchanging institution through history and is only now undergoing changes; in fact, change has always been characteristic of it.

The Family and Household in the Past

2. This article seems to be about the changing nature of the family throughout history. Is this what you expected?

3. The introduction is not very specific, so you can only guess what changing aspects of the family will be mentioned in the next section. Using information from the introduction and your general knowledge, check (✓) those topics from the list below that you think will be mentioned:

_____ a. family size
_____ b. relations within the family
_____ c. the definition of a family
_____ d. the role of family in society
_____ e. different family customs

_____ f. the family throughout the world
_____ g. the economic role of the family
_____ h. sex differences in family roles
_____ i. the role of children
_____ j. sexual relations

Now read the next section, noting which of your predictions is confirmed.

In the last twenty years, historians have been re-examining the nature of the family and have concluded that we must revise our notions of the family as an institution, as well as our assumptions about how children were perceived and treated in past centuries. A survey of diverse studies of the family in the West, particularly in seventeenth-, eighteenth-, and nineteenth-century England and America shows something of the changing role of the family in society and the evolution of our ideas of parenting and child development. (Although many definitions of *family* are available, in this article I will use it to refer to kin living under one roof.)

4. Which aspects of the family listed above were mentioned in this section?

_____

_____

5. Which other ones do you predict will be mentioned further on in the article?

_____

6. What aspects of the text and your general knowledge help you to create this prediction?

_____

_____

(ctd.)

7. Below is the topic sentence of the next paragraph. What kind of supporting data do you expect to find in the rest of the paragraph? How do you think the paragraph will continue?

_____

_____

_____

> Although we have tended to believe that in the past children grew up in "extended households" including grandparents, parents, and children, recent historical research has cast considerable doubt on the idea that as countries became increasingly urban and industrial, the Western family evolved from extended to nuclear (i.e., parents and children only).

The rest of the paragraph is reprinted below. Read on to see if your expectations are confirmed.

> Historians have found evidence that households in pre-industrial Western Europe were already nuclear and could not have been greatly transformed by economic changes. Rather than finding definite declines in household size, we find surprisingly small variations, which turn out to be a result of the presence or absence of servants, boarders, and lodgers, rather than relatives. In revising our nostalgic picture of children growing up in large families, Peter Laslett, one of the foremost analysts of the pre-industrial family, contends that most households in the past were actually quite small (mean household size was about 4.75). Of course, patterns may have varied somewhat from one area to another, but it seems unlikely that in the past few centuries many families in England or America had grandparents living with them.

8. Were your predictions confirmed?

9. Look again at the list of topics you saw in Question 3. Now *skim* the rest of the article; check (✓) the topics that the author actually discusses.

_____ a. family size
_____ b. relations within the family
_____ c. the definition of a family
_____ d. the role of family in society
_____ e. different family customs

_____ f. the family throughout the world
_____ g. the economic role of the family
_____ h. sex differences in family roles
_____ i. the role of children
_____ j. sexual relations

Activity from *Reader's Choice* (2nd ed., pp. 236–238) by E. M. Baudoin, E. S. Bober, M. A. Clarke, B. K. Dobson, and S. Silberstein, 1988, Ann Arbor, Mich.: University of Michigan Press. Reading passage from "The Changing Family" by Maris Vinovskis, 1987, *LSA, 10* (3), Ann Arbor: The University of Michigan.

Fig. 9.6 Teaching prediction strategies (Baudoin *et al.*, 1988)

〈도표 9-6〉 예측 전략 가르치기

바뀌고 있는 가정

다음은 가정에 관한 논문의 일부이다.[11] 질문에 답변하는 일을 잠시 멈추고서 먼저 지문을 죽 읽어 보기 바란다. 집필자가 무엇을 할 것인지 언제나 여러분이 정확하게 예측할 수 있는 것이 아니지만, 덩잇글에 대한 지식과 여러분의 일반적 지식을 이용하여 괜찮은 짐작을 할 수 있음을 기억하기 바란다. 아래 문항들을 놓고 지문의 일부를 이용하여 예측을 하고, 스스로의 예측을 방어하면서 급우들과 함께 작업하기 바란다. 낯선 낱말들에 대해서는 넘어가고 너무 소심히 걱정하지 않아도 된다.

바뀌고 있는 가정, 매뤼스 뷔놉스키스

(1) 위 제목에 근거하여, 여러분은 이 논문이 가정의 어떤 측면을 다룰 것이라고 생각합니까? 여러 가지 가능한 측면들을 목록으로 만들어 보십시오.

_____

_____

이제 이 논문의 초점이 무엇이 될 것인지를 살펴보기 위하여 시작 단락을 읽어 보십시오.

오늘날 정책 결정자들과 대중들 사이에 가정이 무너지고 있다는 두려움이 널리 퍼져 있다. 그런 걱정은 대부분 과거에 가정의 본질에 대한 근본적인 오해에, 그리고 광범위한 사회적·경제적 변화에 부응하여 그 변화의 강점에 대한 이해 안목의 결여에 뿌리를 두고 있다. 가정에 대한 일반적인 견해는 오랜 역사를 통해 계속 가정이 안정되고 비교적 불변하는 제도이었으며, 오직 지금에야 바뀌고 있을 뿐이라는 것이다. 실제로는 변화가 언제나 가정의 특성이 되어 왔다.

과거의 가정과 가족

(2) 이 논문은 인류 역사 기간 내내 변화하는 가정의 본질에 대한 논의인 듯합니다. 이것이 여러분이 기대한 바입니까?

(3) 서론은 아주 구체적으로 씌어 있지 않습니다. 따라서 여러분은 다음 절에서 가정의 변화하는 측면으로 어떤 것들이 언급될 것인지를 짐작할 수 있을 뿐입니다. 서론에서 나온 정보와 여러분의 일반지식을 이용하면서, 아래 항목들로부터 여러분이 언급될 것이라고 생각하는 주제들을 골라 쐐기표로 표시하여 주십시오.

☐ⓐ 가족 크기,   ☐ⓑ 가족 안의 관계,   ☐ⓒ 가족의 정의,
☐ⓓ 사회에서 가정의 역할,   ☐ⓔ 상이한 가정 풍습,   ☐ⓕ 세계 도처의 가족,
☐ⓖ 가정의 경제적 역할,   ☐ⓗ 가정 역할에서 성별 차이,   ☐ⓘ 어린이의 역할,
☐ⓙ 성별 관계

이제 여러분의 예측 중 어느 것이 확증되는지를 주목하면서 다음 절을 읽어 보시기 바랍니다.

지난 20년간 역사학자들은 가정의 본질을 재검토하면서, 반드시 제도로서 가정에 대한 우리의 통념뿐만 아니라, 또한 지난 몇 세기 동안 아이들이 어떻게 받아들여지고 취급되었는지에 관한 우리의 가정들도 고쳐져야 한다고 결론을 내렸다. 서구에서 특히 17세기, 18세기, 19세기 영국과 미국의 가정에 관한 다양한 연구들을 살펴보면, 사회에서 변화하는 가정의 역할, 그리고 부모 노릇과 아동 발달에 대한 우리 생각의 진화에 대한 무엇인가를 보여 준다. 비록 '가정'에 대하여 많은 정의 방식이 이용될 수 있겠지만, 이 논문에서 필자는 한 지붕 아래 살고 있는 일족을 가리키는 것으로 쓸 것이다.

(4) 앞에서 목록으로 제시된 바 있는 가정의 어떤 측면들이 이 절에 언급되어 있습니까?

_____

(5) 여러분은 이 논문에서 추가로 계속하여 다른 어떤 측면들이 언급될 것으로 예측합니까?

_____

(6) 이 지문의 어떤 측면과 여러분의 어떤 일반지식이 이런 예측을 만드는 데 도움이 되었습니까?

_____

(7) 아래의 것은 다음 절의 주제 문장입니다. 이 단락의 나머지 부분에서 여러분은 어떤 종류의 뒷받침 자료를 찾을 수 있을 것으로 기대합니까? 여러분은 그 단락 내용이 어떻게 계속 이어질 것으로 생각합니까?

_____
_____

비록 우리가 과거에 어린이들이 조부모, 부모, 아동을 포함하여 '대가족' 속에서 성장하였다고 믿는 경향이 있지만, 최근 역사적 조사 연구에서는 나라가 도심화되고 산업화되면서 서구 가정은 대가족에서 부터 핵가족(즉, 부모와 아동들만으로 이뤄짐)으로 진화하였다는 생각에 현저하게 큰 의문점을 던졌다.

다음에 이 단락의 나머지 부분이 제시되어 있습니다. 계속 읽으면서 여러분의 기대가 확증되는지 여부를 살펴보십시오.

역사학자들은 산업화 이전에 이미 서구의 가정이 핵가족이었고, 경제 변화에 의해 크게 바뀌지 않았었을 것이라는 증거를 찾아내었다. 가족 크기에서 우리는 확정적인 감소를 찾아내기보다는 오히려 뜻밖에 작은 변이들만 발견하게 되는데, 이는 친척들이 아니라 하인·하숙생·숙박자의 출현이나 결여의 결과임이 밝혀졌다. 대가족 속에서 성장하고 있는 아동들에 대한 향수에 젖은 우리의 그림을 고쳐 놓으면서, 산업화 이전의 가족에 대한 가장 앞선 분석가의 한 분인 피터 레슬릿은 과거에 대부분의 가정이 실제적으로 아주 규모가 작았다고 주장하였다. 평균 가족 규모가 대략 4.75명이었다. 물론 이런 유형이 지역에 따라 다소 차이가 날 수 있겠지만, 과거 몇 백 년 동안 영국이나 미국에 있는 많은 가정들에서 조부모가 함께 살고 있는 것 같지는 않다.

(8) 여러분의 예측이 확정되었습니까?

(9) 다시 앞의 질문 (3)에서 보았던 주제들의 목록을 살펴보기 바랍니다. 이제 이 논문의 나머지 부분들을 통독하고 나서, 집필자가 실제로 논의하고 있는 주제들에 쐐기표를 표시해 놓으십시오.

☐ⓐ 가족 크기,　　　　☐ⓑ 가족 안의 관계,　　　☐ⓒ 가족의 정의,
☐ⓓ 사회에서 가정의 역할,　☐ⓔ 상이한 가정 풍습,　☐ⓕ 세계 도처의 가족,
☐ⓖ 가정의 경제적 역할,　☐ⓗ 가정 역할에서 성별 차이,　☐ⓘ 어린이의 역할,
☐ⓙ 성별 관계

---

11) (역주) 이 지문이 끝에 출처들이 밝혀져 있다. 지문으로 이용된 원래의 논문은 Maris Vinovskis (1987), "The Changing Family", 『LSA』 제10권 3호(미시건 대학교 발간)이다. 그리고 이 연습 과제는 Baudoin, Bober, Clarke, Dobson, and Silberstein(1988, 제2판), 『독자의 선택(Reader's Choice)』, 236~238쪽(미시건 대학 출판부)에서 가져온 것이다. 참고로 family는 우리말에서

정확한 예측은 오직 사후의 궁리로써만 이뤄질 수 있겠으나, 반면에 다른 예측들은 현재 예측이 만들어지는 시점에 이르기까지 읽은 지문의 견지에서만 합리적이다. 따라서 올바른 답변에 관하여 실제 규범화되기는 불가능한 것임을 주목하기 바란다. 그렇지만 교사는 학생들에게 자신의 예측을 정당화해 주도록 장려하고, 아마 미리 준비한 규모 위에서 예측의 합당성에 관하여 응당 상위의 판단을 내릴 수 있어야 할 것이다. 교사는 또한 학생들이 제시한 예측이 합당한지에 관한 품질을 놓고서 학생들을 채점할 수 있다. 따라서 예측 전략의 품질이 검사되지 않더라도 평가될 수 있다고 논의할 수 있다.

비판적 읽기는 다수의 전략들을 포함하는 것으로 언급된다. 이는 학생들이 글쓰기에서 객관성에 대한 한계를 인식하는 데에 이용할 수 있다. 따라서 한 도막의 글감에 대한 기능을 찾아내는 일, 집필자의 전제와 가정들을 인식하는 일, 의견과 사실을 구별해 내는 일, 의도된 독자층과 서술 관점을 인식하는 일, 관점을 평가하는 일 등이 모두 비판적 읽기에서 중요하지만, 종종 객관적으로 검사하기가 아주 어렵다. 분명히 §.7-2에서 먼비(Munby 1968)『읽고 생각하기(*Read and Think*)』에서 살펴보았듯이, 택일형 선택지가 부적절한 추론이나 평가를 실행하는 학생들을 포착하기 위해 마련될 수 있는 방법이 있다. 그러나 교량 추론보다는[12] 정교한 추론을 할 경우에, 종종 오직 유일하게 하나의 올바른 해석만이 아니라, 여러 가지 해석이 가능한 경우들이 생겨난다. 그런

가족과 가정(집안)의 뜻으로 번역된다. 전자는 구성원을 가리키고, 후자는 구성원들 사이의 관계 그물을 가리키는 것이다.

12) (역주) 만일 "철수가 서류들을 불태웠고, 누런 연기가 연통으로 피어올랐다"라고 듣는다면, 이내 그 서류들이 다 불에 타서 재가 되었다는 생각을 갖게 마련이다. 두 문장 사이에 명시적인 언급이 없더라도 일반 지식을 이용하여 속뜻을 새롭게 만들어 낼 수 있다. 교량 추론은 주로 지엽적인 영역에서 작용하는 추론에 속한다. 김소영(2003: 264쪽) 「제8장. 텍스트의 이해와 기억」, 조명한 외, 『언어 심리학』(학지사)에서는 '다리 잇기 추론'으로도 번역하였는데, 언덕 사이를 다리가 연결해 준다는 점에서 연결 추론으로도 번역할 수 있다. 조혜자·이재호(1998: 284쪽), 「제10장 글 이해와 추론과정: 추론의 유형과 특성」, 이정모 외 엮음, 『인지 심리학의 제문제 II: 언어와 인지』(학지사)를 읽어 보기 바란다.

환경에서 교사는 다시 독자의 의견과 해석의 합당성에 대하여, 그리고 임의의 관점을 옹호하거나 반대하여 논의하는 방식에 대하여 판정을 내릴 수 있다. 한 가지 그런 연습이[13] 다음에 제시되어 있다.

Smoking in Public: Live and Let Live

Ours is a big world, complex and full of many diverse people. People with many varying points of view are constantly running up against others who have differing opinions. Those of us who smoke are just one group of many. Recently, the activism of non-smokers has reminded us of the need to be considerate of others when we smoke in public.

But, please! Enough is enough! We would like to remind non-smokers that courtesy is a two-way street. If you politely request that someone not smoke you are more likely to receive a cooperative response than if you scowl fiercely and hurl insults. If you speak directly to someone, you are more likely to get what you want than if you complain to the management.

Many of us have been smoking for so long that we sometimes forget that others are not used to the aroma of burning tobacco. We're human, and like everyone else we occasionally offend unknowingly. But most of us are open to friendly suggestions and comments, and quite willing to modify our behavior to accommodate others.

Smokers are people, too. We laugh and cry. We have hopes, dreams, aspirations. We have children, and mothers, and pets. We eat our hamburgers with everything on them and salute the flag at Fourth of July picnics. We hope you'll remember that the next time a smoker lights up in public.

Just a friendly reminder from your local Smokers Rights Association.

From: *Reader's Choice* (2nd ed., p. 82) by E. M. Baudoin, E. S. Bober, M. A. Clarke, B. K. Dobson, and S. Silberstein, 1988, Ann Arbor, Mich.: University of Michigan Press.

(ctd.)

---

13) (역주) 이 지문에 대한 출처도 앞의 역주 11)에서와 같이 동일한 책의 82쪽에서 가져왔다. Baudoin, Bober, Clarke, Dobson, and Silberstein(1988, 제2판), 『독자의 선택(*Reader's Choice*)』 (미시간 대학 출판부).

Directions: Below you will find portions of the editorial, followed by a list of statements. Put a check (√) next to each of the statements that reflects the underlying beliefs or point of view of the original text.

1. Ours is a big world, complex and full of many diverse people. People with many varying points of view are constantly running up against others who have differing opinions. Those of us who smoke are just one group of many.

_____ a. Smokers are simply another minority in the U.S., such as Greek Americans.

_____ b. Smoking can be thought of as a point of view rather than as a behavior.

_____ c. People should like smokers.

_____ d. Smokers are people, too.

2. We would like to remind nonsmokers that courtesy is a two-way street. If you politely request that someone not smoke, you are more likely to receive a cooperative response than if you scowl fiercely and hurl insults. If you speak directly to someone, you are more likely to get what you want than if you complain to the management.

_____ a. Nonsmokers have not been polite to smokers.

_____ b. Nonsmokers should not complain to the management.

_____ c. Smokers have been uncooperative.

_____ d. If nonsmokers were not so impolite, smokers would be more cooperative.

3. Smokers are people, too. We laugh and cry. We have hopes, dreams, aspirations. We have children, and mothers, and pets.... We hope you'll remember that the next time a smoker lights up in public.

_____ a. Smokers are not always treated like people.

_____ b. Nonsmokers should be nicer to smokers because they have mothers.

_____ c. We should remember smokers' mothers when they light up in public.

_____ d. Having a pet makes you a nice person.

Evaluating a Point of View

1. *Directions:* Check (√) all of the following that are assumptions of this passage.

_____ Secondary smoking (being near people who smoke) can kill you.

_____ A major reason smokers are uncooperative is that nonsmokers are not polite.

_____ Smokers are people, too.

2. Now look at the statements listed under Item 1 above. This time, check all those with which you agree.

Class Discussion

1. Do you agree with the presuppositions and point of view of this editorial?
2. Is this the same opinion you had before you read the text?
3. What do you think made the passage persuasive?
4. Unpersuasive?

Fig. 9.7 An exercise in critical reading (Baudoin *et al.*, 1988)

〈도표 9-7〉 비판적으로 읽기 연습 사례

◁ 흡연자의 권리 옹호 논설 ▷

공공장소에서의 흡연: 나도 살고, 남도 살고

우리가 사는 곳은 크고 복잡하며 다양하게 많은 사람들로 가득 찬 세상입니다. 많은 다양한 관점을 지닌 사람들이 서로 다른 생각을 지닌 사람들을 끊임없이 만나게 됩니다. 담배를 피우는 우리 흡연자들도 그런 많은 사람들 중 한 집단입니다. 최근 비흡연자들의 적극적인 행동은 공공장소에서 흡연을 하는 경우에 남들을 이해해야 할 필요성을 우리들에게 일깨워 주었습니다.

그렇지만 제발! 그 정도로도 충분한 것입니다! 우리는 비흡연자들에게 예의가 두 방향의 길임을 일깨우고 싶습니다. 여러분이 만일 담배를 피우려는 사람을 무섭게 노려보면서 욕설을 퍼붓기보다, 오히려 정중히 담배를 피우지 말도록 요구한다면, 협조적인 반응을 얻게 될 것입니다. 여러분이 만일 경영진에 대해 불평만 늘어놓기보다, 오히려 직접 솔직하게 관계자에게 말을 한다면, 원하는 바를 더 쉽게 얻을 것 같습니다.

우리들 중 많은 사람들이 오랫동안 담배를 피워 왔으므로, 가끔 남들이 담배를 태워 나오는 향기에 익숙하지 않음을 잊어버립니다. 우리도 사람입니다. 모든 사람이 그러하듯이 우리도 의식하지 못한 채 때로 남의 기분을 상하게 합니다. 그렇지만 우리 흡연자들은 대부분 친절한 조언이나 비판에 마음을 열고 받아들이며, 아주 기쁘게 우리의 행동을 조절하여 다른 사람들에게 맞춰 주려고 합니다.

흡연자들도 사람입니다. 웃기도 하고 울기도 하며, 희망과 꿈과 야심도 있습니다. 우리 흡연자들에게도 아이들이 있고, 어머니가 있으며, 애완동물도 기릅니다. 햄버거와 그 속의 고물도 모두 다 먹고, 7월 4일 독립기념일에 야외에서 국기에 대해 엄숙히 경례를 합니다. 우리는 다음에 여러분이 흡연자가 공공장소에서 실수로 담배에 불을 붙인다는 점을 기억해 주시기를 희망합니다.

여러분이 사는 지역의 흡연자 권리 연합에서 우리의 권리를 친절히 상기시켜 주려는 것입니다.

지시사항: 여러분은 아래에서 일련의 진술문들과 이에 뒤이은 논설 부분을 보게 될 것입니다. 원래 지문의 관점이나 밑바닥에 깔려 있는 신념을 잘 드러내 주는 진술문이 있으면, 각각 그 앞에다 쐐기표를 질러 표시해 주십시오.

(1) 우리가 사는 곳은 크고 복잡하며 다양하게 많은 사람들로 가득 찬 세계입니다. 많은 다양한 관점을 지닌 사람들이 서로 다른 생각을 지닌 사람들을 끊임없이 만나게 됩니다. 담배를 피우는 우리 흡연자들도 그런 많은 사람들 중 한 집단입니다.

　□ⓐ 흡연자들은 미국에서 희랍계 미국인들처럼 단순히 또 다른 소수자이다.
　□ⓑ 흡연은 행동의 관점보다 오히려 사고의 관점으로 여겨져야 한다.
　□ⓒ 사람들은 당연히 흡연자를 좋아해야 한다.
　□ⓓ 흡연자들도 또한 똑같은 사람이다.

(2) 우리는 비흡연자들에게 예의가 두 방향의 길임을 일깨우고 싶습니다. 여러분이 만일 담배를 피우려는 사람을 무섭게 노려보면서 욕설을 퍼붓기보다, 오히려 정중히 담배를 피우지 말도록 요구한다면, 협조적인 반응을 얻게 될 것입니다. 여러분이 만일 경영진에 대해 불평만 늘어놓기보다, 오히려 직접 솔직하게 관계자에게 말을 한다면, 원하는 바를 더 쉽게 얻을 것 같습니다.

　□ⓐ 비흡연자들은 정중하게 흡연자들을 대하지 않았다.
　□ⓑ 비흡연자들은 경영진에 대해서 불평하지 말아야 한다.
　□ⓒ 흡연자들은 비협조적이었다.

□ⓓ 비흡연자가 그렇게 무례하게 굴지 않았더라면, 흡연자도 더욱 협조적이었을 것이다.

(3) 흡연자들도 사람입니다. 웃기도 하고 울기도 하며, 희망과 꿈과 야심도 있습니다. 우리 흡연자들에게도 아이들이 있고, 어머니가 있으며, 애완동물도 기릅니다. … 우리는 다음에 여러분이 흡연자가 공공장소에서 실수로 담배에 불을 붙인다는 점을 기억해 주시기를 희망합니다.
    □ⓐ 흡연자들은 언제나 사람으로서 대접(사람 취급)을 받지 못한다.
    □ⓑ 비흡연자들은 흡연자들을 잘 대해 줘야 하는데, 그들에게도 어머니가 있기 때문이다.
    □ⓒ 우리는 흡연자들이 공공장소에서 담배에 불을 붙일 경우 그들의 어머니를 기억해야 한다.
    □ⓓ 애완동물을 기르는 일이 여러분은 멋진 사람으로 만들어 준다.

관점에 대한 평가

(1) 지시사항: 아래 진술들 중에서 위 지문의 가정이 되는 것을 모두 쐐기표를 질러 표시하십시오.
    □ⓐ 간접 흡연(담배를 피우는 사람 옆에 있는 상태)이 여러분을 죽일 수 있다.
    □ⓑ 흡연자들이 비협조적인 주요 이유는 비흡연자가 정중히 예의를 갖추지 않기 때문이다.
    □ⓒ 흡연자들도 또한 사람이다.

(2) 이제 앞의 문항 (1)에 있는 진술문들을 다시 살펴보기 바랍니다. 이번에는 여러분이 동의하는 것들에 모두 다 쐐기표를 질러 표시하십시오.
    □ⓐ 흡연자들은 미국에서 희랍계 미국인들처럼 단순히 또 다른 소수자이다.
    □ⓑ 흡연은 행동의 관점보다 오히려 사고의 관점으로 여겨져야 한다.
    □ⓒ 사람들은 당연히 흡연자를 좋아해야 한다.
    □ⓓ 흡연자들도 또한 똑같은 사람이다.

교실 수업 토론

(1) 여러분들은 이 옹호 논설의 전제들과 관점에 동의하십니까?
(2) 이 논설이 여러분이 이것을 읽기 이전에 평소 여러분들이 지녔던 의견과 동일한 것입니까?
(3) 여러분들은 이 지문이 설득력 있게 만들어 주는 것이 무엇이라고 생각합니까?
(4) 설득력이 전혀 없습니까?

일부 선택지에는 올바른 답이 없지만, 논쟁을 촉발하기 위하여 마련되었음에 주목하기 바란다. 그렇지만 이것이 지문과 관련하여 내용의 합당성을 옹호하는 의견을 교사나 학생들이 평가할 수 없다는 뜻은 아니다.

교재들에서 가르치려고 시도하고 있는 기술과 전략들을 어떻게 서술하고 예시해 주는지에 대한 마지막 연습 과제로서, 고급 수준의 읽기를 가르치려는 목적을 지닌 교재(Tomlinson and Ellis 1988)에서 가져온 연습 문제들을 몇 가지 살펴보기로 한다. 과제 2는 독자들에게 〈도표 9-9〉의 과제 1에 대한 논문을 집필한 원 저자(스펜더)의 입장을 확인하는 일을 도와주려고 의도되었고, 본질적으로 택일형 질문이다.

This activity is designed to help you identify the general position which the writer takes up in the passage.

Use the quotations below, taken from the passage, to decide which of the following best describes the position that the writer takes up on male/female language differences.

The writer's position is

☐ **a** that research into male/female language differences supports our preconceptions about the differences
☐ **b** that there are no real male/female language differences
☐ **c** that male/female language differences are far greater than we might expect
☐ **d** that the most important male/female language differences relate to the question of social control

1 'Because we think that language also *should* be divided into masculine and feminine we have become very skilled at ignoring anything that will not fit our preconceptions.'

2 'Of the many investigators who set out to find the stereotyped sex differences in language, few have had any positive results.'

3 'Research into sex differences and language may not be telling us much about language, but it is telling us a great deal about gender, and the way human beings strive to meet the expectations of the stereotype.'

4 'Although as a general rule many of the believed sex differences in language have not been found ... there is one area where this is an exception. It is the area of language and power.'

Fig. 9.8 Exercise in identifying author's position – multiple choice (Tomlinson and Ellis, 1988)

〈도표 9-8〉 집필자의 입장을 찾아내는 연습: 택일형 과제

◁ 과제 2 ▷

이 활동은 집필자가 본문에서 택한 일반적 입장을 여러분이 찾아낼 수 있도록 마련되었습니다.

본문으로부터 가져온 다음 따옴표 속 인용문을 이용하여 다음 중 어느 것이 남성/여성 간의 언어 차이를 놓고서 집필자가 택한 입장을 가장 잘 서술해 주는지를 결정하십시오.

집필자의 입장은 다음과 같다.

☐ⓐ 남성/여성 간의 언어 차이에 대한 조사 연구가 그런 차이에 대한 우리의 편견을 뒷받침한다.
☐ⓑ 실제로 남성/여성 간의 언어 차이는 존재하지 않는다.
☐ⓒ 남성/여성 간의 언어 차이는 우리가 기대할 만한 것보다 훨씬 더 크다.
☐ⓓ 가장 중요한 남성/여성 간의 언어 차이는 사회적 통제의 물음과 관련되어 있다.

(1) "언어가 또한 남성 및 여성으로 나뉘어야 한다고 생각하기 때문에, 우리는 우리의 편견과 일치하지 않는 것을 어떤 것이든 무시해 버리는 데에 아주 숙달되어 왔다."

(2) "언어에서 상투적인 성별 차이를 찾아내고자 준비한 많은 조사자들 중에서 긍정적인 결과를 어떤 것이든 얻어낸 사람은 거의 없다."

(3) "성별 차이와 언어에 대한 조사 연구는 우리들에게 언어에 대하여 많은 것을 말해 주지 않을 수 있겠지만, 성 역할에 대하여 많은 것을 말해 주고 있으며, 인간 존재들이 전형적 역할에 대한 기대치를 맞추려고 노력하는 방식을 보여 준다."

(4) "비록 일반적 규칙으로서 지금까지 언어에서 믿겨져 온 많은 성별 차이들이 찾아지지 않았지만, … 이것이 예외인 한 가지 영역이 존재한다. 그것은 언어와 권력의 영역이다."

*출처: 탐린슨·엘리스(1988).

이 과제는 덩잇글 본문을 읽기 위한 준비로서 이용되도록 의도되었다. 시험에서는 본문으로부터 가져온 네 가지 인용문이나 또는 본문 그 자체가 이용될 수 있을 것이다.

동일한 지문을 다루는 (폭넓게 읽기, 다독) 과제 1은, 흔히 읽기 시험으로 보인다. 소제목을 덩잇글의 일부와 일치시키는 과제이다. 이는 덩잇글 조직 모습을 찾아내는 전략들을 가르치는(검사하는) 것으로 주장된다.

Extensive reading

Task 1

> **The purpose of this activity is to encourage you to look at how the writer has organized the passage into sections.**

The passage can be divided into three main sections, each dealing with a separate issue. These issues are:

1 Myths about sex differences in language
2 Sex differences in language and power
3 Sex differences in language and learning

Skim through the passage and write down the line numbers where each section begins and ends.

(ctd.)

To do this activity you don't need to read every sentence in the passage. Before you start, discuss with your teacher what is the most effective way of reading to complete the task.

Don't talk, listen!

'In mixed-sex classrooms, it is often extremely difficult for females to talk, and even more difficult for teachers to provide them with the opportunity'. Dale Spender looks at some myths about language and sex differences.

Ours is a society that tries to keep the world sharply divided into masculine and feminine, not because that is the way the world is, but because that is the way we believe it *should* be. It takes unwavering belief and considerable effort to keep this division. It also leads us to make some fairly foolish judgments, particularly about language.

Because we think that language also *should* be divided into masculine and feminine we have become very skilled at ignoring anything that will not fit our preconceptions. We would rather change what we hear than change our ideas about the gender division of the world. We will call assertive girls unfeminine, and supportive boys effeminate, and try to change them while still retaining our stereotypes of masculine and feminine talk.

This is why some research on sex differences and language has been so interesting. It is an illustration of how wrong we can be. Of the many investigators who set out to find the stereotyped sex differences in language, few have had any positive results. It seems that our images of serious taciturn male speakers and gossipy garrulous female speakers are just that: images.

Many myths associated with masculine and feminine talk have had to be discarded as more research has been undertaken. If females do use more trivial words than males, stop talking in mid-sentence, or talk about the same things over and over again, they do not do it when investigators are around.

None of these characteristics of female speech have been found. And even when sex differences have been found, the question arises as to whether the difference is in the eye—or ear—of the beholder, rather than in the language.

Pitch provides one example. We believe that males were meant to talk in low pitched voices and females in high pitched voices. We also believe that low pitch is more desirable. Well, it has been found that males tend to have lower pitched voices than females. But it has also been found that this difference cannot be explained by anatomy.

If males do not speak in high pitched voices, it is not usually because they are unable to do so. The reason is more likely to be that there are penalties. Males with high pitched voices are often the object of ridicule. But pitch is not an absolute, for what is considered the *right* pitch for males varies from country to country.

Some people have suggested that gender differentiation in America is more extreme than in Britain. This perhaps helps to explain why American males have deeper voices. (Although no study has been done, I would suspect that the voices of Australian males are even lower.) This makes it difficult to classify pitch as a sex difference.

It is also becoming increasingly difficult to classify low pitch as more desirable. It is less than 20 years since the *BBC Handbook* declared that females should not read the news, because their voices were unsuitable for serious topics.

(ctd.)

Presumably women's voices have been lowered in that 20 years, or high pitch is not as bad as it used to be.

Research into sex differences and language may not be telling us much about language, but it is telling us a great deal about gender, and the way human beings strive to meet the expectations of the stereotype. Although as a general rule many of the believed sex differences in language have not been found (and some of the differences which have been found by gender-blind investigators cannot be believed) there is one area where this is an exception. It is the area of language and power.

When it comes to power, some very interesting sex differences have been found. Although we may have been able to predict some of them, there are others which completely contradict our beliefs about masculine and feminine talk.

The first one, which was to be expected, is that females are more polite. Most people who are without power and find themselves in a vulnerable position are more polite. The shop assistant is more polite than the customer; the student is more polite than the teacher; the female is more polite than the male. But this has little to do with their sex, and a great deal to do with their position in society.

Females are required to be polite, and this puts the onus on them to accommodate male talk. This is where some of the research on sex differences in language has been surprising. Contrary to our beliefs, it has been found repeatedly that males talk more.

When it comes to husbands and wives, males not only use longer sentences, they use more of them. Phylis Chesler has also found that it is difficult for women to talk when men are present—particularly if the men are their husbands.

Although we might all be familiar with the sight of a group of women sitting silently listening to a male speaker, we have rarely encountered a group of men sitting quietly listening to a female speaker. Even a study of television panel programmes has revealed the way that males talk, and females accommodate male talk; men are the talkers, women the polite, supportive and encouraging listeners.

If females want to talk, they must talk to each other, for they have little opportunity to talk in the presence of men. Even when they do talk, they are likely to be interrupted. Studies by Don Zimmerman and Candace West have found that 98 per cent of interruptions in mixed sex talk were performed by males. The politeness of females ensures not only that they do not interrupt, but that they do not protest when males interrupt them.

The greater amount of man-talk and the greater frequency of interruptions is probably something that few of us are conscious of: we believe so strongly in the stereotype which insists that it is the other way around. However, it is not difficult to check this. It can be an interesting classroom exercise.

It was an exercise I set myself at a recent conference of teachers in London. From the beginning the men talked more because although there were eight official male speakers, there were no female ones. This was seen as a problem, so the organizing committee decided to exercise positive discrimination in favour of female speakers from the floor.

At the first session—with positive discrimination—there were 14 male speakers and nine female: at the second session there were 10 male speakers and four female. There was almost twice as much man talk as woman talk. However, what was interesting was the impression people were left with about talk. The stereotypes were still holding firm. Of the 30 people consulted after the sessions, 27 were of the opinion that there had been more female than male speakers.

(ctd.)

This helps to explain some of the contradictions behind sex differences in language. On the one hand we believe that females talk too much; on the other hand we have ample evidence that they do not talk as much as males. But the contradiction only remains when we use the same standard for both sexes; it disappears when we introduce a double standard, with one rule for females and another for males.

A talkative female is one who talks about as often as a man. When females are seen to talk about half as much as males they are judged to be dominating the talk. This is what happened at the conference. Although females were less than half of the speakers, most people thought they had dominated the talk.

This double standard was not confined to the general session; it was also present in the workshop on sexism and education. At the first workshop session there were 32 females and five males. When the tape was played afterwards, it was surprising to find that of the 58 minutes of talk 32 were taken up by males.

It was surprising because no one realized, myself included, just how much the males were talking. Most people were aware that the males had talked disproportionately but no one had even guessed at the extent. We all, male and female alike, use the double standard. Males have to talk almost all the time before they are seen to be dominating the talk.

There are numerous examples of the ways in which males can assume the right to talk in mixed-sex groups. Not only can they use their power to ensure that they talk more, but that they choose the topic. The polite female is always at a disadvantage.

It is not polite to be the centre of conversation and to talk a lot—if one is female. It is not polite to interrupt—if one is female. It is not polite to talk about things which interest you—if one is female. It *is* polite to accommodate, to listen, to be supportive and encouraging to male speakers—if one is female.

So females are kept in their place. They enjoy less rights to talk. Because they have less power and because politeness is part of the repertoire of successful feminine behaviour, it is not even necessary to force females to be quiet. The penalties are so great if they break the rule, they will obligingly monitor themselves.

In the past few years, a lot of attention has been paid to the role of language and learning, but the assumption has been that the sexes have enjoyed equal rights to talk. Yet it is quite obvious that females do not have equal access to talk outside the classroom, so it would be surprising if this was reversed in the school.

However, if talking for learning is as important as Douglas Barnes maintains it is, then any teacher in a mixed-sex class who upholds the social rules for talk could well be practising educational discrimination. Such teachers would be allowing boys to engage in talk more frequently than girls.

In looking at talk, it becomes clear that there are differences in girls' single-sex and mixed-sex schools. In single-sex schools (providing, of course, that the teacher is female), females are not obliged to defer to male authority, to support male topics, to agree to interruptions, or to practise silence; or to make the tea while the males make the public speeches.

'Free speech' is available to females in a way which is not available in mixed-sex schools. This could be the explanation for the frequently claimed superior achievement of females in single-sex schools; free to use their language to learn, they learn more.

In mixed-sex classrooms it is often extremely difficult for females to talk, and even more difficult for teachers to provide them with the opportunity. This is not because teachers are supremely

(ctd.)

sexist beings, but because they are governed by the same social rules as everyone else.

It is appropriate for normal boys to demand more of the teachers' time, and they cannot always modify this situation. Male students in the classroom conform to expectations when they are boisterous, noisy and even disruptive; female students conform when they are quiet and docile; teachers conform when they see such behaviour as gender appropriate.

When questioned, some teachers have stated, in fairly hostile terms, that the girls in their classrooms talk all the time—to each other! This of course is a logical outcome under the present rules for talk: females do not get the same opportunity to talk when males are around. If females want to talk, they experience difficulties if they try to talk with males.

In visiting classrooms, I have often observed the teacher engaged in a class discussion with the boys, while the girls chat unobtrusively to one another. I have seen girls ignored for the whole lesson, while the teacher copes with the demands of the boys. I have heard boys praised for volunteering their answers, while girls have been rebuked for calling out.

Angela Parker has found that not only do males talk more in class, but that both sexes believe that 'intellectual argumentation' in the classroom is a masculine activity. If girls believe that it is unfeminine for them to speak up in class, they will probably take silence in preference to a loss of femininity—particularly during adolescence.

I asked a group of girls at an Inner London secondary school whether they thought it was unfeminine to speak up in class. They all agreed. The girls thought it natural that male students should ask questions, make protests, challenge the teacher and demand explanations. Females on the other hand should 'just get on with it'—even when they, too, thought the work was silly, or plain boring.

Although it is unlikely that teachers deliberately practise discrimination against their students on the grounds of sex, by enforcing the social rules for talk they are unwittingly penalizing females. But this situation is not inevitable. There is no physical reason, no sex difference, which is responsible for the relative silence of females. As John Stuart Mill stated, this asymmetry depends upon females willingly conceding the rights to males.

Perhaps teachers can help females to be a little less willing to be silent in mixed-sex classrooms. Perhaps they can help females to enjoy the same rights to talk as males. But we would have to change our stereotypes.

Task 2

> ### The aim of this activity is to help you identify the theme and purpose of the passage.

Answer these questions in groups. Make sure that you are able to justify your answers.

1 Which of the following would make the best title for the passage?

☐ **a** How men discriminate against women in talk
☐ **b** Changing our stereotypes of males and females
☐ **c** Recent research into sex differences in language
☐ **d** Sex inequalities in classroom talk

Fig. 9.9 Exercise in identifying textual organization (Tomlinson and Ellis, 1988)

〈도표 9-9〉 덩잇글이 조직되는 짜임새를 찾아내는 연습

폭넓게 읽기(extensive reading)

◁ 과제 1 ▷

이 활동의 목적은 집필자가 전체 본문을 어떻게 절들 속으로 조직해 놓았는지를 살펴보도록 장려하려는 것입니다.

본문이 주요한 세 가지 절로 나뉠 수 있는데, 각 절마다 별개의 논제를 다루고 있습니다. 이 논제들을 다음과 같습니다.

① 언어에서 남녀 성별 차이에 관한 신화들
② 언어와 권력에 있는 남녀 성별 차이
③ 언어와 학습에 있는 남녀 성별 차이

골자를 파악하기 위하여 본문을 통독하고 각 절이 시작되고 끝나는 지점의 줄 번호를 적으십시오. 이런 활동을 실행하기 위하여 본문에 있는 모든 문장을 다 읽을 필요는 없습니다. 시작하기 전에, 이 과제를 완성하기 위하여 가장 효율적인 읽기 방법이 무엇인지를 놓고서 여러분의 선생님들과 의논하십시오.

말하지 말고 들으십시오!(≒남성들에게 요구하는 내용임)
남녀 합반 수업에서는 종종 여학생들이 말을 하기가 극히 어렵고, 심지어 교사가 여학생들에게 말할 기회를 내어 주기는 더 어렵기까지 합니다.' 데일 스펜더는 언어와 남녀 성별 차이에 관한 몇 가지 신화들을 검토하여 바로 잡으려고 합니다.

우리들은 세계를 선명히 남성과 여성으로 구분해 놓으려고 하는 사회에 살고 있다. 이는 세계가 존재하는 방식 때문이 아니라, 우리가 그렇게 되어야 한다고 믿는 방식이기 때문이다. 이런 구분을 유지하려면 확고한 믿음을 지니고서 두드러진 노력이 있어야 한다. 또한 이는 특히 언어에 관하여 사뭇 어리석은 판정을 내리도록 우리를 이끌어 간다.

언어도 당연히 남성과 여성으로 나뉘어야 한다고 생각하기 때문에,14) 우리 편견에 들어맞지 않는 것이라면 어떤 것이든지 무시해 버리는 데 아주 재능을 발휘하게 된다. 우리는 주변 세계의 성별 구획에 대한 우리 관념을 바꾸기보다는, 오히려 우리가 듣는 바를 바꿔 버릴 듯하다. 따라서 우리는 악착스런 여성을 비여성적이라고 부르고, 남을 뒷받침하는 남성을 여성처럼 나약하다고 부르며, 남성적 이야기와 여성적 이야기의 전형을 그대로 유지하면서 그런 사람들을 바꿔 놓으려고 애쓸 듯하다.

이것이 성별 차이와 언어에 관한 일부 조사 연구가 아주 흥미로웠던 이유이기도 하다. 이는 '우리가 얼마만큼 잘못될 수 있는지'에 관한 예시이기도 하다. 언어에서 전형적인 성별 차이들을 찾아내려고 준비한 많은 조사 연구자들 중에서 긍정적인 결과를 어떤 것이든 얻은 사람이 거의 없다. 심각하고 무뚝뚝한 남성 화자와 수다스럽고 조잘대는 여성 화자에 대한 우리의 심상은 고작 문화가 만들어 낸 심상에 불과한 듯하다.

남성다운 이야기와 여성다운 이야기와 연합되어 있는 많은 신화들이 좀 더 많은 조사 연구가 실행됨에 따라 폐기되어 왔다. 여성들이 실제로 남성보다 진부한 낱말들을 더 많이 쓰거나, 문장 중간에 말하기를 멈추거나, 동일한 대상에 대하여 거듭거듭 여러 번 말한다고 하더라도, 조사자들이 주변에 있을 때에는 전혀 그렇게 하지 않았다.

여성 말에 대한 이들 특징 중 어느 것도 찾아지지 않았다. 심지어 성별 차이가 발견되었을 경우에라도, 언어에서보다는 오히려 관찰자의 눈이나 귀에서만 그 차이가 있는 것이 아닌지 하는 의문이 생긴다. '억양구의 높낮이 강세(pitch)'는15) 한 가지 사례를 제공해 준다. 우리는 남성이 낮은 강세 목소리로, 여성이 높은 강세 목소리로 말함을 의미하는 것으로 믿는다. 또한 낮은 강세가 좀 더 바람직하다고 믿는다. 틀림없이, 남성이 여성들보다 더 낮은 강세 목소리를 지니는 경향이 있음이 찾아졌다. 그러나 또한 이런 차이가 해부학에 의해서 설명될 수 없음도 밝혀졌다.

만일 남성이 높은 강세 목소리로 말하지 않는다면, 보통 남성들이 그렇게 할 수 없기 때문인 것은 아니다. 그 이유는 불이익이 있기 때문일 듯하다. 높은 강세 목소리로 말하는 남성들은 종종 조롱거리가 되고 만다.16) 그러나 억양구 높낮이 강세는 절대적인 것이 아닌데, 남성에게 올바른 높낮이 강세로 간주되는 것이 나라마다 차이가 있기 때문이다.

일부 사람들은 미국에서 성 역할의 차이가 영국에

서보다 더 극심하다고 지적한다. 이것이 아마 미국 남성들이 더 낮은 목소리를 지니는 이유를 설명하는 데 도움이 된다. 비록 아무런 연구도 이뤄진 바 없지만, 필자는 호주 남성들의 목소리가 심지어 내리깔 듯이 더 낮다고 본다. 바로 이 점이 억양구의 높낮이 강세를 성별 차이로 분류하지 못하게 만든다.

또한 점점 낮은 높낮이 강세를 좀 더 바람직한 것으로 분류하는 것이 어려워지고 있다. 『영국 국영 방송 편람』에서 여성들의 목소리가 심각한 주제와는 걸맞지 않기 때문에 여성 아나운서가 뉴스를 읽어서는 안 된다고 선언한 것이 채 20년이 넘지 않았다. 아마 여성의 목소리가 그 20년 기간이 지나면서 더 낮아졌거나, 아니면 높은 높낮이 강세가 옛날 느낌에서처럼 나쁘게 간주되지 않는 것 같다.

성별 차이와 언어에 대한 조사 연구가 언어에 관하여 많은 것을 말해 주지 못할 수도 있지만, 성역할에 대하여, 인간들이 그런 전형성의 기댓값을 충족시키려고 애쓰는 방식에 대하여 많은 것을 말해 주고 있다. 비록 일반 규칙으로서 언어에서 지금까지 믿어진 많은 성별 차이가 아직 찾아진 적은 없지만(그리고 성별을 무시한 조사자들에 의해 발견된 일부 그런 차이가 믿음직스럽지 않지만), 이것이 예외가 되는 한 가지 영역이 있다. 바로 언어와 권력에 대한 영역이다.

권력에 관련되는 경우에, 어떤 아주 흥미로운 성별 차이들이 발견되었다. 비록 그것들 일부를 예측할 수 있을 것이지만, 남성다운 그리고 여성다운 이야기에 관한 우리의 믿음과 완벽히 모순되는 다른 사실들이 있다.

예측되었던 것으로 첫 번째 것은, 여성들이 더 예의를 차린다(polite, 정중하다)는 점이다. 권력이 없고 스스로 취약한 처지에 있다고 느끼는 대부분의 사람들이 좀 더 예의를 차린다. 가게 점원이 소비자보다 좀 더 예의를 갖춘다. 학생이 교사보다 더 예의를 갖춘다. 여성이 남성보다 좀 더 예의를 갖춘다. 그러나 이런 사실이 성별과는 거의 관련되지 않고, 사회 속에서 찾아지는 자신들의 지위와 대단히 관련이 깊다.

여성들에게 예의를 갖추도록 요구되는 것은 아니지만, 사회적으로 낮은 지위가 여성들에게 남성다운 이야기에 맞춰 반응하도록 하는 짐을 지운다. 이런 대목이 바로 언어에서 성별 차이에 대한 일부 조사 연구가 편견을 시정하기에 놀랄 만한 이유이다. 우리의 믿음과는 정반대로, 남성들이 말을 더 많이 한다는 사실이 반복적으로 밝혀져 왔다.

남편과 아내를 살펴보는 경우에, 남편이 더 긴 문장을 쓸 뿐만 아니라, 또한 빈도에서도 더 자주 쓰는 것이다. 필리스 췌슬러 또한 남성이 현장에 있으면 여성이 발언권을 갖고서 말하기가 어렵다는 사실도 밝혔는데, 특히 만일 남성이 자신의 남편일 경우에 그러하다.

비록 우리가 모두 조용히 앉아 있는 한 무리의 부인들이 남성 화자의 이야기에 귀를 기울이는 장면에 익숙하겠지만, 한 무리의 남성들이 조용히 앉아서 여성 화자에게 귀를 기울이는 일을 맞닥뜨리기란 흔치 않다. 심지어 텔레비전 토론 방송에 대한 연구에서도 남성들이 이야기하고 여성들이 남성 이야기에 맞춰 주는 방식을 드러낸 적도 있다. 남성들이 이야기 주체이고 여성들은 예의를 갖추고 뒷받침하며 상대방을 북돋아주는 청자일 것이다.

만일 여성이 발언권을 얻어 말하고자 하면, 반드시 서로에게 말을 해야 하는데, 남성의 앞에서 말을 하는 기회를 거의 얻지 못하기 때문이다. 심지어 여성이 실제로 말을 하는 경우에라도 아마 남이 중간에 끼어들어 단절이 일어날 것 같다. 돈 지머먼 및 캔디스 웨스트에 의해 이뤄진 연구들에서는, 성별이 혼성된 이야기에서 98%의 간섭 중단이 남성에 의해 실행되었음을 밝혔다. 여성이 정중히 예의 갖춤은 스스로 이야기 흐름을 방해하지 않을 뿐만 아니라 또한 남성이 자신들의 이야기를 끼어들어 중단시키는 경우에라도 저항하지 않을 것임을 보장해 준다.

더 많은 분량의 남성 주도 이야기와 더 잦은 빈도의 간섭 중단은 아마 우리들이 거의 의식하지 못했던 것일 듯하다. 우리는 강력히 그런 전형성에 대한 믿음을 지니고 있으므로, 그런 일은 반대일 것이라고 우긴다. 그렇지만 이 사실을 확인하기가 어려운 것이 아니다. 이는 흥미로운 교실 수업의 연습거리가 될 수 있다.

이는 필자가 갔던 최근 런던에서 열린 교사들의 학술모임에서 실행된 모습이었다. 시작에서부터 남성이 더 많이 이야기를 하였는데, 비록 공식적으로 여덟 명의 남성 화자가 있었지만 여성은 한 명도 없었기 때문이다. 바로 이것이 문제점으로 간주되었기 때문에, 이번에는 조직 위원회에서 청중 질문 시간에 여성 화자를 우대하는 긍정적인 차별을 하도록 결정을 내렸다.

여성 우대 차별을 결정한 첫 번째 분기 중에도 청중 속에 남성 화자가 14명, 그리고 여성 화자가 9명이었다. 두 번째 분기에서도 남성 화자가 10명이지만 여성 화자는 고작 4명이었다. 그럼에도 불구하고 남성 이야기가 여성보다 거의 두 곱절이나 많았던 것이다. 그렇지만 흥미로웠던 것은 그 이야기에 관하여 사람들의 머릿속에 남겨진 인상이었다. 전형적인 성별 차이가 여전히 확고히 유지되고 있었던 것이다. 학회의 모든 분기를 끝낸 다음에 30명의 참여자들에게 물어 보았더니, 27명의 응답자가 여성 화자들이 남성 화자들보다 더 많았다는 의견을 피력하였다.

이것이 언어에서 성별 차이 뒤에 있는 모순들 중 일부를 설명해 주는 데 도움이 된다. 한편으로 우리는 여성들이 너무 많이 말한다고 믿고 있지만, 다른 한편으로 우리는 여성들이 남성들만큼 많이 말하지 않는다는 풍부한 증거를 갖고 있다. 그러나 오직 남녀 두 성별 모두에 관한 동일한 기준을 이용하는 경우만 모순이 남게 된다. 우리가 여성에게 하나의 기준을 적용하고 남성에게 다른 기준을 적용하면서 이중 기준을 도입하는 경우에는 그런 모순이 사라져 버린다.

수다스런 여성이란 남성처럼 자주 말을 하는 사람이다. 여성이 남성에 비해 절반 정도로 말하는 것으로 비쳐진 경우에는 여성이 그 이야기를 지배적으로 주도하고 있다고 판정받는다. 이 점이 바로 그 학술회의에서 일어났던 바이다. 비록 여성이 전체 화자의 절반에도 미치지 못하였지만, 참여자들은 대부분 여성이 그 이야기를 지배적으로 주도하였다고 생각하였던 것이다.

이런 이중 기준이 학회 공통의 분기 동안에만 국한되지 않았다. 성 차별과 교육에 관한 영역별 모임에서도 그러하였다. 하위 영역별 발표 첫 분기에는 32명의 여성 발언과 5명의 남성 발언이 있었다. 뒤에 녹음 내용이 재생되었을 때에 놀랍게도 모두 58분간의 이야기에서 남성들이 32분이나 썼음이 밝혀졌다.

이는 놀라운 결과인데, 필자 자신을 포함하여 아무도 남성들이 그렇게 많은 시간을 썼을 것이라고 생각해 보지 못했기 때문이다. 사람들은 대부분 남성이 균형을 깨뜨리면서 길게 말했음을 깨달았지만, 절반이 넘는 그런 양을 점유했으리라고는 아무도 짐작조차 못하였다. 남성이나 여성이 비슷하게 모두 이중 기준을 채택하여 쓴다. 남성들은 이야기를 주도하여 지배하는 것으로 부정적으로 여겨지기 전까지는, 거의 모든 시간 동안 말해야 했던 것이다.

남녀가 함께 있는 집단에서 남성들이 말할 권리를 차지할 수 있는 방식들에 관한 많은 사례들이 있다. 자신들이 더 많이 말할 수 있도록 보장하기 위하여 자신의 권력을 쓸 뿐만 아니라, 또한 이야기 주제도 자기 취향대로 선택한다. 예의를 차리는 여성은 언제나 불리한 처지에 있다.

만일 화자가 여성이라면, 대화의 중심이 되고서 많이 말을 하는 일은 (여성답지 못하고) 예의 차리는 것이 아니다. 또한 여성 화자의 경우에 중간에 끼어들어 방해하는 일도 예의에 어긋난 것이다. 여성이 말하는 경우에 자신의 관심사에 관해서만 이야기하는 일도 예의를 갖추는 것이 아니다. 여성 화자라면 모름지기 상대방에 맞춰주고, 귀를 기울이며 뒷받침하는 반응을 보이고 남성 화자를 격려해 주는 일이 예의 갖춘 정중함이다.

따라서 여성은 자신의 처지에 머물러 있게 마련이다. 여성은 말할 권리는 덜 누리고 있다. 여성의 권력이 작기 때문에, 그리고 예의 갖춤이 성공적인 여성 행동에 관한 목록의 일부로 간주되기 때문에, 심지어 여성들을 억지로 침묵하도록 강요할 필요가 전혀 없다. 만일 그런 질서를 깨뜨린다면 벌칙이 아주 크므로, 여성이 필연적으로 스스로를 억제하

고 점검하게 될 것이다.

지난 수년 동안 언어와 학습의 역할에 많은 관심이 쏟아졌었지만, 여전히 남녀 성별이 동등하게 말할 권리를 누렸다고 가정되어 왔다. 그럼에도 여성들이 교실 수업 밖에서 동등하게 말할 권리에 접속하지 못함은 아주 분명하므로, 만일 이런 현상이 학교 안에서 뒤바뀐다면 아주 놀라운 일이 될 듯하다.

그렇지만 만일 학습하기 위한 말하기가 더글러스 바니즈가 그렇다고 주장하는 만큼 중요하다면, 남녀 혼합반 수업에서 말하기를 위한 현행 사회 규범을 지지하는 교사라면 누구든지 또한 교육상의 차별을 실천하고 있을 것이다. 그런 교사들은 여학생보다 남학생들에게 더 자주 말을 하도록 장려하게 될 것 같다.

말하기를 살펴보는 데에서 단일한 여학생 학교와 남녀 합반 학교에서 차이가 있음이 분명해진다. 물론 교사도 여성인 경우에, 단일한 여학생 학교에서는 여성이 남성 권위를 존중하고, 남성의 주제를 뒷받침하며, 끼어들어 중단됨을 받아들이거나 또는 침묵을 실천할 필요가 전혀 없다. 또는 남성이 공식적으로 발언을 하고 있는 동안에 대접할 차를 만들 필요도 없다.

여성에게 '자유로운 발언'이 남녀 혼합반 학교에서 불가능한 방식으로 이용될 수 있다. 이 점이 단일한 여학교에서 여학생들의 성취가 뛰어나다는 빈번한 주장의 이유를 설명해 줄 수 있다. 학습을 위하여 자신의 언어를 자유롭게 쓰므로 여학생들이 더 많이 배우는 것이다.

남녀 혼합반 수업에서는 종종 여학생들이 말하기가 극히 어렵고, 심지어 교사들이 여학생에게 말할 기회를 내어주는 일이 더 어렵기까지 한다. 이것은 교사가 최고의 성 차별주의자이기 때문이 아니라, 다른 모든 사람처럼 똑같이 사회 규범들에 의해 지배를 받고 있기 때문이다.

일반적인 남학생이 교사들의 시간을 더 많이 요구하는 것이 적합하며, 언제나 교사들이 이런 상황을 고쳐 놓을 수 없다. 교실 수업에서 남학생들은 자신이 거칠고, 소란스러우며, 심지어 파괴적인 경우에 기댓값들에 합치된다. 여학생들은 조용하고 고분고분할 경우에 사회 규범에 부합된다. 교사들이 그런 행동을 사회적인 성역할에 적합하다고 간주한다면 사회 규범에 맞게 순응하는 것이다.

질문을 받는 경우에, 일부 교사들은 자신의 교실 수업에서 여학생들이 수업 시간 내내 서로 간에 말을 한다고 아주 적대적인 표현으로 진술한다. 물론 이 점은 말하기에 대한 현행 규범 아래에서 논리적인 귀결이다. 여학생들이 남학생이 주위에 있을 때에 동등하게 말할 기회를 얻지 못하는 것이다. 만일 여학생이 말을 하고 싶다면, 남학생과 말을 하려고 하는 경우에 어려움을 겪게 된다.

교실 수업을 방문 관찰하면서, 필자는 교사가 남학생들과 교실 수업 토론에 관여하지만, 반면에

여학생들은 참견하지 않은 채 여학생끼리 잡담하는 것을 자주 보았다. 필자는 수업 시간 전반에 걸쳐 여학생들이 무시되지만, 반면에 교사가 남학생들과 요구사항을 처리하는 일을 목격하였다. 필자는 자발적으로 답변하는 일에 대해 남학생들이 칭찬을 받지만, 반면에 여학생들은 도움 요청으로 면박을 받는 경우도 있다고 들었다.

안젤라 파커는 교실 수업에서 남학생들이 말을 더 많이 할 뿐만 아니라, 또한 남녀가 모두 교실 수업에서 '지적인 논쟁'이 남성적 활동이라고 믿고 있음을 찾아내었다. 여학생이 만일 교실 수업에서 강한 어조로 말하는 것이 여성답지 못하다고 믿는다면, 특히 청소년 시기 동안에는 아마 여성스러움을 상실하기보다는 침묵을 선호하는 선택을 할 것이다.

필자는 런던 도심에 있는 한 무리의 여중생들에게 교실 수업에서 강한 어조로 말하는 일이 여성답지 않은지 여부를 물어 보았다. 그들은 모두 그렇다고 대답하였다. 그들은 남학생이 응당 질문을 던지고, 항변을 하며, 교사에게 도전하고, 설명을 요구하는 것이 자연스럽다고 생각하였다. 반면에 여학생들은 심지어 그 일이 우스꽝스럽거나 밋밋하여 따분하다고 여길지라도 당연히 '바로 거기에 맞춰준다'고 했다.

비록 교사가 의도적으로 성별에 근거하여 말하는 일에 대한 사회 규범을 강요함으로써 자신의 학생들에 대해 차별을 실천하는 것은 아닌 것 같지만, 그렇지만 이런 상황이 불가피한 것은 아니다. 상대적으로 여학생들의 침묵에 근거가 되는 신체적 이유도 없고, 성별 차이도 없다. 존 스튜어트 밀이 언급하였듯이, 이런 비대칭성은 남성들에게 권리를 기꺼이 양보하는 여성들에 달려 있는 것이다.

아마 교사들이 남녀 혼합반의 수업에서 여학생들이 조금 덜 침묵하도록 도움을 줄 수 있다. 아마 여학생들에게 남학생들처럼 말할 동등한 권리를 누리도록 도와줄 수 있을 것이다. 그렇지만 우리가 관습적으로 세운 우리의 전형성들을 반드시 바꿔야 할 것 같다.

◁ 과제 2 ▷

이 활동의 목적은 여러분이 읽은 지문의 주제와 목적을 찾아내는 일을 도와주려는 것입니다.

모둠별로 다음 질문들에 대하여 대답하십시오. 여러분들이 스스로의 답변을 정당화(입증)할 수 있음을 분명히 보여 주십시오.
(1) 다음 항목들 중 어느 것이 이 글의 제목으로 가장 알맞게 만들어 줄 것 같습니까?

　□ⓐ 말하기에서 남성들이 여성에 비해서 어떻게 차별을 받는가
　□ⓑ 관습적으로 세워진 남성 및 여성의 전형들을 바꾸기
　□ⓒ 언어에서 성별 차이에 대한 최근의 조사 연구
　□ⓓ 교실 수업 이야기에서 성별 간의 불평등성

*출처: 탐린슨·엘리스(1988)

---

14) (역주) 영어 또는 인도 유럽 어족에서 명사와 형용사와 같은 낱말들이 성별 구분(남성, 여성, 중성)을 하는 경우가 많다. 이런 영향으로 주위환경의 모든 대상들이 성별 표시를 가져야 한다고 느낄 법하다. 그러한 성별 구분을 가리키는 낱말 gender(낱말이나 문법에서의 성 구별)는 어원이 본디 kind(종류, 갈래)를 가리키는 것으로 알려져 있다. 만일 원래의 어원에 충실한다면, 우리말에서도 대상들을 구분하는 일을 찾을 수 있다. 우리말에서는 기본적으로 살아있는 생명체를 대상으로 하여 사람과 사람 아닌 것을 구분한다. 가령, 조사의 대립으로 '꽃에 물을 주'지만, '철수에게 물을 준'다. 사람이 먹는 것을 '밥'이라고 하지만, 가축들에게는 '먹이'를 주고, 새에게는 '모이'를 주며, 죽은 귀신에게는 '뫼'를 올린다. 사람을 헤아릴 적에도 살아 있다면 '두 명'으로 말하지만, 죽은 시체에는 '두 구'라고 불러 수량사를 바꾼다. 더 나아가서 사람들 중에서도 더 높여야 할 사람 및 그렇지 않아도 될 사람과 관련된 것들도 특수한 낱말을 갖고 구분해 놓기도 한다. 일반 사람에게는 '밥'이라고 부르지만, 높여야 할 사람에게는 '진지(進支, 지대를 올림)'라고 부른다. 높임말 '진지'는 옛날 관리가 지방에 파견될 적에 숙식을 해결해야 하는데 이를 지대(支待)라고 말하였었다. 지대 중에서도 대표적인 것이 밥이므로, 지대를 올린다(進支, 進支待)는 뜻의 낱말 '진지'가 밥의 높임

『교사용 지도서』에서는 교사들에게 "효과적으로 골자를 파악하기 위하여 통독하는 일에 필요한 종류의 전략들을" 토론하도록 조언한다. "예를 들어, 다뤄지고 있는 주제들을 찾아내기 위하여 각 문단의 첫째 줄과 마지막 줄을 읽는 일이다"(117쪽). 다른 "전략들"은 주어져 있지 않다.

이 연습과 첫 번째 연습은 중요한 의문을 제기한다. 어떤 연습이든지 간에 어느 범위까지 논의하고 있는 전략을 교육할 수 있을까? 첫째, 독자들이 물론 그릇된 근거에 의지하더라도 답변을 올바르게 얻을 수 있다. 둘째, 그렇지만 〈도표 9-9〉에서 독자들이 『교사용 지도서』에 예시된 전략을 이용하지 않지만 그럼에도 여전히 완벽히 올바른 답변을 얻어낼 수 있을 것이다. 이 연습/문항은 임의의 전략을 어떻게 가르쳤는가/검사하였는가?

이 책자의 흥미로운 특징 한 가지는 각 연습에 대해 무엇이 가르쳐지

말로 고정되었던 것이다. 일부에서 '진지'가 순수 우리말로 주장하는 것은 문화적 배경을 무시한 오류이다.

15) (역주) 전문 용어로서 *pitch*(억양구의 소리 높낮이 강세)는 *stress*(낱말 강세)와 구분하여 쓰인다. 낱말이나 이음말을 이룬 어구에 붙어 있는 강약 소리를 *stress*(낱말 강세)라고 부르지만, 낱말들이 서로 다른 낱말들과 이어지면서 전체적으로 하나의 억양구(*intonation phrase*)나 또는 절(*clause*)을 이루게 되면, 낱말에 고유의 강세들이 서로 연동되면서 새로 조절된다. 이런 조절 과정을 거쳐 나온 결과를 *pitch*(억양구의 높낮이 강세)라고 부른다. 가령 thirteen(13명의)은 홀로 쓰일 때에 thir*téen*과 같이 낱말 강세(밑줄 부분)가 뒤에 나오며, men(사람)도 홀로 쓰일 때에 낱말 강세를 받아 *mén*으로 발음된다. 그러나 이 낱말들이 어구를 이루면 바로 인접한 강세들이 서로 충돌되므로, 더 중요한 핵어(의사소통에서 '초점' 요소)의 강세 하나만 놔두고 다른 낱말의 강세가 이동되거나 약화되어, 결과적으로 thirteen *mén*처럼 오직 낱말 하나의 강세만이 유지된다. 그런데 영어에서는 이런 변화가 일어나는 터전은 좁은 영역의 '어구(phrase)'가 아니라, 그보다 더 넓은 터전인 억양구(또는 절 clause) 단위에서 화용 목적과 관련하여 일어나는 것으로 알려져 있다. 이런 변동을 설명하기 위하여 관련된 여러 가지 층위들이 복합적으로 동원된다. 켄스토뷔츠(Kenstowicz 1994; 안상철·손형숙·강용순·김형엽 뒤침 1997), 『생성문법의 음운론』(한신문화사)의 제10장 '강세'를 읽어 보기 바란다.

16) (역주) 우리나라에서도 마찬가지로 낮은 목소리로 말해야 차분하고 진중하며 무게가 느껴진다고 말할 것이며, 우리 문화에서 '점잖고 침착하다'고 말하며 그런 사람의 말을 '권위가 있다'고 여길 법하다(문화적으로 그런 가치들을 한데 엮어 놓음). 그렇지 않고 반대로 목소리를 높여 말하게 되면 까불대고 들떠있으며 경박하다고 낙인을 찍을 듯하며, 우리 문화에서 '가볍게 촐랑댄다'고 비난을 할 법하다. 특히 콧소리를 많이 섞어 낼 경우에는, 사극에서 그러하기 때문인지 흔히 내시나 간신의 목소리라고 낙인 찍는다.

고/학습되고/연습되고 있는지를 놓고서 다음과 같이 안내 지침이 주어져 있다는 점이다.

(1) 이 활동에서 여러분은 특정 정보를 찾아내기 위하여 지문에서 필요한 대목을 찾아 읽으면서 관련 정보를 찾아내는 일을 연습하게 될 것입니다(44쪽).

(2) 이 활동의 목적은 여러분에게 지문이 절들(내용 단락들)로 조직되는 방법을 살펴보도록 장려하려는 것입니다(45쪽).

(3) 이 활동의 목적은 이 지문에서 의도된 독자층이 누구인지를 고려하도록 도와주려는 것입니다(45쪽).

(4) 이 활동에서 여러분은 이 논문의 내용에 대하여 집필자가 택한 태도(입장)를 살펴보게 될 것입니다(51쪽).

(5) 이 활동에서 여러분은 지문의 내용에 대하여 그리고 또한 글이 씌어진 방식에 대하여 둘 모두 여러분 자신의 답변을 살펴보게 될 것입니다(52쪽).

(6) 이 활동은 여러분이 발췌된 부분에 있는 특성들과 집필자에 의해 이용된 특성화의 기법들을 탐구하는 데 도움을 주도록 마련되었습니다(56쪽)

등이다. 이들 구현지침(rubrics)이 학생들에게 자신이 학습하고 있는 바를 놓고서 되돌아보는 데 도움이 되고, 학생들에게 실행하도록 예상된 바를 놓고 자신이 실천하고 있는 방식을 자각하도록 의도되어 있는 한, 이는 읽는 동안에 어떤 인지 처리과정이 작동하는지를 자각하도록 함으로써, 본질적으로 상위-인지적이라고 논의될 수 있다. 그렇지만 이들 연습이 본질적으로 덩잇글의 특징들에 주의를 기울이도록 의도되어 있지만, 그런 결과들을 얻어내는 과정에 대해서는 명시적으로 조언을 제공해 주지는 않는다.

그럼에도 불구하고, 성취할 것으로 주장된 바를 어떻게 성취해 내는 지를 검토하는 일은 흥미롭다. 이용된 문항 유형이 읽기의 시험에서 부적합한 것으로 보이지는 않을 듯하다. 앞에 있는 활동 (1)에서 특정 정보를 찾아 훑어 읽는 일(scanning)에서는, 독자들에게 전체 지문을 통해 신속히 읽도록 요구하고, 지문에 따라 참이 되는 문장에 각각 쐐기 기호를 표시하도록 한다.

활동 (2)에서는 학생들에게 지문의 각 절(section, 내용 단락)이 어디에서 시작하고 어디에서 끝나는지 줄의 번호를 적도록 요구하는데, 학생들은 이 지문에 세 가지 절이 있고, 각 절마다 주제가 주어져 있다는 말을 듣게 된다.

앞의 안내 지침 중에서 활동 (3)은 택일형 문항으로 다음처럼 제시되어 있다.

여러분은 이 지문이 누구를 위하여 씌어졌다고 생각하십니까?
  □ⓐ 교육을 마친 일반적인 독자
  □ⓑ 잘 훈련된 과학자
  □ⓒ 잘 훈련된 언어학자
  □ⓓ 언어학을 공부하는 학생들

학생들에게 정답에 이르기 위해 이용된 단서들에 대한 목록을 만들도록 요구한다.

설사 여전히 합당성(정당성)이 찾아지게 될 평가 절차에서 이용될 수 있지만, 따라서 다소 시험답지 않겠지만, 다음 연습은17) 앞의 안내 지침

---

17) (역주) 본문에서 느닷없이 앵무새 실험에 대한 논의가 시작된다. 아마도 원래의 원고에서는 이런 실험에 대한 지문이 들어 있었을 것으로 보인다. 사람 목소리를 지닌 앵무새나 구관조라 하더라도 창의적인 언어 사용은 불가능하다는 논지가 들어 있었을 듯하다. 현재로서는 논의 전개가 비일관적이며, 엽등(獵等, 등급이나 단계를 껑충 뛰어넘음)하기 때문에 무슨 이야기를 하고 있는지 헤맬 수 있다. 결과적으로 이 논의를 읽으면, 앵무새가 사람처럼

중에서 활동 (4)를 위한 것이다.

본문에서 앵무새 실험에 대한 집필자의 태도(입장)는 무엇입니까? 아래 있는 속성 각각에 대하여 5점 눈금 위에서 알맞은 수치에 동그라미를 치면서 집필자의 태도를 서술해 주십시오.

앵무새 실험에 대한 집필자의 태도는 다음의 여섯 가지 속성으로 서술된다.

회의적임	1	2	3	4	5	확신에 참
부인함	1	2	3	4	5	뒷받침함
따분함	1	2	3	4	5	흥미로움
경망스러움	1	2	3	4	5	진지함
치우침	1	2	3	4	5	객관적임
비판적임	1	2	3	4	5	무비판적임

개인별 답변을 요구하면서 물론 활동 (5)에서는 다음과 같은 문항들에 의해서 비록 학생의 글을 쓰고 답변과 해석에 대해 정당성을 부여하는 능력(입증 능력) 등이 평가되고 있지만, 좀 더 수용 가능성에 대해서까지도 평가가 이뤄질 수 있다.

"단락 5에서 앵무새가 '소리를 자음과 모음으로 분절'할 수 있음을 입증하는 것이 왜 중요합니까?, 여러분은 앵무새 실험이 알렉스(≒특정한 앵무새 이름인 듯함)가 소리를 자음과 모음으로 분절할 수 있음을 입증하였다고 생각하십니까?"

마지막으로 활동 (6)은 다음의 두 가지 과제를 담고 있다. 이들 과제 각각에 대하여 『교사용 지도서』에서는 겉보기에 열린 문제 항목들조차

소리를 내는데, 과연 자음과 모음으로 구별하여 발음을 하는지 여부를 실험으로 따지고 있고, 아마 인간들만이 분절음을 낸다고 결론을 내렸을 법하다.

사뭇 객관적으로 평가될 수 있음을 시사하면서 자세한 답변을 제공해
준다.

---

1. 아래 도표에서 『워터십 언덕의 토끼들』의[18] 주인공들을 묘사하는 형용
   사 목록을 이용하십시오.

토끼 투사 큰 가발	개암색 토끼 헤이즐	예언자 토끼 퐈이버	독재자인 두목 토끼
———————	———————	———————	———————
———————	———————	———————	———————
———————	———————	———————	———————
neurotic	trusting	dutiful	confident
(신경질적)	(믿음직스런)	(충성스런)	(자신감 있는)
superior	forgetful	sensible	clairvoyant
(높은 지위의)	(곧잘 잊는)	(합리적인)	(천리안 통찰의)

2. 다음 각각의 진술을 뒷받침하기 위한 증거를 본문으로부터 찾아 적어
   주십시오.
   ⓐ 예언자 토끼 퐈이버는 다른 토끼들로부터 존경을 많이 받지 못하였다.
   ⓑ 개암색 털을 가진 헤이즐은 다른 토끼들로부터 존경을 받았다.
   ⓒ 독재자인 두목 토끼는 과밀 주거의 문제로부터 손을 놓아 버리고 있었다.
   ⓓ 독재자인 두목 토끼는 방해받는 것을 싫어하였다.
   ⓔ 큰 가발로 불리는 투사 토끼는 두목 토끼를 조금 무서워하였다.
   ⓕ 개암색 털 토끼 헤이즐은 자기 동생 퐈이버를 믿고서 완전히 확신에
      차 있다.

집필자들은 여러 과제들에 대하여 둘 이상의 가능한 답변이 있음을 강
조하지만, 그럼에도 불구하고 그 책의 뒤쪽에서 교사들에게 도움을 주
기 위하여 과제들에 대한 정답을 제공해 주고 있다. 그들은 다른 답변
들도 또한 수용될 수 있겠으나, 그럼에도 불구하고 이것이 수용 가능성
을 판정하기 위한 기준들이 존재함을 함의하고, 교사나 급우들이 그런

---

18) (역주) 뤼처드 애덤즈가 1972년에 발간한 어린이용 공상 소설로서 햇살과 나무꾼 뒤침
   (2014), 『워터십 다운의 열한 마리 토끼』(사계절)로 번역되어 있다.

판단을 내릴 수 있을 것이라는 점을 자주 강조한다. 다시 한 번, 한편으로 이용된 몇 가지 기법이 객관적인 채점에 적합하지 않을 수도 있겠지만, 다른 한편으로 답변의 수용 가능성이 판정될 수 있으므로, 따라서 받아들일 만한 정도의 합의가 채점자들 사이에 이뤄진다면 그런 연습들이 실제로 시험과 평가 절차에서 이용될 수 있는 것이다. 그런 연습 과제들을 평가 절차로 이용하는 일이 얼마나 실용적일 것인지는 별개의 논제이다.

제7장에서 논의하였듯이, 검사되거나 평가되는 바에 관한 주요한 제한점은 평가를 위해 이용된 방법이었다. 만일 반드시 객관적으로 채점할 수 있는 방법이 이용되어야 한다면, 앞의 활동 (5)와 (6)에서와 같이 그런 능력들을 평가하는 사소하지 않은 문제들을 고안해 내기 위하여 더 큰 정교함이 채택될 필요가 있다. 탐린슨·엘리스, 그리고 실버스타인에 인용된 저저들은 신뢰도 및 타당도가 입증될 수 있는 조건에서 동등하게 시험 문항으로도 이용될 수 있다고 주장하는 연습으로서 수업 과제들을 성공적으로 고안해 내었다. 물론 예기치 않은 답변이 일관되게 판정받을 수 있게 보장해 줄 필요성이 남아 있지만, 이는 개방형 문항이 어떤 것이든지 똑같이 참이며(≒일관성 보장이 모두 필요하며), 그런 일이 보장되지 않았다는 점 그 자체로 평가에서 그런 기법들의 이용을 부당하게 만들어 버리는 것은 아니다.

4) 시험을 치르는 동안 이용하는 전략

최근에 출제자들은 전통적인 시험 문항에 답변을 할 경우 어떤 전략이 학생들에게서 이용되고 있는지를 조사하려고 시도하였다. 앨런(Allan 1992)에서는 외국어로서의 영어 검사(TOFEL) 읽기 시험에서 택일형 질문에 대답하는 전략들을 조사하기 위하여, 언어 실험실에서 모아진 내성 기법(introspections)을 이용하였는데, 응시생들이 실제로 택일형 문항에서는 예측된 전략들을 이용하였지만 자유 답변 문항에서는 (문항에 올바른 답을 썼는지 여부에 상관없이) 그렇지 않는 경향이 있음을 결론지었다. 따라서 특정 전략들이 검사될 예정이라면 택일형 질문이 좀 더 적합할 것으로 간주될 수 있다. 그렇지만 택일형 문항들이 문항 지시사항과 선택지에 초점을 모은 전략들을 좀 더 많이 관여시키는 반면에, 자유답변 전략들에서는 시험 지문과 그 주제에 대한 응시생의 지식에 좀 더 중심점이 있었다. 게다가 택일형 문항들에서는 시험에 맞춘 전략들을 관여시켰다.

앨런(1992)에서는 내성 기법을 통해서 몇 가지 질문 범주들이 좁은 범위의 전략들을 관여시켰다고 결론을 내렸다. ① 중심 생각 찾아내기, ② 뒷받침 생각을 찾아내기이다. 반면에 "상이한 두 가지 범주의 질문에서는 좀 더 넓은 범위의 읽기 전략을 관여시켰다. ① 추론을 이끌어 내는 능력, ② 본문의 서로 다른 부분들에서 제시된 뒷받침 정보를 이용하는 능력이다." 그는 다음처럼 진술한다.

> "시험 출제자들이 ⓐ 자신이 만든 질문들이 예측된 전략을 독자들에게서 관여시킬 것 같거나, ⓑ 또는 예측된 전략을 이용하여 일반적으로 올바른 답변을 찾아갈 만한 강력한(늑틀림없이 보장해 주는) 사례를 만들어 낼 수는 없다."
>
> (test designers cannot make a strong case that ⓐ their questions are likely to engage predicted strategies in readers or that ⓑ using the predicted strategies will normally lead to the correct answer)

앨런에 의해 이뤄진 추가 연구는 빈칸 채우기 시험을 치르는 응시생들로부터 보고된 전략들을 검토하였는데, 답변들이 오직 바로 앞선 즉각적 맥락에 대한 언급으로 채워지는 것이 일반적이었음을 발견하였다. 앨런(1992)에서는 빈칸 채우기 서식이 "응시생들의 초점을 그 덩잇글에 대한 중심 생각을 읽고 이해하는 일을 젖혀 버린 채, 빈칸들을 채워 놓는 데 도움이 될 만한 수수께끼 풀기 전략 쪽으로 바꾸어 버리는 듯하다."고 주장하였다.

스토뤼(Storey 1994, 1997)에서도 또한 (어구 또는 절에 국한된 의미보다 오히려 더 큰 담화 의미를 전달해 주는 요소들이 삭제되어 있는 빈칸 채우기 시험인) '담화 속의 빈칸'을 놓고서도 출제자의 의도에 아랑곳하지 않고 응시생들이 빈칸을 채우기 위하여 단지 문장 수준의 정보에만 스스로를 가둬 놓고서 문장 범위를 벗어나지 않는 경향이 있다고 하면서, 동일한 발견 결과를 확증하였다. 실제로 스토뤼(1994, 1997)에서는 내성적 절차의 이용이 검사 타당성 확보에 대하여 필수적이라고 논의하였다. 왜냐하면

> "내성 기법이 다른 기법에서 할 수 없는 시험 항목의 여러 측면들을 드러내고, 문항의 개선을 위한 안내지침을 제공하며, 응시생 행동 밑바닥에 깔려 있는 처리과정들을 검토함으로써 그 시험의 구성물 타당도를 조명해 줄 수 있기 때문이다."(스토뤼 1994: 2쪽)
>
> (*it can reveal aspects of test items which other techniques cannot, provide guidelines for the improvement of items and throw light on the construct validity of the test by examining the processes underlying test-taking behaviour.* Storey 1994: 2)

비록 시험 문항에 답변을 하는 동안에 응시생들이 관여하는 처리과정에 통찰력을 얻어내기 위하여 언어 검사 조사 연구자들이 점차 해석적/질적 조사 연구 방법을 이용하고 있지만, 이것이 평가 절차를 마련하는 일에서 읽기의 과정을 모형으로 만들어 주려고 노력하는 일과 동일한 것은 아니다. 이는 저자가 다음 절에서 언급하게 될 논의거리이다.

§.9-4. 처리과정에 대한 통찰:
이끌어내기(유도) 또는 평가를 위한 방법

너무 많은 평가 절차들이 모두 부담이 크고 대규모로 치러지는 총합 평가에 적합한 검사 방법의 이용에 의해서 영향을 받는다. 예를 들어 도처에서 택일형 시험의 이용이 그러하다. 그럼에도 그런 방법들이 비록 이미 앞의 논의와 제7장에서 먼비 교수『읽고 생각하기』에 관한 논의에서 있을 수 있는 예외들을 살펴보았지만, 여전히 읽기의 강점과 난점들을 진단하고 읽기 처리과정에 대한 통찰력을 얻어 내기 위해서는 전적으로 부적합할 수 있다.

저자는 읽기 전략들을 가르치려고 의도한 연습 문제들이 전략들이 평가될 수 있는 방법에 대한 통찰력을 어떻게 제공해 줄 수 있을지를 논의하였다. 저자는 이제 독자의 처리과정에 대하여 통찰력을 얻고 그것들의 평가를 용이하게 하기 위하여 어떤 방법들이 이용될 수 있을지를 놓고서, 새로운 착상을 위한 다른 자원들에 눈길을 돌려야 한다. 특히 읽기 조사 연구자들에 의해 이용된 해석적(qualitative, 질적) 조사 연구 방법과[19] 다른 방법들이 신선한 통찰력을 위하여 희망을 제공해 줄 수도 있다.

---

19) (역주) 영어에서도 우리처럼 일상용어가 양보다는 질이 더 낮다는 잘못된 속뜻을 깔고 있는 듯하다. 따라서 최근에는 '질적'이란 용어를 interpretative(해석적)이란 말로, 양적이란 말은 대신 statistical(통계적)로 바꿔 쓴다. 도니에(Dörnyei 2007), 『응용 언어학에서의 조사 연구 방법들(*Research Methods in Applied Linguistics*)』(Oxford University Press)을 보기 바란다. 해석적 연구, 질적 연구, 소수 사례에 대한 연구 따위가 비록 용어가 달라도 모두 같은 의미를 지닌다. 특히 영국의 고쎗(Gosset, 1876~1937)이 무작위 표본 추출에 의해 뽑은 20개의 대상들로 모수의 정규 분포를 이룰 수 있음을 입증한 '작은 표본 검사(t-test, 통계학 용어집에서는 번역 없이 '티'-검정으로도 부름)'가 학계에서 수용된 뒤에는, 해석적 연구가 통계적 연구로도 확대되어 '혼성 접근법'도 시도할 수 있게 되었다. 일본에 영향을 받은 사회학 전공자들이 더러 해석적 연구를 정성적(定性的, 속성을 결정하는) 연구라는 난삽한 말을 쓰고, 통계적 연구를 정량적(定量的, 분량을 결정하는) 연구로 쓴다. 아마 남이 알아듣지 못해야 시비를 걸지 못하고, 따라서 권위를 차릴 수 있다는 헛된 믿음이 들어 있는 듯하다. 번역자는 개개인의 머릿속 처리과정을 밝히는 일을 '해석적' 연구로 부르는 것이 더 온당하게 느껴진다.

앞으로 보게 되겠지만, 그런 절차들은 대규모 검사 환경에서나 또는 시험 결과가 큰 부담을 지우는 현장이라면 어디에서이든 이용될 수가 없는데, 왜냐하면 상대적으로 쉽게 속일 수 있기 때문이다. 그렇지만 만일 검사 또는 평가의 목적이 독자의 처리과정에 대한 통찰력을 얻거나 또는 독자들이 자신의 읽기에서 지니고 있을 법한 문제점들을 진단하려는 것이라면, 그런 절차를 유망하게 쓸 만하다. 실제로 일반적으로 진단 검사는 읽기 조사 연구자들에 의해 실험 환경에서 이용된 종류의 조사 연구 절차들을 고려함으로써 크게 도움을 얻을 것이다.

더욱이 값싼 미시처리 능력(microprocessing power)의 이용 가능성은, 독자의 처리과정을 되짚어 보는 수단으로서 컴퓨터의 이용을 좀 더 매력적으로 만들어 주는데, §.9-6에서 이를 살펴보게 될 것이다.

1) 내성 기법

내성 기법(introspective techniques)들이[20] 점차적으로 제1 언어 및 제2 언어 또는 외국어 읽기 조사 연구에서 읽기 처리과정에 대한 통찰을 얻어내는 수단으로서 이용되고 있다. 우리는 앞 절에서 전통적인 시험 문항들에 답변을 하는 데에 전략 이용에 대한 통찰력을 전해 주기 위하여 내성 기법이 얼마만큼 아주 유용할 수 있는지를 살펴보았고, 따라서 잠재적으로 처리과정 및 전략들의 검사에 대한 유효성을 위하여 잠재적으로 유용할 수 있음을 살펴보았다. 그런 기법들이 또한 평가 목적을 위하여 이용하기에 적합할 수 있을까?

---

20) (역주) introspection은 '회고, 내성, 반성, 성찰' 등으로 다양하게 번역될 수 있다. 여기서는 우리나라 철학자들이 쓰는 용어인데, 스스로 자기 정신이나 마음을 살펴본다는 뜻으로 '내성(內省, 안으로 살핌)'이란 말을 따라 쓰기로 한다. 일상언어에서는 '반성(反省, 返省, 되돌이켜 살핌)'이란 말을 가장 자주 쓸 듯한데, 이미 행한 일에 뭔가 잘못된 것을 뉘우친다는 속뜻이 깃들어 있기 때문에 학술 용어로 쓰기에 적절하지 않다. 굳이 이를 채택한다면 아마 '자기반성'이라는 말로 쓰는 게 나을 듯하다. 회고는 축자적으로 retrospection이란 말에 짝이 될 수 있다. 따라서 여기서는 '내성 기법'으로 번역해 둔다.

웬든·루빈(Wenden and Rubin 1987)의 제5장에 실려 있는 코언(Cohen)에서는[21] 학습자들이 자신이 이용하는 전략들에 대한 통찰력을 보고한 것이 어떻게 모아질 수 있는지를 서술해 준다. 그는 자료가 필연적으로 학습자들이 의식적으로 자각할 수 있는 전략들에만 국한되어 있음을 지적하였다. 또한 '일반적으로 내가 할 수 있는 것(*what I generally do*)'인 '자기 보고(*self-report*)'를, '내가 지금 당장 실행하는 것 또는 내가 지금까지 실행해 온 것(*what I am doing right now or what I have just done*)'을 뜻하는 '스스로 드러냄(*self-revelation*)'을 구별해 놓았다. 후자는 편집되어 있지도 않고 아직 분석되지도 않은 큰 소리 내어 생각하는 의식의 흐름 자료(*think-aloud, stream-of-consciousness data, unedited, unanalysed*)이다. 코언(1996)에서는 입말 보고(verbal reports, 언어 보고)가 좀 더 통찰력 있고 타당한 자료를 제공해 주기 위하여 미세하게 조정될 수 있는 방식들을 제시하였다. 언급된 논제들은 입말 보고의 즉각성(immediacy), 자료 해석에서 응답자의 몫, 입말 보고에서 구체적인 내용을 촉발하기, 입말 보고에서의 안내 지침, 입말 보고의 반응 효과 등을 포함한다.

자료는 교실 수업이나 또는 가령 앨런(Allan 1992)에서 실행하였듯이 언어 실습실에서처럼 다른 곳에서도 수집될 수 있다. 독자들은 홀로 또는 모둠별로 아니면 면담 환경에서 내성을 할 수 있다. 내성의 과정에 대해서 내성되고 있는 일의 최신성(recency)에 대한 정도는[22] 명백히 중요한 변인이다.

---

21) (역주) 본문에서 명시적으로 밝히지 않았지만, 이는 읽기에 대한 연구가 아니고 글쓰기 과정에 대한 연구이다. 코언(1987), 「글쓰기를 놓고 이뤄진 되점검에 대한 학습자 처리과정 (Student Processing of Feedback on Their Compositions)」이다.

22) (역주) 입말 보고는 동시 시행(concurrent) 및 사후에 회고하는 사후 시행(retrospective)으로 나뉠 수 있다. 어느 형태이든지 보고하는 주체의 의지에 따라 교란될 가능성을 배제할 수 없다. 최신성은 동시 시행(concurrent) 보고와 관련되고, §.9-3-4의 '즉각적인 애초생각 회상 (immediate-recall protocol)'과도 관련된다. 그륀(Green 1998), 『언어시험 연구에서 입말로 된 애초생각 분석: 편람(*Verbal Protocol Analysis in Language Testing Research: A Handbook*)』 (Oxford University Press) §.1-3의 〈도표 1〉에서는 입말 보고 형태를 다음과 같이 8가지(맨 오른쪽 항목들임)로 개괄해 놓았다.

내성 보고는 입말로 또는 글쓰기로 일어날 수 있다. 그 방식도 과제에 무관하게 활짝 열려 있거나 또는 점검 목록에 대한 반응으로 이뤄질 수도 있다(그런 닫힌 문항들의 가치에 대한 논의는 아래를 보기 바람). 그리고 외부 간섭의 정도도 변동될 것이다. 예를 들어, 학습자의 일기와 같이 전혀 간섭이 없는 것에서부터 시작하여, 큰 소리로 말하기 기간 동안에 침묵이 흐른다면 "지금 무엇을 생각하고 있습니까?"와 같은 물음으로 내성을 촉진하는 면담자의 경우에서처럼 최소 간섭을 거쳐서, 내성이나 스스로 보고하는 설문지의 경우처럼 아주 간섭이 높은 경우까지 있다.

필요한 훈련의 양이 논의거리이다. 대부분의 조사 연구에서는 짧은 기간의 훈련이라도 유용한 자료를 이끌어 내는 일에 필수적임을 보여 준다. 예를 들어, 캐뷜캔티(Cavalcanti 1983)에서는 혼자서 내성하도록 방치되었던 경우에 정보 제공자들이 덩잇글의 덩어리를 큰 소리로 읽고 난 뒤에 회고하였음을 발견하였다. 학습자들이 보고하는 동안에 중단이 생겼음을 목격한 경우에는, 큰 소리를 내면서 생각하도록 훈련시켜야만 하였다.

그런 훈련을 위한 필요성은 모든 정보 제공자들이 유용하게 내성할 수 있는 것은 아님을 시사해 준다. 이는 이런 내성 방법을 평가 절차에 이용하기에는 사뭇 제한된 기법으로 만들어 버린다. 여기서는 (한 개인

입말 보고 절차	보고하는 모습	시간상의 변이	과제 내용과 관련된 변이
입말 보고 절차 (verbal report procedure)	큰 소리 내어 말하기 (talk-aloud)	동시 시행 (concurrent)	① 과제와 관련된 보고
			② 과제와 무관한 자유스런 보고
		사후 시행 (retrospective)	③ 과제와 관련된 보고
			④ 과제와 무관한 자유스런 보고
	소리 내면서 생각하기 (think-aloud)	사후 시행 (retrospective)	⑤ 과제와 관련된 보고
			⑥ 과제와 무관한 자유스런 보고
		사후 시행 (retrospective)	⑦ 과제와 관련된 보고
			⑧ 과제와 무관한 자유스런 보고

의 사고 과정을 드러내기보다는 오히려) 개인들 또는 집단들의 비교가 요구된 결과물이 된다.

앨런(1992, 1995)에서는 많은 학생들이 고도로 언어적인 것이 아님을 발견하였고, 자신의 사고 과정을 모두 언어로 보고해 주기가 어렵다는 사실을 찾아내었다. 이를 극복하기 위하여, 그는 예상된 기술 또는 전략에 대한 점검목록을 이용하려고 시도하였었다. ① 학습자들에게 보고해야 할 관련 범주들이 불명확하였고, ② 점검목록을 쓰는 일이 그 점검목록 집필자가 생각했던 바대로 답변을 치우쳐 버리게 만들 위험이 있었다. 그는 니보(Nevo 1989)에서 썼던 전략들의 점검목록을 복제하여 써보았는데, 흥미로운 변이가 있었다. 그는 두 개의 점검목록을 발전시켰다. 첫 번째 점검목록에는 14개 전략들이 들어 있었는데, 점검목록의 15번째 '기타' 범주에는 앞의 목록(14개 전략)에 포함되지 않은 임의의 전략이 들어 있었다. 두 번째 점검목록에는 첫 번째 점검목록상으로 가장 자주 보고되었던 전략이 삭제되었으므로, 14개의 전략과 '기타' 범주의 전략은 제외되었다. 그는 만일 점검목록이 타당하였다면, 제1 점검목록에서 가장 자주 보고된 전략은 제2 점검목록에서 '기타' 범주 아래 흔히 나타나야 한다고 주장하였다. 그렇지만 그렇지 않았다! 따라서 그는 점검목록들의 타당성에 의심을 던졌다. 비록 점검목록들이 유용할 수 있다고 느끼더라도, 그는 신중하게 내용을 구성해야 하고, 예비 시행을 옹호한다.

학습자들로부터 읽기 과정에 대하여 정보를 얻어 내는 한 가지 흥미로운 방식이 깁슨(Gibson, 사적인 편지)에 의해 보고되었다. 그는 외국어로서의 영어를 읽고 있는 일본 학생들에게 언어 실습실에서 빈칸 채우기 검사를 완성하도록 요구하였다. "헤드폰을 통해서 삐~ 소리를 들으면서(이 삐~ 소리는 정보 제공자들이 주어진 지문을 읽어 나가면서 작업해 나가는 속도를 스스로 예측하지 못하도록 대체로 들쑥날쑥 자의적인 간격으로 나왔음), 학생들은 검사지 위에 있는 J(일본어)나 E(영어)의 동그라미에다 당시 영어나 일본어로 생각하고 있었는지 여부를 표시해 놓아야 했다. 일부 학생들은 아주 지속적으로 E(영어)에 동그라미를 쳤지만, 나중에 그런 응답자들이 자신의 머릿속에서 영어 텍스트가 발음되어 나오는 일 및 실제로 빈칸으로 지워진 내용에 대하여 자신이 영어로 생각하는 일 사이를 제대로 구분해 주지 못하였음이 밝혀졌다. 대략 J(일본어) 혹은 E(영어)에 관한 전체 선택지 중에서 40%가 표시되지 않은 채 남겨졌다. 이는 주어진 임의의 시간에 어떤 언어로 작업하고 있었는지를 판정 내리는 데에 정보 제공자들의 능력에 자신감을 많이 불러일으켜 주지 못했음을 의미한다."(개인 편지의 내용에 따름)

비록 그런 방법들이 독자의 처리과정을 평가하려고 이용되지는 않았지만, 그것들이 처리과정이 될 수 있음을 생각조차 할 수 없는 것은 아니다. 예를 들어, 이런 방법이 눈동자 움직임(안구 운동)의 추적 장치와[23] 연결됨으로써 특정 정보를 이끌어 내는 데에 이용될 수 있고, 따라서 큰 소리 내며 생각하기 기법이 덩잇글의 특정 부분에 이르렀다면 촉진될 수 있는 것이다.

다소 기술 수준이 떨어지는 그런 기법의 내용이 캐블캔티(Cavalcanti 1983)에도 들어 있는데, 학습자들이 덩잇글에서 특정한 기호를 본 경우에 무엇을 생각하고 있었는지를 보고하도록 요구하였다. 그런 기법들은 덩잇글의 특정한 속성들과 연합된 처리 문제들 및 학습자들이 그런 문제들을 극복하려고 이용한 전략들에 대하여 자세한 탐구를 허용해 줄 것 같다.

2) 면담 및 응대

해뤼-오그스타인 및 토머스(Harri-Augstein and Thomas 1984)에서는 학

---

23) (역주) 눈동자 움직임 추적에 대해서는 8쪽 §.1-2의 역주 8)과 44쪽 §.1-6의 역주 51)과 126쪽 §.2-4의 역주 46)을 보기 바란다.

생들이 어떻게 덩잇글을 읽는지에 대한 통찰력을 얻어내기 위하여 '읽기 시간 기록지(reading recorder)', 흐름 괘도(flowcharts), 응대(talk-back)의 이용에 대해서 보고한다. 그들이 서술해 주는 읽기 시간 기록지는 시간상으로 임의의 시점에 독자가 실제로 덩잇글의 어느 부분에 있는지(≒어느 부분을 읽고 있는지)를 추적해 주는 설비이다. 이런 읽기에 대한 시간 기록, 즉 읽기 시간 기록지가 해당 덩잇글 위에 놓이고서 해당 덩잇글의 구조에 대한 흐름도와 관련될 수 있고, 따라서 독자들이 읽기 속도가 떨어진 부분, 거꾸로 거슬러 올라간 부분, 뛰어 넘은 부분 등이 학습자들이 읽고 있었던 덩잇글의 정보 및 조직 내용과 관련될 수 있는 것이다. 마지막으로 독자들을 상대로 하여 독자 자신의 읽기 시간 기록에 관한 면담이 이뤄지는데, 덩잇글 읽기를 통하여 자신의 진행 과정을 놓고서(≒왜 머뭇거렸는지, 왜 건너뛰었는지, 왜 거꾸로 돌아가서 다시 읽었는지 등) 그 근거들에 대한 스스로의 설명을 탐구할 수 있다. 이렇게 자극이 깃든 회상(stimulated recall)은 종종 시간상 독자가 다양한 시점에서 무엇을 생각하고 있었는지에 관하여 유용한 정보로 귀결된다. 이들이 '대화 범례(conversational paradigm)'라고 부르는 바는 다음과 같은 목표를 지닌다.

"… 독자들로 하여금 자신의 읽기 과정에 관하여 개인적인 서술을 할 수 있게 하므로, 자신의 능력을 놓고서 반성하며 발전시킬 수 있다. 그런 서술에는 다음 항목들이 담긴다.

① 임의 쪽에 있는 덩잇글에서 학습자가 낱말을 어떻게 의미와 관련짓는지에 대한 촌평

② 이해를 평가하기 위하여 개인별 기준들을 표현하는 용어

③ 만족스런 결과를 성취할 때까지 학습자들이 어떻게 의미를 만들고 검토하며 바꾸는지에 관해 사적으로 받아들일 수 있는 설명"(해뤼-오그스타인·토머스 1984: 253쪽)

이 과정에 대한 서술은 덩잇글의 다양한 수준에서 일어난다. 낱말 수준, 문장 수준, 단락 수준, 장(chapter) 수준 등이다. 읽기 시간 기록지에서는 본질적으로 시간이 얼마나 소요되었는지를 보여 주는데, 읽기 보폭에서의 변화, 주저거림, 뛰어넘음, 거꾸로 거슬러 가서 다시 읽음, 탐구, 메모해 놓기 따위를 드러내어 준다. 기본적인 여러 가지 유형의 읽기가 들어 있는데(매끄럽게 읽기, 항목 읽기, 탐색 읽기, 생각하기 시간, 점검 읽기), 크든 작든 효과를 얻는 읽기 전략들을 산출하기 위하여 서로 결합하게 된다. 덩잇글의 분석과 관련되는(mapped 사상되는) 경우에, 적어도 다음과 같은 질문이 탐구되거나 답변될 수 있다.

① 독자로 하여금 읽고 나서 멈추게 만든 맨 처음 50행에는 무엇이 있었는가?
② 60행~67행은 왜 읽어 나가기가 그렇게 어려웠는가?
③ 독자가 120행 다음에 왜 다시 70행으로 되돌아가서 읽었는가?
④ 그 뒤에 왜 120행으로부터 덩잇글 끝까지는 읽기가 수월하였는가?

대화를 통한 탐구는 첫 번째 50행까지 서론이 들어 있고, 다음 20행까지는 집필자의 의도들이 자세히 설명되어 있으며, 앞선 조사 연구들이 언급되고 있다 등등을 보여 줄 수 있다. 이런 방식으로 포착된 읽기 전략들을 읽기 결과물들과 관련지을 수도 있고, 주어진 덩잇글 또는 덩잇글 유형에서 특정한 전략들이 어떻게 개별 독자들에게 모종의 결과로 이끌어갈 수 있는지 보여 줄 수 있다. 학습자들이 자신의 행위와 덩잇글을 관련짓고 원래의 읽기 경험을 재구성함으로써 자신의 읽기 과정을 탐구해 나감에 따라서, "가치 깃든 평정이 독자/학습자의 목적·전략·결과물에 대한 검토로 이끌어간다."(해뤼-오그스타인·토머스 1984: 265쪽)

최근에 컴퓨터에 의해 통제되고 눈동자 움직임 사진술과 연계된 좀 더 복잡한 설비가, 행동의 훨씬 더 미세한 세부사항들을 포착할 수 있게 해 주었다. 이는 독자의 처리과정에 대한 유용한 진단 정보를 제공하기 위하여 지연시간 기록(records of latencies, 대기시간 기록) 및 덩잇글의 분석과 결합될 수 있다. §.9-6 컴퓨터를 이용한 시험 시행과 평가를 보기 바란다.

3) 교실수업 대화

이미 §.7-4에서 격식 없이 시행하는 평가 방법으로서 읽기 학술모임의 이용을 살펴보았다. 평가 주체(흔히 교사임)와 독자 또는 모둠으로 된 독자들 사이에 간단한 대화도 교실 수업에서 이용될 수 있겠지만, 대규모 시험 상황에서는 불가능하다. 그런 대화에서 독자들에게 여러가지 질문을 던질 수 있다. 가령, 어떤 덩잇글들을 읽었는지, 그것들을 얼마나 좋아하였는지, 그 덩잇글들의 중심 생각들이 무엇인지, 읽는 과정에서 어떤 어려움을 겪었는지, 비교적 문제없이 알아낸 것이 무엇인지, 왜 그런 덩잇글들을 선택하였는지, 그것들을 다시 읽을지 여부 등등이다. 분명히 이런 질문들은 평가의 목적에 맞추어 선택되고 표현되어야 할 것이다. 일부 질문은 학습자들이 얼마나 많은 독서를 하는지, 어떤 종류의 읽기를 학습자들이 가장 즐거워하거나, 아니면 어떤 종류의 읽기를 가장 어렵고 도전적이라고 느끼는지 등등에 대한 감각을 얻는 데 맞물려 이용될 법하다. 만일 시도되고 있던 바가 좀 더 읽기 습관의 조사에 관한 것이었더라면, 질문이 사뭇 일반적 수준에 머물러 있었을 법하다. 또는 만일 독자들이 특정한 절을 다 이해하였는지 아니면 어려움을 극복하기 위하여 특정한 전략들을 이용하였는지 여부에 대한 정보가 필요하였더라면, 질문들이 좀 더 특정한 덩잇글이나 그 덩잇글의 일부에 자세히 초점 모아졌을 법하다.

질문들의 표현 방식(wording)은 이해 가능성과 요구된 정보를 이끌어

내는 학습자의 능력을 놓고서 점검될 필요가 있을 듯하지만, 읽기에 관한 이런 종류의 대화가 지닌 장점은, 정보 제공자(학습자)가 질문을 이해하지 못하였거나 오해하였을 경우를 직접 조사자 또는 평가자에게 경험시킴으로써, 동일한 정보를 이끌어내기 위한 어떤 다른 방법을 마련하거나 수정하도록 해 준다는 것이다.

그런 대화들이 처리과정 및 전략들에 대한 통찰력을 얻거나 평가하는 데에 어떻게 이용될 수 있는 것일까? 이미 암시한 바대로, 한 가지 방식은 현재 논의 중인 읽기에 대한 모종의 기록지와 함께 이런 대화가 수반되도록 하는 것이다. 녹화나 녹음물, 읽기 기록지, 또는 심지어 독자가 잊지 않으려고 여백에다 적어 둔 비망 기록의 덩잇글까지도 대화에 수반될 수 있다(Schmidt and Vann 1992). 그렇다면 처리과정 및 전략들의 회상이 기록지에 근거하여 자극으로 제시될 수 있다. 예를 들어 독자들이 어려움이나 오해를 겪는다는 증거를 보여 주는 경우에, 그들에게 다음과 같이 질문을 던질 수 있다.

① 어려움의 본질이 무엇이었습니까?
② 여러분이 왜 이해하지 못하였습니까?
③ 비록 일부라 하더라도 여러분은 무엇을 이해하였습니까?
④ 여러분이 이해하지 못하였거나 오해하였음을 스스로 깨달았습니까?
⑤ 이것을 여러분은 어떻게 주목하였습니까?
⑥ 이런 오해에 대하여 여러분이 무엇을 하였습니까/실행할 수 있었습니까?

그와 같은 탐구적이며 비교적 활짝 열린 대화를 진행해 나가면서, 예기치 않은 반응과 통찰력이 부각되는 일이 전적으로 가능하지만, 이는 좀 더 구조화되고 닫힌 기법을 이용할 경우에는 훨씬 그러하지 않을 듯하다.

가아너 외(Garner et al. 1983)에서는 응시생들의 정신 처리과정을 외현적으로 내보이기 위하여 '개인 지도(tutor)' 방법을 논의한다. 그들은 응시생들에게 가르치는 역할을 맡도록 요구하였다. 즉, 더 어린 독자들을 상대로 개인 지도를 하면서, 나이가 어린 독자를 도와주기 위하여 개인 지도교사가 질문들에 대답하는 과정을 관찰 가능하도록 외현화해 주어야 할 것이라고 가정한다(그들의 목적은 외현화된 처리과정들을 연구하는 것이었고, 결과물을 가르치는 일은 아니었음).

6학년 학습자들에서 유능한 독자들과 빈약한 독자들이, 모두 4학년 독자들을 개별 지도를 하기 위하여 선발되었다. 초점은 저학년 독자들을 도와 덩잇글에 대한 이해 질문에 대답하도록 하는 개인 지도교사(교습자)에게 모아져 있었다. 덩잇글의 주제는 개인 지도교사(교습자)와 저학년 학생 누구에게도 낯선 것으로 예상되었다. 저학년 학생들에게 관여하도록 장려하는 도로 살펴보기(look-backs)의 횟수에 의해, 6학년들 중에서 양호한 이해 주체와 빈약한 이해 주체가 구별되었다. 양호한 이해 주체는 또한 자신의 저학년 독자가 자신의 배경지식에 근거하여 질문에 대답을 할지(즉, 독자로 하여금 자신의 고유한 경험이나 지식으로부터 답변을 마련하도록 요구함), 아니면 덩잇글에 근거한 질문에 대답하기 위해 덩잇글을 이용할지 여부를 훨씬 더 잘 구별해 놓았다. 비슷하게 양호한 이해 주체는 시작에서부터 끝날 때까지 단순히 덩잇글만 읽는 것이 아니라, 오히려 덩잇글에서 좀 더 표본을 많이 추출해 보도록(≒일반화하도록) 장려하였다. 양호한 이해 주체는 도로 살펴보기가 왜·언제·어디서 이용되어야 하는지를 자각하고 있음을 실증해 주었다. 빈약한 이해 주체는 그러하지 못하였다(빈약한 교습이었음). 양호한 이해 주체는 복잡다단한 도로 살펴보기 전략을 실증해 주었다. 이런 개인 지도 방법은 전략 이용과 상위 인지에 대한 통찰력을 얻는 데 현저히 밝은 전망을 지니고 있는 듯하다.

4) 즉각적인 애초생각 회상[24]

이미 §.7-2-6에서 이해를 평가하는 한 가지 방법으로 자유 회상 또는
즉각적인 회상의 이용을 살펴보았고, 그런 애초생각들이 읽기 처리과
정에 대한 통찰력을 위하여 이용될 수 있다는 버언하앗(Bernhardt)의
신념을 언급하였다. 이 책에서 제시된 얼개와 크게 다르지 않게 덩잇글
과 독자(독자를 그녀는 '지식'으로 부름) 요인들에 관한 임의의 모형을
이용한 자신의 분석에 근거하여(버언하앗 1991: 120쪽 이하 계속됨),그녀
는 읽기 처리과정에 영향을 끼치는 ① 세 가지 덩잇글에 근거한 요인들
과 ② 세 가지 지식(배경지식)에 근거한 요인들을 찾아내었다. ①에는
(ㄱ) 낱말 인식, (ㄴ) 음소/글자 해독, (ㄷ) 통사 자질 인식이 있고, ②에는
(ㄱ) 덩잇글 내부 짜임(intratextual) 지각, (ㄴ) 상위 인지, (ㄷ) 이미 갖춰
진 배경지식이 있다. 그녀는 독일어 및 스페인 어로 된 덩잇글을 놓고서,
학생들에게 읽고 나서 곧장 그 덩잇글들을 회상하도록 함으로써, 학생
들의 이해에 관한 자료를 모아 놓은 다음에, 이들 여섯 가지 요인들이
작동하고 있음을 보여 주기 위하여 애초생각들을 분석하였다(버언하앗
1991: 123~168쪽).

회사의 업무 편지(≒공문)를 위한 표준 서식들에 관하여 사진 배경지
식이 결여되어 있다면, 공문을 누가 누구한테 쓰고 있는지에 관하여
오해로 이끌어가게 된다. 애초생각들에서 괄호 속에 있는 별도의 촌평
은, 덩잇글의 이해를 위하여 애써 상위 인지를 이용하고 있는 독자들을
보여준다. 그렇지만 일단 해석을 시작한다면, 그들은 그 의미에 집착하
고 중요한 텍스트 상의 특징들을 무시해 버리는 경향이 있다.

통사에 있는 문제들은 이해를 지연시키고, 지속되어 이어지는 해석들

---

24) (역주) protocol(애초생각)에 대해서는 10쪽 §.1-2의 역주 12)와 97쪽 §.2-2-4의 역주 23)을
보기 바란다. 이것을 이용하는 데 적어도 다섯 가지의 제약이 있으므로, 합당한 결과를 얻어
내려면 반드시 그런 점들을 피할 수 있는 방법을 미리 고안해 내어야 할 것이다.

에 서로 잘 맞추기 위하여 문장들을 분석하는 시도들은, 집필자의 원래 의미로부터 외려 훨씬 멀리 떨어진 의미 쪽으로 이끌어간다. 심지어 사소한 통사 오류들(가령 단수 명사를 복수 명사로 오해하기 따위)까지 오해로 이끌어간다. 중의적인/애매한 어휘가 종종 독자들의 이해에 영향을 미치지만, '*gesprochen*(독일어, 누구와 더불어 이야기하다)'과 '*versprochen*(독일어, 누구에게 약속하다)', '*sterben*(독일어, 영면하다, 죽다)'과 '*streben*(독일어, 열망하다)' 사이에 있는 형태 유사성처럼 심지어 음소 글자의 특징도 점검되지 못하는 오해로 이끌어 갔다. 이미 갖춰야 할 배경지식의 결여도 문제가 됨이 밝혀졌지만, 관련된 덩잇글의 특징들과 상관없이 학습자들이 미리 갖고 있던 자신의 지각 내용이 해석에 영향을 미침에 따라, 이미 갖춰진 관련 배경지식의 존재도 또한 오해로 이끌어갔음이 흥미롭다.

그렇지만 버언하앗(1991)에서는 그 모형에서 어떤 단일 요인도 정확히 독자의 전반적인 이해를 설명할 수 없음을 지적하기에 애를 쓴다. 이해는 독자가 덩잇글을 이해하고자 노력함에 따라 오히려 복합적인 묶음의 상호작용적 처리에 의해서 특성지어진다.

> "비록 읽기 처리과정에서 어떤 요소들이 특정 시간에 다른 요소들보다 좀 더 활발하게 상호작용하는 듯하지만, 그것들 모두가 덩잇글을 놓고서 진전되어 나가는 독자의 지각에 기여한다."(버언하앗 1991: 162쪽)

즉각적인 애초생각 회상에 대한 분석이 어떻게 독자가 덩잇글을 제대로 해석하고 그리고 잘못 해석하게 되는지에 대한 유용한 통찰력을 산출할 수 있을지 보여 주는 일이 이외에도, 버언하앗(1991)에서는 그렇게 산출된 정보가 또한 수업 목적을 위해서도 이용될 수 있다고 주장한다. 달리 말하여, 즉각적인 애초생각 회상에 대한 분석이 진단적·형성적 평가 목적들에 기여할 수 있는 것이다. 버언하앗(1991)에서는 애초생각 회상을 통해서 교사가 이해를 간섭하여 가로막는 듯한 문화적·개념적·

문법적 특징들을 언급할 수 있으므로, 다음 시간의 수업을 위하여 학생들이 생성한 자료들을 이용할 수 있음을 시사한다. 그녀는 이를 실행하는 실용적 방식을 제안하는데, 한 명의 학생에게 자신의 회상을 읽도록 요구하고, 그런 다음에 다른 학생들이 거기에 대한 분석과 토론에 참여할 수 있는 방식이다. 버어키마이어(Berkemeyer 1989)에서도 또한 그런 애초생각들에 대한 진단적 이용을 예시해 준다.

대규모 평가나 심지어 교실 수업 평가에 대한 관점으로부터 나온 사뭇 명백한 제한점은, 그런 기법이 적용하기에 너무 시간이 많이 소비된다는 점이다. 비슷한 비판이 단서 착각 분석이라는 일반적으로 이용되어 왔던 방식에 적용되었는데, 현재로서는 여러 한계 때문에 덜 보편적이다.

5) 단서 착각 분석

단서 착각(miscues)이란 큰 소리로 읽을 경우에 관찰된 응답이 예상 답변과 차이가 나는 경우에 경험하게 되는데, 해당 쪽 위에 적혀 있는 실제 낱말이나 낱말들이 착각을 일으킨다(Wallace 1992). 1970년대에 조사 연구자들은 읽기 처리과정을 연구하고 나이 어린 제1 언어 독자들을 평가하려는 두 가지 목적을 위하여, 큰 소리로 읽는 읽기 과제를 통하여 끌어낸 이른바 단서 착각의 분석을[25] 빈번히 이용하였다. 일부 조사 연구자들은 이런 기법을 제2 언어 독자들에게도 적용하였는데, 뤼그(Rigg 1977)을 보기 바란다.

구드먼(Goodman) 교수는 읽기 처리과정을 들여다볼 수 있는 창문으로서, 그리고 독자들이 읽으려고 기를 쓰는 바를 놓고 어떻게 이해를 해 나가는지를 분석하고 진단하는 도구로서, 부주의하게 빠뜨리는 일

---

25) (역주) 9쪽 §.1-2의 역주 10)과 102쪽 §.2-2-6의 역주 28)에 관련문헌을 적어 두었다.

(omissions, 누락)을 포함하여 단서 착각의 분석을 옹호해 왔다. 구드먼 (1969), 구드먼·버억(Goodman and Burke 1972), 구드먼(1973)을 보기 바란다.

단서 착각은 덩잇글로부터 부주의하게 낱말들을 빠뜨리는 일도 포함한다. 구드먼·골래쉬(Goodman and Gollasch 1980)에서는 독자들이 큰 소리 내어 읽는 동안에 왜 덩잇글로부터 낱말들을 빠뜨리는지 그 이유에 대한 설명을 제시한다. 그들은 빠뜨리는 일이 의미에 대한 독자의 탐구와 통합되어 있다고 주장한다. 의미가 교란되는 경우에, 낱말들을 빠뜨리는 일이 이해의 상실로부터 이해를 창조함에 따라 귀결되어 나올 것 같다. 신중함이 없이 빠뜨리는 일들이 덩잇글로부터 의미를 구성하는 일에서 독자의 강점을 보여 줄 수 있다. 어떤 것들은 언어 능숙도를 드러내어 주는 덩잇글의 변형 내용이다. 다른 것들은 잉여성의 인식을 보여 준다. 왜냐하면 그렇게 빠뜨리는 일이 의미에 영향을 거의 지니지 못하기 때문이고, 반면에 다른 것들은 빠뜨려진 낱말에 제시된 정보가 기대되지도 예측되지도 않은 지점들에서 일어나기 때문이다. 어떤 것들은 덩잇글의 언어와 차이가 나는 방언이나 제1 언어 차이점들로부터 비롯될 수 있고, 다른 것들은 위험하게 잘못되는 상태를 피하려는 전략의 일부로 간주될 수 있다.

단서 착각 분석에서 분명한 문제점들 중 한 가지는, 단서 착각의 기록과 분석이 관찰된 반응을 예상된 정답과 자세히 비교하는 일을 포함하여 시간이 너무 많이 소요된다는 것이다. 전형적으로 단서 착각 분석을 보고하는 논문들은 오직 한두 명의 실험 참가 학생들만을 다루고 두드러지게 자세히 결과들을 제시한다. 비록 데이뷔스(Davies 1995: 13~20쪽)에서 단서 착각 분석이 제1 언어와 제2 언어 읽기 수업에서 널리 이용된다고 주장하고, 단서 착각들이 어떻게 녹음되고 분석될 수 있는지에 대한 사례들을 제시하였지만, 그런 분석들이 교실 수업 평가 목적을 위하여 실용적일 것 같지는 않다.

그뿐만 아니라 그런 분석이 불가피하게 주관적이다. 비록 자세한 편람이 단서 착각 분석에서 교사들을 안내하고 훈련하기 위하여 출간되어 있지만(가령 Goodman and Burke 1972), 궁극적으로 단서 착각을 놓고서 분석 주체(교사)에 의해 제시되는 근거들이 사변적이고 종종 정보가 없다. 단서 착각은 예상 정답에 대해서 글자·소리·형태·통사·의미 유사성을 분석하게 되지만, 왜 그런 답변이 나왔는지에 대해서는 추론이나 짐작하는 정도에 불과하다. 독자들이 실제로 한 낱말을 다른 낱말로 실수로 오해할 수 있는데, 아마 해당 덩잇글에서 예기치 않은 전환을 한 경우라도 줄곧 하나의 해석만 예상하고 있었기 때문일 것이다. 그렇지만 그런 잘못된 예측이 정상적인 읽기의 일부이며, 추가적으로 대화나 정보를 얻지 못한다면 개인의 전략들에 대하여 많은 것을 드러내어 주지 못한다.

단서 착각이 낱말 차원의 정보에 초점을 모으기 때문에, 덩잇글 조직 내용, 독자가 실행해 나가는 추론하기, 점검하기와 독자가 읽기에서 실행하는 평가 따위와 같이, 읽기의 이해와 관련된 많은 정보가 탐구되지 않은 채 남아 있다. 사실상 단서 착각 분석은 그 유용성에서 초보 독자들에게만 국한될 듯하며, 읽기 처리과정의 충분한 특성화와 진단을 가동시켜 주기에는 유용성이 떨어진다. 물론 전체 절차가 입말로 글 읽기에 근거하고 있으며, 그러는 동안 독자가 이해를 위한 읽기를 하는 것이 아니라 '낭독하기'만을 할 소지도 있다. 고급 수준의 독자들이 실행하는 묵독은 사뭇 다른 처리과정으로 귀결될 것 같다.

6) 자기평가

자기평가는 점차 학습자 능력 및 처리과정에 대한 정보를 얻는 유용한 원천으로 간주되고 있다. 외국어 맥락에서 자기평가에 대한 상위-연구(meta-studies)로서 로스(Ross 1998)에서는 외국어 능력에 대한 자기평가 및 그런 능력의 검사 사이에서 0.7 이상 위계의 상관성을 보여 주었다.

이미 읽기에서 자신의 능력에 대한 학습자들의 견해를 얻기 위하여 '할 수 있다 진술(Can-Do statements)'로 된 자기평가의 이용을 살펴보았다. 예를 들어, 제4장에서 언급된 '누리집 이용 언어 진단 검사(DIALANG)'는 학급 배치와 비교 목적을 위한 자기평가 도구로 이용된다.

동일한 '누리집 이용 언어 진단 검사(DIALANG)'의 자기평가 도구들도 학습자의 읽기 전략들에 대한 정보를 얻기 위하여 시도하고 있다고 논의될 수 있는 진술들을 담고 있다. 따라서

수준 A1	나는 가령 덩잇글의 부분들을 익숙한 이름·낱말·기본 어구들을 함께 배열하면서 거듭거듭 읽음으로써 아주 짧고 간단한 덩잇글을 이해할 수 있다.
수준 B1	나는 분명하게 쓰여진 논쟁적 덩잇글에서 주요한 결론을 찾아낼 수 있다.

그리고

수준 B1	나는 덩잇글에서 논점의 일반적인 전개 노선을 인식할 수 있지만, 반드시 아주 자세히 인식하는 것은 아니다.
수준 B2	나는 읽기와 덩잇글의 유형에서 나의 목적에 따라 상이한 유형의 덩잇글을 서로 다른 속도로 그리고 서로 다른 방식으로 읽으면서 많은 종류의 덩잇글들을 아주 쉽게 읽을 수 있다.
수준 C1	나는 어려운 부분을 거듭 읽을 수 있다면 서로 다른 유형의 길고 복잡한 덩잇글들을 광범위하게 자세히 이해할 수 있다.

우리는 쓰여지고 있는 자기평가 진술들을 읽기 전략들의 분류법에 근거하여 그려볼 수 있다. 이는 자기평가로 이뤄진 능력 및 다른 도구로 측정된 능력 사이의 관련성에 대한 조사 연구를 위하여 상당한 잠재성을 제공해 줄 수 있다. 심지어 전략들에 대한 검사가 고안될 수 없음이 입증된다고 하더라도, 이런 진술들은 유용해질 수 있다. 왜냐하면 자기평가로 이뤄진 전략 사용이 특히 자기평가에서 특성(즉 일반적인 업무나 능력의 상태에 대한 진술)뿐만 아니라 또한 상태(즉 읽기 검사를 치르는 동

안에 정보를 알려 주는 응시생이 막 겪은 처리과정)에 대해서도 언급해 놓았다면, 특정한 검사 수행과 관련될 수 있기 때문이다. 그런 자기평가는 우리들에게 문항들이 무엇을 검사하고자 의도되었는지에 대한 내용, 그리고 응시생들이 자신이 겪었다고 보고한 내용 사이에 있는 관련성을 탐구하도록 해 줌으로써, 읽기 검사의 타당성 확보를 위하여 아주 유용한 도구가 될 듯하다. 물론 이상적으로만 보면 특히 내성 방법으로 얻는 자료와 같이 처리과정에 대한 다른 자료 자원들에 의해서도 같이 수반되어 진행됨으로써 '삼각 측량'이 이뤄져야 할 것이다. 실제로 퍼퓨뤄(Purpura 1997)에서 그리고 올더슨·배너쥐(Alderson and Banerjee 1999)에서는 응시생의 특징 및 응시생의 수행 사이에 있는 관련성을 검사하는 데에 쓰기 위하여, 읽기의 측정을 포함하여 언어 학습 및 언어 사용 전략들에 대한 자기평가 일람표를 고안해 놓았다.

§.9-5. 조사 연구자들에 의해 쓰인 그 외의 여러 기법들

장(Chang 1983)에서는 읽기 연구를 동시 시행 및 순차적 시행으로 이용하기 위한 방법을 고안해 놓았다. 순차적 방법은 기억 효과와 부호화된 표상을 살펴본다. 그는 추가적으로 간섭하는 방법 및 간섭 없는 방법을 구분해 놓았다. 전자는 읽기 과정을 그들이 측정하고자 하는 바대로 왜곡시켜 버릴 위험이 있고, 후자의 결과는 정확히 해석해 내기에 어려움이 아주 많을 듯하다. 그는 〈도표 9-10〉에서 보여 주듯이 이런 두 갈래의 범주에서 상이한 방법들에 대한 유용한 도표를 제시해 준다. 가령 탐사 재인 과제, 해드폰을 써서 듣는 동안에 다른 쪽 귀로 특정 부분에 방해 소리를 내보내어 방해하기 과제, 눈-목소리 폭, 회상하고 인식하여 질문에 대답하기, 근육운동 기록(근전계), 눈동자 움직임(안구운동) 추적, 읽기 시간 측정 따위이다.

〈도표 9-10〉 읽기 연구에 이용된 여러 가지 방법: 읽기 연구 기법의 분열

측정 시간	조사자가 간섭함		간섭 없이 자율적인 응답임	
	기법 이름	중심 논제	기법 이름	중심 논제
동시적	탐사 재인 과제26) (Britton et al 1978)	인지 능력	근전계 (Hardck & Petronovich 1970)	무의식적인 음성 하부근육 동작
	따라 말하기(shadowing)27) (Kleiman 1975)	음운 부호	뇌파의 사건 관련 전위(ERPs) 측정28) (Kutas & Hilyard 1980)	맥락
	눈-목소리 폭29) (Levin & Kaplan 1970)	통사 구조	눈동자 움직임 추적30) (Rayner 1975)	지각 폭
	탐색(search) (Krueger 1970)	글자 분출(letter springs)의 친숙성	읽기시간 측정 (Aaronson & Scarborough 1976)	지시 사항
순차적	회상 (Thorndyke 1977)	이야기 구조	전이 (Rothkopf & Coatney 1974)	덩잇글 난이도
	재빨리 순차적 시각물 제시하기(RSVP)31) (Forster 1970)	심층에 있는 절 구조		
	인식 (Sachs 1974)	정확한 표현 대 의미		
	질문 답변하기 (Rothkopf 1966)	부가 질문		

*출처: Chang 1983: 218.

---

26) (역주) 읽기의 처리과정을 실험실에서 조사할 경우에는 크게 ① 소리 차원, ② 글자 차원, ③ 낱말 차원, ④ 통사 차원, ⑤ 의미 차원, ⑥ 미시 영역의 담화 차원, ⑦ 거시 영역의 담화 추론 차원 따위로 세분하여 각각 독자적인 연구 방법들을 계발하고 이용해 왔다. 본문의 probe RT는 probe recognition task의 줄임말로 보인다. 심리학에서 RT는 흔히 '반응 시간 (reaction time)'의 약자로 쓰이지만 여기서는 무관한 듯하다(반응 시간은 어떤 실험에서도 기본적으로 측정되어야 하기 때문임). 이정모·이재호 엮음(1998: 167쪽), 『인지 심리학의 제문제 II: 언어와 인지』(학지사)에 실린 이재호·김성일, 「제5장. 언어 이해 과정의 연구 방법」을 보면 문장이나 낱말을 자극 단어로 제시하고 거기에 대한 반응을 조사하는 방법을 '판단 과제'라고 부른다. 판단 과제에는 크게 '탐사 재인 과제(probe recognition task)' 및 낱말 판단 과제(lexical decision task)로 나뉜다. 전자는 점화된(≒점화 자극이 주어진) 재인 과제(primed recognition task)로도 불린다. 탐사 재인 과제는 목표 낱말이 맥락 문장 속에 있었는지를 판단 기준으로 사용하지만, 낱말 판단 과제는 목표 자극이 낱말인지 여부를 판단 기준으로 사용한다. 또 같은 책, 169쪽에 판단 과제에 대한 평가를 보면, 탐사 재인 과제는 구체적 사건(episodic) 기억에 민감하지만(반응 시간이 700~1200ms임), 낱말 판단 과제는 일반화된 의미 기억에 민감하다고 언급하였다(반응 시간이 500~800ms임).

한편, 같은 책에 실린 김지순·Taft의 글 「제6장. 읽기 과정에서의 어휘 처리」를 보면, 오직 낱말을 처리 방식을 실험하여 알아내는 방법에만 국한할 적에도 다시 하위로 다섯 가지 이상의 조사기법이 있음을 알 수 있다. 먼저 직접 인출 과제와 간접 인출 유도 과제로 대분 되는데, 모두 과제 수행에 대한 오류 비율 및 반응 시간을 측정하는 실험이다. 전자에는

ⓐ기계를 이용한 순간 노출 확인 과제, ⓑ이름 부르기 과제, ⓒ낱말 판단 과제가 있고, 후자에는 ⓓ점화 과제, ⓔ차폐 점화 과제가 있다. 그런데 소리 처리와 통사 처리와 의미 처리와 담화 처리를 연구하는 데에는 또한 각각 독자적인 연구 방법들이 모색되어 왔음에 유의하기 바란다.

27) (역주) 앤더슨(Anderson 1980; 이영애 뒤침 1987), 『인지 심리학』(을유문화사)의 51쪽에 shadowing(방해 자극이 주어지더라도 주의하여 듣고 '따라 말하기') 과제가 소개되어 있다. 두 쪽 귀로 듣는 내용이 서로 다를 경우에 무엇을 듣고 처리하는지를 조사하는 실험이다. "심리학자들은 shadowing(그림자처럼 가려 방해하더라도 귀 기울여 듣는 내용을 '따라 말하기') 과제에서, 주의를 기울이지 않는 메시지는 전혀 처리되지 않음을 발견해 왔다. 실험 참가자들은 주의하지 않는 메시지가 사람 목소리인지, 소음인지, 사람의 목소리라면 남성 인지, 여성인지, 그리고 말하는 사람의 성별이 바뀌었는지는 구분할 수 있었다. 그러나 실험 참가자들이 보고할 수 있었던 것은 오직 이런 초보 정보뿐이었다. 그들은 그 메시지가 어떤 내용으로 제시되었는지 구분하지 못하였고, 심지어 같은 낱말이 반복되었더라도 어느 것도 보고할 수 없었다. …"(번역 51쪽). 이영애 교수는 '그림자를 검사하다'는 뜻으로 검영(檢影) 이란 어려운 낱말을 만들었는데, 의미가 통하지 않는다. 그림자는 방해하는 요소이며, 비록 방해를 받더라도 제대로 주의하면서 따라 말을 하는지 여부를 점검하는 것이므로, 이런 모습에서 말을 만들어 주어야 한다. 필자는 아마 '방해물이 깃든 청각물을 따라 말하기' 또는 간단히 '따라 말하기' 정도로 번역해야 원래의 뜻이 포착될 것으로 믿는다.

28) (역주) 잉그뢈(Ingram 2007; 이승복·이희란 뒤침 2010: 74쪽), 『신경 언어학: 언어 처리와 언어 장애의 신경과학적 이해』(시그마프레스)를 보면, 사건 관련 전위 측정기법은 "피질 뉴런 집단의 합산된 활동 전위에서 발생하는 전압 변동을 두피의 전극에 기록하는 뇌파에 서 발전"되었다. 뇌파 측정기록 수집법이 아주 자세히 설명되어 있는데, 시각각 감각 자료를 제시 받은 뒤에 대략 400밀리초(ms)에서부터 의미로 바꾸는 처리가 일어난다고 지적하였 다. 이정모 외 17인(2003: 71쪽), 『개정판 인지 심리학』(학지사) '뇌파 측정기법'에서 다음처 럼 장점을 서술하였다. "사건 관련 전위 측정기법은… 동일한 자극을 반복 제시하고, 각 자극에 의해 유발된 전위들을 평균하여 측정치를 얻는 기법이다. … 이 기법의 장점은 시각 적인 해상도가 아주 높아서 뇌활동의 변화를 천분의 1초 단위로 보여 줄 수 있다는 것이다."

29) (역주) 흔히 언어 심리학에서는 눈(안구)과 마음 사이의 간격이나 폭으로 부르는데, 눈으 로 보고 파악한 뒤에 다시 반응을 보이는 시간 간격을 가리킨다. 역주 26)에 있는 이정모·이 재호 엮음(1998)의 164쪽 이하 '눈 움직임 추적 과제'의 설명을 보기 바란다. 본문에서는 '눈-목소리 폭(eye-voice span, 반응 실행에 소요된 간격)'으로 부르고 있으므로, 눈으로 통사 차원의 자극이 입력되고 나서 목소리로 전체 문장에 대한 출력 반응을 내 보내는 시간 간격 을 의미하는 것으로 이해된다.

30) (역주) 눈동자 움직임 추적은 8쪽 §.1-2의 역주 8)과 44쪽 §.1-6의 역주 51)과 126쪽 §.2-4의 역주 46)을 보기 바란다.

31) (역주) 앞의 역주 26)에서 낱말 처리과정을 조사하는 기법들을 언급하였다. 그런데 자극 낱말을 제시하는 방식에는 크게 두 가지 있다. 하나는 자율 조절(self-pace) 방식으로서 주로 읽기 과제에서 이용된다. 다른 하나는 강제 제시 방법으로 판단 과제나 조음 과제에서 이용된 다. 역주 26)의 이정모·이재호 엮음(1998)에 실린 이재호·김성일, 「제5장 언어 이해 과정의 연구 방법」, 159쪽을 보면, 재빨리 순차적 시각물 제시하기(rapid sequential visual presentation, RSVP) 기법은 정상적인 읽기에서 한 낱말이 처리가 400~500밀리초(ms)에 이뤄지므로(1초당 대략 낱말 2개를 처리), 이보다 빨리 낱말당 200밀리초(ms)나 300밀리초(ms)에 자극 낱말을 제시하게 된다(1초당 낱말 3~5개 제시). 잉그뢈(Ingram 2007; 이승복·이희란 2010: 122쪽)에 서도 발화시에 1초당 2~3개의 낱말을 전달한다고 언급하였으므로, 앞에 제시된 수치와 큰

1) 언어/부호 해독[32) 소요 시간

이미 §.2-4에서 몇몇 읽기의 모형에서는 언어(기호, 부호) 해독과 같은 기본적 처리과정에 대하여 주의를 배당하는 일이 이해에 포함된 좀 더 전반적인 처리과정을 희생시킨다고 가정하고 있음을 살펴보았다. 따라서 느린/더딘 해독 소요 시간이 주의력을 더 많이 쏟도록 요구함을 가

차이가 없다. 그렇지만 이런 수치가 연구자에 따라 달리 제시되기도 한다. 특히, 역주 28)의 이정모 외 17인(2003 개정판)에 실린 이광오·김영진, 「제8장 언어 I: 이해」, 253쪽에 보면, 모국어인 영어를 읽는 독자의 경우 보통 1초당 6개의 낱말을 처리한다(낱말당 166ms)고 제시한 뒤에, '재빨리 순차적 시각물 제시하기'에서는 1초당 28개의 낱말 제시에도 의미 처리가 가능하다는 주장을 제시하였다. 일반적인 읽기에서 낱말 처리 속도가 두 논문 사이 (166ms : 400~500ms)에 무려 두세 곱절이나 차이가 나고, 재빨리 순차적으로 제시하는 실험의 경우(3~5개 낱말 : 28개 낱말)에는 무려 9곱절이나 차이가 난다. 두 논문의 수치 중 분명히 어느 하나는 잘못일 듯하다. 한편 이광오·김영진(2003)에서는 입말의 경우에 1초당 3.3개 낱말을 처리하고, 녹음기로 신속한 재생을 할 경우에 1초당 8개 낱말까지 알아들을 수 있다고 제시하였다. 입말 처리보다 글말 처리가 능숙한 수준의 학습자에게서는 서로 차이가 클 것으로 짐작된다. 이재호·김성일(1998)에서의 글말 처리 수치는 이광오·김영진(2003)의 입말 처리 수치보다 조금 못 미친다. 앞으로 심리학에서 보다 타당성과 신뢰성이 있는 실험 측정값들이 제시될 필요가 있다.

한편, 작은 영역의 '낱말' 처리보다 더 큰 차원에서 '절' 또는 '명제'의 처리가 실제로 읽기와 관련된다. 킨취(Kintsch 1998; 김지홍·문선모 뒤침 2010), 『이해: 인지 패러다임, I~II』(나남)에서는 언어 처리를 시간 단위로 다루기보다는, 작업기억(working memory)의 일시 처리 용량으로 다루었다. 왜냐하면 인간은 기계가 아니며 단순히 단위 시간당 기계적인 처리 용량은 무의미하며, 덩잇글 처리의 주된 변인들로서 덩잇글 내부 변인과 독자의 배경지식 변인에 의해 크게 좌우되기 때문이다. 킨취 교수는 일시적으로 단순한 원자 명제가 대략 대여섯 개 또는 많아야 7개 정도가 동시에 처리된다고 보았다(명시적 언급은 번역 I권의 183쪽과 246쪽, 그리고 II권의 486쪽을 보기 바람). 그는 이런 추정도 자신의 실험 조건에서 도출된 것이므로, 실제 현장에서 일어나는 처리 분량은 앞으로 계속 추구되어야 할 과제라고 언급함을 잊지 않고 있다. 더욱이 애초생각(protocol) 분석 방법을 놓고 토대를 세운 심리학자 에뤽슨(Ericson)과 함께 최근에 전문영역의 처리를 위하여 인출구조의 그물짜임으로서 '장기 작업기억(long-term working memory)'의 존재를 주장하고 있으므로, 장기 작업기억에서 일시에 인출하여 붙들면서 새로운 명제들과 대조하고 처리하는 절이나 문장의 숫자는 더욱 증가할 가능성을 열어 놓고 있다.

32) (역주) 원문에는 encoding(부호 입력, 부호화)로 되어 있지만, 언어 부호를 해독하고 의미를 파악하는 decoding(해독, 해득)으로 써야 옳다. 이하 본문의 논의에서도 동일하다. 읽기 활동 자체가 decoding(부호 해독, 언어 해득) 과정이며, 반대로 글쓰기는 encoding(부호 입력, 언어 입력) 과정이다. 읽기 평가 논의에서는 모두 입력물에 대한 decoding(해독, 해득하는 일)이 첫 단계가 된다. 더구나 원문의 57쪽에서 명백히 'the ability to recognise words rapidly and accurately(낱말을 재빨리 그리고 정확히 인식하는 능력)'이라고 서술해 놓았으므로, 응당 decode라야 옳다. 127쪽 §.2-4의 역주 47)에서도 또한 동일하게 저자의 교정 오류를 지적해 두었다.

리킨다면, 더딘 해독 소요 시간이 더 낮은 이해에 대한 간접 원인이 될 수 있다. 마티네즈·존슨(Martinez and Johnson 1982)에서는 읽기 처리의 일부에 대한 표지로서 해독 소요 시간을 조사하였다. 그들은 실험 참가자들을 간략한 지속 시간 동안에 검사 과제에 노출시켰는데, 평균 이상의 제1 언어 어른 독자가 무관한 철자들의 묶음을 해독하는 일이 포함된 과제를 놓고서 평균 독자들보다 더욱 수행을 잘한다고 보고하였다. 따라서 해독 소요 시간이 읽기 능숙도에 대한 좋은 예측 요소가 됨을 시사하였다. 또한 추가적으로 있을 수 있는 진단 도구로서 해독 소요 시간의 이용도 시사해 주었다.

2) 낱말 확인하기 과정

조사 연구자들은 읽기에서 두 가지 낱말 확인 과정을 구별해 놓았는데, 음운 처리과정과 철자 처리과정이다(제2장을 보기 바람). 낱말 확인 기술은 읽어 나가는 동안 이해로부터 그리고 인쇄된 시각 기호로부터 나온 정보에 의해 도움을 받는다. 후자는 음운뿐만 아니라 철자 정보를 포함하고 있다. 음운 처리과정은 소리-글자 일치 및 낱말의 음운구조에 대한 자각을 요구한다. 그러나 철자 처리과정은 좀 더 낱말에 특정적인 것으로 보인다. 철자 지식은 특정한 시각/철자 유형들에 대한 기억을 포함하며, 때로 어휘지식으로 가리켜진다.

베이커 외(Baker et al. 1992)에서는 서로 다른 다섯 가지 읽기 과제를 놓고서 철자 처리 기술의 역할을 조사하였다. 조사 연구의 목적은 서로 다른 읽기 과제들에서 다른 기술들에 대하여 철자 확인 기술의 독자성/독립성을 탐구하려는 것이었다. 그들의 측정 방식은 사뭇 이례적이었으며, 일반적인 검사 시행 절차와도 차이가 났다.

음운 처리 기술

음운 선택 과제	아동들이 두 가지 무의미 철자 연결을 보고서 어떤 것이 실제 낱말인 듯이 발음되는지를 결정한다. 가령 'saip' 대 'saif'이다. 화면상으로 짝을 지운 자극물이 제시되고, 25가지 자극물에 대한 대기시간(지연시간)과 정확성 측정값이 수집된다. 대기시간 및 오류의 숫자 사이에 상관은 0.20이었다.[33]
음소 탈락 과제	실험 주관자가 한 낱말을 발음하고서 아동에게 하나의 음소가 탈락된 뒤에 어떤 낱말이 남게 되는지를 묻는다. 가령 'trick(속임수)'의 경우에 어린이에게 'tick'을 만들어 내기 위하여 이 낱말에서 'r'을 탈락시키도록 요구한다. 10개의 낱말로 된 두 묶음의 검사가 시행되는데, 한 묶음에서는 혼성어로부터 탈락시키도록 하고, 다른 묶음에서는 마지막 음소를 탈락시키도록 한다. 점수는 전체 정답을 20으로 나눈 뒤 얻어진다.

철자 처리 기술

철자 선택 과제	아동에게 소리가 비슷하게 들리는 두 가지 선택지로부터 올바른 철자를 선택하도록 요구한다. 가령 'bote(비-단어)'와 'boat(배)'이다. 이는 관습적인 철자 유형에 대한 지식을 측정하려고 마련된다. 실제 낱말 및 비-단어로 된 대안 낱말이 25개 짝으로 주어진다. 여기서 얻어지는 자료는 정답들에 대한 중앙값 반응시간 및 오답의 숫자이다.
같은 발음 중에서 선택 과제	아동이 먼저 '바늘과 실로 무엇을 할 수 있습니까?(What can you do with a needle and thread?)'와 같은 문장을 읽고 나서, 실제 같은 두 개의 음이 화면상으로 제시된다. 가령 'so(그래서)'와 'sew(바느질하다)'이다. 아동은 질문에 정답을 드러내는 낱말을 선택한다. 중앙값 반응 시간이 정답과 오류의 숫자에 대하여 계산된다.

비록 그런 측정값이 초보 제1 언어 독자들을 대상으로 이용되지만, 이것이 제2 언어 독자들의 기술을 평가할 수 있는 방식을 시사해 줄 수 있다. 만일 조사 연구가 유용성이 확보된다면, 아마 제1 언어에서 비슷한 측정값을 지닌 것들과 연결하여 두드러지게 진단적 잠재성을 생각해 볼 수 있다.

야마시타(Yamashita 1992)에서는 영어를 배우는 일본 학습자에 대한 낱말 인식(재인)[34] 측정값의 이용을 보고하였다. 그녀는 일본 학습자들

---

33) (역주) 상관은 1일 경우에 완전히 밀접한 상관을 보인다는 뜻이므로, 이 수치는 대기(지연) 시간이 길수록 오류가 많아지는 것이 아님을 의미한다. 자신이 없어서 대기시간이 좀 길더라도 올바른 판단을 내리는 경우도 종종 있다는 뜻이다.

의 영어 낱말 인식 기술을 검사하기 위하여 컴퓨터 기반 검사들의 흥미로운 다발(*battery*, 검사 묶음)을 계발하였다. 실제 낱말에 대한 인식, 사이비 영어 낱말에 대한 인식, 비-단어에 대한 인식, 숫자에 대한 인식, 개별 낱말의 의미 확인에 대한 측정값, 간단한 문장들에 대한 이해 따위이다. 그녀는 의미의 처리를 요구하지 않는 외국어 기술이 외국어 읽기 이해와 관련되지 않는다고 결론을 내렸다. 흥미롭게도 낱말 인식 효율성이 외국어 읽기 능력과도, 읽기 속도와도 관련되지 않았다. 이는 낱말 인식 효율성과 맥락으로부터 모르는 낱말의 의미를 짐작하는 능력이 서로 사뭇 무관한 기술임을 시사해 준다.

3) 낱말 의미 짐작하기 과정

때로 맥락으로부터 모르는 낱말의 의미를 짐작하는 능력이 '기술(*skill*)'로 간주되기도 하는데, 다른 경우에는 전략(*strategy*)이라고 불리기도 한다. 그럼에도 불구하고, 아무리 우리가 어휘 능력 및 짐작하기를 따로 분류하려는 선택을 하더라도, 이것들이 다 함께 읽기 처리과정의 중요한 구성부문이며, 따라서 조사 연구자들에 의해 이것들이 어떻게 작동되는지 또는 측정되는지를 살펴보는 일은 응당 가능한 평가 절차들에 통찰력을 제공해 주어야 한다.

올더슨·앨뷔뢰즈(Alderson and Alvarez 1977)에서는 맥락 이용 기술을 향상시켜 주려고 의도된 일련의 연습들에 대한 이용을 보고하였다. 전

---

34) (역주) recognition(인식, 알아차림, 재인, 확인)은 '다시 알다(know again)' 또는 마음속으로 회상하다(recall to mind)의 뜻을 지닌 라틴어 recognitio에서 나왔다. 미리 경험한 것이 기억 속에 들어 있어야 하므로, 심리학에서는 '재(再 다시)'를 붙여 굳이 '재인'이라고 번역한다. 필자는 '알아차림'이라는 우리말이 가장 적합한 듯하며(다만 길어서 복합어에 쓰기가 어려움), 인식도 기존의 유형들을 활용하는 것이므로 굳이 '재인'이라고 번역해야 할지 의문이다. 두 가지 점이 문제이다. 첫째, 일반 독자들이 제대로 '재(再)'를 새길 수 없을 듯하기 때문이다. 둘째, 만일 이런 용어를 쓸 경우에 '비-단어(non-word)' 또는 무의미 단어에는 적용할 수 없는데, 이런 대상이 전혀 이전에 본 적도 들은 적도 없기 때문이다. 여기서는 잠정적으로 '인식'이라고 번역해 둔다.

통적인 연습에서는 낱말 품사나 기능을 짐작하도록 하기 위하여 학습자로 하여금 형태 및 통사에 주의를 기울이도록 하는 일을 담고 있다. 올더슨·애뷔뢰즈(1977)에서는 낱말들 사이의 의미 관련성에 기반하여 맥락들을 구성하였고, 그런 의미 정보를 이용하면서 학습자들에게 무의미한 낱말(비-단어, 다음 예시에서는 밑줄을 그어 놓음)의 '의미'를 짐작하도록 장려하였다.

낱말 범주	제시 사례
하의어	'Michael gave me a beautiful bunch of flowers: roses, dahlias, marguerites, chrysanthemums, _nogs_ and orchids' (마이클이 내게 아름다운 꽃 한 다발을 주었는데, 장미, 다알리아, 마거리트, 국화, nogs, 난초 꽃이다) 'Even in the poorest parts of the country, people usually have a table, some chairs, a _roup_ and a bed' (심지어 그 나라의 가장 빈곤한 지역에서라도 사람들이 보통 식탁과 의자와 roup와 침대를 갖고 있다) 'Over the last 20 years, our family has owned a great variety of wurgs: poodles, dachshunds, dalmatians, Yorkshir terrriers and even St Bernards' (지난 20년 넘게, 우리 집에서는 다양한 wurgs를 길러 왔는데, 푸들 종, 닥스훈트 종, 달마시안 종, 요크셔 테리어 종, 그리고 세인트 버너드 종까지도 있었다)
반의어: 양립 불가능함	'If I don't buy a blue car, then I might buy a _fobble_ one' (만일 내가 파랑색 차를 사지 않는다면, 아마 fobble 색깔 차를 사겠지)
점진적인 반의 관계	'These reaction proceed from the group as a whole, and can assume a great variety of forms, from putting to death, corporal punishment, expulsion from the tribe to the expression of ridicule and the _nurdling of cordwangles_' (이런 반응들이 전반적으로 그 집단으로부터 나오는데, 아주 다양한 형태를 가정할 수 있다. 사형에 처하는 일로부터 시작하여 신체적 체벌과 부족으로부터의 추방을 거쳐 조롱하는 표현과 cordwangles의 nurdling에 이르기까지 다양하였다)
상보적 관계	'Well, if it isn't a _mungle_ horse, it must be female' (글쎄, 그게 mungle 말이 아니라면, 분명이 암말일 것이네)
유의어와 덩잇글 통사 결속	'If you asked an average lawyer to explain our courts, the _nerk_ would probably begin like this: our _frugs_ have three different functions. One _blurk_ is to determine the facts of a particular case. The second function is to decide which laws apply to the facts of that particular _durgle_' (만일 평범한 법조인에게 우리의 사법 제도를 설명하도록 요구한다면, 아마 nerk는 이렇게 시작할 것 같다. 우리 frugs는 세 가지 상이한 기능을 지닌다. 한 가지 blurk은 특정 재판의 사실들을 결정하는 것이다. 두 번째 기능은 그 특정한 durgle에 대한 사실들을 놓고서 어떤 법률을 적용할지 결정하는 것이다)

이런 연습들이 맥락으로부터 의미를 짐작하기 위하여 학습자들이 의미

관계를 탐색하고 이용할 수 있는지 여부를 알아보기 위하여 평가 절차로서 쓰일 수 있다.

카닌 외(Carnine et al. 1984)에서는 제1 언어 독자로서 4학년, 5학년, 6학년 학생들을 대상으로 하여, 어떤 상이한 종류의 맥락 정보가 맥락으로부터 모르는 낱말의 의미를 찾아낼 수 있도록 도움을 주는지 그 범위를 조사하였다. 단서의 명확성 및 학습자의 나이가 조사 대상의 변인들이었다. 명백성은 유의어로부터 대조(반의어 및 'not'에 의한 형식)와 추론 관계까지 변동하였는데, 모르는 낱말로부터 나온 단서들의 가까운 속성 또는 먼 속성들이다.

낯선 낱말들의 의미를 결정하는 일은 맥락 속에서 그 낱말들이 제시되어 있는 경우에 좀 더 쉽다(동일한 낱말이 고립된 채 하나만 제시되는 경우 대 지문 속에 들어 있는 경우임). 맥락으로부터 의미를 도출해 내는 일이 맥락 정보가 모르는 낱말과 더욱 가까울 경우에 좀 더 쉽다. 그리고 모르는 낱말이 비슷한 말의 형태로 제시된 경우가, 추론된 형태로 제시된 경우보다 더 쉽다. 나이가 더 많은 학습자들은 해당 낱말이 고립된 채 하나만 제시되거나 또는 맥락 속에 제시된 경우에 모두 더 자주 올바르게 대답을 하였다.

4) 상위 인지

우리는 이미 읽기 과정에서 상위 인지의 중요성을 §.2-2-4에서 살펴보았고, 무엇보다도 블락(Block 1992)의 조사 연구를 논의하였다. 제1 언어 독자들을 대상으로 하여 찾아낸 증거는, 이해 점검 과정이 외려 자동적으로 작동하며, 이해하지 못하고 실패하기 전까지는 쉽게 관찰되지도 않음을 시사해 준다. 이런 점검 과정을 놓고서 나이가 더 많고 좀 더 유창한 독자들은, 더 어리고 능력이 떨어지는 독자들보다도 더욱 통제력을 많이 지닌다. 능숙한 독자는 자신의 읽기과정을 통제하는 방

식을 더 많이 자각하고, 이런 자각 내용을 언어로 좀 더 많이 표현해
줄 수 있다(Forrest-Pressley and Waller 1984). 비록 유능한 독자들이 언제나
또는 모든 비일관성들을 주목하고 보고하는 것은 아니라 하더라도, 또
한 덩잇글에 있는 비일관성에 대하여 좀 더 예민하게 반응하는 듯하다.
아마 덩잇글을 일관되게 만들어 놓으려는 마음가짐 때문일 듯하다. 자
신이 읽은 바를 이해하였는지 여부를 평가하기 위하여 유능한 독자는
의미에 근거한 단서들을 이용하는 경향이 있지만, 반면에 빈약한 독자
들은 과도하게 낱말 차원의 단서들을 이용하거나 의존하고, 문장들 사
이의 일관성보다는 문장 내부의 일관성에 초점을 모으는 경향이 있다.
유용한 연구와 평가 방법은 아마 덩잇글 속으로 일부러 비일관성을 집
어넣고서 학습자들이 이런 대목들을 주목하는지 여부, 그리고 얼마만
큼 주목하는지를 조사하는 일을 포함할 것이다.

블락(1992)에서는 어느 미국 대학에서 유능한 토박이 독자/제2 언어
로서 영어 독자를 대상으로 하여, 능력이 떨어지는 토박이 독자/제2
언어 독자들과 서로 비교하였다. 그녀는 언어로 표현된 애초생각들을
모아 놓고서, 지시 대상 문제와 어휘 문제를 어떻게 처리하였는지를
검사하였다. §.2-2-4에서 언급하였듯이, 그녀는 능력이 떨어지는 독자
가 종종 그런 문제가 있는지를 인식하지도 못하였고, 흔히 그런 문제를
해결하려고 시도할 만한 자원들도 갖고 있지 못하였다고 결론을 내렸
다. 낮은 능력의 학생들은 빈번히 낱말 문제에 의해 좌절되었고, 낱말
문제를 강조하는 경향이 있었다. 반면에 더욱 유능한 독자는 설사 어떤
낱말을 이해하지 못하였다고 해도 그리 많이 걱정하지 않는 듯하였다.
유능한 독자의 전략 한 가지는 어느 문제를 무시할 수 있고, 어느 문제
를 반드시 풀어야 할지를 결정하는 일이었다.

읽기 조사 연구에서는 상위 인지 및 읽기 수행 사이에 있는 관련성을
드러내어 주었다. 빈약한 독자는 전략들의 지식을 갖고 있지 않고, 실
제 그런 지식을 갖고 있다고 해도 언제 또는 어떻게 적용할지를 종종

자각하지 못한다. 흔히 그들은 표면 차원의 정보로부터 의미를 추론할
수 없고, 읽기 체계가 작동하는 방법에 대한 지식을 빈약하게 발달시켰
으며, 명확성(clarity)·일관성(consistency)·양립 가능성(compatibility)의 잣
대로 덩잇글을 평가하기가 어렵다는 사실을 깨닫는다. 대신 종종 읽기
의 목적이 낱말의 오류 없는 발음이고, 유능한 읽기가 축자적인 회상을
포함한다고 믿는다.

더퓌 외(Duffy et al. 1987)에서는 낮은 수준의 3학년 모국어 독자들을
대상으로 하여 어떻게 읽기 기술들을 전략들로 사용하는 일에 포함된
정신 처리과정에 대한 자각(상위 인지 자각임)을 터득하게 만들어 줄 수
있는지, 그리고 그런 학생들이 그런 다음에 어떻게 수업 내용에서 그리
고 읽기에서 전략적으로 될 필요성을 더욱 자각하게 되는지를 보여 주
었다. 이들은 또한 읽기 성취에 대한 전통적(표준화된) 측정, 비전통적
측정, 보존 측정에서 더 나은 점수를 얻었다.

그들의 측정값이 다음과 같이 흥미로운데, 앞에서 옹호된 간단한 교
실수업 대화를 상기시켜 준다.

학생의 자각에 대한 측정

수업 내용의 자각을 결정하는 면담 내용	교사가 가르친 내용(서술 지식), 그것을 언제 이용할지(상황 지식), 그것을 어떻게 이용할지(절차 지식). 수업 뒤에 각각 다섯 명의 학생이 세 가지 수준의 질문들을 놓고 면담이 이뤄졌다. ① 이 수업에서 무엇을 기억할 수 있습니까? ② 본인이 막 관찰한 수업에서 무엇을 배웠습니까?, 선생님이 가르쳐 준 것을 언제 이용할 것 같습니까?, 실행하도록 가르쳐진 내용을 어떻게 실행하겠습니까? ③ 이 수업으로부터 나온 사례들을 갖고서 앞의 ②를 반복하여 질문한다. 채점자는 녹취 기록물로부터 정답을 매겨 눈금 '0~4' 등급을 결정했다.
개념에 대한 면담 내용	각 학급으로부터 무작위로 3명의 학생이 선발되었고, 학년말에 면담이 이뤄졌다. 네 가지 질문을 물었다. ① 유능한 독자는 무슨 일을 합니까? ② 읽을 이야기가 주어진다면 맨 처음 할 일로 무엇을 실행하겠습니까? ③ 알 수 없는 낱말을 마주친 경우에 이를 해결하기 위해 어떤 일을 합니까? ④ 이해할 수 없는 문장이나 이야기를 마주친 경우에 무슨 일을 합니까?

10개의 채점 범주가 만들어졌고, 각 범주마다 7점으로 된 채점 눈금이 배당되었다. 두 명의 평가자가 면담의 녹취 기록물을 놓고서 채점하였다.

학생의 자각을 채점하기 위한 저울눈

읽기 특성	(1) 지향하는 속성(intentionality)을 포함한다.
	(2) 노력을 포함한다.
	(3) 체계적이다.
	(4) 자기 지시적이다(≒스스로 결정한다).
	(5) 문제해결 방식을 포함한다.
	(6) 의미를 얻어내기 위하여 기술 및 규칙을 이용한다.
	(7) 즐거움은 준다.
	(8) 의미를 찾아내는 활동이다.
	(9) 의식적 처리과정을 포함한다.
	(10) 전략들의 선택을 포함한다.

*출처: Duffy et al.(1987).

5) 성취의 측정

조사 연구자들에 의해 이용된 여러 가지 흥미로운 방법들에 대한 논의에서 마지막으로 저자는 앞서 인용된 더퓌 외(Duffy et al. 1987)에서 이용된 학습자 성취에 대한 비전통적인 측정법에 주의를 모으고자 한다. 그들의 성취 측정법은 처리과정이나 처리의 구성부문들뿐만 아니라 또한 '성취'에 대해서도 새로운 시각을 던져 주기 때문에 흥미롭다.

보조적인 성취 측정(SAM)

제I부 고립 상황에서 기술의 이용	사례: 다음 문장을 읽고서 밑줄 친 낱말의 원형(동사 원형)이 무엇인지를 결정하시오. "Jan and Sandy were *planning* a special trip to the sea this summer(잔과 샌디는 이번 여름에 바다로 갈 특별한 여행을 계획하고 있었다)." 이제 밑줄 친 낱말의 원형을 고르고, 정답 앞에 쐐기표 ✔를 지르시오. ☐ plane ☐ planned ☐ plan
제II부 선택의 근거 제시	사례: 저는 이제 하나의 질문과 네 가지 가능한 답을 읽어 주려고 합니다. 가장 알맞은 답을 고르고, 정답 앞에 쐐기표 ✔를 지르시오. 여러분이 막 원형 동사를 골랐습니다. 이 문장에서 밑줄 친 낱말에 대하여 어떤 것이 올바른 원형인지 어떻게 결정하였습니까? ☐ 나는 문장에서 가장 낱말다운 것으로 보이는 낱말을 찾아보았다. ☐ 나는 이내 어떤 것이 동사 원형이었는지 알아차렸다. ☐ 나는 어미를 떼어냈는데, 뜻이 통할 만한 원형을 찾는 데 도움이 되었다. ☐ 나는 바다를 생각했는데 그것이 동사 원형을 고르는 데 도움이 된 단서였다.

비록 응답들이 채점되는 방법에 대한 자세한 설명이 주어져 있지는 않지만, 제II부에서는 학습자들이 과제 실행을 끝냄에 따라 자신의 근거에 대한 자각을 측정한다고 주장되었다.

등급화된 입말 읽기 단락 검사(GORP)

'비-전통적'인 이 검사는 연결된 덩잇글을 이해하는 동안 장벽에 부딪쳤을 경우에 학생들이 의미를 복구하기 위한 전략적 추론의 과정에 대한 이용을 보고하였는지 여부를 측정한다고 주장된다.

잘 모를 것으로 예상된 'grub(유충, 게으름뱅이)'와 'uncovered(노출된, 폭로된)'이라는 두 개의 목표 낱말이 제3학년 덩잇글 지문 속에 들어 있다. 학생들에게 이 낱말들을 발음하도록 요구하고, 이 낱말로 문장을 만들도록 함으로써, 지문 제시에 앞서 첫 번째 검사가 이뤄졌다. 그리고 나서 학생들에게 관련 지문이 주어졌고, 큰 소리로 읽으면서 읽는 내용을 기억하도록 말해 주었다. 학생들이 스스로 교정하기에 주목하고, 다 읽은 다음에 스스로 교정한 것에 대한 자기 보고를 유도하였다. 그런 뒤 학생들에게 ① 'grub(유충)'의 의미와 이런 의미를 어떻게 결정했고, ② 'uncovered(노출된)'의 의미를 어떻게 알아내었는지를 물었다. 스스로 교정하기를 위한, 그리고 맥락 속에 내포된 낱말에 대한 언어 보고가 낱말 인식이나 의미에 초점을 모았는지 여부, 그리고 전략적인 정신 처리과정을 반영하였는지 여부를 놓고 등급이 매겨졌다.

분명히 이런 집중적 방법은 아주 특정한 진단적 정보가 요구되지 않는다면 평가를 위해 구현하기가 아주 어려울 것으로 보인다. 애초생각들을 녹취 기록하고 채점하는 일은 아주 많은 시간을 소비하는 일이다. 그럼에도 불구하고, 그런 측정법의 개선을 아마 간단히 큰 소리로 읽는 과제의 초점 일부로서 생각해 볼 수 있다. 특정 종류의 처리 문제를 일으킬 것으로 예측된 특정 낱말이나 구조가 들어 있는 덩잇글을 이용하는 과제인 것이다. 채점자들은 그런 낱말들을 알아맞히는 일을 놓고서 성공 여부에 대해 점수를 줄 수 있을 것이다.

§.9-6. 컴퓨터를 이용한 시험 시행 및 평가

불가피하게 미래의 전개 방향과 현재 접근법들을 종합하는 일을 살펴보는 마지막 장에서는, 읽기의 평가에서 정보 기술의 역할을 살펴볼 필요가 있다. 읽기를 평가하는 일에서 컴퓨터의 역할을 놓고 저자는 여러 차례 촌평을 하였으나, 책을 끝내기 전에 이 마지막 절의 앞 부분에서 이를 얼마만큼 더 탐구할 필요가 있다.

지필 시험에서는 쉽게 존재할 수 없었던 컴퓨터 환경을 활용하는 기회들이 많이 있다. 덩잇글이나 과제를 놓고서 응답 지연시간 및 응답시간을 기록해 줄 수 있다는 가능성이, 지필 시험에서 엄두도 낼 수 없었던 일이었는데, 이제 읽기의 등급과 낱말 인식(재인) 따위에 대하여 탐구하는 신세계를 활짝 열어 놓고 있다. 학습자의 향상에 대한 모든 세부사항을 검사를 통하여 포착해 주는 컴퓨터의 능력은, 어느 문항이 먼저 조사되고, 어느 것이 먼저 답변이 이뤄져야 하며, 어떤 순열(계열)로 어떤 결과를 갖고서 이뤄지는지, 어떤 도움과 단서들이 그런 설비에서 이용되는지, 어떤 효과를 지니는지 따위인데 이런 가능성이 무궁하다. 다수 이런 것들에 대한 논의를 보려면 올더슨·윈디앳(Alderson and Windeatt 1991)을 참고하기 바란다. 그리고 컴퓨터 활용시대에 존재할 법한 제약은 자료를 포착하는 능력이 아니라, 오히려 컴퓨터로 얻어진 자료를 분석하고 해석하는 우리의 능력에 있을 것 같다.

그렇지만 제2 언어 습득 조사 연구에서 찾아지는 전략들의 평가를 돕기 위하여 컴퓨터를 이용하는 일의 타당성에 대한 논의를 하면서, 샤펠(Chapelle 1996)에서 지적하였듯이, 컴퓨터로 측정된 변수들이 실제로 가정된 전략들의 이용과 관련됨을 확증하는 일이 중요하다.

> "전략 논제의 탐구는 전략들을 평가하는 데에 이용된 측정법의 타당성에 달려 있다."(샤펠 1996: 57쪽)

예를 들어 줴미슨·샤펠(Jamieson and Chapelle 1987)에서는 사전 준비 및 인지 유형 사이에 있는 관련성에 대한 연구로서 응답 지연시간(response latency)이 계획 짜기 및 앞서 미리 준비하기의 지표로 간주되었지만, 응답 시간에서의 지연이 실제로 흥미의 상실이나 종잡을 수 없는 주의력보다 오히려 계획 짜기를 측정하였다는 독립적인 증거가 거의 수집되지 않았다. 샤펠은 학습자 자기 보고의 이용, 전문가 판단, 다른 타당한 측정값들과의 상관, 행동 관찰, 컴퓨터가 포착한 자료로부터 만들어진 추론을 합당하거나 타당하게 만들기 위한 유사 측정값들을 옹호하였다.

기술들에 대한 진단 검사의 발전은, 컴퓨터에 의해 실시됨으로써 촉진될 수 있을 것 같다. 검사들이 응시생들에게 단서와 암시들을 제시하기 위하여 시험 응시 절차의 일부로서 마련될 수 있다. 응시 과정을 이해하기 위해서뿐만 아니라, 또한 답변들의 반응 타당성을 검사하기 위해서도 이것들에 대한 이용이 점검될 수 있다. 그런 다음에 오직 학생들이 실제로 기획된 처리과정 속에 간여한 문항들로부터 나온 정보만이 이용될 수 있을 것이다. 상상하건대, 기획되지/의도되지 않은 문항의 처리과정들도 만일 탐지될 수 있다면 또한 진단의 목적으로 이용될 수도 있을 것이다.

읽기의 컴퓨터 기반 검사는 등급 및 속도의 측정을 발전시킬 가능성을 허용해 준다. 이는 특히 최근 자동성(≒무의식적 처리)의 중요성에 대한 조사 연구의 비춰 보아 매우 유용할 것으로 입증될 수 있다.

가끔 관련 문헌(가령 Bernhardt 2000 참고)에서 논의된 한 가지 논제는 상이한 언어 배경을 지닌 독자뿐만 아니라, 또한 자신의 검사 수행과 연합된 향상의 상이한 기댓값들을 지닌 독자들이 서로 다른 방식으로 평가를 받아야 하는지 여부이다. 가령 한편에서는 영어와 스페인 어 사이에서, 그리고 다른 한편에서는 아랍 어와 중국어 사이에서(≒서로 다른 어족들 간에) 서로 다른 언어적 거리가 사실이라면, 일부 조사 연구에서 영어 읽기 검사를 놓고서 스페인 어를 모국어로 하는 학생들이 아랍 어나 중국어를 모국어로 하는 학생들보다도 더 나은 수행을 하는 독자가 될 것임을 보여 줌도 놀라운 일이 아니다.

컴퓨터를 이용한 검사 실시에 대한 흥미로운 가능성 한 가지는, 간단히 검사 등록시 메뉴(≒맞춤 등급 일람표)를 선택함으로써 하나의 언어 배경으로부터 온 학습자들에게 다른 언어 배경으로부터 온 학습자들과는 서로 다른 등급의 제2 언어 읽기 검사를 치르도록 허용하는 일이 실현 가능하다는 점이다. 이런 상황에서 제한점으로 언어 처리상의 중요한 차이점들을 찾아내고, 이들을 위하여 검사할 문항을 집필하는 우리의 능력이 문제가 된다. 아직 이론이 썩 잘 진전되어 있는 것은 아니지만, 컴퓨터를 이용한 읽기 검사의 발전 및 상이한 문항을 작동시키는 시험 방법이 이론의 발전에 기여하는 경우가 될 수도 있다.

추가적으로 누리집(인터넷) 상으로 시험을 치를 수 있는 미래의 가능성은, 읽기 검사 속으로 통합될 수 있는 일정 범위의 매체 및 정보 자원도 이용할 수 있게 해 줄 것이다. 따라서 정보 접속 및 처리 기술들에 대한 검사를 허용해 줄 뿐만 아니라, 또한 다양하게 상이한 입력물 '텍스트'들에 대한 검사도 활짝 열어줄 것이다.

컴퓨터를 이용한 맞춤식 시험(시험 문항들이 지속되어 나가는 검사 수행에 맞춰 난이도가 조절되는 시험)이 좀 더 효율적인 읽기의 검사 실시뿐만 아니라, 또한 독자의 능력 수준에 알맞게 맞춰진 시험을 제시하는 일을 위해서도 많은 기회를 제공해 준다. 이런 일은 응시생들에게 너무 어렵거나 너무 쉬운 문항들을 제시해 줌으로써 좌절하게 만들지 않을 것이다. 또한 학습자 맞춤식 검사도 생각해 볼 수 있다. 응시생이 현재까지 나름대로의 수행에 대한 스스로의 추정값에 근거하거나, 아니면 실제로 그런 맞춤식 컴퓨터 검사가 제공할 수 있는 즉각적인 되점검에 근거하여, 다음 문항을 더 쉽게 선택할지, 아니면 더 어렵게 선택할지를 결정하는 것이다.

그렇지만 여기에도 한계가 있다. 컴퓨터를 이용한 읽기 검사에서 가장 명백한 문제는, 화면상으로 단번에 펼쳐질 수 있는 덩잇글의 분량이 한정되어 있고, 독자들로 하여금 두루 덩잇글을 마음껏 뒤로 그리고 앞으로 펼쳐 보도록 한다는 측면에서 보면, 인쇄된 종이 책보다 비디오 화면이 훨씬 융통성이 덜하다는 점이다. 그뿐만 아니라 화면상으로 읽는 일은 더 피곤하고 느리며, 일반적인 인쇄물에는 영향을 주지 않는 다양한 변인들에 의해 영향을 받는다. 가령 복합 색채 합성, 낱말들 사이에서 좀 더 널찍한 공간의 필요성, 더 큰 글자 크기의 필요성 따위인데, 제2장과 제3장을 보기 바란다. 이들 변인들이 모두 컴퓨터를 이용한 읽기로부터, 다른 경우에 인쇄물 읽는 힘에 이르기까지 안전하게 일반화하게 될 범위에 영향을 줄 것으로 간주될 만하다.

제2장에서 지적되었듯이, 많은 읽기가 화면상으로 일어나고 있음이 사실이다. 문서 처리기의 늘어난 이용, 전자 서신(*email*)의 이용, '온 누리 그물(*World-Wide Web*)', 컴퓨터를 이용한 수업, 심지어 컴퓨터를 이용한 시험 시행 따위가 모두 현실이며, 적어도 대부분의 서구 세계에서는 점차 읽고 쓰는 힘(*literacy*)의 중요한 요소들이 되고 있다. 아마 미래 세대들도 여전히 새로운 매체에 적응하려고 노력하는 현재의 세대들보

다는 화면으로부터 훨씬 더 편안하게 읽기를 진행하게 될 것이 사실일 듯하다. 분명히 저자의 동료들 다수가 자신들의 전자서신을 출력하여 종이 형태로 읽는 일을 선호하고, 그리고 긴 메시지를 출력하지 않고 화면상으로 읽는 일을 선호하는 것도 실제의 경우이다. 심지어 저자가 정규적으로 거의 문서 처리기를 이용하지만, 저자는 또한 수정 내용들을 전자 형태로 옮겨 고쳐 놓기에 앞서서, 미리 초벌 원고를 출력하여 종이 위에 손으로 직접 교정하고 편집을 한다.

컴퓨터를 이용하는 읽기의 검사에 대한 타당도를 분별 있게 논의할 수 있도록 하기 위하여, 필요한 것은 정확히 사람들이 어떻게 '읽고 쓰는 힘(literacy)'을 이용하는지에 대한 그런 기술 내용인데, 이 경우에는 컴퓨터와의 상호작용으로 된 컴퓨터 사용 능력이다. 그렇다면 그런 힘은 분명히 제5장에서 논의하였듯이 아마 많은 '읽고 쓰는 힘' 조사 연구자들이 이용하는 '하위집단(소집단) 조사 연구' 기법을35) 이용하면서 목표

---

35) (역주) 필자는 페어클럽 교수의 책들을 번역하면서 여러 차례 민속지나 민족지라는 용어의 부당성을 지적한 바 있다(『언어와 권력』, 도서출판 경진, 8쪽, 23쪽, 42쪽의 역주들과, 『담화 분석 방법』, 도서출판 경진의 17쪽, 25쪽, 51쪽의 역주들을 보기 바람). 일본인들의 잘못된 번역을 그대로 맹종하여 우리나라에서도 이런 말을 쓰면서, 희한하게도 잘못되었다는 의식을 갖고 있지 않는 듯하다(필경 '노예 의식'일 듯함). 어원상 ethno는 '사람, 종족, 문화'의 뜻을 지녔고, graphy는 '받아 적음, 표현법, 필기'라는 뜻을 지녔다. 한 문화 속의 하위문화나 작은 집단을 기술하고, 내부자의 서술 관점을 찾아내며(emic 접근), 다시 외부자의 해설 방식을 추가하여(etic 접근) 작은 문화 또는 소집단의 정체를 서술해 주려는 목적을 지닌다. 뜻을 중심으로 우리말로 새긴다면, '소집단 기술·해설 기록'이나 '하위 문화 집단 기록지'나 또는 '소집단 관찰 해석지' 정도가 될 것이다. 이런 접근 방식의 연원을 외국에만 의존할 것이 아니라, 옛날 우리 문화에서 '지리지(地理志, 地理誌)' 형식의 책자들이 바로 종합적인 하위문화 기록지에 해당하므로, 무엇을 어떻게 서술하고 뒷사람들에게 무엇이 필요할 것으로 판단하였는지 따위를 알 수 있다. 사회학은 크게 거시사회학과 미시사회학으로 나뉘는데, 소집단 조사 연구는 후자에서 추구한 여러 방법들 중 한 가지이다.

전문적인 소개로서 필자는 사회학자들이 공들여 번역해 놓은 다음 책자에서 도움을 받았다. 륏저(Ritzer 2004, 제5판; 김왕배 외 14인 뒤침 2006), 『사회학 이론』(한올)와 륏저(2003; 한국 이론사회학회 뒤침 2006), 『현대 사회학이론과 그 고전적 뿌리』(박영사)와 터너(Turner 1997, 제6판; 정태환 외 4인 뒤침 2001), 『현대 사회학 이론』(나남). 언어학 또는 언어 교육에서 이런 연구의 표본은 미국에서 십 수년 동안 서로 대조되는 두 마을을 조사 연구하여 서술해 놓은 히이쓰(Heath 1983), 『말 사용 방식: 공동체와 교실 수업에서 관찰되는 말·삶·일(*Ways with Words: Language, Life, and Work in Communities and Classrooms*)』(Cambridge University Press)이 가장 성공적이라고 알려져 있다(본문만 4백쪽이 넘는 방대한 연구임).

언어 사용(TLU) 영역에 대한 분석이 아주 도움이 될 수 있는 하나의 영역이다. 가령, 바아튼·해밀튼(Barton and Hamilton 1998)을 보기 바란다.

컴퓨터를 이용하는 검사 시행에서 추가적인 걱정거리는 검사 방법의 효과이다. 너무나 많은 거의 모든 컴퓨터 이용 검사들이, 다른 좀 더 혁신적이고 흥미로운 또는 간단히 탐구적인 검사 기법보다는 아직도 구태의연하게 택일형 기법을 이용한다. 그렇지만 §.4-5 및 §.9-4-6에서 언급된 '누리집 이용 언어 진단 검사(DIALANG)'에서는 올더슨(1990)과 올더슨·윈디앳(1991)에 있는 많은 착상들을 구현해 놓으려고 노력하며, 컴퓨터를 이용한 채점의 제약들을 줄이며, 반면에 컴퓨터를 이용하여 특히 누리집으로 실시되는 검사에 의해서 제공된 기회들을 극대화하고자 시도하였다. 올더슨(1996)에서는 컴퓨터 자료를 컴퓨터를 이용한 검사와 연결하여 이용하는 일로 얻어질 만한 장점들을 논의하였고, 그런 자료들이 검사 설계 및 구성의 모든 단계들뿐만 아니라 또한 채점을 위해서도 이용될 수 있는 방식들을 제안하였다.

가능한 여러 한계들에도 불구하고, 컴퓨터로 검사를 시행하는 일의 장점은 아주 쉽게 자료들이 수집되고, 분석되며, 검사 수행과 관련될 수 있다는 사실이다. 이는 또한 우리들로 하여금 읽기의 시험을 치르는 데에 포함된 바를 놓고서 더 큰 통찰력을 얻을 수 있도록 해 주고, 이것이 출제에서의 향상 및 평가 절차들의 발전으로 이끌어 갈 수 있다.

§.9-7. 요약

제9장에서는 그 앞에 있는 장들보다 훨씬 더 임시적이고 사변적인 논의를 담았다. 이것이 앞으로 향할 길을 미리 다루는 경우에는 아마 불가피할 것이다. 결국, 읽기만큼 아주 복잡하게, 그리고 널리 조사 연구가 이뤄지고 평가된 영역에서 발전 내용을 예측하기란 아주 어려운 일이

다. 그렇지만 또한 저자가 지적하였듯이, 이는 주제의 속성 때문이기도 한다. 읽기 처리과정이 여전히 신비로울 뿐만 아니라 불완전하게 이해되고 있는 것이다.36) 심지어 '기술(skill)', '전략(strategy)', '능력(ability)'라는 기초 용어도 이 분야에서 제대로 정의되어 있지 않다. 종종 서로 교차되어 쓰이기도 하며, 한 연구자의 용법이 다른 사람의 용법과 모순되게 충돌하기도 한다. 이런 영역에 대하여 저자는 혼란을 가중시키고 싶지 않다. 따라서 저자는 나름대로의 정의를 제시하지 않는 선택을 하였는데, 이런 선택이 그 자체로서 부적합하다는 것은 의심의 여지가 없다. 그 대신 저자는 이들 용어를 서로 뒤섞어 가면서 썼으며, 저자가 인용한 원래 집필자 스스로의 용법들을 그대로 따랐다. 그렇지만 무엇보다도 처리과정이 고려되는 경우에는 저자가 관련된 '것들'로 간주하는 바를 예증하고 사례로 보여 주었다.

우리는 검사 시행 및 평가 영역이, 읽기 조사 연구 및 수업의 다른

---

36) (역주) 가장 기본적이라고 할 우리 머릿속 기억에 대해서도 신경생리학 전문가들 사이에서 서로 합의가 이뤄진 바 없다(서로를 현대판 골상학자니, 현대판 동키호테니 하면서 비난까지 함). 극단적인 환원주의(또는 인문사회 쪽에서는 해체주의로 부름)를 취하는 연구는 염색체 구조를 밝힌 크뤽에서 구체화되었는데, 과학세대 뒤침(1994), 『놀라운 가설』(한뜻)과 김미선 뒤침(2006), 『의식의 탐구』(시그마프레스)를 읽어 보기 바란다. 켄들 교수도 뇌 세포 사이에 연접부를 새로 형성하는 것이 기억이라고 간주하며, 바다 민달팽이(또는 군소)를 대상으로 하여 얻은 결과로 노벨 생리학상을 수상한 바 있다. 전대호 뒤침(2009), 『기억을 찾아서』(랜덤하우스)를 보기 바란다. 그렇지만 이런 접근에 반대하면서 통합주의 시각도 주장되었다. 면역계의 연구로 노벨상을 수상한 에들먼 교수는 미국 심리학자 윌리엄 제임스의 전통을 이어받아, 뇌 신경계들이 마치 포도송이처럼 군집을 이룬 다음에 군집끼리 연결을 이뤄서 서로 간에 정보의 분포가 안정 상태를 이루는 경우를 기억의 발현이라고 부른다. 황희숙 뒤침(2007, 제2판), 『신경과학과 마음의 세계』(범양사)를 읽어 보기 바란다.

읽기가 단지 언어만의 연결 관계라면 그렇게 어려움이 들어 있지 않았을 것이다. 읽기가 조금만 진행되어 나가더라도, 언어 속에 깃들어 있는 속뜻뿐만 아니라, 궁극적으로 추론을 통해서 전체를 얽어가는 의도나 주제가 찾아져야 하며, 이런 거시영역의 담화는 언제나 상위 인지를 가동시켜 놓아야만 제대로 처리될 수 있는 것이다. 그러나 거시영역을 어떻게 정할 것인지에 대해서도 합의된 바도 없다. 다만 필자가 번역한 킨취 교수의 『이해: 인지 패러다임, I~II』(나남)에서는 덩잇글 기반말고도 다시 감각 재료들이 덧붙어 '상황모형'을 형성해야 비로소 기억 속에 저장하고, 관련 내용을 필요할 때마다 인출할 수 있다고 가정하고 있다. 읽기의 처리과정이 언어만이 아닌 것이다. 필자가 언어 산출에 관한 단계별 논의들을 다뤄 놓은 김지홍(2015), 『언어 산출 과정에 대한 학제적 접근』(도서출판 경진)을 참고하기 바란다.

영역들보다 덜 혼란스러운 것이 아님을 알았다. 실제로 결과물에 집중하기 위하여 '기술'의 있을 수 있는 예외와 더불어, 대체로 평가 처리과정의 언급이 회피되었다. 이것들을 제대로 작동하도록 정의하려는 우리 시도가 어떻게 이뤄지더라도, 그런 시도의 불충분한 속성을 뒷받침하는 증거를 풍부히 갖고 있다.

평가 속으로 전략의 유용한 통찰력을 찾아낼 만한 곳은, 격식 갖춘 시험보다는 오히려 비격식적인 평가의 영역에서였다. 제7장에서 다룬 비격식적 기법들에 대한 논의가 제9장에서 다뤄져 있듯이 이런 논제와 관련됨을 독자들은 상기하기 바란다. 그렇지만 이미 지적하였듯이 좀더 '전통적 기법'들과 비교하여 그 가치를 평가하기에 앞서, 바크먼·파머(1996)에서 이들 덜 격식적인 기법들에 대한 '유용성'(네 가지 하위 영역으로 이뤄졌는데, 타당도·신뢰도·실용성·영향력임)으로 부르는 바를 놓고서 훨씬 더 많은 조사 연구가 필요하다. 옹호하는 일과 증거는 서로 별개의 것이다. 비격식적인 기법과 해석적(질적) 연구와 교사 또는 학습자 중심의 절차들에 대한 영역에서, 훨씬 더 많은 연구가 실행되어야 하는 것이 필수적이다. 그럼으로써 읽기 처리과정에 대하여 전통적인 접근법에서 제공할 수 있는 것보다 더 나은 어떠한 추가적인 통찰력을 제공해 줄 수 있을지를 더욱 잘 이해할 수 있어야 한다. 또한 대안이 되는 절차들로부터 얻어진 통찰력을 이용하면서, 그런 전통적인 기법들을 개선해 줄 수 있는 범위까지 살펴볼 수 있어야 하는 것이다.

이것이 일어날 수 있는 한 가지 방식으로 이미 이 책자에서 내내 강조되어 온 것은, 응시생들이 실제로 실행한 방식대로 답변(반응)한 이유, 과제 및 덩잇글 양자를 이해한 방식, 그리고 그들의 수행이 덩잇글과 또한 다른 영역에 있는 읽고 쓰는 힘에 대한 자신의 이해를 반영하였음 또는 그렇지 않았음을 느끼는 방식 등을 놓고서, 더 나은 이해를 얻기 위하여 해석적(qualitative, 질적) 방법을 이용하는 일이다(598쪽 §.9-4의 역주 19 참고). 즉, 응시생들을 대상으로 하여 그들의 검사 수행에 관하여 큰 소리 내어 생각하기·즉각적인 회상·면담하기·스스로 평가 따위를 이용하는 것이다.

저자는 평가 과정에 대한 방법이나 기법이나 절차들에 대한 통찰력을 얻기 위하여, 어느 교수/학습 연습이 교재와 교사용 지도서에서 옹호되고 전개되었는지를 긴밀하게(그리고 비판적으로) 살펴보아야 한다고 제안하였다. 그런 연습들이 실제로 교실 수업에서 작동하는 방식, 그리고 그것들이 이끌어 낼 수 있는 바에 더 나은 이해가, 평가뿐만 아니라 또한 수업에도 도움을 줄 것이다.

또한 어떤 측면의 처리과정이 작동되고 있는지에 대하여 전달해 주는 통찰력을 위해서뿐만 아니라, 평가 절차들에 대한 착상을 위해서도 읽기 조사 연구자들에 의해 이용된 조사 연구 기법들을 살펴봐야 함을 시사하였다. 이 책자에서 저자는 끊임없이 조사 연구자들이 자신의 구성물들을 작동시키는 방식이 핵심적으로 그들이 얻게 될 결과들, 따라서 그들이 이끌어 낼 수 있는 결론들과 그들이 발전시키는 이론들을 결정해 놓음을 강조해 왔다. 만일 그런 처리 측면들의 작동 방식이 부적합하거나 대수롭지 않은 듯하다면, 귀결되어 나올 이론이나 모형이 어떤 것이든 똑같이 부적합하게 될 것이다. 저자는 처리과정과 전략들을 포함하여 읽기를 평가하고 검사하기 위하여 우리가 이용하는 모형들이 읽기 처리과정이 무엇인지에 대하여 서광을 비춰 줄 수 있음도 강조하였다. 그러므로 읽기의 본질을 더욱 잘 이해하는 일에 이바지하기 위하여, 새로운 그리고 대안이 되는 절차들로써 실험을 하고 그 효과·결과·유용성을 조사 연구하는 것이 가장 넓은 의미에서 출제자들에게 지워진 책무인 것이다.

따라서 저자는 새로운 방법과 기술들을 탐구할 필요성을 강조하였다. 특히 정보 기술(IT)에 기반한 소집단 관찰-해석적인 방식, 그리고 대화적이고 해석적인 방법 양자를 언급하였다. 그렇지만 목적을 위하여 타당도·신뢰도·적합성에 대한 필요성에 항상 유념하는 것이 중요하다. 새로운 기법에 매혹되었다고 해도, 우리가 쓰는 방법들과 결과들과 그 결과들에 대한 우리의 해석을 타당하게 만들고 정당성을 입증할 필요성, 그리고 우리의 평가들에 대한 역파급 효과와 그 결과들과 일반화 가능성의 필요성까지 면제해 버리는 것은 아니기 때문이다.

§.9-8. 이 책의 결론

이 책자에서 저자는 읽기에 대한 조사 연구가 어떻게 평가를 위한 구성물들을 정의 내리는 데에 도움을 주는지, 어떤 것이 더 알려져야 할 것으로 남아 있는지를 보여 주고자 하였다. 저자는 평가가 어떻게 구성물들에 대한 통찰력을 제공할 수 있으며, 얼마나 더 많은 필요 요소들이 실행되어야 하는지를 보여 주었다. 저자는 이 두 영역들에서 조사연구 및 발전에 대한 개관을 하면서 사뭇 포괄적으로 되도록 힘을 쏟았고, 기법들과 접근법들을 폭넓게 예시해 놓았다.

그렇지만 특히 읽기처럼 광막한 영역에서 불가피하게 저자는 때로 의도적으로 때로 무의식적으로 무시하면서 선택을 할 수밖에 없었다. 특히 제9장에서는 저자가 스스로 더 많이 읽고서, 조사연구나 평가로부터 나온 최근의 통찰력들을 확인하고, 혁신적 제안 및 주장들을 탐구했어야 하였음을 절감하였다. 그러나 이 책자 속의 모든 장에서처럼 어딘가에서 멈춰야만 하였다. 언제나 그러하듯 탐구되지 않는 모종의 큰 길이 있을 것이고, 방치된 어떤 조사 연구들이 있을 것이며, 무시된 몇몇 제안도 있을 것이다. 이런 누락에 대해 독자들이 관대하게 용서해 주길 바라며, 우리가 봉사하고 도와주기를 희망하는 의뢰인들과 학습자들과 응시생들이 씌어진 덩잇말을 얼마나 잘 읽고 이해하며 해석하고 이용하는지에 관해, 우리가 최상으로 가장 공정하고 적합하게 그리고 가장 대표적으로 평가할 수 있는지를 놓고서 더 큰 이해가 이뤄지도록 독자들이 자극을 받고 스스로 조사 연구나 평가를 통하여 기여하게 되기를 희망한다.

　저자는 만병통치약도, 최상의 방법도, 그리고 심지어 문항 집필이나 덩잇글 선택을 위한 일련의 실천적 지침들도 제시해 주지 못하였다. 저자는 이 책이 일반화된 형태로서가 아니라 오직 주어진 맥락들 속에서만 도움이 될 수 있으리라 믿는다. 또한 이 총서에서 본디 저자에게 배당된 지면의 분량보다 예증과 사례 제시를 훨씬 더 많이 포함해 놓았다고 생각한다. 저자가 논의해 온 바가 일반적으로 시험 출제에서 가장 최근의 이론과 조사 연구의 적용을 통하여, 출제에 접근하는 방식을 한 가지 제공해 주고, 읽기의 평가에 어떻게 적용될 수 있는지를 보여주며, 일부 맥락들에서 그런 접근의 한계점들을 보여 주었지만, 전통적인 시험 시행 기법들이 어떻게 보완되고 타당화될 수 있는지를 보여 주었기를 바랄 뿐이다. 저자는 읽기의 복합 처리과정이 과연 무엇이었는지를 밝혀 주고, 평가를 위한 그리고 읽기 향상을 살펴보는 기법들을 살펴보는 방법을 제공해 주었기를 희망한다. 무엇보다도, 독자들이 불가능한 것으로 보이는 것뿐만 아니라, 또한 가능한 것이 무엇인지에 대한 감각을 얻었기를 간절히 바라고, 독자 여러분이 오직 그렇게 실행함으로써 읽기의 검사와 평가에서 우리의 실천 내용들에 정보를 주고, 향상을 꾀할 수 있다는 기대 속에서 스스로 더 추가적으로 탐구하고 여러분의 탐구 내용들을 조사 연구하며, 문서로 만들어 놓는 일을 해야 하겠다고 고무적으로 느꼈기를 바랄 따름이다.

(끝)

참고문헌

Abdullah, K. B. (1994). *The critical reading and thinking abilities of Malay secondary school pupils in Singapore.* Unpublished PhD thesis, University of London.

Adams, M. J. (1991). *Beginning to read: thinking and learning about print.* Cambridge, MA: The MIT Press.

Alderson, J. C. (1978). *A study of the cloze procedure with native and non-native speakers of English.* Unpublished PhD thesis, University of Edinburgh.

Alderson, J. C. (1979). The cloze procedure as a measure of proficiency in English as a foreign language. *TESOL Quarterly* 13, 219–227.

Alderson, J. C. (1981). Report of the discussion on communicative language testing. In J. C. Alderson and A. Hughes (eds.), *Issues in Language Testing.* vol. 111. London: The British Council.

Alderson, J. C. (1984). Reading in a foreign language: a reading problem or a language problem? In J. C. Alderson and A. H. Urquhart (eds.), *Reading in a Foreign Language.* London: Longman.

Alderson, J. C. (1986). Computers in language testing. In G. N. Leech and C. N. Candlin (eds.), *Computers in English language education and research.* London: Longman.

Alderson, J. C. (1988). New procedures for validating proficiency test of ESP? Theory and practice. *Language Testing* 5 (2), 220–232.

Alderson, J. C. (1990a). *Innovation in language testing: can the microcomputer help?* (Language Testing Update Special Report No 1). Lancaster: University of Lancaster.

Alderson, J. C. (1990b). Testing reading comprehension skills (Part One). *Reading in a Foreign Language* 6 (2), 425–438.

Alderson, J. C. (1990c). Testing reading comprehension skills (Part Two). *Reading in a Foreign Language* 7 (1), 465–503.

Alderson, J. C. (1991). Bands and scores. In J. C. Alderson and B. North (eds.), *Language testing in the 1990s: the communicative legacy*. London: Macmillan/Modern English Publications.

Alderson, J. C. (1993). The relationship between grammar and reading in an English for academic purposes test battery. In D. Douglas and C. Chappelle (eds.), *A new decade of language testing research: selected papers from the 1990 Language Testing Research Colloquium*. Alexandria, VA: TESOL.

Alderson, J. C. (1996). Do corpora have a role in language assessment? In J. Thomas and M. Short (eds.), *Using corpora for language research*. Harlow: Longman.

Alderson, J. C., and Alvarez, G. (1977). The development of strategies for the assignment of semantic information to unknown lexemes in text. *MEXTESOL*.

Alderson, J. C., and Banerjee, J. (1999). Impact and washback research in language testing. In C. Elder *et al.* (eds.), *Festschrift for Alan Davies*. Melbourne: University of Melbourne Press.

Alderson, J. C., Clapham, C., and Steel, D. (1997). Metalinguistic knowledge, language aptitude and language proficiency. *Language Teaching Research* 1 (2), 93–121.

Alderson, J. C., Clapham, C., and Wall, D. (1995). *Language test construction and evaluation*. Cambridge: Cambridge University Press.

Alderson, J. C., and Hamp-Lyons, L. (1996). TOEFL preparation courses: a study of washback. *Language Testing* 13 (3), 280–297.

Alderson, J. C., Krahnke, K., and Stansfield, C. (eds.). (1985). *Reviews of English language proficiency tests*. Washington, DC: TESOL Publications.

Alderson, J. C., and Lukmani, Y. (1989). Cognition and reading: cognitive levels as embodied in test questions. *Reading in a Foreign Language* 5 (2), 253–270.

Alderson, J. C., and Urquhart, A. H. (1985). The effect of students' academic discipline on their performance on ESP reading tests. *Language Testing* 2 (2), 192–204.

Alderson, J. C., and Windeatt, S. (1991). Computers and innovation in language testing. In J. C. Alderson and B. North (eds.), *Language testing in the 1990s: the communicative legacy*. London: Macmillan/Modern English Publications.

Allan, A. I. C. G. (1992). *EFL reading comprehension test validation: investigating aspects of process approaches*. Unpublished PhD thesis, Lancaster University.

Allan, A. I. C. G. (1995). Begging the questionnaire: instrument effect on readers' responses to a self-report checklist. *Language Testing* 12 (2), 133–156.

Allen, E. D., Bernhardt, E. B., Berry, M. T., and Demel, M. (1988). Comprehension and text genre: an analysis of secondary school foreign language readers. *Modern Language Journal* 72 (163–172).

ALTE (1998). *ALTE handbook of European examinations and examination systems.* Cambridge: UCLES.

Anderson, N., Bachman, L., Perkins, K., and Cohen, A. (1991). An exploratory study into the construct validity of a reading comprehension test: triangulation of data sources. *Language Testing* 8 (1), 41–66.

Anthony, R., Johnson, T., Mickelson, N., and Preece, A. (1991). *Evaluating literacy: a perspective for change.* Portsmouth, NH: Heinemann.

Ausubel, D. P. (1963). *The psychology of meaningful verbal learning.* New York: Green and Stratton.

Bachman, L. F. (1985). Performance on the cloze test with fixed-ratio and rational deletions. *TESOL Quarterly* 19 (3), 535–556.

Bachman, L. F. (1990). *Fundamental considerations in language testing.* Oxford: Oxford University Press.

Bachman, L. F., Davidson, F., Lynch, B., and Ryan, K. (1989). *Content analysis and statistical modeling of EFL Proficiency Tests.* Paper presented at the The 11th Annual Language Testing Research Colloquium, San Antonio, Texas.

Bachman, L. F., Davidson, F., and Milanovic, M. (1996). The use of test method characteristics in the content analysis and design of EFL proficiency tests. *Language Testing* 13 (2), 125–150.

Bachman, L. F., and Palmer, A. S. (1996). *Language testing in practice.* Oxford: Oxford University Press.

Balota, D. A., d'Arcais, G. B. F., and Rayner, K. (eds.). (1990). *Comprehension processes in reading.* Hillsdale, NJ: Lawrence Erlbaum Associates.

Barker, T. A., Torgesen, J. K., and Wagner, R. K. (1992). The role of orthographic processing skills on five different reading tasks. *Reading Research Quarterly* 27 (4), 335–345.

Bartlett, F. C. (1932). *Remembering.* Cambridge: Cambridge University Press.

Barton, D. (1994a). *Literacy: an introduction to the ecology of written language.* Oxford: Basil Blackwell.

Barton, D. (ed.). (1994b). *Sustaining local literacies.* Clevedon: Multilingual Matters.

Barton, D., and Hamilton, M. (1998). *Local literacies: reading and writing in one community.* London: Routledge.

Baudoin, E. M., Bober, E. S., Clarke, M. A., Dobson, B. K., and Silberstein, S. (1988). *Reader's Choice.* (Second ed.) Ann Arbor, MI: University of Michigan Press.

Beck, L. L., McKeown, M. G., Sinatra, G. M., and Loxterman, J. A. (1991). Revising social studies text from a text-processing perspective: evidence of improved comprehensibility. *Reading Research Quarterly* 26 (3), 251–276.

Benesch, S. (1993). Critical thinking: a learning process for democracy. *TESOL Quarterly* 27 (3).

Bensoussan, M., Sim, D., and Weiss, R. (1984). The effect of dictionary usage on EFL test performance compared with student and teacher attitudes and expectations. *Reading in a Foreign Language* 2 (2), 262–276.

Berkemeyer, V. B. (1989). Qualitative analysis of immediate recall protocol data: some classroom implications. *Die Unterrichtspraxis*, vol. 22, pp. 131–137.

Berman, I. (1991). *Can we test L2 reading comprehension without testing reasoning?* Paper presented at the The Thirteenth Annual Language Testing Research Colloquium, ETS, Princeton, New Jersey.

Berman, R. A. (1984). Syntactic components of the foreign language reading process. In J. C. Alderson and A. H. Urquhart (eds.), *Reading in a Foreign Language*. London: Longman.

Bernhardt, E. B. (1983). Three approaches to reading comprehension in inter-mediate German. *Modern Language Journal* 67, 111–115.

Bernhardt, E. B. (1991). A psycholinguistic perspective on second language literacy. In J. H. Hulstijn and J. F. Matter (eds.), *Reading in two languages* vol. 7, pp. 31–44. Amsterdam: Free University Press.

Bernhardt, E. B. (2000). If reading is reader-based, can there be a computer-adaptive test of reading? In M. Chalhoub-Deville (ed.), *Issues in computer-adaptive tests of reading*. Cambridge: Cambridge University Press.

Bernhardt, E. B., and Kamil, M. L. (1995). Interpreting relationships between L1 and L2 reading: consolidating the linguistic threshold and the lin-guistic interdependence hypotheses. *Applied Linguistics* 16 (1), 15–34.

Block, E. L. (1992). See how they read: comprehension monitoring of L1 and L2 readers. *TESOL Quarterly* 26 (2), 319–343.

Bloom, B. S., Engelhart, M. D., Furst, E. J., Hill, W. H., and Kratwohl, D. R. (eds.) (1956). *Taxonomy of educational objectives: cognitive domain*. New York: David McKay. (See also Bloom, B. S. *et al.* (eds.), Taxonomy of educational objectives. *Handbook I: Cognitive Domain*. London: Longman, 1974.)

Bormuth, J. R. (1968). Cloze test readability: criterion reference scores. *Journal of Educational Measurement* 5, 189–196.

Bossers, B. (1992). *Reading in two languages*. Unpublished PhD thesis, Amsterdam: Vrije Universiteit.

Bransford, J. D., Stein, B. S., and Shelton, T. (1984). Learning from the per-spective of the comprehender. In J. C. Alderson and A. H. Urquhart (eds.), *Reading in a Foreign Language*. London: Longman.

Brindley, G. (1998). Outcomes-based assessment and reporting in language learning programmes: a review of the issues. *Language Testing*, vol. 15, 1, 45–85.

Broadfoot, P. (ed.). (1986). *Profiles and records of achievement*. London: Holt, Rinehart and Winston.

Brown, A., and Palinscar, A. (1982). Inducing strategic learning from texts by means of informed self-control training. *Topics in Learning and Learning Disabilities* 2 (Special issue on metacognition and learning disabilities), 1–17.

Brown, J. D. (1984). A norm-referenced engineering reading test. In A. K. Pugh and J. M. Ulijn (eds.), *Reading for professional purposes*. London: Heinemann Educational Books.

Brumfit, C. J. (ed.). (1993). *Assessing literature*. London: Macmillan/Modern English Publications.

Buck, G. (1991). The testing of listening comprehension: an introspective study. *Language Testing* 8 (1), 67–91.

Buck, G., Tatsuoka, K., and Kostin, I. (1996). *The subskills of reading: rule-space analysis of a multiple-choice test of second-language reading comprehension*. Paper presented at the Language Testing Research Colloquium, Tampere, Finland.

Bügel, K., and Buunk, B. P. (1996). Sex differences in foreign language text comprehension: the role of interests and prior knowledge. *The Modern Language Journal* 80 (i), 15–31.

Canale, M., and Swain, M. (1980). Theoretical bases of communicative approaches to second language teaching and testing. *Applied Linguistics*, vol. 1, 1, 1–47.

Carnine, D., Kameenui, E. J., and Coyle, G. (1984). Utilization of contextual information in determining the meaning of unfamiliar words. *Reading Research Quarterly* XIX (2), 188–204.

Carr, T. H., and Levy, B. A. (eds.). (1990). *Reading and its development: component skills approaches*. San Diego: Academic Press.

Carrell, P. L. (1981). *Culture-specific schemata in L2 comprehension*. Paper presented at the Ninth Illinois TESOL/BE Annual Convention: The First Midwest TESOL Conference, Illinois.

Carrell, P. L. (1983a). Some issues in studying the role of schemata, or background knowledge, in second language comprehension. *Reading in a Foreign Language* 1 (2), 81–92.

Carrell, P. L. (1983b). Three components of background knowledge in reading comprehension. *Language Learning* 33 (2), 183–203.

Carrell, P. L. (1987). Readability in ESL. *Reading in a Foreign Language* 4 (1), 21–40.

Carrell, P. L. (1991). Second-language reading: Reading ability or language proficiency? *Applied Linguistics* 12, 159–179.

Carrell, P. L., Devine, J., and Eskey, D. (eds.). (1988). *Interactive approaches to second-language reading*. Cambridge: Cambridge University Press.

Carroll, J. B. (1969). From comprehension to inference. In M. P. Douglas (ed.),

Thirty-Third Yearbook, Claremont Reading Conference. Claremont, CA: Claremont Graduate School.

Carroll, J. B. (1971). *Defining language comprehension: some speculations* (Research Memorandum). Princeton, NJ: ETS.

Carroll, J. B. (1993). *Human cognitive abilities.* Cambridge: Cambridge University Press.

Carroll, J. B., Davies, P., and Richman, P. (1971). *The American Heritage Word Frequency Book.* Boston: Houghton Mifflin.

Carver, R. P. (1974). Reading as reasoning: implications for measurement. In W. MacGinitie (ed.), *Assessment problems in reading.* Delaware: International Reading Association.

Carver, R. P. (1982). Optimal rate of reading prose. *Reading Research Quarterly* XVIII (1), 56–88.

Carver, R. P. (1983). Is reading rate constant or flexible? *Reading Research Quarterly* VXIII (2), 190–215.

Carver, R. P. (1984). Rauding theory predictions of amount comprehended under different purposes and speed reading conditions. *Reading Research Quarterly* XIX (2), 205–218.

Carver, R. P. (1990). *Reading rate: a review of research and theory.* New York: Academic Press.

Carver, R. P. (1992a). Effect of prediction activities, prior knowledge, and text type upon amount comprehended: using rauding theory to critique schema theory research. *Reading Research Quarterly* 27 (2), 165–174.

Carver, R. P. (1992b). What do standardized tests of reading comprehension measure in terms of efficiency, accuracy, and rate? *Reading Research Quarterly* 27 (4), 347–359.

Cavalcanti, M. (1983). *The pragmatics of FL reader–text interaction. Key lexical items as source of potential reading problems.* Unpublished PhD thesis, Lancaster University.

Celani, A., Holmes, J., Ramos, R., and Scott, M. (1988). *The evaluation of the Brazilian ESP project.* São Paulo: CEPRIL.

Chall, J. S. (1958). *Readability – an appraisal of research and application.* Columbus, OH: Bureau of Educational Research, Ohio State University.

Chang, F. R. (1983). Mental processes in reading: A methodological review. *Reading Research Quarterly* XVIII (2), 216–230.

Chapelle, C. A. (1996). Validity issues in computer-assisted strategy assessment for language learners. *Applied Language Learning* 7 (1 and 2), 47–60.

Chihara, T., Sakurai, T., and Oller, J. W. (1989). Background and culture as factors in EFL reading comprehension. *Language Testing* 6 (2), 143–151.

Child, J. R. (1987). Language proficiency levels and the typology of texts. In H. Byrnes and M. Canale (eds.), *Defining and developing proficiency: Guidelines, implementations and concepts.* Lincolnwood, IL: National Textbook Co.

Clapham, C. M. (1996). *The development of IELTS: a study of the effect of background knowledge on reading comprehension.* Cambridge: Cambridge University Press.

Clapham, C. M., and Alderson, J. C. (1997). *IELTS Research Report 3.* Cambridge: UCLES.

Cohen, A. D. (1987). Studying learner strategies: how we get the information. In Wenden, A. and Rubin, J. (eds.).

Cohen, A. D. (1996). Verbal reports as a source of insights into second language learner strategies. *Applied Language Learning* 7 (1 and 2), 5–24.

Cooper, M. (1984). Linguistic competence of practised and unpractised non-native readers of English. In J. C. Alderson and A. H. Urquhart (eds.), *Reading in a Foreign Language.* London: Longman.

Council of Europe (1996). *Modern languages: learning, teaching, assessment. A Common European framework of reference.* Strasbourg: Council for Cultural Co-operation, Education Committee.

Council of Europe (1990a). *Threshold 1990.* Strasbourg: Council for Cultural Co-operation, Education Committee.

Council of Europe (1990b). *Waystage 1990.* Strasbourg: Council for Cultural Co-operation, Education Committee.

Crocker, L., and Algina, J. (1986). *Introduction to classical and modern test theory.* Orlando, FL: Harcourt Brace Jovanovich.

Culler, J. (1975). *Structuralist poetics: structuralism, linguistics and the study of literature.* London: Routledge and Kegan Paul.

Cummins, J. (1979). Linguistic interdependence and the educational development of bilingual children. *Review of Educational Research* 49, 222–251.

Cummins, J. (1991). Conversational and academic language proficiency in bilingual contexts. In J. Hulstijn and A. Matter (eds.), *AILA Review* Vol. 8, pp. 75–89.

Dale, E. (1965). Vocabulary measurement: techniques and major findings. *Elementary English* 42, 895–901, 948.

Davey, B. (1988). Factors affecting the difficulty of reading comprehension items for successful and unsuccessful readers. *Experimental Education* 56, 67–76.

Davey, B., and Lasasso, C. (1984). The interaction of reader and task factors in the assessment of reading comprehension. *Experimental Education* 52, 199–206.

Davies, A. (1975). Two tests of speeded reading. In R. L. Jones and B. Spolsky (eds.), *Testing language proficiency.* Washington, DC: Center for Applied Linguistics.

Davies, A. (1981). Review of Munby, J., 'Communicative syllabus design'. *TESOL Quarterly* 15 (2), 332–335.

Davies, A. (1984). Simple, simplified and simplification: what is authentic? In

J. C. Alderson and A. H. Urquhart (eds.), *Reading in a Foreign Language*. London: Longman.

Davies, A. (1989). Testing reading speed through text retrieval. In C. N. Candlin and T. F. McNamara (eds.), *Language learning and community*. Sydney, NSW: NCELTR.

Davies, F. (1995). *Introducing reading*. London: Penguin.

Davis, F. B. (1968). Research in comprehension in reading. *Reading Research Quarterly* 3, 499–545.

Deighton, L. (1959). *Vocabulary development in the classroom*. New York: Bureau of Publications, Teachers College, Columbia University.

Denis, M. (1982). Imaging while reading text: A study of individual differences. *Memory and Cognition* 10 (6), 540–545.

de Witt, R. (1997). *How to prepare for IELTS*. London: The British Council.

Dörnyei, Z., and Katona, L. (1992). Validation of the C-test amongst Hungarian EFL learners. *Language Testing*, vol. 9, 2, 187–206.

Douglas, D. (2000). *Assessing languages for specific purposes*. Cambridge: Cambridge University Press.

Drum, P. A., Calfee, R. C., and Cook, L. K. (1981). The effects of surface structure variables on performance in reading comprehension tests. *Reading Research Quarterly* 16, 486–514.

Duffy, G. G., Roehler, L. R., Sivan, E., Rackcliffe, G., Book, C., Meloth, M. S., Vavrus, L. G., Wesselman, R., Putnam, J., and Bassiri, D. (1987). Effects of explaining the reasoning associated with using reading strategies. *Reading Research Quarterly* XXII (3), 347–368.

Eignor, D., Taylor, C., Kirsch, I., and Jamieson, J. (1998). *Development of a scale for assessing the level of computer familiarity of TOEFL examinees*. TOEFL Research Report 60. Princeton, NJ: Educational Testing Service.

Engineer, W. (1977). *Proficiency in reading English as a second language*. Unpublished PhD thesis, University of Edinburgh.

Erickson, M., and Molloy, J. (1983). ESP test development for engineering students. In J. Oller (ed.), *Issues in language testing research*. Rowley, MA: Newbury House.

Eskey, D., and Grabe, W. (1988). Interactive models for second-language reading: perspectives on interaction. In P. Carrell, J. Devine, and D. Eskey (eds.), *Interactive approaches to second-language reading*. Cambridge: Cambridge University Press.

Farr, R. (1971). Measuring reading comprehension: an historical perspective. In F. P. Green (ed.), *Twentieth yearbook of the National Reading Conference*. Milwaukee: National Reading Conference.

Flores d'Arcais, G. (1990). Praising principles and language comprehension during reading. In D. Balota, G. Flores d'Arcais, K. Rayner, *Comprehension processes in reading*. Hillsdale, NJ: Lawrence Erlbaum.

Fordham, P., Holland, D., and Millican, J. (1995). *Adult literacy: a handbook for development workers*. Oxford: Oxfam/Voluntary Service Overseas.

Forrest-Pressley, D. L., and Waller, T. G. (1984). *Cognition, metacognition and reading*. New York: Springer Verlag.

Fransson, A. (1984). Cramming or understanding? Effects of intrinsic and extrinsic motivation on approach to learning and test performance. In J. C. Alderson and A. H. Urquhart (eds.), *Reading in a foreign language*. London: Longman.

Freebody, P., and Anderson, R. C. (1983). Effects of vocabulary difficulty, text cohesion, and schema availability on reading comprehension. *Reading Research Quarterly* XVIII (3), 277–294.

Freedle, R., and Kostin, I. (1993). The prediction of TOEFL reading item difficulty: implications for construct validity. *Language Testing* 10, 133–170.

Fuchs, L. S., Fuchs, D., and Deno, S. L. (1982). Reliability and validity of curriculum-based Informal Reading Inventories. *Reading Research Quarterly* XVIII (1), 6–25.

García, G. E., and Pearson, P. D. (1991). The role of assessment in a diverse society. In E. F. Hiebert (ed.), *Literacy for a diverse society*. New York: Teachers College Press.

Garner, R., Wagoner, S., and Smith, T. (1983). Externalizing question-answering strategies of good and poor comprehenders. *Reading Research Quarterly* XVIII (4), 439–447.

Garnham, A. (1985). *Psycholinguistics: central topics*. New York: Methuen.

Goetz, E. T., Sadoski, M., Arturo Olivarez, J., Calero-Breckheimner, A., Garner, P., and Fatemi, Z. (1992). The structure of emotional response in reading a literary text: Quantitative and qualitative analyses. *Reading Research Quarterly* 27 (4), 361–371.

Goodman, K. S. (1969). Analysis of oral reading miscues: Applied psycholinguistics. *Reading Research Quarterly* 5, 9–30.

Goodman, K. S. (1973). *Theoretically based studies of patterns of miscues in oral reading performance* (Final Report Project No. 9–0375). Washington, DC: US Department of Health, Education and Welfare, Office of Education, Bureau of Research.

Goodman, K. S. (1982). *Process, theory, research*. (Vol. 1). London: Routledge and Kegan Paul.

Goodman, K. S., and Gollasch, F. V. (1980). Word omissions: deliberate and non-deliberate. *Reading Research Quarterly* XVI (1), 6–31.

Goodman, Y. M. (1991). Informal methods of evaluation. In J. Flood, J. M. Jensen, D. Lapp, and J. Squire (eds.), *Handbook of research on teaching the English language arts*. New York: Macmillan.

Goodman, Y. M., and Burke, C. L. (1972). *Reading miscue inventory kit*. New York: The MacMillan Company.

Gorman, T. P., Purves, A. C., and Degenhart, R. E. (eds.). (1988). *The IEA study of written composition 1: the international writing tasks and scoring scales.* Oxford: Pergamon Press,

Gottlieb, M. (1995). Nurturing student learning through portfolios. *TESOL Journal* 5 (1), 12–14.

Gough, P., Ehri, L., and Treiman, R. (eds.). (1992a). *Reading Acquisition.* Hillsdale, NJ: L Erlbaum.

Gough, P., Juel, C., and Griffith, P. (1992b). Reading, speaking and the orthographic cipher. In P. Gough, L. Ehri, and R. Treiman (eds.), *Reading acquisition.* Hillsdale, NJ: L. Erlbaum.

Grabe, W. (1991). Current developments in second-language reading research. *TESOL Quarterly* 25 (3), 375–406.

Grabe, W. (2000). Developments in reading research and their implications for computer-adaptive reading assessment. In M. Chalhoub-Deville (ed.), *Issues in computer-adaptive tests of reading.* Cambridge: Cambridge University Press.

Gray, W. S. (1960). The major aspects of reading. In H. Robinson (ed.), *Sequential development of reading abilities* (Vol. 90, pp. 8–24). Chicago: Chicago University Press.

Grellet, F. (1981). *Developing reading skills.* Cambridge: Cambridge University Press.

Griffin, P., Smith, P. G., and Burrill, L. E. (1995). *The Literacy Profile Scales: towards effective assessment.* Belconnen, ACT: Australian Curriculum Studies Association, Inc.

Guthrie, J. T., Seifert, M., and Kirsch, I. S. (1986). Effects of education, occupation, and setting on reading practices. *American Educational Research Journal* 23, 151–160.

Hagerup-Neilsen, A. R. (1977). *Role of macrostructures and linguistic connectives in comprehending familiar and unfamiliar written discourse.* Unpublished PhD thesis, University of Minnesota.

Halasz, L. (1991). Emotional effect and reminding in literary processing. *Poetics* 20, 247–272.

Hale, G. A. (1988). Student major field and text content: interactive effects on reading comprehension in the Test of English as a Foreign Language. *Language Testing* 5 (1), 49–61.

Halliday, M. A. K. (1979). *Language as social semiotic.* London: Edward Arnold.

Hamilton, M., Barton, D., and Ivanic, R. (eds.). (1994). *Worlds of literacy.* Clevedon: Multilingual Matters.

Haquebord, H. (1989) Reading comprehension of Turkish and Dutch students attending secondary schools. Unpublished PhD thesis, University of Gronigen.

Harri-Augstein, S., and Thomas, L. (1984). Conversational investigations of reading: the self-organized learner and the text. In J. C. Alderson and A. H. Urquhart (eds.), *Reading in a foreign language.* London: Longman.

Harrison, C. (1979). Assessing the readability of school texts. In E. Lunzer and K. Gardner (eds.), *The effective use of reading*. London: Heinemann.

Heaton, J. B. (1988). *Writing English language tests*. (Second ed.). Harlow: Longman.

Hill, C., and Parry, K. (1992). The Test at the gate: models of literacy in reading assessment. *TESOL Quarterly* 26 (3), 433–461.

Hirsh, D. and Nation, P. (1992). What vocabulary size is needed to read unsimplified texts for pleasure? *Reading in a Foreign Language* 8 (2), 689–696.

Hock, T. S. (1990). The role of prior knowledge and language proficiency as predictors of reading comprehension among undergraduates. In J. H. A. L. d. Jong and D. K. Stevenson (eds.), *Individualizing the assessment of language abilities*. Clevedon, PA: Multilingual Matters.

Holland, D. (1990). *The Progress Profile*. London: Adult Literacy and Basic Skills Unit (ALBSU).

Holland, P. W., and Rubin, D. B. (eds.). (1982). *Test Equating*. New York: Academic Press.

Holt, D. (1994). *Assessing success in family literacy projects: alternative approaches to assessment and evaluation*. Washington, DC: Center for Applied Linguistics.

Hosenfeld, C. (1977). A preliminary investigation of the reading strategies of successful and nonsuccessful second language learners. *System* 5 (2), 110–123.

Hosenfeld, C. (1979). Cindy: a learner in today's foreign language classroom. In W. C. Born (ed.), *The learner in today's environment*. Montpelier, VT: NE Conference in the Teaching of Foreign Languages.

Hosenfeld, C. (1984). Case studies of ninth grade readers. In J. C. Alderson and A. H. Urquhart (eds.), *Reading in a foreign language*. London: Longman.

Hudson, T. (1982). The effects of induced schemata on the 'short-circuit' in L2 reading: non-decoding factors in L2 reading performance. *Language Learning* 32 (1), 1–31.

Huerta-Macías, A. (1995). Alternative assessment: responses to commonly asked questions. *TESOL Journal* 5 (1), 8–11.

Hughes, A. (1989). *Testing for language teachers*. Cambridge: Cambridge University Press.

Hunt, K. W. (1965). *Grammatical structures written at 3 grade levels*. Champaign, IL: National Council of Teachers of English.

Ivanic, R., and Hamilton, M. (1989). Literacy beyond schooling. In D. Wray, *Emerging partnerships in language and literacy*. Clevedon: Multilingual Matters.

Jakobson, R. (1960). Linguistics and poetics. In T. A. Sebeok (ed.), *Style in language*. New York: Wiley.

Jamieson, J., and Chapelle, C. (1987). Working styles on computers as evidence of second language learning strategies. *Language Learning* 37 (523–544).

Johnston, P. (1984). Prior knowledge and reading comprehension test bias. *Reading Research Quarterly* XIX (2), 219–239.

Jonz, J. (1991). Cloze item types and second language comprehension. *Language Testing*, vol. 8, 1, 1–22.

Kinneavy, J. L. (1971). *A theory of discourse*. Englewood Cliffs, NJ: Prentice Hall.

Kintsch, W., and van Dijk, T. A. (1978). Toward a model of text comprehension and production. *Psychological Review* 85, 363–394.

Kintsch, W., and Yarbrough, J. C. (1982). Role of rhetorical structure in text comprehension. *Educational Psychology* 74 (6), 828–834.

Kirsch, I., Jamieson, J., Taylor, C., and Eignor, D. (1998). *Familiarity among TOEFL examinees* (TOEFL Research Report 59). Princeton, NJ: Educational Testing Service.

Kirsch, I. S., and Jungblut, A. (1986). *Literacy: profiles of America's young adults* (NAEP Report 16–PL-01). Princeton, NJ: Educational Testing Service.

Kirsch, I. S., and Mosenthal, P. B. (1990). Exploring document literacy: Variables underlying the performance of young adults. *Reading Research Quarterly* XXV (1), 5–30.

Klein-Braley, C. (1985). A cloze-up on the C-test: a study in the construct validation of authentic tests. *Language Testing*, vol. 2, 1, 76–104.

Klein-Braley, C., and Raatz, U. (1984). A survey of research on the C-test. *Language Testing*, vol. 1, 2, 134–146.

Koda, K. (1987). Cognitive strategy transfer in second-language reading. In J. Devine, P. Carrell, and D. E. Eskey (eds.), *Research in reading in a second language*. Washington, DC: TESOL.

Koda, K. (1996). L2 word recognition research: a critical review. *The Modern Language Journal* 80 (iv), 450–460.

Koh, M. Y. (1985). The role of prior knowledge in reading comprehension. *Journal of Reading in a Foreign Language*, vol. 3, 1, 375–380.

Kundera, M. (1996). *The Book of Laughter and Forgetting*. Faber and Faber. Translation by A. Asher.

Laufer, B. (1989). What percentage of text-lexis is essential for comprehension? In C. Lauren and M. Nordman (eds.), *Special language: from humans thinking to thinking machines*. Philadelphia: Multilingual Matters.

Lee, J. F. (1986). On the use of the recall task to measure L2 reading comprehension. *Studies in Second Language Acquisition* 8 (1), 83–93.

Lee, J. F., and Musumeci, D. (1988). On hierarchies of reading skills and text types. *Modern Language Journal* 72, 173–187.

Lennon, R. T. (1962). What can be measured? *Reading Teacher* 15, 326–337.

Lewkowicz, J. A. (1997). *Investigating authenticity in language testing*. Unpublished PhD thesis, Lancaster University.

Li, W. (1992). *What is a test testing? An investigation of the agreement between students' test-taking processes and test constructors' presumptions.* Unpublished MA thesis, Lancaster University.

Liu, N., and Nation, I. S. P. (1985). Factors affecting guessing vocabulary in context. *RELC Journal* 16 (1), 33–42.

Lumley, T. (1993). The notion of subskills in reading comprehension tests: an EAP example. *Language Testing* 10 (3), 211–234.

Lunzer, E., and Gardner, K. (eds.) (1979). *The effective use of reading.* London: Heinemann Educational Books.

Lunzer, E., Waite, M., and Dolan, T. (1979). Comprehension and comprehension tests. In E. Lunzer and K. Garner (eds.), *The effective use of reading.* London: Heinemann Educational Books.

Lytle, S., Belzer, A., Schultz, K., and Vannozzi, M. (1989). Learner-centred literacy assessment: An evolving process. In A. Fingeret and P. Jurmo (eds.), *Participatory literacy education.* San Francisco: Jossey-Bass.

Mandler, J. M. (1978). A code in the node: the use of a story schema in retrieval. *Discourse Processes* 1 (114–35).

Manning, W. H. (1987). *Development of cloze-elide tests of English as a second language* (TOEFL Research Report 23). Princeton, NJ: Educational Testing Service.

Martinez, J. G. R., and Johnson, P. J. (1982). An analysis of reading proficiency and its relationship to complete and partial report performance. *Reading Research Quarterly* XVIII (1), 105–122.

Matthews, M. (1990). Skill taxonomies and problems for the testing of reading. *Reading in a Foreign Language* 7 (1), 511–517.

McKeon, J., and Thorogood, J. (1998). *How it's done: language portfolios for students of language NVQ units. Tutor's Guide.* London: Centre for Information on Language Teaching and Research.

McKeown, M. G., Beck, I. L., Sinatra, G. M., and Loxterman, J. A. (1992). The contribution of prior knowledge and coherent text to comprehension. *Reading Research Quarterly* 27 (1), 79–93.

McNamara, M. J., and Deane, D. (1995). Self-assessment activities: toward autonomy in language learning. *TESOL Journal* 5 (1), 17–21.

Mead, R. (1982). Review of Munby, J. 'Communicative syllabus design'. *Applied Linguistics* 3 (1), 70–77.

Messick, S. (1996). Validity and washback in language testing. *Language Testing* 13 (3), 241–256.

Meyer, B. (1975). *The organisation of prose and its effects on memory.* New York, NY: North Holland.

Miall, D. S. (1989). Beyond the schema given: Affective comprehension of literary narratives. *Cognition and Emotion* 3, 55–78.

Mislevy, R. J., and Verhelst, N. (1990). Modelling item responses when different subjects employ different solution strategies. *Psychometrika* 55 (2), 195–215.

Mitchell, D., Cuetos, F., and Zagar, D. (1990). Reading in different languages: is there a universal mechanism for parsing sentences? In D. Balota, G. F. d'Arcais, and K. Rayner (eds.), *Comprehension processes in reading*. Hillsdale, NJ: Lawrence Erlbaum.

Moffet, J. (1968). *Teaching the universe of discourse*. Boston, MA: Houghton Mifflin.

Mountford, A. (1975). *Discourse analysis and the simplification of reading materials for ESP*. Unpublished MLitt thesis, University of Edinburgh.

Moy, R. H. (1975). *The effect of vocabulary clues, content familiarity and English proficiency on cloze scores*. Unpublished Master's thesis, UCLA, Los Angeles.

Munby, J. (1968). *Read and think*. Harlow: Longman.

Munby, J. (1978). *Communicative syllabus design*. Cambridge: Cambridge University Press.

Nesi, H., and Meara, P. (1991). How using dictionaries affects performance in multiple-choice EFL tests. *Reading in a Foreign Language* 8 (1), 631–645.

Nevo, N. (1989). Test-taking strategies on a multiple-choice test of reading comprehension. *Language Testing* 6 (2), 199–215.

Newman, C., and Smolen, L. (1993). Portfolio assessment in our schools: implementation, advantages and concerns. *Mid-Western Educational Researcher* 6, 28–32.

North, B., and Schneider, G. (1998). Scaling descriptors for language proficiency scales. *Language Testing* 15 (2), 217–262.

Nuttall, C. (1982). *Teaching reading skills in a foreign language*. (First ed.). London: Heinemann.

Nuttall, C. (1996). *Teaching reading skills in a foreign language*. (Second ed.). Oxford: Heinemann English Language Teaching.

Oller, J. W. (1973). Cloze tests of second language proficiency and what they measure. *Language Learning* 23 (1).

Oller, J. W. (1979). *Language tests at school: a pragmatic approach*. London: Longman.

Oltman, P. K. (1990). *User interface design: Review of some recent literature* (Unpublished research report). Princeton, NJ: Educational Testing Service.

Patton, M. Q. (1987). *Creative evaluation*. Newbury Park, CA: Sage.

Pearson, P. D., and Johnson, D. D. (1978). *Teaching reading comprehension*. New York, NJ: Holt, Rinehart and Winston.

Peretz, A. S., and Shoham, M. (1990). Testing reading comprehension in LSP. *Reading in a Foreign Language* 7 (1), 447–455.

Perfetti, C. (1989). There are generalized abilities and one of them is reading. In L. Resnick (ed.), *Knowing, learning and instruction*. Hillsdale, NJ: Lawrence Erlbaum.

Perkins, K. (1987). The relationship between nonverbal schematic concept formation and story comprehension. In J. Devine, P. L. Carrell and D. E. Eskey (eds.), *Research in Reading in English as a Second Language.* Washington, DC: TESOL.

Pollitt, A., Hutchinson, C., Entwistle, N., and DeLuca, C. (1985). *What makes exam questions difficult? An analysis of 'O' grade questions and answers.* Edinburgh: Scottish Academic Press.

Porter, D. (1988). Book review of Manning: 'Development of cloze-elide tests of English as a second language'. *Language Testing* 5 (2), 250–252.

Pressley, M., Snyder, B. L., Levin, J. R., Murray, H. G., and Ghatala, E. S. (1987). Perceived readiness for examination performance (PREP) produced by initial reading of text and text containing adjunct questions. *Reading Research Quarterly* XXII (2), 219–236.

Purpura, J. (1997). An analysis of the relationships between test takers' cognitive and metacognitive strategy use and second language test performance. *Language Learning* 42 (2) 289–325.

Rankin, E. F., and Culhane, J. W. (1969). Comparable cloze and multiple-choice comprehension scores. *Journal of Reading* 13, 193–198.

Rayner, K. (1990). Comprehension process: an introduction. In D. A. Balota *et al.* (eds.) (1990).

Rayner, K., and Pollatsek, A. (1989). *The psychology of reading.* Englewood Cliffs, NJ: Prentice Hall.

Read, J. (2000). *Assessing vocabulary.* Cambridge: Cambridge University Press.

Rigg, P. (1977). *The miscue–ESL project.* Paper presented at TESOL, 1977: Teaching and learning ESL.

Riley, G. L., and Lee, J. F. (1996). A comparison of recall and summary protocols as measures of second-language reading comprehension. *Language Testing* 13 (2), 173–189.

Ross, S. (1998). Self-assessment in second language testing: a meta-analysis and analysis of experiential factors. *Language Testing* 15 (1), 1–20.

Rost, D. (1993). Assessing the different components of reading comprehension: fact or fiction? *Language Testing* 10 (1), 79–92.

Rubin, J. (1987). Learner strategies: theoretical assumption, research history. In Wenden and Rubin (eds.).

Rumelhart, D. E. (1977). *Introduction to Human Information Processing.* New York: Wiley.

Rumelhart, D. E. (1977). Toward an interactive model of reading. In S. Domic (ed.). *Attention and Performance UL.* New York: Academic Press.

Rumelhart, D. E. (1980). Schemata: the building blocks of cognition. In R. J. Spiro *et al.* (eds.), pp. 123–156.

Rumelhart, D. E. (1985). Towards an interactive model of reading. In H. Singer and R. B. Ruddell (eds.), *Theoretical models and processes of reading.* Newark, Delaware: International Reading Association.

Salager-Meyer, F. (1991). Reading expository prose at the post-secondary level: the influence of textual variables on L2 reading comprehension (a genre-based approach). *Reading in a Foreign Language* 8 (1), 645–662.

Samuels, S. J., and Kamil, M. J. (1988). Models of the reading process. In P. Carrell, J. Devine, and D. Eskey (eds.), *Interactive approaches to second-language reading*. Cambridge: Cambridge University Press.

Schank, R. C. (1978). Predictive understanding. In R. N. Campbell and P. T. Smith (eds.), *Recent advances in the psychology of language – formal and experimental approaches*. New York, NJ: Plenum Press.

Schlesinger, I. M. (1968). *Sentence structure and the reading process*. The Hague: Mouton (Janua Linguarum 69).

Schmidt, H. H., and Vann, R. (1992). *Classroom format and student reading strategies: a case study*. Paper presented at the 26th Annual TESOL Convention, Vancouver, BC.

Seddon, G. M. (1978). The properties of Bloom's Taxonomy of Educational Objectives for the Cognitive Domain. *Review of Educational Research* 48 (2), 303–323.

Segalowitz, N., Poulsen, C., and Komoda, M. (1991). Lower level components or reading skill in higher level bilinguals: Implications for reading instruction. In J. H. Hulstijn and J. F. Matter (eds.), *Reading in two languages*, AILA Review, vol. 8, pp. 15–30. Amsterdam: Free University Press.

Shohamy, E. (1984). Does the testing method make a difference? The case of reading comprehension. *Language Testing* 1 (2), 147–170.

Silberstein, S. (1994). *Techniques and resources in teaching reading*. Oxford: Oxford University Press.

Skehan, P. (1984). Issues in the testing of English for specific purposes. *Language Testing* 1 (2), 202–220.

Smith, F. (1971). *Understanding reading*. New York, NY: Holt, Rinehart and Winston.

Spearitt, D. (1972). Identification of subskills of reading comprehension by maximum likelihood factor analysis. *Reading Research Quarterly* 8, 92–111.

Spiro, R. J., Bruce, B. C. and Brewer, W. F. (eds.) (1980) *Theoretical issues in reading comprehension*. Hillsdale, NJ: Erlbaum.

Stanovich, K. E. (1980). Towards an interactive compensatory model of individual differences in the development of reading fluency. *Reading Research Quarterly* 16 (1), 32–71.

Steen, G. (1994). *Understanding metaphor in literature*. London and New York: Longman.

Steffensen, M. S. Joag-Dev, C., and Anderson, R. C. (1979). A Cross-cultural Perspective on Reading Comprehension. *Reading Research Quarterly* 15, 10–29.

Storey, P. (1994). *Investigating construct validity through test-taker introspection*. Unpublished PhD thesis, University of Reading.

Storey, P. (1997). Examining the test-taking process: a cognitive perspective on the discourse cloze test. *Language Testing* 14 (2), 214–231.

Street, B. V. (1984). *Literacy in theory and practice*. Cambridge: Cambridge University Press.

Strother, J. B., and Ulijn, J. M. (1987). Does syntactic rewriting affect English for science and technology (EST) text comprehension? In J. Devine, P. L. Carrell, and D. E. Eskey (eds.), *Research in reading in English as a second language*. Washington, DC: TESOL.

Suarez, A., and Meara, P. (1989). The effects of irregular orthography on the processing of words in a foreign language. *Reading in a Foreign Language* 6 (1), 349–356.

Swain, M. (1985). Large-scale communicative testing: A case study. In Y. P. Lee, C. Y. Y. Fox, R. Lord and G. Low (eds.), *New Directions in Language Testing*. Hong Kong: Pergamon Press.

Swales, J. M. (1990). *Genre analysis: English in academic and research settings*. Cambridge: Cambridge University Press.

Taylor, C., Jamieson, J., Eignor, D., and Kirsch, I. (1998). *The relationship between computer familiarity and performance on computer-based TOEFL tasks* (TOEFL Research Report 61). Princeton, NJ: Educational Testing Service.

Taylor, W. L. (1953). Cloze procedure: a new tool for measuring readability. *Journalism Quarterly* 30, 415–453.

Thompson, I. (1987). Memory in language learning. In A. Wenden and J. Rubin (eds.) (pp. 43–56).

Thorndike, R. L. (1917). *Reading as reasoning*. Paper presented at the American Psychological Association, Washington, DC.

Thorndike, R. L. (1974). Reading as reasoning. *Reading Research Quarterly* 9, 135–147.

Thorndike, E. L. and Lorge, I. (1944). *The Teacher's word book of 30,000 words*. New York, NY: Teachers College, Columbia University.

Tomlinson, B., and Ellis, R. (1988). *Reading. Advanced*. Oxford: Oxford University Press.

UCLES (1997a). *First Certificate in English: a handbook*. Cambridge: UCLES.

UCLES (1997b). *Preliminary English Test Handbook*. Cambridge: UCLES.

UCLES (1998a). *Certificate of Advanced English handbook*. Cambridge: UCLES.

UCLES (1998b). *Certificate of Proficiency in English handbook*. Cambridge: UCLES.

UCLES (1998c). *Cambridge Examinations in English for Language Teachers handbook*. Cambridge: UCLES.

UCLES (1998d). *Key English Test handbook*. Cambridge: UCLES.

UCLES (1999a). *Certificate in Communicative Skills in English handbook*. Cambridge: UCLES.

UCLES (1999b). *International English Language Testing System handbook and specimen materials.* Cambridge: UCLES, The British Council, IDP Education, Australia.

Urquhart, A. H. (1984). The effect of rhetorical ordering on readability. In J. C. Alderson and A. H. Urquhart (eds.), *Reading in a foreign language.* London: Longman.

Urquhart, A. H. (1992). *Draft band descriptors for reading* (Report to the IELTS Research Committee). Plymouth: College of St Mark and St John.

Vähäpassi, A. (1988). The domain of school writing and development of the writing tasks. In T. P. Gorman, A. C. Purves and R. E. Degenhart (eds.), *The IEA study of written composition I: The international writing tasks and scoring scales.* Oxford: Pergamon Press.

Valencia, S. W. (1990). A portfolio approach to classroom reading assessment: the whys, whats and hows. *The Reading Teacher* 43, 60–61.

Valencia, S. W., and Stallman, A. C. (1989). Multiple measures of prior knowledge. Comparative predictive validity. *Yearbook of the National Reading Conference, 38,* 427–436.

van Dijk, T. A. (1977). *Text and Context: Explorations in the Semantics of Text.* London: Longman.

van Dijk, T. A., and Kintsch, W. (1983). *Strategies of discourse comprehension.* New York: Academic Press.

van Peer, W. (1986). *Stylistics and Psychology: Investigations of Foregrounding.* London: Croom Helm.

Vellutino, F. R., and Scanlon, D. M. (1987). Linguistic coding and reading ability. In D. S. Rosenberg (ed.), *Reading, writing and language learning* (vol. 2, pp. 1–69). Cambridge: Cambridge University Press.

Wallace, C. (1992). *Reading.* Oxford: Oxford University Press.

Weir, C. J. (1990). *Communicative language testing.* London: Prentice Hall International (UK) Ltd.

Weir, C. J. (1993). *Understanding and developing language tests.* Hemel Hempstead: Prentice Hall International (UK) Ltd.

Weir, C. J. (1983). Identifying the language problems of overseas students in tertiary education in the UK. Unpublished PhD thesis, Institute of Education, University of London.

Weir, C. J. (1994). *Reading as multi-divisible or unitary: between Scylla and Charybdis.* Paper presented at the RELC, SEAMEO Regional Language Centre, Singapore.

Wenden, A. (1987). Conceptual background and utility. In A. Wenden and J. Rubin (eds.), *Learner strategies in language learning.* London: Prentice Hall International.

Wenden, A., and Rubin, J. (eds.) (1987). *Learner strategies in language learning.* London: Prentice Hall International.

Werlich, E. (1976). *A text grammar of English.* Heidelberg: Quelle and Meyer.

Werlich, E. (1988). *A student's guide to text production*. Berlin: Cornelsen Verlag.

West, M. (1953). *A general service list of English words*. London: Longman.

Widdowson, H. G. (1978). *Teaching language as communication*. Oxford: Oxford University Press.

Widdowson, H. G. (1979). *Explorations in applied linguistics*. Oxford: Oxford University Press.

Williams, R., and Dallas, D. (1984). Aspects of vocabulary in the readability of content area L2 educational textbooks: a case study. In J. C. Alderson and A. H. Urquhart (eds.), *Reading in a foreign language*. London: Longman.

Wood, C. T. (1974). *Processing units in reading*. Unpublished doctoral dissertation, Stanford University.

Yamashita, J. (1992). *The relationship between foreign language reading, native language reading, and foreign language ability: interaction between cognitive processing and language processing*. Unpublished MA thesis, Lancaster University.

Zwaan, R. A. (1993). *Aspects of literary comprehension: a cognitive approach*. Amsterdam, PA: John Benjamins Publishing Company.

찾아보기

668

지은이와 뒤친이

지은이 **J. 차알즈 올더슨(J. Charles Alderson, 1946~)**

영국 옥스퍼드 대학(1964~1967)을 졸업하고(독어와 불어에서 수석 졸업), 스코틀
런드 에딘브뤄 대학에서 박사학위를 받음("A Study of the Cloze Procedure
with Native and Non-Native Speakers of English"). 에딘브뤄 대학과 미국
미시건 대학을 거쳐, 1980~2012년 랭커스터 대학 언어학 및 영어과 교수와
학과장을 지내었고, 현재 명예교수로 있음.

저서로 올더슨 외 2인(2015) 『*The Diagnosis of Reading in a Second or Foreign Language*』
(Routledge), 올더슨(2011) 『*A Lifetime of Language Testing*』(De Gruyter)을 비
롯하여, 20권의 영어 교육과 평가에 관한 전문서적을 출간하였고, 현재 미
국 바크먼 교수와 함께 캐임브리지 평가 총서의 편집자로 있음. 『언어 테스
트의 구성과 평가』(올더슨 외, 1995; 김창구·이선진 뒤침, 2013, 글로벌콘
텐츠)가 번역되어 있음.

http://www.lancaster.ac.uk/fass/doc_library/linguistics/alderson/alderson_cv.pdf

뒤친이 **김지홍**

제주대학교 국어교육과를 졸업하고, 1988년부터 현재 경상대학교 국어교육과 교
수로 있음.

저서로 『국어 통사·의미론의 몇 측면: 논항구조 접근』(2010, 도서출판 경진: 대한
민국학술원 우수학술도서), 『언어의 심층과 언어교육』(2010, 도서출판 경
진: 문화체육관광부 우수학술도서), 『제주 방언의 통사 기술과 설명: 기본
구문의 기능범주 분석』(2014, 도서출판 경진: 대한민국학술원 우수학술도
서), 『언어 산출 과정에 대한 학제적 접근』(2015, 도서출판 경진),

역서로 언어교육과 평가(『말하기 평가』, 『듣기 평가』), 비판적 담화 분석에 대한
책들 및 한문 번역들이 있음.

http://www.gnu.ac.kr/hb/jhongkim